21世纪保险精算系列教材

Actuarial Science

金融数学

Financial Mathematics （第6版）

孟生旺　编著

中国人民大学出版社

· 北京 ·

总　序

精算学是保险学、统计学、经济学和金融学等多学科相互交融形成的一门交叉性学科。精算师是一种复合型人才，需要多学科的联合培养。在国际上，精算师大多通过职业资格考试的方式进行认证。国际上著名的精算师协会有国际精算师协会、北美寿险精算师协会、北美非寿险精算师协会、英国精算师协会、澳大利亚精算师协会、日本精算师协会和中国精算师协会。

精算师的资格考试通常分为两个层次：第一个层次是准精算师的资格考试，主要涉及经济学、金融学、保险学、金融数学、概率统计、寿险精算和非寿险精算等专业基础知识和基本能力的考察；第二个层次是精算师的资格考试，涉及投资、财务、全面风险管理和高级精算统计模型的应用等内容。

中国人民大学统计学院于 1992 年开设了精算专业方向，为我国培养了一大批优秀的风险管理与精算人才，他们活跃于保险公司、政府部门、咨询公司和大型企业，已经成为我国风险管理与精算行业的中坚力量。

经过多年的探索和实践，总结 20 多年的人才培养经验，中国人民大学统计学院风险管理与精算系建设了一套较为成熟的保险精算系列教材，包括《金融数学》《精算学基础》《风险模型》《寿险精算学》《非寿险精算学》。该套教材于 2007 年第一次出版，2017 年被列入中国人民大学“十三五”规划教材项目进行重点建设。十余年来，经过多次修订和完善，内容体系日趋成熟。目前呈现在读者面前的这套教材就是中国人民大学“十三五”规划教材项目的最终成果。该套教材在编写过程中参考了国际上著名精算师协会资格考试的有关内容，既适用于普通高等院校保险精算专业本科人才的培养，也可以作为精算师职业资格考试的参考用书。

该套教材从第一次出版，就得到了中国人民大学统计学院、中国人民大学应用统计科学研究中心和中国人民大学风险管理与精算中心的支持，尤其得到了袁卫、王晓军、孟生旺、肖宇谷、肖争艳、黄向阳、王燕和高光远等老师的大力支持。此外，兄弟院校的有关老师和学生，以及中国人民大学统计学院的本科生和研究生在教材使用过程中也提出了许多宝贵意见和建议，在此一并向他们表示衷心的感谢！

前　言

金融数学的内容非常丰富，本书是金融数学的一本入门教材，目的是为经济学、金融学、保险学、管理学、精算学等相关专业的本科生提供最基础的金融数学知识。本书的内容既是经济、金融、保险和精算等专业的学生修读本专业核心课程的基础，也是金融数学、金融工程、保险精算等专业的学生修读高级课程应该掌握的基础知识。事实上，本书的内容对于大多数专业的本科生而言都具有重要的学习价值，如利息的度量、收益率的计算、贷款的偿还等，它们几乎与每个人的日常生活息息相关。

编写本书的最初目的是满足保险精算专业的学生参加精算师资格考试的需求，所以，在编写过程中，我们主要参考了北美寿险精算师协会（SOA）和北美非寿险精算师协会（CAS）关于金融数学的考试大纲，在内容取舍上与精算师协会编制的金融数学考试范围基本相符。为了内容的完整性和系统性，本书也增加了一些金融数学考试大纲之外的材料，如期权定价模型（包括 Black-Scholes 模型和二叉树模型）和随机利率模型等。除了 Black-Scholes 期权定价模型涉及随机过程和微分方程，不太适宜作为金融数学的入门学习材料之外，本书其他内容的学习都只需学生掌握微积分和概率统计的基础知识即可。

为了便于教学，每章都精选了一些例题和习题，计算题可以使用 Excel 完成。Excel 是学习金融数学非常方便有效的工具。虽然其他软件的功能可能更加强大，譬如本书的绘图和二叉树模型是应用 R 软件完成的，但 Excel 在应用的便利性方面具有独特优势。此外，Excel 提供了许多常用的金融函数，这些函数方便解决金融计算过程中可能遇到的一些实际困难。最常用的金融函数在各章的例题中都有所介绍。在 Excel 中应用某些金融函数时，需要加载分析工具库。但在 Excel 的默认安装中，分析工具库不会自动加载。以 Excel 2010 为例，读者可以通过下述路径加载分析工具库：

文件→选项→加载项→转到 Excel 加载项→分析工具库

为了便于读者自学，书后附有各章习题的参考答案。考虑到读者应该尽可能独立完成练习题，参考答案没有提供详细的解答过程，只给出了提示性的解题思路和最终答案。

本书是金融数学的入门教材，从金融数学最基本的概念讲起，对读者的数学要求不高。主体内容只需用到微积分的基础知识，适合大学本科二年级或以上年级的学生使用。

中国人民大学统计学院为本科二年级学生开设的金融数学，是应用统计学专业（风险管理与精算方向）的专业必修课程，安排了一个学期，每周三个学时。对于每周只有两个学时的课程，可以酌情删减有关内容。

各章所需的教学时数可参考下表安排：

章节内容	授课时数
第1章：利息度量	5～6
第2章：等额年金	4～5
第3章：变额年金	4～5
第4章：收益率	3～4
第5章：债务偿还方法	5～6
第6章：债券和股票	4～5
第7章：利率风险管理	4～5
第8章：远期、期货和互换	5～6
第9章：期权	5～6
第10章：利率的期限结构	1～2
第11章：随机利率	1～2

本书在编写过程中得到了中国人民大学统计学院、中国人民大学应用统计科学研究中心和兰州财经大学统计学院的大力支持，同时还得到了王选鹤、刘新红、王明高、李政宵、杨亮、卢志义、孙景云和秦强等人的支持，在此一并表示衷心感谢。

本书为中国人民大学"十三五"规划教材——应用统计学（保险精算）系列教材。

多年来，作者在中国人民大学统计学院讲授金融数学课程积累的教学课件、练习题、测验题、考试题、参考答案等资源，可以从 http://blog.sina.com.cn/mengshw 免费下载。

孟生旺

目　录

第 1 章 利息度量

Chapter 1

利息（interest）是借款人为了获得一笔资金的使用权而向贷款人支付的款项。借款人是获得资金的一方，而贷款人是出借资金的一方。资金的借贷关系可以从两个角度来看：从借款人的角度看，他必须向贷款人支付一定的利息才能获得资金的使用权，因此利息对借款人而言是一种为了获得资金使用权而必须支出的成本；从贷款人的角度看，出借资金会影响他在当期的消费，所以希望得到一定的利息补偿，这种利息补偿也就是贷款人因为出借资金而获得的收益或报酬。

借贷资金之所以会产生利息，可以从不同的角度进行解释。第一种解释认为，资金是稀缺资源，使用者为了获得这种资源必须向资源的所有者支付一定的利息成本。第二种解释认为，消费者普遍倾向于满足当期消费，而出借资金相当于推迟当期消费，这对贷款人而言是一种损失，所以贷款人要求从出借资金中获得利息补偿。第三种解释认为，资金与劳动力一样，也是生产过程必不可少的要素，应该参与生产成果的分配，即获得相应的利息收入。

本章主要介绍利息的各种度量工具，包括有效利率、名义利率、有效贴现率、名义贴现率和利息力。不同的利息度量工具有不同的含义和计算方法，各种度量工具之间也存在相互转化关系。

各种利息度量工具都可以基于累积函数来定义，所以本章首先介绍累积函数的概念，然后再展开对各种利息度量工具的讨论。

为了方便使用，表 1-1 给出了本章使用的主要符号及其说明，关于它们的详细解释可以参见本章后面各节的内容。

表 1-1　符号及其说明

符号	说明
$a(t)$	累积函数，表示时间零点的 1 单位本金在时间 t 的价值
$a^{-1}(t)$	贴现函数，表示时间 t 的 1 单位本金在时间零点的价值
i	年有效利率，表示时间零点的 1 单位本金在 1 年末所产生的利息
d	年有效贴现率
$i^{(m)}$	每年复利 m 次的年名义利率

续前表

符号	说明
$d^{(m)}$	每年复利 m 次的年名义贴现率
δ	常数利息力，也称为连续复利
$\delta(t)$	时间 t 的利息力
v	贴现因子，是 $(1+i)^{-1}$ 的简写

1.1 累积函数与有效利率

1.1.1 累积函数

累积函数（accumulation function）是指期初的 1 单位本金在时刻 t 的累积值，反映了单位本金随着时间增长变化的过程，是利息度量的基础。其他利息度量工具，如有效利率、名义利率、贴现率和利息力等，都可以从累积函数推导得出。累积函数记为 $a(t)$，它具有下列性质：

（1）$a(0)=1$，表示累积函数在时间零点的单位本金。

（2）$a(t)$ 通常是递增函数，亦即利息是非负的。负利息或利息为零的情况偶尔也会出现，如投资亏本或没有盈利时，累积函数即为递减函数或常数。

（3）如果利息是连续产生的，则累积函数 $a(t)$ 是连续函数，这种情况较为常见；反之，累积函数 $a(t)$ 为非连续函数。

（4）时间 t 的计量单位为年。

如果期初的本金不是 1 个单位而是 $A(0)$，则时刻 t 的累积值 $A(t)$ 称作金额函数，可以表示为：

$$A(t)=A(0)\times a(t) \tag{1-1}$$

累积函数也可以由金额函数表示为：

$$a(t)=\frac{A(t)}{A(0)} \tag{1-2}$$

可见，金额函数 $A(t)$ 和累积函数 $a(t)$ 可以互相表示。

若以 $I(t)$ 表示 $0\sim t$ 时期的利息额，则有

$$I(t)=A(t)-A(0)$$

【例 1－1】

已知累积函数为 $a(t)=1.2^t+0.05t$，计算 $t=2$ 时的 500 万元在 $t=3$ 时的价值。

【解】根据累积函数的定义，1 单位本金在 $t=2$ 时的累积值为 $a(2)$，在 $t=3$ 时的累积值为 $a(3)$，也就是说，从 $t=2$ 到 $t=3$，资金的价值增长了 $\frac{a(3)}{a(2)}$ 倍，所

以 $t=2$ 时的 500 万元在 $t=3$ 时的价值为：

$$500\times\frac{a(3)}{a(2)}=500\times\frac{1.2^3+0.05\times3}{1.2^2+0.05\times2}=609.74(\text{万元})$$

【例 1-2】

已知金额函数为 $A(t)=at^2+bt+c$ $(0\leqslant t\leqslant 20)$，且 $A(0)=100$，$A(1)=110$，$A(2)=136$。计算 $t=1$ 时投资的 100 万元在 $t=10$ 时的累积值。

【解】 由已知条件可建立下述方程组：

$$\begin{cases}100=c\\110=a+b+c\\136=4a+2b+c\end{cases}$$

解此方程组可得

$$\begin{cases}a=8\\b=2\\c=100\end{cases}$$

故金额函数可以表示为：

$$A(t)=8t^2+2t+100$$

相应地，累积函数可以表示为：

$$a(t)=\frac{A(t)}{A(0)}=0.08t^2+0.02t+1$$

从 $t=1$ 到 $t=10$，资金增长的倍数为：

$$\frac{a(10)}{a(1)}=\frac{0.08\times10^2+0.02\times10+1}{0.08\times1^2+0.02\times1+1}=8.36$$

因此，在 $t=1$ 时投资的 100 万元在 $t=10$ 时的累积值为 836 万元。

本例的累积函数 $a(t)$ 和金额函数 $A(t)$ 如图 1-1 所示，两者形状相同，数值相差 100 倍。

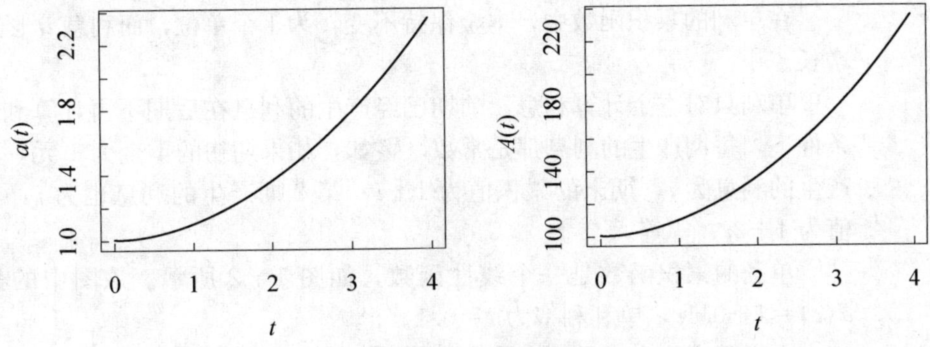

图 1-1　累积函数和金额函数的比较

1.1.2 有效利率

有效利率（effective rate of interest）是指1单位本金在一个时期末所赚取的利息金额，也称作实际利率。有效利率通常用百分数表示，譬如，5%的年有效利率表示1元本金在一年末赚取的利息是0.05元。

一个时期的有效利率就是当期产生的利息金额与期初本金之比，即

$$有效利率=\frac{当期利息}{期初本金}$$

譬如，如果月初的100元本金到月末产生1元利息，则月有效利率就是1%；如果季初的100元本金在季末可以产生3元利息，则季有效利率为3%；如果年初的100元本金在年末可以产生12元利息，则年有效利率为12%。

有效利率与特定的时期相联系，最常使用的标准时期是1年。

有效利率也可以用累积函数来表示。例如，时刻 $t-1$ 的累积值为 $a(t-1)$，到时刻 t 将变为 $a(t)$，所以从 $t-1$ 到 t 的一个年度的有效利率可以表示为：

$$i_t=\frac{a(t)-a(t-1)}{a(t-1)} \tag{1-3}$$

式中，分母上是期初的本金，分子上是在当期赚取的利息金额。

从 $t-1$ 到 t 的一个年度的有效利率也可以用金额函数计算如下：

$$i_t=\frac{A(t)-A(t-1)}{A(t-1)} \tag{1-4}$$

式中，分母上是期初的本金，分子上是在当期赚取的利息金额。

1.1.3 单利

单利（simple interest）是指具有下述累积函数的利率：

$$a(t)=1+it, t\geqslant 0$$

在单利的累积函数中，本金保持不变，为1个单位，而利息 it 随着时间线性增长。

单利只对本金计算利息，前期已经产生的利息在后期不再计算利息。在单利条件下，每期产生的利息都是常数。譬如，如果期初的本金为1元，那么第1期产生的利息为 i，期末的累积值为 $1+i$；第2期产生的利息也为 i，期末的累积值为 $1+2i$；等等。

单利的累积函数是一个线性函数，如图1-2所示。该图中的累积函数为 $a(t)=1+0.1t$，单利利率为 $i=0.1$。

在实际应用中，利率通常表示为年利率，因此累积函数中的时间 t 应以年为单位计量，即把 t 表示为年数。对于以天数等其他单位计量的时间，可以通过下

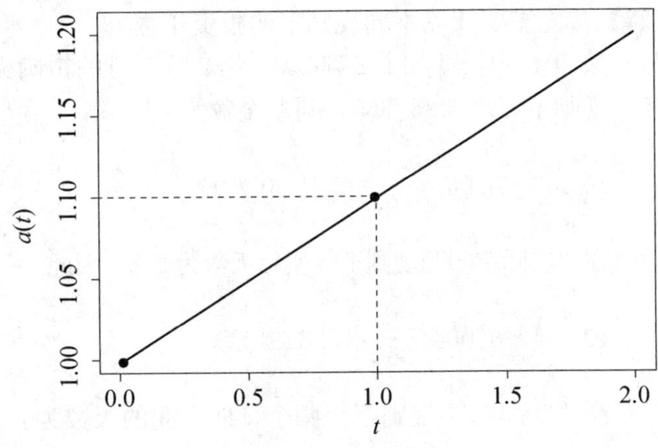

图1-2　单利的累积函数

述公式将其转化为年数：

$$t=\frac{\text{投资天数}}{\text{一年的天数}} \tag{1-5}$$

在上式中，可以应用不同的方法计算投资天数和一年的天数。下面是几种常见的方法：

(1)“实际/365”规则。投资天数按两个日期之间的实际天数计算，每年按365天计算。

(2)“实际/360”规则。投资天数按两个日期之间的实际天数计算，每年按360天计算。该规则也称为银行家规则（banker's rule）。

(3)“30/360”规则。在计算投资天数时，每月按30天计算，每年按360天计算。在此规则下，两个给定日期之间的投资天数可按下述公式计算：

$$\text{投资天数}=360(Y_2-Y_1)+30(M_2-M_1)+(D_2-D_1) \tag{1-6}$$

其中，投资的终止日期为Y_2年M_2月D_2日，起始日期为Y_1年M_1月D_1日。

在应用“30/360”规则计算投资天数时，还需依次进行下述调整：

(ⅰ) 如果D_1和D_2都是2月份的最后一天，则把D_2改为30；

(ⅱ) 如果D_1是2月份的最后一天，则把D_1改为30；

(ⅲ) 如果D_1等于30或31，D_2等于31，则把D_2改为30；

(ⅳ) 如果D_1等于31，则把D_1改为30。

【例1-3】

投资者在2014年6月14日存入基金10 000元，2015年2月7日取出，基金按单利计息，年利率为8%，分别根据下列规则计算投资者可以获得的利息金额：

(1)“实际/365”规则。

(2)“实际/360”规则。

(3)“30/360”规则。

【解】 首先需要计算不同规则下的投资年数 t。

(1) 从 2014 年 6 月 14 日到 2015 年 2 月 7 日的精确天数为 238，因此在“实际/365”规则下，$t=238/365$，利息金额为：

$$10\,000\times 0.08\times\frac{238}{365}=521.6(\text{元})$$

(2) 在“实际/360”规则下，实际天数为 238，因此 $t=238/360$，利息金额为：

$$10\,000\times 0.08\times\frac{238}{360}=528.9(\text{元})$$

(3) 在“30/360”规则下，两个日期之间的天数为：

$$360\times 1+30\times(2-6)+(7-14)=233$$

因此 $t=233/360$，利息金额为：

$$10\,000\times 0.08\times\frac{233}{360}=517.8(\text{元})$$

可见，与精确结果相比，“实际/360”规则的利息金额较大，而“30/360”规则的利息金额较小。

在计算两个日期之间的天数时，可以使用 Excel。譬如在本例中，在单元格 A1 中输入“2015-2-7”，在单元格 B1 中输入“2014-6-14”，在单元格 C1 中输入“=A1-B1”后回车，再将其转化为数值格式，即可得到两个日期之间的实际天数为 238 天。

计算两个日期之间精确天数的另一种方法是使用 DATEDIF 函数。如在单元格 C1 中输入“=DATEDIF("2014-6-14","2015-2-7","D")”后回车，即可求得两个日期之间的精确天数为 238 天。

按照“30/360”规则计算两个日期之间的天数时，可以应用 Excel 中的函数 DAYS360，譬如，对于本例的两个日期，在单元格 A1 中输入“2014-6-14”，在单元格 B1 中输入“2015-2-7”，在单元格 C2 中输入“=DAYS360(A1, B1)”后回车，即可求得两个日期之间的天数为 233。也可以直接在单元格 C2 中输入“=DAYS360("2014-6-14","2015-2-7")”后回车求得。

【例 1-4】

某基金按单利计息，年利率为 6%，投资者 A 投入 100 万元，期限为两年。投资者 B 在同一时间也投入 100 万元，但是他在第一年末取回了累积值，紧接着又重新投入。计算他们在第二年末的累积值。

【解】 在第二年末，投资者 A 的累积值为：

$$100\times(1+2\times 0.06)=112(\text{万元})$$

在第一年末，投资者 B 的累积值为：

$$100\times(1+1\times0.06)=106(\text{万元})$$

投资者 B 在第一年末把 106 万元取出，然后又将其重新投入，仍以 6%的单利利率计息，所以在第二年末的累积值为：

$$106\times(1+1\times0.06)=112.36(\text{万元})$$

可见，投资者 B 的累积值更大。这表明在单利条件下，分段投资可以产生更多的利息。下面的例子将表明，分段越多，单利产生的利息也越多。

【例 1-5】

假设单利的年利率为 i，如果把 1 年划分为 n 个相等的时间区间进行分段投资，计算当 n 趋于无穷大时，1 元本金在年末的累积值是多少。

【解】如果不分段投资，年初的 1 元本金在年末的累积值为 $1+i$。

如果把一年划分为 n 个相等的时间区间，则每个区间的长度为 $\frac{1}{n}$。1 元本金在第 1 个区间末的累积值为 $\left(1+\frac{i}{n}\right)$。

该累积值就是第 2 个区间的本金，将其乘以单利在第 2 个时间区间的累积函数 $\left(1+\frac{i}{n}\right)$，即得第 2 个区间末的累积值为：

$$\left(1+\frac{i}{n}\right)\left(1+\frac{i}{n}\right)=\left(1+\frac{i}{n}\right)^2$$

依此类推，1 元本金在第 n 个区间末的累积值为 $\left(1+\frac{i}{n}\right)^n$。

显然，当 $n>1$ 时，分段投资产生的累积值大于一次性投资的累积值，即

$$\left(1+\frac{i}{n}\right)^n>1+i$$

图 1-3 描绘了单利的累积值随着区间个数 n 的增加而增加的过程，其中使用的单利利率为 10%。该图表明，一年划分的时间区间越多，最终产生的累积值越大。

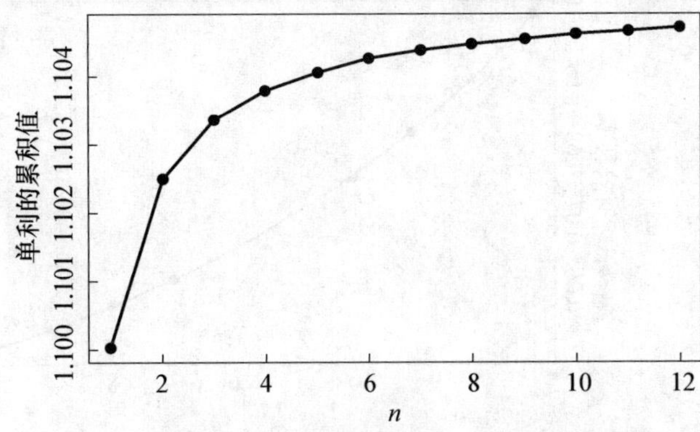

图 1-3　分段投资对单利累积值的影响

当一年被划分的时间区间个数 n 趋于无穷大时，年初的 1 元本金在年末的累积值为：

$$\begin{aligned}\lim_{n\to\infty}\left(1+\frac{i}{n}\right)^n&=\lim_{n\to\infty}e^{n\ln\left(1+\frac{i}{n}\right)}\\&=\lim_{x\to0}\exp\left[\frac{\ln(1+ix)}{x}\right]\quad\left(令\ x=\frac{1}{n}\right)\\&=\lim_{x\to0}\exp\left(\frac{i}{1+ix}\right)\\&=e^i\end{aligned}$$

后面将会说明，e^i 事实上就是按照利息力 i 计算的累积值。

上述结果表明，在分 n 段进行投资的情况下，随着 n 的增大，单利的累积值会不断增大。当 $n\to\infty$ 时，单利的累积值将达到最大值，正好等于应用利息力 i 计算的累积值。由此可见，单利不满足一致性，即分段投资将产生更大的累积值，这是应用单利计息的一个主要缺陷。

单利计息的另一个缺陷是其有效利率随着时间的增加而逐渐减小。在单利条件下，假设年利率为 i，则从 $t-1$ 到 t 的一个年度的有效利率 i_t 可以表示为：

$$\begin{aligned}i_t&=\frac{a(t)-a(t-1)}{a(t-1)}\\&=\frac{(1+it)-[1+i(t-1)]}{1+i(t-1)}\\&=\frac{i}{1+i(t-1)}\end{aligned}$$

可见，在年利率为常数 i 的条件下，单利的有效利率是时间的递减函数，即随着时间的推移，每个时期的有效利率越来越低。这是容易理解的，因为越往后期，积累的利息越多，而这些利息在单利条件下不再产生新的利息，所以有效利率越来越低。单利的有效利率随着时间的增加而逐渐降低的过程如图 1－4 所示，在该图中，单利的年利率为 10%。

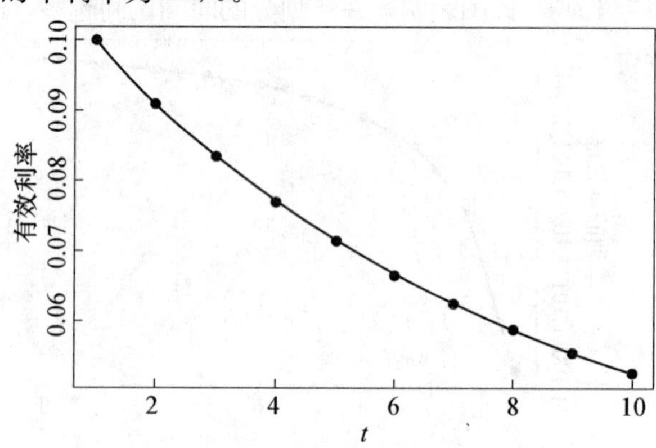

图 1－4　单利的有效利率及其变化规律

1.1.4 复利

单利的利息在后期不再赚取额外的利息，而复利（compound interest）在前期赚取的利息在后期会继续赚取利息。

复利的累积函数为：

$$a(t)=(1+i)^t,\ t\geqslant 0 \tag{1-7}$$

在复利条件下，累积值的增长过程可以如下解释：

假设复利的年利率为 i，那么 1 元本金在第 1 年末的累积值为 $(1+i)$；

这一累积值作为第 2 年的本金进行投资，可赚取利息 $i(1+i)$，再加上年初的本金 $(1+i)$，即得第 2 年末的累积值为 $(1+i)^2$；

第 2 年末的累积值作为第 3 年的本金进行投资，可赚取利息 $i(1+i)^2$，再加上年初的本金 $(1+i)^2$，即得第 3 年末的累积值为 $(1+i)^3$。

依此类推，即得第 t 年末的累积值 $(1+i)^t$。

复利的累积函数随时间呈几何级数增长，如图 1-5 所示。该图中的累积函数为 $a(t)=(1+0.5)^t$，年利率为 $i=0.5$。

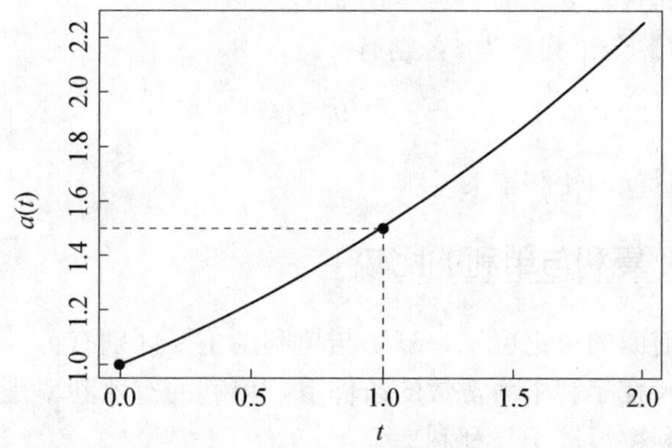

图 1-5 复利的累积函数

【例 1-6】

若复利的年利率为 5%，初始本金为 20 000 元，计算：

(1) 在 9 个月末的累积值；

(2) 在 2 年零 3 个月末的累积值。

【解】 应用式 (1-7)：

(1) 9 个月相当于 $t=9/12=0.75$ 年，所以在 9 个月末的累积值为：

$$20\,000\times(1+0.05)^{0.75}=20\,745.4(\text{元})$$

(2) 2 年零 3 个月相当于 $t=2+3/12=2.25$ 年，所以在 2 年零 3 个月末的累积值为：

$$20\,000\times(1+0.05)^{2.25}=22\,320.6(\text{元})$$

如前所述，在年利率为常数的条件下，单利的有效利率是时间的递减函数，即随着时间的延长，有效利率越来越低。在年利率为常数的条件下，复利的有效利率又是如何变化的呢?

在复利条件下，若令 i 为复利的年利率，则从 $t-1$ 到 t 的一个年度的有效利率 i_t 可以表示为：

$$\begin{aligned}i_t&=\frac{a(t)-a(t-1)}{a(t-1)}\\&=\frac{(1+i)^t-(1+i)^{t-1}}{(1+i)^{t-1}}\\&=i\end{aligned}$$

由此可见，在复利条件下，任意一个年度的有效利率恒等于复利的年利率。

【例 1-7】

投资者从银行借款 20 000 元，按复利计息，4 年后需要偿还本息 25 249.54 元，计算该笔贷款的年利率是多少。

【解】 令年利率为 i，则有

$$20\,000(1+i)^4=25\,249.54\Rightarrow i=6\%$$

即该笔贷款的年利率为 6%。

1.1.5 复利与单利的比较

从前面的讨论可知，复利与单利的主要区别有：

(1) 在年利率为常数的条件下，单利的有效利率是时间的递减函数，而复利的有效利率恒等于复利利率。

(2) 当 $t=0$ 或 $t=1$ 时，根据单利和复利计算的累积值相等。

(3) 当 $0<t<1$ 时，单利的累积值大于复利的累积值。但当利率较低时，它们之间的利息差异很小，因此可以用单利近似复利，即

$$(1+i)^t\approx1+ti,\ t\leqslant1$$

(4) 当 $t>1$ 时，复利的累积值大于单利的累积值，而且随着时间的增加，它们之间的差异越来越大，如图 1-6 所示。其中左图假设利率为 70%，右图假设利率为 10%。

(5) 在本金一定的条件下，单利在相等的时间区间内产生相同的利息，而复利在相等的时间区间内具有相同的增长率。换言之，在时间区间 $(t,\ t+s)$ 内，单利利息的绝对增量与时间起点 t 无关，即为：

$$a(t+s)-a(t)=si$$

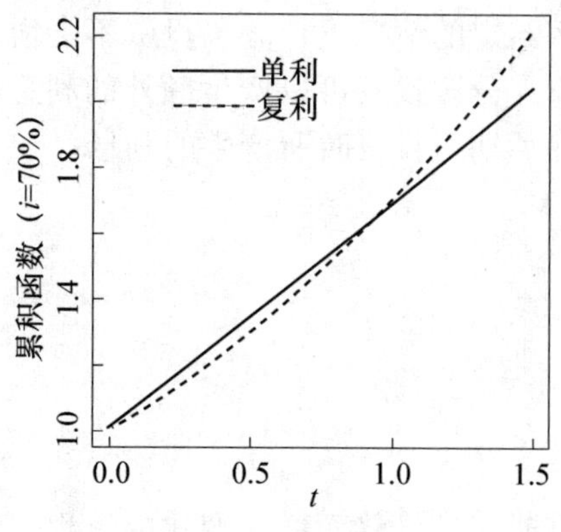

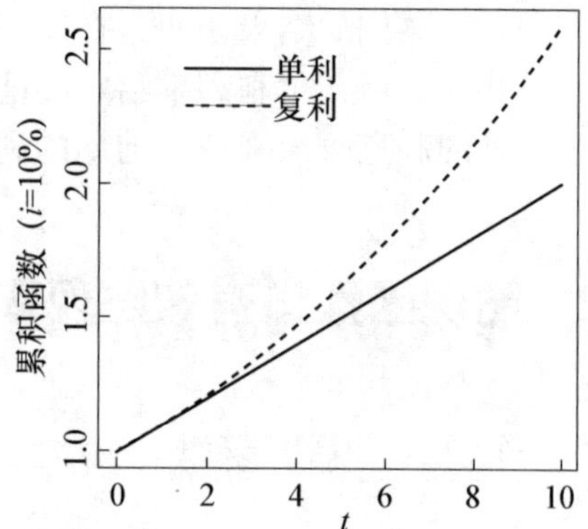

图1-6　单利和复利的累积函数比较

复利利息的相对增量与时间起点 t 无关，即为：

$$\frac{a(t+s)-a(t)}{a(t)}=(1+i)^s-1$$

**【例1-8】**

投资者A和投资者B都在其银行账户中存入10 000元。投资者A的存款期限为2年。投资者B先存1年，在第一年末，他将其账户余额取出后再次存入。在下述两种情况下比较投资者A和投资者B在两年后的账户余额：

(1) 账户按年5%的复利计息。

(2) 账户按年5%的单利计息。

【解】

(1) 如果按年5%的复利计息，则投资者A在两年末的账户余额为：

$$10\,000\times(1+0.05)^2=11\,025(元)$$

投资者B在第一年末的账户余额为：

$$10\,000\times(1+0.05)=10\,500(元)$$

在第一年末，投资者B将其余额10 500元取出后再次存入银行，仍然赚取5%的利率，因此在第二年末，投资者B的账户余额为：

$$10\,500\times(1+0.05)=11\,025(元)$$

可见，如果按复利计算，在第二年末，投资者A和投资者B的账户余额相等。

(2) 如果按年5%的单利计息，投资者A在两年末的账户余额为：

$$10\,000\times(1+2\times0.05)=11\,000(元)$$

投资者B在两年末的账户余额为：

$$10\,000\times(1+0.05)\times(1+0.05)=11\,025(元)$$

可见，在单利计息的情况下，投资者B在两年末的账户余额较大。

该例的结果表明，在复利利率给定的情况下，分段投资不会增加额外的利息收入。但在单利利率给定的情况下，分段投资可以产生额外的利息收入，这种额外的利息收入来源于前期的利息在后期再投资时所产生的利息。

1.2 贴现函数与有效贴现率

1.2.1 贴现函数

前述的累积函数表示资金随着时间的推移而增长变化的过程，用于计算累积值（accumulated value）或终值（future value），即资金在未来时刻的价值。贴现函数是累积函数的倒数，用于计算现值（present value），即未来的一笔资金在当前时刻的价值。计算现值的过程与计算累积值的过程正好相反。譬如年利率为 5%，则当前的 100 元在一年后的累积值为 105 元，这是计算累积值的过程。反过来，如果在一年末想获得 100 元的累积值，当前应该投入 100/1.05＝95.24（元），这是计算现值的过程。

根据累积函数的定义，时刻零点的 1 元本金在时刻 t 的累积值为 $a(t)$。如果在时刻 t 希望获得 1 元的累积值，在时刻零点的本金应该是多少呢？这是一个求现值的过程，即贴现的过程。贴现过程与累积过程是互逆的。如果在时刻 t 希望获得 1 元的累积值，在时刻零点的本金应该是 $a^{-1}(t)=1/a(t)$。$a^{-1}(t)$ 就是所谓的贴现函数（discount function）。

单利和复利的累积函数不同，它们的贴现函数也互不相同。

根据贴现函数的定义，单利的贴现函数为：

$$a^{-1}(t)=(1+it)^{-1} \tag{1-8}$$

复利的贴现函数为：

$$a^{-1}(t)=(1+i)^{-t} \tag{1-9}$$

【例 1-9】

假设投资基金按年单利计息，年利率为 5%，且投资者希望：(1) 在 9 个月末获得 20 000 元；(2) 在 2 年零 3 个月末获得 20 000 元。在上述两种情况下分别计算投资者在期初应该投入到基金中的本金为多少。

【解】 两种情况下的投资时间分别为 9/12＝0.75（年）和 2＋3/12＝2.25（年）。应用单利的贴现函数，投资者在期初应该投入的本金分别为：

(1) $20\,000\times(1+0.75\times0.05)^{-1}=19\,277.1$（元）

(2) $20\,000\times(1+2.25\times0.05)^{-1}=17\,977.5$（元）

【例 1-10】

假设投资基金按复利计息，年利率为 5%，且投资者希望：(1) 在 9 个月末

获得20 000元；(2) 在2年零3个月末获得20 000元。在上述两种情况下分别计算投资者在期初应该投入到基金中的本金为多少。

【解】 应用复利的贴现函数，投资者在期初应该投入的本金分别为：

(1) $20\,000\times(1+0.05)^{-0.75}=19\,281.4$（元）

(2) $20\,000\times(1+0.05)^{-2.25}=17\,920.7$（元）

从上述两例可以看出，在其他条件相同的情况下，如果贴现期不足1年，根据复利计算的现值较大；如果贴现期超过1年，根据单利计算的现值较大。

图1-7比较了单利和复利的贴现函数。可以看出，当$t=0$或$t=1$时，根据单利和复利计算的现值相等；当$t<1$时，根据复利计算的现值较大；当$t>1$时，根据单利计算的现值较大。

在后面的讨论中，除非另有说明，一概使用复利的累积函数和贴现函数。

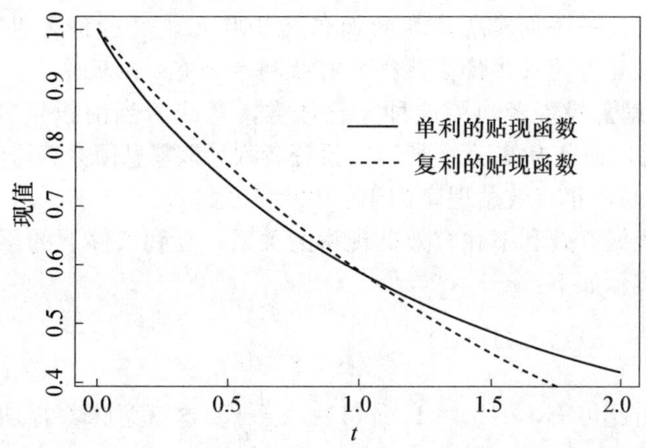

图1-7　单利和复利的贴现函数

说明：该图使用的利率为70%。

1.2.2　有效贴现率

前面给出了根据利率计算现值的方法，下面讨论根据贴现率计算现值的方法。

有效利率是一定时期内产生的利息与期初本金的比率，而有效贴现率（effective rate of discount）是一定时期内产生的利息与期末累积值的比率，也称作实际贴现率。

从$t-1$到t的一个年度的有效贴现率定义为：

$$d_t=\frac{a(t)-a(t-1)}{a(t)} \tag{1-10}$$

式中，分母上是期末的累积值，分子上是当期的利息收入。

注意，在有效贴现率的定义中，使用了累积函数，而不是贴现函数。

如果使用复利的累积函数，则从$t-1$到t的一个年度的有效贴现率是一个常数，可以表示为：

$$d=\frac{(1+i)^{t}-(1+i)^{t-1}}{(1+i)^{t}}=\frac{i}{1+i} \tag{1-11}$$

上式给出了用有效利率表示的有效贴现率。该式表明，有效贴现率就是1单位本金在当期产生的利息 i 与期末累积值（$1+i$）之比，在数值上小于有效利率。

有效贴现率是有效利率的增函数，当有效利率 $i=0$ 时，有效贴现率 $d=0$，而当有效利率 $i\to\infty$ 时，有效贴现率 $d\to 1$，即有效贴现率在（0，1）区间取值，而有效利率在（0，∞）区间取值。

【例 1-11】

假设一年期零息债券的面值为100元，发行价为90元，到期按面值偿还。计算投资者购买该债券获得的有效利率和有效贴现率。

【解】投资者购买这种零息债券，意味着当前投资90元，一年后可以获得100元，利息为10元。所以，投资者购买该零息债券获得的年有效利率为10/90＝11.11％，年有效贴现率为10/100＝10％。

根据有效利率和有效贴现率的关系，复利条件下的累积函数也可以用有效贴现率表示如下：

$$a(t)=(1-d)^{-t} \tag{1-12}$$

由此可得，$a(0)=1$，$a(1)=\frac{1}{1-d}$。这就意味着，期初的1元相当于期末的 $\frac{1}{1-d}$ 元，也就是期初的 $1-d$ 元相当于期末的1元。

期初的 $1-d$ 元累积到期末为1元，表明当期的利息为 d 元，到期的利率为：

$$i=\frac{d}{1-d} \tag{1-13}$$

上式就是用有效贴现率表示的有效利率。

1.2.3 有效利率与有效贴现率的关系

前面已经给出了有效利率与有效贴现率之间的两个基本关系，在此基础上经过变换，还可以求得其他两个重要关系。

(1) $d=i\cdot v$ (1-14)

含义：有效贴现率等于有效利率的现值。

证明：$d=\frac{i}{1+i}=i\cdot\frac{1}{1+i}=i\cdot v$

解释：1元本金投资1个时期，在期末可以获得 i 元利息，它在期初的现值为 iv。上式表明，有效贴现率等于利率的现值。这就意味着，期初投资1元，如果在期末赚取利息，可以获得 i 元利息，如果在期初预收利息，可以获得 d 元利息。

(2) $i-d=id$　　(1-15)

含义：有效利率与有效贴现率之差等于它们的乘积。

证明：

$$d=i\cdot v=i\cdot\frac{1}{1+i}=i\cdot\left(1-\frac{i}{1+i}\right)=i\cdot(1-d)=i-id\Rightarrow i-d=id$$

解释：期初投资1元本金在期末时可以赚取 i 元利息，投资 $1-d$ 元本金在期末时可以赚取 d 元利息（因为 $1-d$ 元本金在期末的累积值是1元），两项投资在期末产生了 $i-d$ 元的利息差额。产生这个利息差额的原因就在于初始本金存在 d 元差额，而这 d 元本金差额在本期可以赚取的利息正好是 id。所以上式左边是两项投资所产生的利息差额，右边是两项投资的本金之差所导致的利息差额，它们是相等的。

**【例1-12】**

如果有效利率可以表示为 $i=\frac{1}{n}$，其中 n 为整数。证明有效贴现率可以表示为：

$$d=\frac{1}{n+1}$$

【解】 $d=\frac{i}{1+i}=\frac{1/n}{1+1/n}=\frac{1}{n+1}$

有效利率与有效贴现率的数值关系如图1-8所示。当有效利率增加时，有效贴现率也逐渐增加，但增加的幅度越来越小，最终趋于1，也就是说，有效贴现率的最大取值是1。当有效贴现率增加时，有效利率也会增加，且增加的幅度越来越大，当有效贴现率趋于1时，有效利率趋于无穷大。

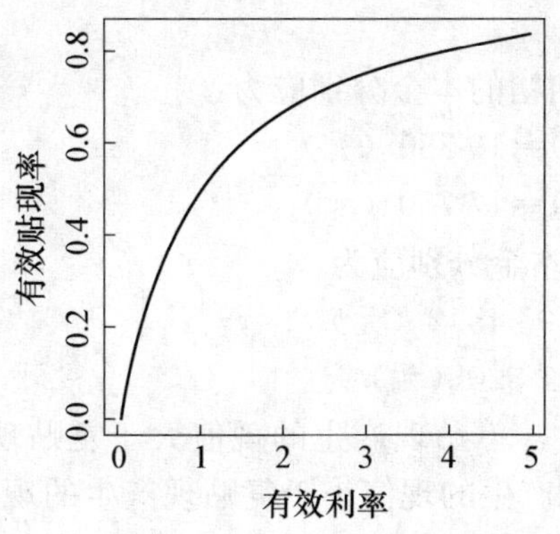

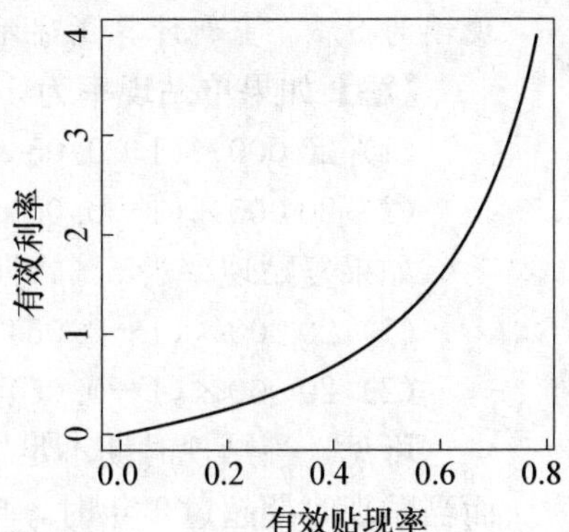

图1-8　有效利率与有效贴现率的数值关系

最后将复利条件下的累积函数和贴现函数总结如下：

累积函数：

$$a(t)=(1+i)^{t}=(1-d)^{-t} \tag{1-16}$$

贴现函数：

$$a^{-1}(t)=(1+i)^{-t}=(1-d)^{t} \tag{1-17}$$

【例 1-13】

假设年有效贴现率为5%，计算在第3年末支付的2 000元在当前时刻的现值是多少，在第5年末的累积值是多少。

【解】 应用贴现函数可以求得在当前时刻的现值为：

$$2\,000\times(1-5\%)^{3}=1\,714.75(\text{元})$$

应用累积函数可以求得在第5年末的累积值为：

$$2\,000\times(1-5\%)^{-2}=2\,216.07(\text{元})$$

1.2.4 单贴现率

前述的有效贴现率是与复利相联系的复贴现率。与此类似，也可以定义与单利相对应的单贴现率。假设单贴现率为d，则时刻t的1元在期初的现值为：

$$a^{-1}(t)=1-dt,\ 0\leqslant t<\frac{1}{d} \tag{1-18}$$

基于单贴现率的贴现函数与基于复贴现率的贴现函数完全不同。单贴现率的应用十分有限，除非特别说明，本书所谓的贴现率就是指复贴现率。

【例 1-14】

假设单贴现率为5%，如果投资者希望：(1) 在9个月末获得20 000元；(2) 在2年零3个月末获得20 000元。分别计算期初的本金应为多少。如果复贴现率为5%，重新计算上述结果。

【解】 如果单贴现率为5%，期初的本金分别应为：

(1) $20\,000\times(1-0.05\times0.75)=19\,250$（元）

(2) $20\,000\times(1-0.05\times2.25)=17\,750$（元）

如果复贴现率为5%，期初的本金分别应为：

(1) $20\,000\times(1-0.05)^{0.75}=19\,245.2$（元）

(2) $20\,000\times(1-0.05)^{2.25}=17\,820$（元）

可见，当贴现时期不足1年时，单贴现产生的现值大于复贴现产生的现值；而当贴现时期超过1年时，单贴现产生的现值小于复贴现产生的现值。这一结论也可通过图1-9得到直观反映。注意，在应用单贴现率时，贴现的时期不能超过单贴现率的倒数$\frac{1}{d}$。

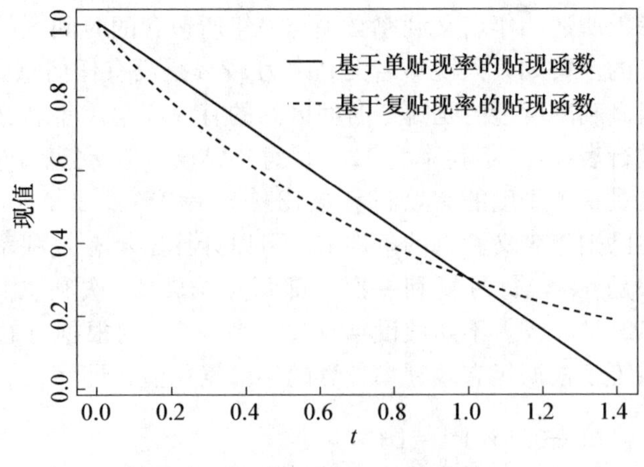

图1-9 单贴现与复贴现的关系

说明：图中使用的贴现率为70%。

1.3 名义利率

1.3.1 名义利率的定义

前述所谓的年有效利率，是指每年末复利一次的年利率，也就是说，在每年末，将当年的利息结转为下年的本金。名义利率（nominal rate of interest）是指在一年内复利多次或多年复利一次的利率。

名义利率的第一种形式是一年复利多次的利率，即一年分若干次将利息转化为本金。为了便于说明名义利率的含义，不妨假设一个简例：银行的贷款利率是12%，借款人从银行获得期限为1年、金额为100万元的贷款。如果银行要求借款人在年末支付12万元利息，则12%就是年有效利率。如果银行要求借款人在每个季度末支付全年利息的1/4，即3万元，则12%就是年名义利率。这个名义利率在每个季度末将当季产生的利息结转为下个季度的本金，即每个季度结转一次利息，也就是每年结转4次利息或每年复利4次。

在名义利率条件下，借款人每季度末支付3万元利息，本金为100万元，所以每季度的有效利率为：

$$3\div100=3\%$$

由此可见，上述名义利率实际上度量了每个季度的有效利率。

在现实中，常用的标准时间单位是年度，所以利率通常表示为年利率的形式。对于不足一个年度的时期，将该时期的有效利率乘以一个年度所包含的时期数，就得到了年名义利率。譬如，假设月有效利率为1%，那么与这个月有效利率相对应的年名义利率可以定义为1%×12=12%。如果一个季度的有效利率为3%，那么与这个季度有效利率相对应的年名义利率可以定义为3%×4=12%。

综上所述，年名义利率必须与一年所包含的时间区间个数相联系，否则是没有意义的。譬如，只说年名义利率为12%是没有任何意义的，因为我们不知道这个年名义利率度量的是哪个时间区间的有效利率。年名义利率可以用下述类似的方法进行表述："年利率为12%，每年结转4次利息（或每个季度复利1次）"。其含义是每个季度的有效利率为12%÷4=3%。

在已知年名义利率的条件下，可以计算出年有效利率。假设一笔贷款的年名义利率是6%，每月复利一次（即每年结转12次利息），那么月有效利率就是6%÷12=0.5%。不妨假设年有效利率为i，则根据月有效利率计算的年末累积值应该等于根据年有效利率计算的年末累积值，即

$$(1+0.5\%)^{12}=1+i$$

由此可得年有效利率为：

$$i=(1+0.5\%)^{12}-1=6.2\%$$

名义利率的第二种形式是多年复利一次的利率，即每隔多年才结转一次利息。譬如，商业银行3年期定期存款的年利率就是这种形式的名义利率。假设商业银行3年期定期存款的年利率为4.5%，存款人在期初存入1元，则在第3年末，可以获得的利息总额为0.045×3=0.135(元)。3年期满之后，这0.135元本金才可结转为下一个存期的本金，也就是所谓的每3年结转一次利息，或每3年复利一次。显然，存款人在这3年期间获得的有效利率为13.5%。也就是说，商业银行3年期定期存款的年利率4.5%是一种名义利率，其含义是3年期的有效利率为13.5%。相应地，其对应的年有效利率i可以由下式求得

$$(1+i)^3=1+13.5\%\Rightarrow i=4.31\%$$

如果用$i^{(m)}$表示一年复利m次的年名义利率，则每个利息结转周期的有效利率就是$\frac{i^{(m)}}{m}$，一年包含m个利息结转周期，所以年末的累积值为$\left[1+\frac{i^{(m)}}{m}\right]^m$，它应该等于以年有效利率$i$计算的年末累积值$(1+i)$，即

$$\left[1+\frac{i^{(m)}}{m}\right]^m=1+i \tag{1-19}$$

由此可得用名义利率表示的年有效利率为：

$$i=\left[1+\frac{i^{(m)}}{m}\right]^m-1 \tag{1-20}$$

相应地，用年有效利率表示的年名义利率为：

$$i^{(m)}=m\left[(1+i)^{\frac{1}{m}}-1\right] \tag{1-21}$$

类似地，应用名义利率可以将累积函数表示为：

$$a(t)=(1+i)^t=\left(1+\frac{i^{(m)}}{m}\right)^{tm} \tag{1-22}$$

多年复利一次（如 k 年复利一次）的名义利率也可以看作每年复利 $m=\frac{1}{k}$ 次的名义利率，在这种情况下，年名义利率与年有效利率之间的上述关系依然成立。

年名义利率与年有效利率之间的关系还可以表示为：

$$1+\frac{i^{(m)}}{m}=(1+i)^{\frac{1}{m}}$$

上式左边表示期初的 1 元本金经过 $\frac{1}{m}$ 时期后用单利计算的累积值，右边表示期初的 1 元本金经过 $\frac{1}{m}$ 时期后用复利计算的累积值，因此，名义利率 $i^{(m)}$ 也可以解释为：在 $\frac{1}{m}$ 时期内与年有效利率（复利利率）等价的单利利率。

【例 1-15】

2 000 元本金按每年复利 4 次的年名义利率 6%进行投资，计算 2.5 年后的累积值。

【解】 本题有两种解法。

方法一：每年复利 4 次，就意味着每季度复利一次，因此每个季度的有效利率为 6%÷4=1.5%。而 2.5 年一共包含 10 个季度，所以 10 个季度末的累积值为：

$$2\,000\times(1+1.5\%)^{10}=2\,321.08(\text{元})$$

方法二：首先计算出年有效利率为：

$$i=\left[1+\frac{i^{(m)}}{m}\right]^m-1=\left(1+\frac{0.06}{4}\right)^4-1=6.136\,4\%$$

再由复利的累积函数公式计算出期末的累积值为：

$$2\,000\times(1+6.136\,4\%)^{2.5}=2\,321.08(\text{元})$$

在 Excel 中，可以用 EFFECT 函数把年名义利率转化为年有效利率，用 NOMINAL 函数把年有效利率转化为年名义利率。

譬如，每年复利 4 次的年名义利率为 6%，在 Excel 的一个单元格中输入"=EFFECT(0.06,4)"并回车，即可得到年有效利率为 0.061 364。

如果给出年有效利率为 0.061 364，在 Excel 的一个单元格中输入"=NOMINAL(0.061 364,4)"后回车，即可得到每年复利 4 次的年名义利率为 0.06。

在年名义利率给定的条件下，每年复利的次数越多，年有效利率越大。表1－2给出了在年名义利率为10%的情况下，年有效利率随每年复利次数的增加而增大的一个例子。

表1－2　年有效利率随复利次数的变化情况

复利次数	年有效利率	年初的1 000元在年末的累积值
1（每年复利一次）	0.100 00	1 100.00
2（每半年复利一次）	0.102 50	1 102.50
4（每季复利一次）	0.103 81	1 103.81
12（每月复利一次）	0.104 71	1 104.71
52（每周复利一次）	0.105 07	1 105.07
365（每天复利一次）	0.105 16	1 105.16

【例1－16】

基金X按每个季度复利一次的年名义利率8%累积，基金Y按每半年复利一次的年名义利率6%累积。在第10年末，两笔基金的总价值是1 000万元。在第5年末，基金X的总价值是基金Y的两倍。计算两笔基金在第二年末的总价值。

【解】基金X每季度的有效利率是2%，10年包含40个季度，所以10年末的累积值为$X\times(1.02)^{40}$，类似可以求得5年末的累积值为$X\times(1.02)^{20}$。基金Y每半年的有效利率是3%，10年包含20个半年，所以10年末的累积值为$Y\times(1.03)^{20}$，类似可以求得5年末的累积值为$Y\times(1.03)^{10}$。

根据题意，可以建立下述方程组：

$$\begin{cases}1\,000=X\times(1.02)^{40}+Y\times(1.03)^{20}\\X\times(1.02)^{20}=2Y\times(1.03)^{10}\end{cases}$$

解此方程组可得

$$X=311.86,\ Y=172.41$$

故两笔基金在第二年末的总价值为：

$$X\times(1.02)^{8}+Y\times(1.03)^{4}=559.44$$

1.3.2 名义利率的应用

在现实中，银行公布的储蓄存款利率基本上都是年名义利率，如表1－3所示。为了比较这些年名义利率，必须将它们转换成年有效利率。以3个月期银行存款的年名义利率1.8%为例，它表示3个月期的有效利率为$1.8\%\div4=0.45\%$，所以对应的年有效利率为：

$$(1.8\%\div4+1)^{4}-1=1.812\%$$

再以3年期银行存款的年名义利率3.69%为例，它表示3年期的有效利率为

3.69%×3=11.07%，所以对应的年有效利率为：

$$(1+3.69\%\times 3)^{\frac{1}{3}}-1=3.562\%$$

其他存款的年名义利率对应的年有效利率也可类似计算，结果如表 1-3 和图 1-10 所示。可见，对于 1 年期的定期存款，年名义利率等价于年有效利率。当存款期限小于 1 年时，年名义利率小于等价的年有效利率。当存款期限大于 1 年时，年名义利率大于等价的年有效利率，且存款期限越长，年名义利率与年有效利率的差异越大。

表 1-3　银行存款的年名义利率及其等价的年有效利率（%）

存款期限	3 个月	6 个月	1 年	2 年	3 年	5 年
存款利率（年名义利率）	1.80	2.25	2.52	3.06	3.69	4.14
等价的年有效利率	1.812	2.263	2.52	3.015	3.562	3.834

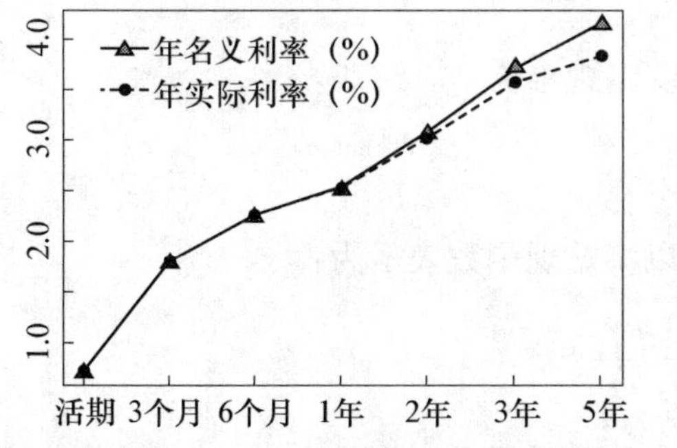

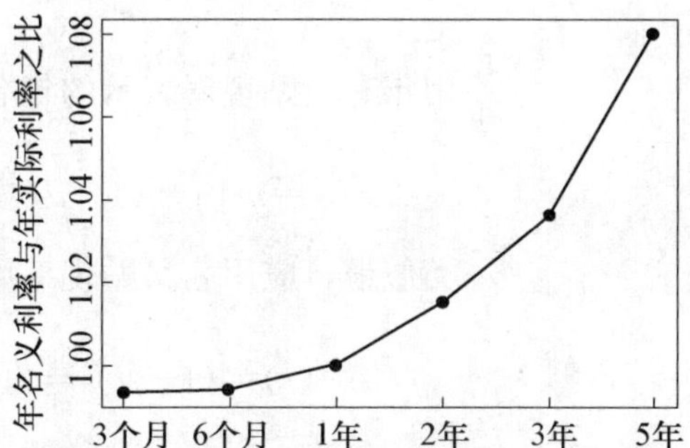

图 1-10　储蓄存款的年名义利率与年有效利率

1.4 名义贴现率

1.4.1 名义贴现率的定义

名义贴现率（nominal rate of discount）用于度量不足一年的一个时间区间内的有效贴现率。譬如，如果每月的有效贴现率为 1%，则相应的年名义贴现率为 1%×12=12%；如果每个季度的有效贴现率为 2%，则相应的年名义贴现率为 2%×4=8%。

根据月有效贴现率，可以计算年有效贴现率。譬如，假设月有效贴现率为 0.5%，则年末的 1 元根据月有效贴现率计算的现值应该等于根据年有效贴现率计算的现值，即

$$(1-0.5\%)^{12}=1-d$$

由此可得年有效贴现率为：

$$1-(1-0.5\%)^{12}=5.8\%$$

在使用名义贴现率的概念时，必须说明多长时间贴现一次，否则是没有意义的。

如果用 $d^{(m)}$ 表示年名义贴现率，每年贴现 m 次，则每$\frac{1}{m}$年的有效贴现率为$\frac{d^{(m)}}{m}$，因此年末的 1 元在年初的现值为$\left[1-\frac{d^{(m)}}{m}\right]^m$，它应该等于按年有效贴现率 d 计算的现值 $(1-d)$，即

$$\left[1-\frac{d^{(m)}}{m}\right]^m=1-d \tag{1-23}$$

由此可得用年名义贴现率表示的年有效贴现率为：

$$d=1-\left[1-\frac{d^{(m)}}{m}\right]^m \tag{1-24}$$

用年有效贴现率表示的年名义贴现率为：

$$d^{(m)}=m\left[1-(1-d)^{\frac{1}{m}}\right] \tag{1-25}$$

类似地，应用名义贴现率可以将贴现函数表示为：

$$a^{-1}(t)=(1-d)^t=\left(1-\frac{d^{(m)}}{m}\right)^{tm} \tag{1-26}$$

年名义贴现率与年有效贴现率的关系还可以表示为：

$$1-\frac{d^{(m)}}{m}=(1-d)^{\frac{1}{m}} \tag{1-27}$$

上式左边表示在$\frac{1}{m}$年末的 1 元用单贴现率计算的现值，右边表示在$\frac{1}{m}$年末的 1 元用复贴现率计算的现值，因此，名义贴现率 $d^{(m)}$ 也可以解释为：在$\frac{1}{m}$年内与有效贴现率（复贴现率）等价的单贴现率。

【例 1-17】

6 个月末到期的 2 000 元，如果按 6%的年名义贴现率贴现，每个季度贴现 1 次，计算其现值为多少。

【解】该题有两种解法。

(1) 每个季度贴现 1 次的年名义贴现率为 6%，所以每个季度的有效贴现率为 6%÷4=1.5%。6 个月一共包含 2 个季度，即 $t=2$，所以应用式（1-26）可得其现值为：

$$2\,000\times(1-1.5\%)^2=1\,940.45(\text{元})$$

（2）首先计算出年有效贴现率为：

$$d=1-\left[1-\frac{d^{(m)}}{m}\right]^m=1-\left(1-\frac{0.06}{4}\right)^4=5.8663\%$$

6 个月等于半年，即 $t=0.5$，所以应用式（1－26）可以求得现值为：

$$2000\times(1-5.8663\%)^{0.5}=1940.45(\text{元})$$

在年名义贴现率给定的条件下，每年的贴现次数越多，年有效贴现率将越小。表 1－4 给出了在年名义贴现率为 10%的情况下，等价的年有效贴现率随贴现次数增加而减小的一个例子。

表 1－4　　　　年有效贴现率随贴现次数的变化情况

贴现次数	年有效贴现率	年末的 1 000 元在年初的现值
1（每年贴现一次）	0.100 00	900.00
2（每半年贴现一次）	0.097 50	902.50
4（每季贴现一次）	0.096 31	903.69
12（每月贴现一次）	0.095 54	904.46
52（每周贴现一次）	0.095 25	904.75
365（每天贴现一次）	0.095 17	904.83

1.4.2　名义利率与名义贴现率的关系

名义利率与名义贴现率之间存在着密切关系，通过这些关系，可以进行名义利率与名义贴现率之间的相互转换。

名义利率 $i^{(m)}$ 与名义贴现率 $d^{(m)}$ 的含义是，在$\frac{1}{m}$年的时间区间内，有效利率和有效贴现率分别为$\frac{i^{(m)}}{m}$和$\frac{d^{(m)}}{m}$。由有效利率与有效贴现率的关系可知，有效贴现率等于有效利率的现值，即有

$$\frac{d^{(m)}}{m}=\frac{i^{(m)}}{m}(1+i)^{-\frac{1}{m}}$$

由此可得名义利率 $i^{(m)}$ 与名义贴现率 $d^{(m)}$ 的一个关系为：

$$d^{(m)}=i^{(m)}v^{\frac{1}{m}} \tag{1-28}$$

上式表明，名义贴现率等于将名义利率贴现$\frac{1}{m}$年求得的现值。

若令 $i^{(m)}$ 为每年复利 m 次的名义利率，$d^{(n)}$ 为每年贴现 n 次的名义贴现率，则年初的 1 元本金用名义利率和名义贴现率计算的年末累积值应该相等，即有

$$\left[1+\frac{i^{(m)}}{m}\right]^m=\left[1-\frac{d^{(n)}}{n}\right]^{-n} \tag{1-29}$$

若令 $m=1$，则上式描述了有效利率 i 与名义贴现率 $d^{(n)}$ 之间的关系。

若令 $n=1$，则上式给出了有效贴现率 d 与名义利率 $i^{(m)}$ 之间的关系。

若令 $m=n=1$，则上式给出了有效利率 i 与有效贴现率 d 之间的关系。

若令 $m=n$，则上式经变形成为：

$$\frac{i^{(m)}}{m}-\frac{d^{(m)}}{m}=\frac{i^{(m)}}{m}\cdot\frac{d^{(m)}}{m} \tag{1-30}$$

上式表明，在$\frac{1}{m}$年的时间区间内，有效利率与有效贴现率之差等于它们的乘积。

【例 1-18】

如果每月复利一次的年名义利率为 6%，计算当每个季度贴现一次的名义贴现率为多少时，名义利率与名义贴现率是等价的（等价的含义是指无论按名义利率计算还是按名义贴现率计算，期末的 1 元在期初的现值是相等的，或期初的 1 元在期末的累积值是相等的。）

【解】 应用式（1-29），有

$$\left(1+\frac{0.06}{12}\right)^{12}=\left(1-\frac{d^{(4)}}{4}\right)^{-4}$$

上式左边是期初的 1 元按名义利率计算的期末累积值，右边是按名义贴现率计算的期末累积值。解上述方程即得每个季度贴现一次的名义贴现率 $d^{(4)}=5.94\%$。

从本例可以看出，当名义利率与名义贴现率等价时，名义利率大于名义贴现率，这一结论总是成立的，即不论多长时间复利一次或贴现一次，只要名义利率与名义贴现率是等价的，则名义利率总是大于名义贴现率。当结转利息的时间长度和贴现的时间长度都为一年时，名义利率就是有效利率，名义贴现率就是有效贴现率，所以，当有效利率和有效贴现率等价时，有效利率总是大于有效贴现率。

【例 1-19】

投资者对某只基金的投资情况如下：初始投入 10 万元，第 15 年末又投入 30 万元。如果此基金在前 10 年按每个季度贴现一次的名义贴现率 d 计息，10 年后按每半年复利一次的年名义利率 6%计息。在第 30 年末，投资者在基金中的累积值为 120 万元。计算 d 的值。

【解】 当 $t=30$ 时，投资者在基金中的累积值可以表示为：

$$10\left(1-\frac{d}{4}\right)^{-40}\left(1+\frac{0.06}{2}\right)^{40}+30\left(1+\frac{0.06}{2}\right)^{30}=120(\text{万元})$$

上式左边的第一项表示初始投入的 10 万元在第 30 年末的累积值，第二项表示第 15 年末投入的 30 万元在第 30 年末的累积值。

解此方程可得

$$d=3.67\%$$

1.5 利息力

年有效利率可以度量资本在一年内平均获取利息的能力，年名义利率可以度量资本在不足一年的时间区间（如半年、一个季度或一个月）内平均获取利息的能力，而利息力（force of interest）可以度量资本在每个时间点上获取利息的能力。

利息力在期货、期权和其他衍生金融工具的定价中具有十分重要的应用价值。在某些借贷业务中，如银行同业拆借，也使用利息力作为计算利息的基本依据。

利息力度量了资本每个时点上的利息增长强度，可以用累积函数的相对变化率定义如下：

$$\delta(t)=\frac{a'(t)}{a(t)} \tag{1-31}$$

式中，分子上是累积函数关于时间 t 的导数，表示在时点 t，累积值在单位时间内的变化速率；分母上是在时点 t 的累积值。因此，上式定义的利息力也就是在时点 t，单位金额在单位时间内的变化速率。

由于 $A(t)=A(0)a(t)$，所以利息力还可用金额函数表示为：

$$\delta(t)=\frac{a'(t)}{a(t)}=\frac{A'(t)}{A(t)}$$

下面从导数的定义出发，讨论对利息力的直观解释。根据导数的定义，有

$$a'(t)=\lim_{\varepsilon\to 0}\frac{a(t+\varepsilon)-a(t)}{\varepsilon}$$

所以，利息力可以表示为：

$$\delta(t)=\frac{a'(t)}{a(t)}=\lim_{\varepsilon\to 0}\frac{a(t+\varepsilon)-a(t)}{\varepsilon\cdot a(t)}$$

式中，$a(t+\varepsilon)-a(t)$ 表示在长度为 ε 的时间区间（t，$t+\varepsilon$）内产生的利息，期初的本金为 $a(t)$，所以$\dfrac{a(t+\varepsilon)-a(t)}{a(t)}$表示在时间区间（$t$，$t+\varepsilon$）的有效利率。

一年包含 $\dfrac{1}{\varepsilon}$ 个长度为 ε 的时间区间，所以，每个时间区间的有效利率 $\dfrac{a(t+\varepsilon)-a(t)}{a(t)}$与一年所包含的时间区间个数$\dfrac{1}{\varepsilon}$相乘就是相应的年名义利率 $\dfrac{a(t+\varepsilon)-a(t)}{\varepsilon\cdot a(t)}$。

$\varepsilon \to 0$ 意味着连续结转利息，亦即连续复利，所以利息力就是在连续结转利息时的年名义利率。连续结转利息等价于复利次数趋于无穷大，所以利息力也可以解释为复利次数趋于无穷大时的年名义利率。

由前面可知，累积函数可以用年有效利率、年名义利率、年有效贴现率或年名义贴现率表示。下面讨论如何用利息力表示累积函数。由利息力的定义可知

$$\delta(t)=\frac{a'(t)}{a(t)}=[\ln a(t)]'$$

上式中，用 s 代替 t，并在等式两边从 0 到 t 积分可得

$$\int_0^t \delta(s)\mathrm{d}s=\int_0^t [\ln a(s)]'\mathrm{d}s=\ln a(t)-\ln a(0)=\ln a(t)$$

上式经变形，可以用利息力把累积函数表示如下：

$$a(t)=\exp\left(\int_0^t \delta(s)\mathrm{d}s\right) \tag{1-32}$$

【例 1-20】

已知积累函数为 $a(t)=8t^2+2t+100$，求 $t=0.5$ 时的利息力。

【解】 由利息力的定义可得

$$\delta(t)=\frac{a'(t)}{a(t)}=\frac{16t+2}{8t^2+2t+100}$$

所以有 $\delta(0.5)=9.71\%$。

【例 1-21】

已知时间 t 的利息力为 $\delta(t)=\frac{2t}{t^2+120}$，计算从第 4 年末到第 8 年末的年有效利率。

【解】 用利息力表示的累积函数为：

$$a(t)=\exp\left(\int_0^t \frac{2s}{s^2+120}\mathrm{d}s\right)$$

如果应用累积函数计算，第 4 年末的 1 元到第 8 年末将累积为：

$$\frac{a(8)}{a(4)}=\exp\left(\int_4^8 \frac{2s}{s^2+120}\mathrm{d}s\right)=1.3529(\text{元})$$

如果应用年有效利率计算，第 4 年末的 1 元到第 8 年末将累积为 $(1+i)^4$。令上述两个累积值相等：

$$(1+i)^4=1.3529$$

即得从第 4 年末到第 8 年末的年有效利率为 $i=7.8491\%$。

【例 1-22】

根据单利的累积函数计算利息力。

【解】单利条件下的累积函数为 $a(t)=1+it$，所以单利条件下的利息力为

$$\delta(t)=\frac{a'(t)}{a(t)}=\frac{(1+it)'}{1+it}=\frac{i}{1+it}$$

可见，单利条件下的利息力是时间 t 的递减函数。

【例 1-23】

根据复利的累积函数计算利息力。

【解】在复利条件下，累积函数为 $a(t)=(1+i)^t$，根据利息力的定义可得

$$\delta(t)=\frac{a'(t)}{a(t)}=\frac{[(1+i)^t]'}{(1+i)^t}=\frac{(1+i)^t\ln(1+i)}{(1+i)^t}=\ln(1+i) \qquad (1-33)$$

可见在复利条件下，利息力是常数，与时间 t 无关。

将上式变形，可以将年有效利率用利息力表示为：

$$i=e^{\delta}-1 \qquad (1-34)$$

可见，当利息力为常数时，年有效利率也是常数。但是，当年有效利率为常数时，利息力却未必一定是常数。这是因为利息力度量的是每一个时点上的利息增长强度，而年有效利率度量的是一个年度的平均利息增长强度，所以，当每个时点上的利息增长强度为常数时，在一年内的平均利息增长强度必定为常数。但是，当一个时期内的平均利息增长强度为常数时，未必能保证在每个时点上的利息增长强度也为常数。

【例 1-24】

当每年的复利次数或贴现次数 $m\to\infty$ 时，求年名义利率和年名义贴现率的极限。

【解】根据年名义利率和有效利率的关系，年名义利率的极限可以表示为：

$$\begin{aligned}\lim_{m\to\infty} i^{(m)} &= \lim_{m\to\infty} m\left[(1+i)^{\frac{1}{m}}-1\right]\\ &=\lim_{x\to 0}\frac{(1+i)^x-1}{x} \quad \left(令\ x=\frac{1}{m}\right)\\ &=\ln(1+i)\\ &=\delta\end{aligned}$$

类似地，名义贴现率的极限可以表示为：

$$\begin{aligned}\lim_{m\to\infty} d^{(m)} &= \lim_{m\to\infty} m\left[1-(1-d)^{\frac{1}{m}}\right]\\ &=\lim_{m\to\infty}\frac{1-(1-d)^x}{x} \quad \left(令\ x=\frac{1}{m}\right)\\ &=-\ln(1-d)\\ &=\ln(1+i)\\ &=\delta\end{aligned}$$

该例的结果表明，当每年的复利次数或贴现次数趋于无穷大时，年名义利率和年名义贴现率相等，都等于利息力。

在复利条件下，累积函数可以分别用有效利率、名义利率、有效贴现率、名义贴现率或利息力来表示：

$$\begin{aligned} a(t) &= (1+i)^t = \left[1+\frac{i^{(m)}}{m}\right]^{mt} \\ &= (1-d)^{-t} = \left[1-\frac{d^{(m)}}{m}\right]^{-mt} \\ &= e^{\delta t} = \exp\left(\int_0^t \delta(s)\,ds\right) \end{aligned}$$

如果用各种利息度量工具表示的累积函数是相同的，则可以称这些利息度量工具是等价的。譬如，与年有效利率 i 等价的年有效贴现率为 d，利息力为 δ。注意，这里所谓的等价，是指它们对利息的计量结果在价值上是相同的，但它们在数值大小上并不相同，譬如与年利率 $i=10\%$ 等价的年有效贴现率为 $d=9.1\%$，在数值上年有效利率大于年有效贴现率，这是因为利率是在年末收取的，而贴现率是在年初收取的。基于同样的原因，各种等价的利息度量工具在数值上有下述大小关系：

$$d \leqslant d^{(2)} \leqslant d^{(3)} \leqslant \cdots \leqslant \delta \leqslant \cdots \leqslant i^{(3)} \leqslant i^{(2)} \leqslant i$$

图1-11直观地展示了上述各种利息度量工具之间在数值上的大小关系。该图使用的年有效利率为5%。可以看出，随着每年复利次数 m 的增加，等价的年名义利率逐渐变小，而等价的年名义贴现率逐渐变大。当复利次数趋于无穷大时，它们都等于利息力。

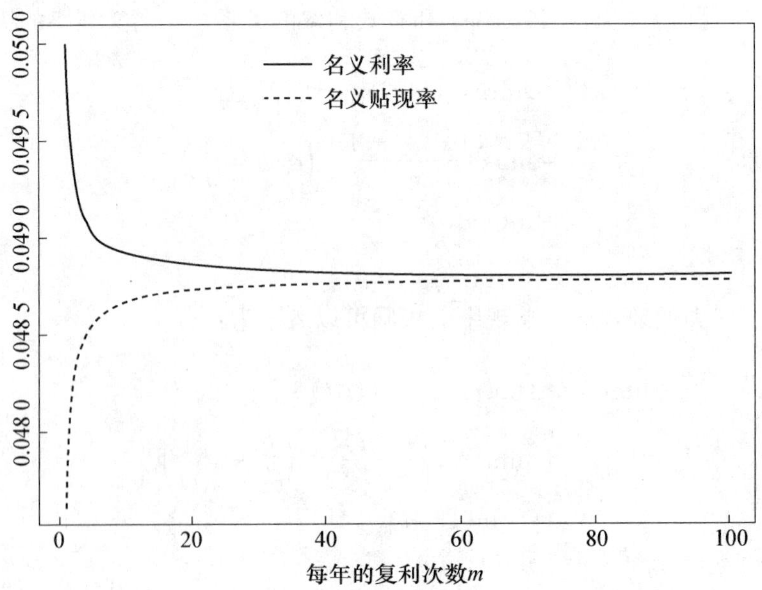

图1-11　各种等价的利息度量工具之间的数值大小关系

【例 1-25】

投资者 A 在银行存入 10 万元，按每半年复利一次的年名义利率 i 计息；与此同时，投资者 B 也在银行存入 10 万元，按常数利息力 δ 计息。经过 5 年之后，两人的存款都累积到了 20 万元。求（$i-\delta$）的值。

【解】 5 年之后，投资者 A 的存款将累积到

$$10\times(1+i/2)^{2\times5}=20$$

由此可得

$$i=0.143\,547$$

5 年之后，投资者 B 的存款将累积到

$$10\times e^{5\delta}=20$$

由此可得

$$\delta=0.138\,629$$

所以

$$i-\delta=0.49\%$$

1.6　贴现力

与利息力的定义相对应，贴现力（force of discount）是指贴现函数的单位变化率，即

$$\delta(t)=-\frac{[a^{-1}(t)]'}{a^{-1}(t)}$$

可见，贴现力的定义公式与利息力的定义公式基本相同，只是由于贴现函数是递减的，所以为了保证贴现力的值大于零，在前面增加了一个负号。

应用求导公式，将上式变形即得

$$\begin{aligned}\delta(t)&=-\frac{[a^{-1}(t)]'}{a^{-1}(t)}\\&=\frac{a^{-2}(t)a'(t)}{a^{-1}(t)}\\&=\frac{a'(t)}{a(t)}\end{aligned}$$

由此可见，贴现力与利息力是等价的。这个结论也可以解释如下：利率之所

以在数值上大于贴现率，是因为利率是在期末赚取的，而贴现率是在期初预收的。利息力和贴现力表示在一个时间点上的利息增长强度，期初和期末相互重叠，所以利息力和贴现力也就相等了。

由于贴现力与利息力是等价的，所以在实际应用中经常使用利息力的概念，很少使用贴现力的概念。

1.7 利率概念辨析

利率是一个应用十分广泛的概念，也是一个容易引起歧义的概念。本节指出了在使用利率及其相关概念时可能出现的某些混淆，希望读者注意辨析。

1.7.1 实际利率与名义利率

在本章中，有效利率（effective interest rate）是指在每一个度量时期内只复利一次的利率；而名义利率是指在一个度量时期内复利多次或在多个度量时期复利一次的利率。

在经济学文献中，所谓的实际利率（real interest rate）是指扣除了预期的通货膨胀影响以后的利率；而名义利率（nominal interest rate）是指没有扣除通货膨胀影响的利率。

下面根据经济学中关于实际利率和名义利率的定义，给出它们之间的严格关系。

假设用 i 表示名义利率，用 r 表示实际利率，用 π 表示通货膨胀率，则有下述关系：

$$1+i=(1+r)(1+\pi) \tag{1-35}$$

实际利率可以用名义利率和通货膨胀率表示为：

$$r=\frac{i-\pi}{1+\pi} \tag{1-36}$$

上式经变形有

$$i=r+\pi+r\pi \tag{1-37}$$

在通常情况下，r 和 π 都是很小的数，它们的乘积就更小，非常接近零，所以上式可以近似表示为：

$$i\approx r+\pi \tag{1-38}$$

即名义利率近似等于实际利率与通货膨胀率之和。

或者

$$r \approx i - \pi \tag{1-39}$$

即实际利率近似等于名义利率减去通货膨胀率。

譬如，假设面包当前的单价是 1 元，则当前的 1 元可买 1 个面包。如果当前的 1 元在 1 年后可以增值为 1.32 元，则名义利率为 32%。若通货膨胀率为 20%，则面包价格变为 1.2 元，此时，1 年后的 1.32 元可买 1.1 个面包。换言之，当前的 1 元相当于 1 个面包，在 1 年后相当于 1.1 个面包，所以年实际利率为 10%。

应用式（1－36），实际利率的计算公式为：

$$r=\frac{i-\pi}{1+\pi}=\frac{32\%-20\%}{1+20\%}=10\%$$

如果应用式（1－39）计算，则实际利率近似为：

$$r \approx i-\pi=32\%-20\%=12\%$$

本例的实际利率和通货膨胀率较大，所以近似计算的误差也较大，为 2%。

1.7.2　利率与贴现率

在经济学文献中，利率和贴现率是使用频率很高的两个概念，但这两个概念也经常被混淆。尤其是在需要计算现值的场合，利率常常误被称为贴现率。

利率是以本金（或现值）为基础计算的，而贴现率正好相反，它是以累积值为基础计算的。譬如，如果当前的 100 元本金在一年以后的累积值为 110 元，那么这笔款项的利率为 10÷100＝10%。反过来，如果年末到期的 110 元的现值为 100 元，那么贴现率就是 10÷110＝9.091%。尽管利率和贴现率的计算基础完全不同，但它们之间存在着下述换算关系：

$$\text{利率}=\frac{\text{贴现率}}{1-\text{贴现率}}$$

从理论上讲，计算现值既可以应用利率，也可以应用贴现率。譬如，计算年末的 110 元在当前的现值可以通过下述两种方法：

（1）通过利率计算，现值为 110÷(1＋0.10)＝100（元）。

（2）通过贴现率计算，现值为 110×(1－9.091%)＝100（元）。

两种结果完全相同，只是第一种方法按 10%的利率计算，而第二种方法按 9.091%的贴现率计算。

由于计算现值的过程就是贴现的过程，所以有些文献在应用利率计算现值时，误将利率称为贴现率。

事实上，计算现值既可以使用利率，也可以使用贴现率，但许多人可能更加习惯于使用利率计算现值。

□小　结

本章介绍了利息的各种度量工具，主要包括有效利率、名义利率、有效贴现率、名义贴现率和利息力。它们之间的关系可以总结如下：

1. 累积函数是期初的1元本金在时刻 t 的累积值。复利的累积函数可以用各种利息度量工具表示如下：

$$a(t)=(1+i)^t=\left[1+\frac{i^{(m)}}{m}\right]^{mt}=(1-d)^{-t}=\left[1-\frac{d^{(m)}}{m}\right]^{-mt}$$
$$=e^{\delta t}=\exp\left(\int_0^t\delta(s)\mathrm{d}s\right)$$

单利的累积函数可以表示为：

$$a(t)=1+it$$

贴现函数是累积函数的倒数，即为 $a^{-1}(t)$。

2. 常用的各种利息度量工具之间有如下关系：

(1) $d=\dfrac{i}{1+i}$；

(2) $i=\dfrac{d}{1-d}$；

(3) $v=1-d$；

(4) $i-d=id$；

(5) $i^{(m)}=m[(1+i)^{\frac{1}{m}}-1]$；

(6) $d^{(m)}=m[1-(1-d)^{\frac{1}{m}}]$；

(7) $d^{(m)}=i^{(m)}\left[1+\dfrac{i^{(m)}}{m}\right]^{-1}$；

(8) $\delta=\ln(1+i)$。

3. 现实生活中使用的利率大多是年名义利率，为了比较它们之间的大小关系，应该将其换算为等价的年有效利率。

□习　题

1.1　在当前时刻投资6 000元，如果以单利计息，2年后可以获得1 500元的利息。如果利率不变，但用复利计息，计算2 000元投资在第3年末的累积值。

1.2　在第1个月末支付3 140元的现值与第18个月末支付2 710元的现值之和，等于在第 T 个月末支付10 040元的现值。假设年有效利率为5%，求 T。

1.3　在当前时刻，投资者A在其账户存入 X，按每半年复利一次的年名义利率 i 计息。同时，投资者B在另一个账户存入 $2X$，按单利利率 i 来计息。假设两个投资者在第 9 年的上半年将获得相等的利息，求 i。

1.4　投资者 A 在一只基金中的初始投资为 10 万元，5 年后又投入 30 万元，已知该基金按单利 11%计息。n 年后，投资者 B 在另一只基金中存入 10 万元，$2n$ 年后又投入 30 万元，已知该基金按复利 9.15%计息。在第 10 年末，两个投资者的累积值相等。求 n。

1.5　一项投资以 δ 的利息力累积，27.72 年后将翻番。1 单位的投资以每两年复利一次的名义利率 δ 累积 n 年，累积值将成为 7.04。求 n。

1.6　如果年名义贴现率为 6%，每四年贴现一次，计算 100 万元在两年末的累积值。

1.7　如果名义利率 $i^{(m)}=0.1844144$，名义贴现率 $d^{(m)}=0.1802608$，计算 m。

1.8　基金 A 以每月复利一次的名义利率 12%累积。基金 B 以 $\delta(t)=t/6$ 的利息力累积。在零时刻，分别存入 1 元到两只基金中。计算在何时两只基金的累积值将相等。

1.9　基金 A 以利息力 $\delta(t)=a+bt$ 累积，基金 B 以利息力 $\delta(t)=g+ht$ 累积。当 $t=0$ 和 $t=n$ 时，基金 A 与基金 B 的价值相等。已知 $a>g>0$，$h>b>0$，求 n。

1.10　在当前时刻将 100 万元投入一只基金。该基金在前两年以每个季度贴现一次的名义贴现率 d 支付利息；从 $t=2$ 开始，按照利息力 $\delta(t)=1/(t+1)$ 支付利息。在 $t=5$ 时，投资者在该基金的累积值为 260 万元。求 d。

1.11　一项投资的累积函数为 $t+1$ $(t>0)$；另一项投资的累积函数为 $1+t^2$。问：两项投资的利息力在何时相等？

1.12　已知利息力为 $\delta(t)=2/(t+1)$。假设第三年末支付 300 万元的现值与第六年末支付 600 万元的现值之和，等于第二年末支付 200 万元的现值与第五年末支付 X 万元的现值之和。求 X。

1.13　已知利息力为 $\delta(t)=t^3/100$。求 $a^{-1}(3)$。

1.14　投资者在时刻零向基金投入 100 万元，在时刻 3 又投入 X 万元。此基金按利息力 $\delta(t)=t^2/100$ 累积，其中 $t>0$。从时刻 3 到时刻 6 的总利息为 X，求 X。

1.15　投资者在时刻零投资 1 000 万元，按照以下利息力计息：当 $0\leqslant t\leqslant 3$ 时，利息力为 $\delta(t)=0.02t$；当 $t>3$ 时，利息力为 $\delta(t)=0.045$。求前 4 年每季度复利一次的年名义利率。

1.16　已知每半年复利一次的年名义利率为 7.5%，求下列两项之和：(1) 利息力；(2) 每季度贴现一次的年名义贴现率。

1.17　当 $0<t\leqslant 5$ 时，利息力为 $\delta(t)=kt$；当 $5<t\leqslant 10$ 时，利息力为 $\delta(t)=kt^2/25$。假设期初的 1 单位本金在第 10 年末将会累积到 2.718 3，求 k。

1.18　已知利息力为 $\delta(t)=1/(t+2)$，当前时刻的 1 单位投资在前 n 年赚取的利息总额为 8。求 n。

1.19　2014年1月1日，投资者向一只基金投入1 000万元，该基金在t时刻的利息力为$\delta(t)=0.1(t-1)^2$，求该笔投资在2016年1月1日的累积值。

1.20　2018年1月1日，投资者A在一只基金中投入X，该基金按单利10%计息；在同一天，投资者B在另一只基金中也投入X，该基金按利息力$\delta(t)=2t/(t^2+k)$计息。假设从第4年末到第8年末，两个投资者赚取的利息相等，计算k。

第 2 章 等额年金

Chapter 2

在投资分析中，经常需要计算一个现金流的价值。现金流的形式多种多样，既有毫无规律可循的一般现金流，也有支付时间和支付金额非常规律的现金流。本章首先分析最规律的一种现金流，即等额年金，下一章再讨论更为一般的现金流。

等额年金是一种特殊的现金流，每隔固定时期支付相等的金额。本章主要介绍等额年金的含义，等额年金的现值和终值以及它们之间的相互关系，等额年金在任意时点上的价值，每年支付 m 次的等额年金和每年连续支付的等额年金。

为方便起见，表 2-1 给出了本章使用的主要符号及其含义。

表 2-1 **符号及其说明**

符号	说明
$a_{\overline{n}\rceil}$，$s_{\overline{n}\rceil}$	每年支付 1 元，n 年期期末付年金的现值和终值
$\ddot{a}_{\overline{n}\rceil}$，$\ddot{s}_{\overline{n}\rceil}$	每年支付 1 元，n 年期期初付年金的现值和终值
$a_{\overline{n}\rceil}^{(m)}$，$s_{\overline{n}\rceil}^{(m)}$	每年支付 1 元，分 m 次等额支付，n 年期期末付年金的现值和终值
$\ddot{a}_{\overline{n}\rceil}^{(m)}$，$\ddot{s}_{\overline{n}\rceil}^{(m)}$	每年支付 1 元，分 m 次等额支付，n 年期期初付年金的现值和终值
$\bar{a}_{\overline{n}\rceil}$，$\bar{s}_{\overline{n}\rceil}$	每年支付 1 元，n 年期连续支付年金的现值和终值

2.1 年金的含义

年金（annuity）是一种特殊的现金流，定义为一系列的收款或付款。本书后面统一使用“给付”、“支付”或“付款”等概念来定义年金，其结论同样适用于收款的情形。

年金最早期的含义是指一种支付间隔和支付金额非常规律的现金流，即每年付款一次，每次支付相等的金额。现在，年金的含义被广泛应用于更加一般的情形。如每季付款一次、每月付款一次或每周付款一次的现金流都可以称作年金。每次付款的金额也未必是相等的，可以按照某种规律递增或递减，这就是所谓的变额年金。

现实中的年金多种多样，可以从不同的角度对它们进行分类。

（1）按照支付时间和支付金额是否确定，年金可以划分为确定年金和风险年金。如果年金的支付时间和支付金额都是事先确定的，这种年金就是确定年金，如政府发行的附息债券，每年支付的利息金额就是一种确定年金。本书讨论的年金都是确定年金。为简单起见，后面将确定年金直接称为年金。支付时间和支付金额不确定的年金称作风险年金，如终身生存年金就是一种风险年金，从开始给付一直到被保险人死亡的整个期间，保险公司都需要定期给付年金，但被保险人何时死亡是不确定的，因此年金的给付次数是不确定的，取决于被保险人的实际生存年数。

（2）按照支付期限长短，年金可以划分为定期年金和永续年金。年金的支付期限是指从第一次付款开始直至最后一次付款结束的整个期间。如果支付期限是有限的，相应的年金称作定期年金；如果支付期限是无限的，相应的年金称作永续年金。西方国家有些债券是没有到期期限的，其利息可视为永续年金。此外，优先股因为有固定的股息而又无到期日，也可以看作永续年金。

（3）按照支付周期不同，年金可以分为每年支付一次的年金，每季支付一次的年金，每月支付一次的年金，等等。如果年金是连续不断地支付的，则这种年金就是所谓的连续支付年金，简称连续年金。

（4）按照年金支付的时点不同，年金可以分为期初付年金和期末付年金。期初付年金是指在每个支付周期的期初（如年初、季度初、月初）支付的年金，期末付年金是指在每个支付周期的期末（如年末、季度末、月末）支付的年金。

（5）按照第一次支付的时间不同，年金可以分为即期年金和延期年金。即期年金是指在第一期就开始支付的年金。延期年金是指延迟若干个时期以后才开始支付的年金。

（6）按照每次付款的金额是否相等，年金可以划分为等额年金和变额年金。等额年金是指每次支付相等金额的年金。变额年金是指每次的付款金额不相等的年金。

本章仅讨论等额年金的价值分析，如果没有特别说明，本章所谓的“年金”均指等额年金（level annuity）。

2.2 年金的现值

不同的现金流因为其付款的时间和金额不同而不能直接比较其价值。一种可行的比较方法是计算现金流的现值（present value），即它们在当前时刻的价值。

年金的现值是指年金的一系列付款在期初的价值。年金有即期年金和延期年金之分，有期初付年金和期末付年金之分，还有定期年金和永续年金之分。下面分别讨论这些年金的现值计算问题。

2.2.1　期末付定期年金的现值

如果年金的支付期限是 n 个时期，在每个时期的期末支付 1 元，那么这种年金就是期末付定期年金（annuity-immediate）。

期末付定期年金的现值用符号 $a_{\overline{n}|i}$ 表示，其中 n 表示年金的支付次数，i 表示计算年金现值时使用的利率。在不致引起混淆的情况下，可以省略利率符号，把年金的现值简记为 $a_{\overline{n}|}$。

期末付定期年金的现值计算公式为：

$$a_{\overline{n}|}=\frac{1-v^n}{i} \tag{2-1}$$

证明：期末付年金的现值可以表示为：

$$a_{\overline{n}|}=v+v^2+\cdots+v^n \tag{2-2}$$

由此可得

$$(1+i)a_{\overline{n}|}=1+v+\cdots+v^{n-1} \tag{2-3}$$

用式（2－3）减去式（2－2）即得

$$ia_{\overline{n}|}=1-v^n\Rightarrow a_{\overline{n}|}=\frac{1-v^n}{i}$$

【例 2－1】

解释下述等式两边的现金流是等价的。

$$ia_{\overline{n}|}+v^n=1$$

【解】上述恒等式是期末付定期年金现值公式即式（2－1）的变形，可以解释如下：

等式左边是期初投资的 1 元本金在未来产生的所有收入的现值：如果期初投资 1 元，历时 n 个时期，利率为 i，那么在每个时期末将产生 i 元的利息，这些利息的现值为 $ia_{\overline{n}|}$。在第 n 期末，还可以收回初始投资的 1 元本金，其现值为 v^n。

等式右边是期初投资的 1 元本金的现值。

等式两边是同一笔投资的现值，所以在价值上应该相等。

【例 2－2】

一笔年金在 20 年内每年末支付 4，另一笔年金在 10 年内每年末支付 5。如果年利率为 i，则这两笔年金的现值相等。若另一笔款项在 n 年内以利率 i 投资则可以翻番，求 n。

【解】根据题意，有等式：

$$4a_{\overline{20}|}=5a_{\overline{10}|}$$

故有

$$4 \cdot \frac{1-v^{20}}{i} = 5 \cdot \frac{1-v^{10}}{i}$$

$$4v^{20} - 5v^{10} + 1 = 0$$

$$v^{10} = 0.25$$

$$i = 0.148\,698$$

假设另一笔款项的投资额为 x，则有 $x(1+i)^n = 2x$，由此可解得 $n=5$。

2.2.2 期初付定期年金的现值

假设年金的支付期限是 n 个时期，在每个时期的期初支付 1 元，那么这种年金就是期初付定期年金（annuity-due）。

期初付定期年金的现值用符号 $\ddot{a}_{\overline{n}|i}$ 表示，其中 n 表示年金的支付次数，i 表示计算年金现值使用的利率。在不致引起混淆的情况下，可以省略利率符号，简记为 $\ddot{a}_{\overline{n}|}$。

期初付定期年金现值的计算公式为：

$$\ddot{a}_{\overline{n}|} = \frac{1-v^n}{d} \tag{2-4}$$

期初付定期年金的现值可以通过期末付定期年金的现值求得。期初付年金的每 1 元款项都比期末付年金提前了一个时期，而期初的 1 元相当于期末的 $(1+i)$ 元，因此将期末付年金的现值乘以 $(1+i)$ 即可得到期初付年金的现值，即

$$\ddot{a}_{\overline{n}|} = (1+i)a_{\overline{n}|} \tag{2-5}$$

上式经过简单变形，即得式（2-4）。

式（2-5）中期初付年金与期末付年金之间的关系如表 2-2 所示。

表 2-2 期初付年金与期末付年金的关系

时间	0	1	2	3	…	…	$n-2$	$n-1$	n
期初付年金	1	1	1	1	…	…	1	1	
等价的期末付年金		$1+i$	$1+i$	$1+i$	$1+i$	…	…	$1+i$	$1+i$

期初付定期年金的现值与期末付定期年金的现值之间还存在下述关系：

$$\ddot{a}_{\overline{n}|} = 1 + a_{\overline{n-1}|} \tag{2-6}$$

这是因为 $\ddot{a}_{\overline{n}|}$ 的 n 次付款可以分解为在 0 时刻的 1 次付款再加上后面的 $(n-1)$ 次付款。第 1 次付款的现值为 1，而后 $(n-1)$ 次付款的现值为 $a_{\overline{n-1}|}$。

【例 2-3】

企业租用了一间仓库，一次性支付 50 000 元的租金后可以使用 8 年。年利率

为6%。如果每年初支付租金，该仓库的年租金应该是多少？

【解】设每年初的租金为x，则根据题意，可以建立下述方程：

$$50\,000=x\ddot{a}_{\overline{8}|6\%}$$

因此每年初的租金应为：

$$x=\frac{50\,000}{\ddot{a}_{\overline{8}|6\%}}=\frac{50\,000}{6.582\,4}=7\,596(\text{元})$$

2.2.3 期末付永续年金的现值

永续年金（perpetuity）是指无限期地支付下去的年金，因此，其现值等于定期年金的现值在支付期限$n\rightarrow\infty$时的极限。若用$a_{\overline{\infty}|}$表示期末付永续年金的现值，则有

$$a_{\overline{\infty}|}=\lim_{n\rightarrow\infty}a_{\overline{n}|}=\lim_{n\rightarrow\infty}\frac{1-v^n}{i}=\frac{1}{i} \tag{2-7}$$

永续年金的计算公式表明，如果在期初将$1/i$的本金按利率i投资，那么在本金不变的情况下，可以无限期地在每期末获得1元的利息。

【例2-4】

一项等额永续年金由A，B，C和D分享。A获得前n次付款，B获得第二个n次付款，C获得第三个n次付款，D获得在此后的所有付款。已知C所获款项的现值与D所获款项的现值之比为1。计算B所获款项的现值与D所获款项的现值之比。

【解】A所获款项的现值为：

$$PV_A=a_{\overline{n}|}=\frac{1-v^n}{i}$$

B所获款项的现值为：

$$PV_B=v^n\cdot a_{\overline{n}|}=v^n\cdot\frac{1-v^n}{i}$$

C所获款项的现值为：

$$PV_C=v^{2n}\cdot a_{\overline{n}|}=v^{2n}\cdot\frac{1-v^n}{i}$$

D所获款项的现值为：

$$PV_D=v^{3n}\cdot a_{\overline{\infty}|}=\frac{v^{3n}}{i}$$

由于C所获款项的现值与D所获款项的现值之比为1，即

$$\frac{PV_C}{PV_D}=\frac{1-v^n}{v^n}=1$$

故

$$v^n=0.5$$

由此可以求得B所获款项的现值与D所获款项的现值之比为：

$$\frac{PV_B}{PV_D}=\frac{1-v^n}{v^{2n}}=\frac{1-0.5}{0.5^2}=2$$

2.2.4 期初付永续年金的现值

如前所述，永续年金的现值等于定期年金的现值在支付期限 $n\to\infty$ 时的极限，故若用 $\ddot{a}_{\overline{\infty}|}$ 表示期初付永续年金的现值，则有

$$\ddot{a}_{\overline{\infty}|}=\lim_{n\to\infty}\ddot{a}_{\overline{n}|}=\lim_{n\to\infty}\frac{1-v^n}{d}=\frac{1}{d} \tag{2-8}$$

与定期年金类似，期初付永续年金的现值与期末付永续年金的现值存在下述关系：

$$\ddot{a}_{\overline{\infty}|}=(1+i)a_{\overline{\infty}|} \tag{2-9}$$

应用Excel计算年金的现值可以使用PV函数，可参见本书的附录。

2.3 年金的终值

终值（future value）也称作累积值，是指现金流在未来时刻的价值。对于等额年金而言，定期年金存在终值，而永续年金不存在终值。这是因为如果无限期地支付下去，每期支付1元，年金的终值将无穷大。本节只讨论定期年金的终值计算问题。

2.3.1 期末付定期年金的终值

期末付定期年金的终值用符号 $s_{\overline{n}|i}$ 表示，其中 n 表示年金的支付次数，i 表示计算年金终值的利率，在不致引起混淆的情况下，可以省略利率符号，简记为 $s_{\overline{n}|}$。

期末付定期年金终值的计算公式为：

$$s_{\overline{n}|}=\frac{(1+i)^n-1}{i} \tag{2-10}$$

证明：把现值 $a_{\overline{n}|}$ 按照利率 i 累积到第 n 年末即得终值为：

$$\begin{aligned}s_{\overline{n}|}&=(1+i)^n a_{\overline{n}|}\\&=(1+i)^n\frac{1-(1+i)^{-n}}{i}\\&=\frac{(1+i)^n-1}{i}\end{aligned}$$

【例 2-5】

解释下述恒等式为何成立。

$$(1+i)^n=1+is_{\overline{n}|}$$

【解】 等式左边是期初投资的 1 元在第 n 期末的终值。

等式右边是期初投资的 1 元在未来 n 年产生的利息收入的终值，再加上第 n 年末收回的 1 元本金。每个时期末的利息为 i 元，它们的终值为 $is_{\overline{n}|}$。

等式两边都是期初投资的 1 元在第 n 年末的价值，所以两者相等。

【例 2-6】

投资者在前 5 年的每年末向基金存入 2 万元，在随后的 5 年，每年末存入 4 万元。已知年利率为 5%，求投资者在第 10 年末的累积值。

【解】 存入基金的款项相当于两个期末付年金，一个是每年末支付 2 万元的 10 年期年金，一个是从第 6 年开始每年末支付 2 万元的 5 年期年金。这两个年金的终值之和为：

$$\begin{aligned}2s_{\overline{10}|}+2s_{\overline{5}|}&=2\left[\frac{(1+0.05)^{10}-1}{0.05}+\frac{(1+0.05)^5-1}{0.05}\right]\\&=36.21(\text{万元})\end{aligned}$$

2.3.2　期初付定期年金的终值

期初付定期年金的终值用符号 $\ddot{s}_{\overline{n}|i}$ 表示，其中 n 表示年金的支付次数，i 表示计算年金终值所使用的利率，可以简记为 $\ddot{s}_{\overline{n}|}$。

期初付定期年金的终值公式为：

$$\ddot{s}_{\overline{n}|}=\frac{(1+i)^n-1}{d} \tag{2-11}$$

证明：期初付年金是期末付年金的 $(1+i)$ 倍，所以有

$$\begin{aligned}\ddot{s}_{\overline{n}|}&=s_{\overline{n}|}(1+i)\\&=\frac{(1+i)^n-1}{i}(1+i)\\&=\frac{(1+i)^n-1}{d}\end{aligned}$$

【例2-7】

解释下述关系式为何成立：

$$\ddot{s}_{\overline{n}|}=s_{\overline{n+1}|}-1$$

【解】 对于期初付年金，假设在第 n 期末虚设一次付款，将有 $(n+1)$ 次付款，其终值为 $s_{\overline{n+1}|}$。从 $s_{\overline{n+1}|}$ 中减去虚设的1元（其终值仍然是1元），即得原来 n 次付款的终值为 $\ddot{s}_{\overline{n}|}$。

【例2-8】

投资者在每年初都存入1 000元，持续20年。如果存款按单利计息，年利率为 i，则20年末的累积值是28 400元。如果存款按复利计息，年利率为 i，计算这些存款在20年末的累积值。

【解】 上述存款以单利 i 计息时的累积值为：

$$\begin{aligned}&1\,000[(1+20i)+(1+19i)+\cdots+(1+i)]\\&=1\,000[20+i(1+2+\cdots+20)]\\&=20\,000+210\,000i\end{aligned}$$

令其等于28 400，即可求得

$$i=0.04$$

如果上述存款按复利 $i=0.04$ 计息，则其累积值为：

$$1\,000\ddot{s}_{\overline{20}|}=1\,000\frac{(1+i)^{20}-1}{d}=1\,000\frac{(1+i)^{20}-1}{i/(1+i)}=30\,970$$

【例2-9】

证明年金的现值与终值之间存在下述关系：

(1) $\dfrac{1}{a_{\overline{n}|}}=\dfrac{1}{s_{\overline{n}|}}+i$； (2-12)

(2) $\dfrac{1}{\ddot{a}_{\overline{n}|}}=\dfrac{1}{\ddot{s}_{\overline{n}|}}+d$。 (2-13)

【解】 式(2-12)的证明过程如下：

$$\begin{aligned}\frac{1}{s_{\overline{n}|}}+i&=\frac{i}{(1+i)^n-1}+i\\&=\frac{i+i[(1+i)^n-1]}{(1+i)^n-1}\\&=\frac{i(1+i)^n}{(1+i)^n-1}\\&=\frac{i}{1-v^n}\end{aligned}$$

$$=\frac{1}{a_{\overline{n}|}}$$

式（2－13）的证明过程类似。

【例 2－10】

投资者在 40 年间每年末向基金存入 10 000 元，如果从第 41 年开始，每年末领取 X，可以领取 15 年。已知年利率为 0.08，计算 X。

【解】 在第 40 年末，投资者前 40 年存入资金的累积值等于未来 15 年领取资金的现值，故有

$$10\,000\cdot s_{\overline{40}|0.08}=X\cdot a_{\overline{15}|0.08}$$

由此可得

$$X=302\,654(\text{元})$$

应用 Excel 计算年金的终值可以使用 FV 函数，可参见本书的附录。

2.4　年金在任意时点上的值

年金的现值是年金在支付期限初的值，终值是在支付期限末的值。有时可能需要计算年金在其他任意一个时点上的值，主要包括下述三种情况：

（1）年金在支付期限开始前任意时点上的值。这种年金的现值事实上就是所谓的延期年金的现值。

（2）年金在支付期限内任意时点上的值。

（3）年金在支付期限结束后任意时点上的值。

只要灵活应用年金现值和终值的公式，这些问题都很容易解决。下面通过几个具体示例来说明其计算过程。本节无须建立新的计算公式，只要掌握年金计算的基本原理并灵活应用即可解决所有问题。

2.4.1　延期年金的现值

对于延期 m 个时期的期末付定期年金，其现值用符号 ${}_{m|}a_{\overline{n}|i}$ 表示，可以简记为 ${}_{m|}a_{\overline{n}|}$。

参照图 2－1，延期年金 ${}_{m|}a_{\overline{n}|}$ 的计算可以选择下述两种方法之一：

（1）首先计算期末付 n 期年金的现值 $a_{\overline{n}|}$，再将此现值按复利计算其在 m 期前的现值，即

$${}_{m|}a_{\overline{n}|}=v^{m}\cdot a_{\overline{n}|} \tag{2-14}$$

（2）从（$m+n$）期的期末付年金现值中减去 m 期的期末付年金现值，即

$$_{m|}a_{\overline{n}|}=a_{\overline{m+n}|}-a_{\overline{m}|} \tag{2-15}$$

在上式中，首先虚设在前 m 期的每期末也有 1 元的付款，然后计算所有（$m+n$）期的现值 $a_{\overline{m+n}|}$。由于 $a_{\overline{m+n}|}$ 多算了前 m 期的现值，所以从中扣除这 m 期付款的现值 $a_{\overline{m}|}$，就得到延期 m 个时期的年金现值。

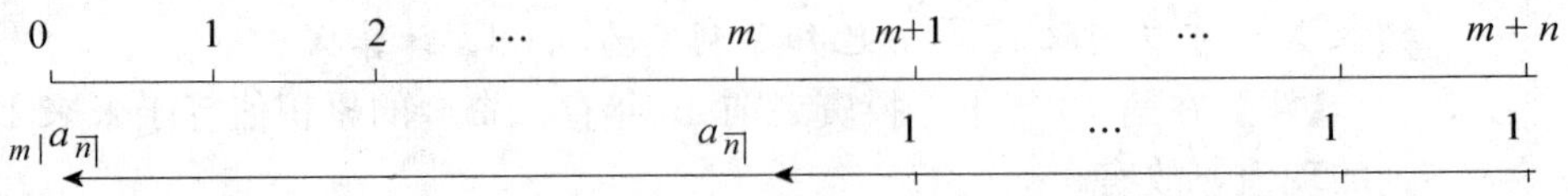

图 2-1　延期年金的现值

类似于期末付延期年金的现值，期初付延期年金的现值也可以通过下述公式计算：

$$_{m|}\ddot{a}_{\overline{n}|}=v^m\cdot\ddot{a}_{\overline{n}|} \tag{2-16}$$

$$_{m|}\ddot{a}_{\overline{n}|}=\ddot{a}_{\overline{m+n}|}-\ddot{a}_{\overline{m}|} \tag{2-17}$$

对于延期 m 个时期的永续年金，其现值可以通过求极限获得。若用 $_{m|}a_{\overline{\infty}|}$ 表示延期 m 个时期的期末付永续年金的现值，则有

$$_{m|}a_{\overline{\infty}|}=\lim_{n\to\infty}v^m a_{\overline{n}|}=\frac{v^m}{i} \tag{2-18}$$

同样可以证明，延期 m 个时期的期初付永续年金的现值为：

$$_{m|}\ddot{a}_{\overline{\infty}|}=\frac{v^m}{d} \tag{2-19}$$

前面的延期年金公式都假设延期了整数个时期，如果延期了非整数个时期，也可以应用式（2-14）和式（2-16）求其现值。在这两个公式中，m 可以是任意的正实数。

【例 2-11】

投资者从银行获得一笔贷款，年利率为 8%。双方约定，前 10 年不用还本付息，但从第 11 年至第 20 年的每年末偿还 2 000 万元，计算这笔贷款的本金。

【解】 贷款本金等于偿还值的现值。偿还值是一个延期 10 年的等额年金，求其现值有两种方法：

方法一：

$$\begin{aligned}2\,000\,_{m|}a_{\overline{n}|}&=2\,000\times v^{10}\times a_{\overline{10}|}\\&=2\,000\times 0.463\,19\times 6.710\,1\\&=6\,216(\text{元})\end{aligned}$$

方法二：

$$\begin{aligned}2\,000{}_{m|}a_{\overline{n}|}&=2\,000\times(a_{\overline{20}|}-a_{\overline{10}|})\\&=2\,000\times(9.818\,1-6.710\,1)\\&=6\,216(\text{元})\end{aligned}$$

【例 2-12】

投资者用 10 万元购买了一项延期 3 年的永续年金，该年金在每年初的付款为 1.2 万元。求年利率为多少。

【解】 延期 3 年的永续年金的现值为：

$$1.2\times v^3\cdot\ddot{a}_{\overline{\infty}|}=1.2\times\frac{v^3}{d}=1.2\times\frac{(1+i)^{-3}}{i/(1+i)}$$

令其等于 10 万元，即得

$$1.2\times\frac{(1+i)^{-3}}{i/(1+i)}=10\Rightarrow i=9.93\%$$

2.4.2　年金在支付期限内任意时点上的值

在年金支付期限内的任意一个时点上都可以将原来的年金分解成两个新的年金，一个由该时点之前的付款组成，另一个由该时点之后的付款组成。这时原来的年金在该时点上的值就等于第一个年金的终值加上第二个年金的现值。下面通过一个示例说明其计算原理。

【例 2-13】

投资者从银行获得一笔贷款，年利率为 6%。假设投资者每年末向银行偿付 20 000 元，10 年后即可还清贷款的所有本息。如果投资者打算在 5 年零 3 个月时一次付清所有贷款本息。计算投资者应该一次性偿付多少。

【解】 本例事实上就是计算 10 年期的期末付年金在 5 年零 3 个月末的值。可以首先计算年金在第 5 年末的值，然后再计算它在 5 年零 3 个月末的值。

上述年金在第 5 年末的值可表示为前 5 年付款的终值加上后 5 年付款的现值，即

$$20\,000(s_{\overline{5}|}+a_{\overline{5}|})$$

将此值再累积 3 个月，即 0.25 年，可得上述年金在 5 年零 3 个月末的值为：

$$\begin{aligned}20\,000(s_{\overline{5}|}+a_{\overline{5}|})(1+i)^{0.25}&=20\,000\times(5.637\,1+4.212\,4)\times(1+0.06)^{0.25}\\&=199\,880\ (\text{元})\end{aligned}$$

本例也可以首先计算贷款的本金，然后再将其累积到 5 年零 3 个月末即可，计算过程如下：

$$20\,000a_{\overline{10}|}(1+i)^{5.25}=20\,000\times 7.360\,1\times(1+0.06)^{5.25}=199\,880(\text{元})$$

2.4.3 年金在支付期限结束后任意时点上的值

计算年金在支付期限结束后任意时点上的值，可以首先计算年金的终值，再将其累积到未来的特定时点即可。下面仍然通过一个示例来说明其计算原理。

【例 2-14】

一份保险合同规定，年金受益人可以在每年末从保险公司领取 20 000 元，一共领取 10 年（年金受益人死亡后由其继承人继续领取，直至 10 年期满）。如果年金受益人希望将这笔年金暂时存在保险公司，并在第 15 年末一次性领取，假设保险公司同意按 5%的年利率支付利息。计算保险公司在第 15 年末一次性支付的金额是多少。

【解】 首先计算上述年金在第 10 年末的终值，为 $20\,000s_{\overline{10}|}$，再计算该终值在 5 年后的累积值为：

$$20\,000s_{\overline{10}|}(1+0.05)^5=20\,000\times 12.577\,9\times 1.276\,28=321\,058.44(\text{元})$$

2.5 每年支付 *m* 次的等额年金

在前述的等额年金中，每年末支付 1 元。如果将年末支付的 1 元等分为 m 次支付，每次支付$\frac{1}{m}$元，就得到了每年支付 m 次的期末付年金。m 的常见取值是 4 或 12，分别表示每季度或每月支付 1 次。

为了计算此类年金的现值或终值，可以通过利率转换，将年利率转换成月利率或季度利率，然后应用基本的年金公式即可，如下例所示。

【例 2-15】

一笔 50 万元的贷款计划在今后的 5 年内按月等额偿还，如果年利率为 6%，计算每月末的付款金额。

【解】 可以将年利率转换为月利率。月利率为：

$$j=(1+0.06)^{1/12}-1=0.004\,868$$

5 年共有 60 个月，假设每月末的偿还金额为 X，则有

$$500\,000 = Xa_{\overline{60}|0.004\,868} \Rightarrow X = 9\,629.62(\text{元})$$

从本例可以看出，通过利率转换可以很容易地计算出上述年金的现值。

为了便于将上述结果推广到一般形式，本节将讨论新的计算公式。

2.5.1 每年支付 m 次的期末付年金

每年支付 m 次的期末付年金如图 2-2 所示，其中假设每次的付款为 $\frac{1}{m}$ 元，从而每年的付款是 1 元。

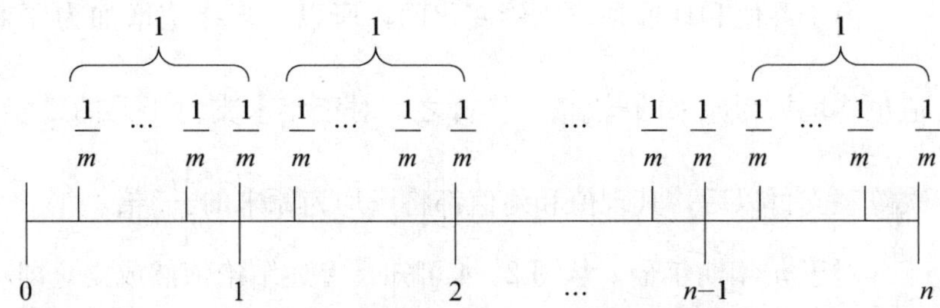

图 2-2　每年支付 m 次的期末付年金

对于期末付年金，如果分为 m 次进行支付，现金流的付款时间将提前，所以年金的价值将会增加。

以 1 年期的年金为例，如果在年末支付 1 元，该年金的终值为 1 元。如果分为 m 次等额支付，每次支付 $\frac{1}{m}$ 元，年金的终值将会增加为原来的 $\frac{i}{i^{(m)}}$ 倍，如图 2-3 所示。

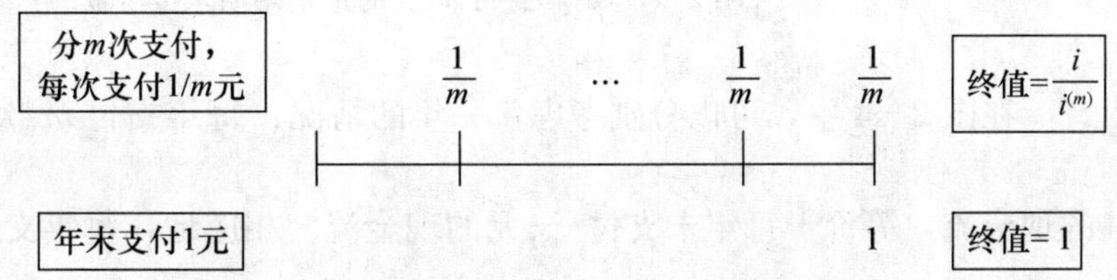

图 2-3　每年支付 m 次的 1 年期期末付年金

在图 2-3 中，期末支付的 1 元，其终值就是 1 元。如果将其分为 m 次等额支付，每次支付 $\frac{1}{m}$ 元，年金的终值将会增加为原来的 $\frac{i}{i^{(m)}}$ 倍。证明过程如下：

假设每年复利 m 次的年名义利率为 $i^{(m)}$，则每 $\frac{1}{m}$ 年的有效利率为：

$$j = \frac{i^{(m)}}{m}$$

图 2-3 中的年金可以看作一共支付了 m 次，每次支付$\frac{1}{m}$元的等额年金，每个支付周期的有效利率为 j。应用基本年金的终值公式即式（2-10），其终值可以表示为：

$$\frac{1}{m}\times s_{\overline{m}|j}=\frac{1}{m}\times\frac{(1+j)^m-1}{j}=\frac{1}{m}\times\frac{[1+i^{(m)}/m]^m-1}{i^{(m)}/m}=\frac{i}{i^{(m)}}$$

上式表明，对于年末支付 1 元的 1 年期年金，分为 m 次等额支付以后，其终值将增加为原来的$\frac{i}{i^{(m)}}$倍。

由于终值和现值是成比例变化的，所以，当终值增加为原来的$\frac{i}{i^{(m)}}$倍时，现值也将增加为原来的$\frac{i}{i^{(m)}}$倍。换言之，对于年末支付 1 元的 1 年期年金，分为 m 次等额支付以后，其现值和终值都将增加为原来的$\frac{i}{i^{(m)}}$倍。

对于 n 年期年金，从图 2-4 可知，上述结论依然成立，即有

$$a_{\overline{n}|}^{(m)}=\frac{i}{i^{(m)}}a_{\overline{n}|} \tag{2-20}$$

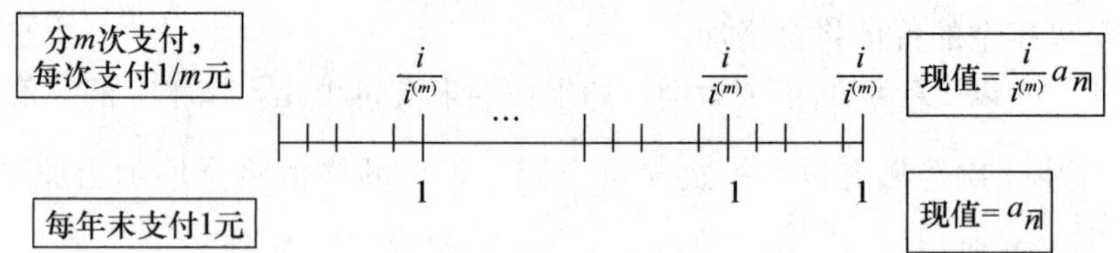

图 2-4 每年支付 m 次的 n 年期期末付年金

在图 2-4 中，可以分别考虑每一年的情况：每年支付 m 次，每次支付$\frac{1}{m}$元的现金流，等价于每年末支付$\frac{i}{i^{(m)}}$元的现金流。相应地，每年支付 m 次，每次支付$\frac{1}{m}$元的 n 年期年金，等价于每年末支付$\frac{i}{i^{(m)}}$元的 n 年期年金，而该年金的现值就可以直接表示为$\frac{i}{i^{(m)}}a_{\overline{n}|}$。

式（2-20）经过简单变形，也可以表示为：

$$a_{\overline{n}|}^{(m)}=\frac{1-v^n}{i^{(m)}} \tag{2-21}$$

类似地，年利率为 i，每年支付 m 次，每次支付$\frac{1}{m}$元，一共支付 n 年的期末

付年金的终值可表示为：

$$s_{\overline{n}|}^{(m)}=\frac{i}{i^{(m)}}s_{\overline{n}|} \tag{2-22}$$

上式经过简单变形，也可以表示为：

$$s_{\overline{n}|}^{(m)}=\frac{(1+i)^n-1}{i^{(m)}} \tag{2-23}$$

在从式（2－20）到式（2－23）的计算公式中，假设每次付款$\frac{1}{m}$元，每年支付 m 次，所以每年的付款总额为 1 元。因此，在应用上述公式时，要注意这些公式是以每年的付款总额为单位 1 计算的。

【例 2－16】

投资者在每月末向基金存入 1 000 元，如果基金的年利率为 5%，计算该投资者在第 5 年末的累积值是多少。

【解】 这是一项每年支付 12 次的期末付年金，$m=12$，$i=5\%$，每年的支付额为 12 000 元，因此有

$$12\,000s_{\overline{5}|}^{(12)}=12\,000\frac{i}{i^{(12)}}s_{\overline{5}|}=67\,813.74(\text{元})$$

式中

$$i^{(12)}=12\times[(1+i)^{1/12}-1]=0.048\,89$$

$$s_{\overline{5}|}=\frac{(1+i)^5-1}{i}=5.525\,6$$

【例 2－17】

有一笔 3 000 万元的贷款将在 5 年内每半年末等额偿还一次，若贷款年利率为 5%，计算每半年末的偿还金额 R 应为多少。

【解】 每年有两次支付，每年的付款总额为 $2R$，因此有

$$2Ra_{\overline{5}|0.05}^{(2)}=3\,000$$

从上式可以求得

$$R=\frac{1\,500}{a_{\overline{5}|0.05}^{(2)}}=1\,500\div\left(\frac{i}{i^{(2)}}a_{\overline{5}|0.05}\right)=342.236\,4(\text{万元})$$

式中

$$i^{(2)}=2\times[(1+i)^{1/2}-1]=0.049\,39$$

$$a_{\overline{5}|}=\frac{1-(1+i)^{-5}}{i}=4.329\,5$$

2.5.2 每年支付 m 次的期初付年金

每年支付 m 次的期初付年金如图 2-5 所示，其中假设每次的付款为$\frac{1}{m}$元，从而每年的付款是 1 元。

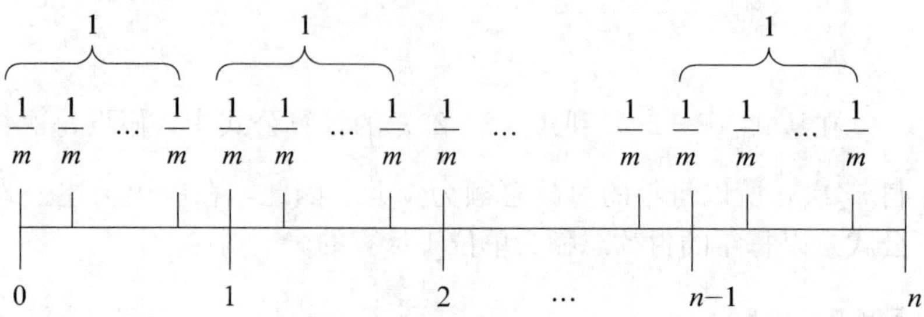

图 2-5 每年支付 m 次的期初付年金

对于期初付年金，如果分为 m 次进行支付，现金流的付款时间将推迟，所以年金的价值将会下降为原来的$\frac{d}{d^{(m)}}$，即

$$\ddot{a}_{\overline{n}|}^{(m)}=\frac{d}{d^{(m)}}\ddot{a}_{\overline{n}|} \tag{2-24}$$

证明：由图 2-5 和图 2-4 可知，期初付年金的每一次付款比期末付年金提前了$\frac{1}{m}$个时期，而每次对应的付款金额相等，所以期初付年金的现值是期末付年金现值的 $(1+i)^{\frac{1}{m}}$ 倍，即有

$$\begin{aligned}\ddot{a}_{\overline{n}|}^{(m)}&=(1+i)^{\frac{1}{m}}a_{\overline{n}|}^{(m)}\\&=(1+i)^{\frac{1}{m}}\frac{1-v^n}{i^{(m)}}\\&=\frac{1-v^n}{(1+i)^{-\frac{1}{m}}\cdot i^{(m)}}\\&=\frac{1-v^n}{d^{(m)}}\\&=\frac{d}{d^{(m)}}\ddot{a}_{\overline{n}|}\end{aligned}$$

式（2-24）经过简单变形，还可以表示为：

$$\ddot{a}_{\overline{n}|}^{(m)}=\frac{1-v^n}{d^{(m)}} \tag{2-25}$$

类似地，年利率为 i，每年支付 m 次，每次支付 $\frac{1}{m}$ 元，一共支付 n 年的期初付年金的终值可表示为：

$$\ddot{s}_{\overline{n}|}^{(m)}=\frac{d}{d^{(m)}}\ddot{s}_{\overline{n}|} \tag{2-26}$$

上式经过简单变形，还可以表示为：

$$\ddot{s}_{\overline{n}|}^{(m)}=\frac{(1+i)^n-1}{d^{(m)}} \tag{2-27}$$

【例 2-18】

一笔 50 万元的贷款计划在今后的 5 年内按月偿还，如果年利率为 6%，计算每月初的付款金额。

【解】假设每月初的付款金额为 X，则每年的付款金额为 $12X$，因此有

$$500\ 000=12X\cdot\ddot{a}_{\overline{5}|0.06}^{(12)}$$

解此方程可得

$$X=\frac{500\ 000}{12\cdot\ddot{a}_{\overline{5}|0.06}^{(12)}}=9\ 582.84(\text{元})$$

式中

$$\begin{aligned}\ddot{a}_{\overline{5}|0.06}^{(12)}&=\frac{d}{d^{(12)}}\ddot{a}_{\overline{5}|}\\&=\frac{0.06/(1+0.06)}{12\times(1-1.06^{-1/12})}\times\frac{1-1.06^{-5}}{0.06/1.06}\\&=4.348\ 05\end{aligned}$$

2.5.3　每年支付 m 次的永续年金

年利率为 i，每年支付 m 次，每次支付 $\frac{1}{m}$ 元的期末付永续年金的现值可表示为：

$$a_{\overline{\infty}|}^{(m)}=\lim_{n\to\infty}a_{\overline{n}|}^{(m)}=\lim_{n\to\infty}\frac{i}{i^{(m)}}a_{\overline{n}|}=\frac{1}{i^{(m)}} \tag{2-28}$$

类似地，年利率为 i，每年支付 m 次，每次支付 $\frac{1}{m}$ 元的期初付永续年金的现值可表示为：

$$\ddot{a}_{\overline{\infty}|}^{(m)}=\lim_{n\to\infty}\ddot{a}_{\overline{n}|}^{(m)}=\lim_{n\to\infty}\frac{d}{d^{(m)}}\ddot{a}_{\overline{n}|}=\frac{1}{d^{(m)}} \tag{2-29}$$

期初付永续年金 $\ddot{a}_{\overline{\infty}|}^{(m)}$ 与期末付永续年金 $a_{\overline{\infty}|}^{(m)}$ 相差 $\frac{1}{m}$ 年，因此它们之间存在下述关系：

$$\ddot{a}_{\overline{\infty}|}^{(m)}=(1+i)^{\frac{1}{m}}a_{\overline{\infty}|}^{(m)} \tag{2-30}$$

【例 2-19】

投资者在当前时刻投资 24 000 元，可以在今后的每月末领取 100 元，且无限期地领下去，计算年利率为多少。

【解】 这是一笔永续年金。根据题意可知，$m=12$，每年领取的金额为 1 200 元。假设年利率为 i，则有下述方程：

$$1\,200\frac{1}{i^{(m)}}=24\,000\Rightarrow i^{(m)}=0.05$$

将名义利率转换为年利率，则有

$$i=(1+0.05/12)^{12}-1=0.051\,16$$

【例 2-20】

投资者 A 购买了一项每年付款 100 的永续年金，第一笔付款在一年以后。该年金价格为 975.61 元，以每半年复利一次的年名义利率 $i^{(2)}$ 计息。投资者 A 收到第二笔款项以后，立即以 1 642.04 的价格转卖给投资者 B，投资者 B 获得的年金以每半年复利一次的年名义利率 $j^{(2)}$ 计息，求 $i^{(2)}$ 和 $j^{(2)}$。

【解】 对于投资者 A，由 $975.61=100/i$ 可得年利率为 $i=0.102\,5$，因此，每半年复利一次的年名义利率为：

$$i^{(2)}=2\times[(1+i)^{0.5}-1]=0.1$$

对于投资者 B，由 $1\,642.04=100/j$ 可得年利率为 $j=0.060\,9$，故每半年复利一次的年名义利率为：

$$j^{(2)}=2\times[(1+j)^{0.5}-1]=0.06$$

2.6 连续支付的等额年金

在每年支付 m 次的等额年金中，每次的付款金额为 $\frac{1}{m}$ 元，全年的付款总额为 1 元。如果假设每年连续不断地进行付款，但保持全年的付款总额仍然为 1 元，就得到了连续支付的等额年金。

连续支付的年金（continuously payable annuity）是指在一年内连续支付，支付无穷多次的年金。连续支付的年金在现实生活中虽然并不存在，但在理论研究中十分重要。某些支付频率很高的年金，如每日支付一次的年金，可以用连续支付的年金近似。

下面分别讨论连续支付年金的现值和终值。

2.6.1　连续支付年金的现值

一般年金根据付款时点的不同，可以区分为期初付年金和期末付年金，但对于连续支付的年金而言，期初和期末将融为一点。

假设年金的支付期限为 n 年，年利率为 i，在每年内连续支付，支付总额为 1 元的年金现值用 $\bar{a}_{\overline{n}|}$ 表示，则有

$$\bar{a}_{\overline{n}|}=\frac{1-v^n}{\delta} \tag{2-31}$$

证明：对每年支付 m 次的年金现值，当 m 趋于无穷时，即可得到连续支付年金的现值，即

$$\bar{a}_{\overline{n}|}=\lim_{m\to\infty}a_{n}^{(m)}=\lim_{m\to\infty}\frac{1-v^n}{i^{(m)}}=\frac{1-v^n}{\delta}$$

或

$$\bar{a}_{\overline{n}|}=\lim_{m\to\infty}\ddot{a}_{\overline{n}|}^{(m)}=\lim_{m\to\infty}\frac{1-v^n}{d^{(m)}}=\frac{1-v^n}{\delta}$$

连续支付年金的现值也可以通过积分方法求得。连续支付、一年内的付款总额为 1 元的年金可以看作在时刻 t 支付 $\mathrm{d}t$ 元的年金，该项年金在一年内的付款总额正好等于 1 元，即

$$\int_0^1 \mathrm{d}t=1$$

在时刻 t 支付 $\mathrm{d}t$ 元的现值可以表示为 $v^t\mathrm{d}t$。将 $[0, n]$ 期间所有付款的现值求和，即得 n 年期连续支付年金的现值为：

$$\bar{a}_{\overline{n}|}=\int_0^n v^t\,\mathrm{d}t=\frac{v^t}{\ln v}\bigg|_0^n=\frac{v^n-1}{\ln v}=\frac{1-v^n}{\delta}$$

容易验证，连续支付年金的现值与基本年金的现值之间存在下述关系：

$$\bar{a}_{\overline{n}|}=\frac{i}{\delta}a_{\overline{n}|} \tag{2-32}$$

【例 2-21】

假设年利率为 10%，在下列各种情况下计算每年支付 1 元的 20 年期年金的现值：

（1）每年末支付1次。

（2）每季度末支付一次。

（3）每月末支付一次。

（4）每天支付一次。

（5）连续支付。

【解】 计算过程如下：

（1）$a_{\overline{20}|}=\dfrac{1-1.1^{-20}}{0.1}=8.5136$

（2）$a_{\overline{20}|}^{(4)}=\dfrac{i}{i^{(4)}}a_{\overline{20}|}=\dfrac{0.1}{4\times(1.1^{1/4}-1)}\times 8.5136=8.8265$

（3）$a_{\overline{20}|}^{(12)}=\dfrac{i}{i^{(12)}}a_{\overline{20}|}=\dfrac{0.1}{12\times(1.1^{1/12}-1)}\times 8.5136=8.8971$

（4）$a_{\overline{20}|}^{(365)}=\dfrac{i}{i^{(365)}}a_{\overline{20}|}=\dfrac{0.1}{365\times(1.1^{1/365}-1)}\times 8.5136=8.9313$

（5）$\bar{a}_{\overline{20}|}=\dfrac{i}{\delta}a_{\overline{20}|}=\dfrac{0.1}{\ln 1.1}\times 8.5136=8.9325$

本例的结果表明，如果每年的付款金额保持不变，每年支付的次数越多，年金的现值越大。图2-6给出了本例年金的现值随着支付次数的增加而不断增加的过程。可见，当年金的支付次数较小时，譬如每年不超过12次，年金现值随着支付次数的增加而快速增加。当年金的支付次数较大时，譬如每年超过12次以后，年金现值随着支付次数的增加而增加的速度比较缓慢。

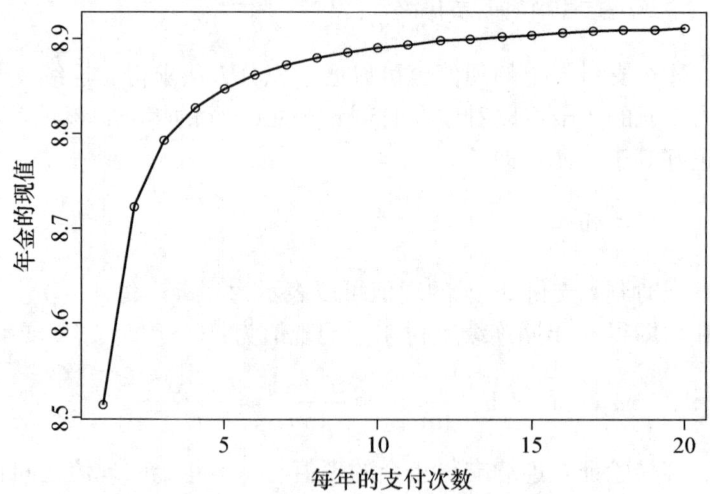

图2-6 年金现值与每年支付次数的关系

从每年支付一次的年金到每年支付 m 次的年金，再到连续支付的年金，年金的现值是不断变化的。对于期末付年金而言，随着每年支付次数的增加，年金的平均付款时间逐渐提前，所以年金现值越来越大。对于期初付年金来说，随着每年支付次数的增加，年金的平均付款时间逐渐延迟，所以年金现值越来越小。

当每年的支付次数趋于无穷大时，期末付和期初付年金的现值都将等于连续支付年金的现值。它们的变化过程如图 2－7 所示。

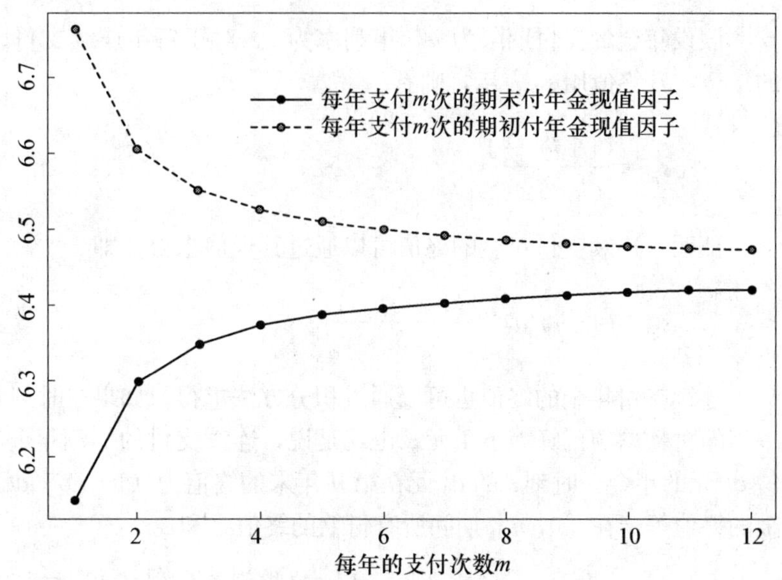

图 2－7　年金现值随着每年支付次数增加的变化过程

【例 2－22】

假设年贴现率为 5%，在第 5 年末和第 7 年末之间，投资者每年连续支付 1 000 元。计算该项付款在第 2 年末的现值。

【解】 已知 $d=0.05$，所以 $v=1-d=0.95$，$1+i=1/0.95$，$\delta=\ln(1+i)=\ln(1/0.95)$。

上述款项在第 5 年末的现值为 $1\,000\bar{a}_{\overline{2}|}$，因此在第 2 年末的现值为：

$$
\begin{aligned}
1\,000\bar{a}_{\overline{2}|}\,v^3 &= 1\,000\,\frac{1-v^2}{\delta}v^3 \\
&= 1\,000\times\frac{1-0.95^2}{\ln(1/0.95)}\times 0.95^3 \\
&= 1\,629.73\ (\text{元})
\end{aligned}
$$

容易验证，对于连续支付的年金，当 $n\to\infty$ 时，可以得到永续年金的现值为：

$$
\bar{a}_{\overline{\infty}|}=\frac{1}{\delta} \tag{2-33}
$$

【例 2－23】

假设年利率为 6%，计算每年连续支付 500 元的永续年金的现值。

【解】 上述永续年金的现值为：

$$
500\bar{a}_{\overline{\infty}|}=\frac{500}{\delta}=\frac{500}{\ln(1.06)}=8\,580.91(\text{元})
$$

2.6.2 连续支付年金的终值

假设年金的支付期限为 n，年利率为 i。对于每年连续支付、支付总额为 1 元的年金，其终值用 $\bar{s}_{\overline{n|}}$ 表示，则有

$$\bar{s}_{\overline{n|}}=\frac{(1+i)^n-1}{\delta} \tag{2-34}$$

证明：连续支付年金的终值可以通过其现值求得，即

$$\bar{s}_{\overline{n|}}=(1+i)^n\bar{a}_{\overline{n|}}=\frac{(1+i)^n-1}{\delta}$$

连续支付年金的终值也可以通过积分方法求得。如果在时刻 t 的付款为 $\mathrm{d}t$，则一年的付款总额正好等于 1 元。也就是说，连续支付的等额年金等价于在时刻 t 支付 $\mathrm{d}t$ 元的年金。时刻 t 的 $\mathrm{d}t$ 元在第 n 年末的终值为 $(1+i)^{n-t}\mathrm{d}t$，所以连续支付年金的终值等于在 $[0, n]$ 期间所有付款的终值之和：

$$\bar{s}_{\overline{n|}}=\int_0^n(1+i)^{n-t}\mathrm{d}t=-\frac{(1+i)^{n-t}}{\ln(1+i)}\bigg|_0^n=\frac{(1+i)^n-1}{\delta}$$

【例 2-24】

对每年支付 m 次的年金终值公式即式 (2-23) 和式 (2-27)，求 $m\to\infty$ 时的极限。

【解】对每年支付 m 次的年金终值公式求 $m\to\infty$ 时的极限可以得到连续支付年金的终值，即

$$\lim_{m\to\infty}s_{\overline{n|}}^{(m)}=\lim_{m\to\infty}\frac{(1+i)^n-1}{i^{(m)}}=\frac{(1+i)^n-1}{\delta}=\bar{s}_{\overline{n|}}$$

$$\lim_{m\to\infty}\ddot{s}_{\overline{n|}}^{(m)}=\lim_{m\to\infty}\frac{(1+i)^n-1}{d^{(m)}}=\frac{(1+i)^n-1}{\delta}=\bar{s}_{\overline{n|}}$$

将连续支付年金的终值与基本年金的终值进行比较，很容易建立下述关系式：

$$\bar{s}_{\overline{n|}}=\frac{i}{\delta}s_{\overline{n|}} \tag{2-35}$$

【例 2-25】

假设年利率为 6%，在第 2 年末和第 7 年末之间，投资者每年连续支付 10 000 元。计算该项支付在第 10 年末的累积值。

【解】在第 7 年末，该项付款的累积值为：

$$10\,000\bar{s}_{\overline{5|}}=10\,000\,\frac{(1+i)^5-1}{\delta}=10\,000\times\frac{1.06^5-1}{\ln(1.06)}=58\,045.6(\text{元})$$

再将其累积 3 年，即得在第 10 年末的累积值为：

$$58\,045.6\times(1.06)^3=69\,133.3(\text{元})$$

【例 2-26】

计算当利息力为多少时，有 $s_{\overline{15|}}=s_{\overline{10|}}+2s_{\overline{5|}}$。

【解】将等式两边用利息力表示，可得

$$\frac{e^{15\delta}-1}{\delta}=\frac{e^{10\delta}-1}{\delta}+2\cdot\frac{e^{5\delta}-1}{\delta}$$

$$e^{15\delta}-e^{10\delta}-2e^{5\delta}+2=0$$

$$(e^{5\delta}-1)(e^{10\delta}-2)=0$$

$e^{5\delta}=1$ 意味着利息力为 0，所以有

$$e^{10\delta}=2\Rightarrow\delta=\ln(2)/10=0.069\,31$$

2.7　价值方程

任何一个等额年金问题都包含下述三个变量：

(1) 年金的现值或终值。

(2) 年金的支付次数 n。

(3) 利率 i。

在这三个变量中，只要已知其中的任意两个变量，即可求得第三个变量。前面关于年金问题的讨论都假设年金的利率 i 和支付次数 n 是已知的，并在此基础上计算年金的现值和终值。如果已知年金的现值或终值，需要求解未知的利率或支付次数，可以通过价值方程（equation of value）来解决。所谓价值方程，是基于资金流入的现值等于资金流出的现值而建立的方程。下面通过几个示例来说明价值方程的应用。

【例 2-27】

投资者每年初向基金存入 5 000 元。如果基金的年利率为 6%，计算投资者需要经过多长时间可以累积到 200 000 元。

【解】根据题意可以建立下述的价值方程：

$$5\,000\ddot{s}_{\overline{n|}}=200\,000$$

变形可得

$$\ddot{s}_{\overline{n|}}=40$$

$$\frac{(1+0.06)^n-1}{0.06/(1+0.06)}=40 \Rightarrow n=20.3024$$

即需要 20.302 4 年。0.302 4 年相当于 110 天，故经过 20 年零 110 天之后投资者可以累积到 200 000 元。

【例 2－28】

投资者将 20 万元存入基金，希望在每年末领取 1 万元，假设基金的年收益率为 4.5%，计算投资者最多可以领取多长时间。

【解】根据题意可以建立下述的价值方程：

$$20=a_{\overline{n}|}=\frac{1-(1+i)^{-n}}{i}$$

解此方程可得

$$n=52.3114(\text{年})$$

即投资者可以在前 52 年的每年末领取 1 万元，并在第 53 年领取一笔小额付款 W，其中 $W<1$ 万元。下面分别计算在三种不同的领取时间下最后一次的领取金额。

(1) 假设领取时间为第 53 年的第 $0.3114 \times 365=114$ 天（一年按 365 天计算），领取金额为 W，则求解 W 的价值方程为：

$$10000 \cdot s_{\overline{52}|} \cdot (1+0.045)^{0.3114}+W=200000 \times (1+0.045)^{52.3114}$$

故有

$$W=3067(\text{元})$$

(2) 如果将这笔小额付款 W 提前至第 52 年末领取，假设领取金额为 X，则求解 X 的价值方程为：

$$10000 s_{\overline{52}|}+X=200000(1+0.045)^{52}$$

故有

$$X=3025.2(\text{元})$$

也可以根据 W 的值直接计算，即

$$X=W(1+0.045)^{-0.3114}=3025.2(\text{元})$$

(3) 如果将这笔小额付款 W 推迟至第 53 年末领取，假设领取金额为 Y，则有

$$Y=W(1+0.045)^{1-0.3114}=3161.4(\text{元})$$

可见，提前付款的金额最小，推迟付款的金额最大，在中间付款的金额居于二者之间。

注意，如果投资收益率等于或超过 5%，那么投资者不但在每年末可以领取

1 万元，而且可以无限期地领下去。因为每年末领取 1 万元，收益率为 5%的永续年金的现值等于 20 万元。

【例 2-29】

一项年金的现值为 80 000 元，每年末支付一次，每次支付 25 000 元，可以支付 4 年。计算此项年金的利率是多少。

【解】年金的利率 i 是下述方程的解：

$$80\,000=25\,000\times a_{\overline{4}|i}$$

求解上述方程可以使用 Excel 中的 RATE 函数。譬如，在一个空白单元格中输入“=RATE(4,-25 000,80 000)”后回车即可求得年利率为 9.56%。

【例 2-30】

投资者在期初投资 2 000 元，2 年后又投资 3 000 元，到第 5 年末时的累积值为 7 000 元。计算该项投资的年利率是多少。

【解】假设年利率为 i，则有下述价值方程：

$$2\,000(1+i)^5+3\,000(1+i)^3=7\,000$$

显然，根据这个方程无法求得未知利率的解析表达式，但应用 Excel 可以很容易地求解上述价值方程。譬如，在 Excel 2010 中可以通过下述步骤求解未知利率：

(1) 在 A1 单元格中输入利率的初始值“0.01”；

(2) 在 A2 单元格输入“=2 000 * (1+A1)^5+3 000 * (1+A1)^3-7 000”后回车；

(3) 打开“数据→模拟分析→单变量求解”对话框。

(4) 在“目标单元格”中输入“A2”，在“目标值”中输入“0”，在“可变单元格”中输入“A1”，最后单击“确定”，即可得到利率为 9.15%。

□小 结

本章主要介绍了等额年金的现值和终值的计算问题。下表是期末付年金的计算公式，对于期初付年金，只需把分母上的利率符号改为贴现率符号即可。

年金	等额年金		永续年金的现值
	现值	累积值	
每年支付 1 次	$a_{\overline{n}\|}=\frac{1-v^n}{i}$	$s_{\overline{n}\|}=\frac{(1+i)^n-1}{i}$	$a_{\overline{\infty}\|}=\frac{1}{i}$
每年支付 m 次	$a_{\overline{n}\|}^{(m)}=\frac{1-v^n}{i^{(m)}}$	$s_{\overline{n}\|}^{(m)}=\frac{(1+i)^n-1}{i^{(m)}}$	$a_{\overline{\infty}\|}^{(m)}=\frac{1}{i^{(m)}}$
连续支付	$\bar{a}_{\overline{n}\|}=\frac{1-v^n}{\delta}$	$\bar{s}_{\overline{n}\|}=\frac{(1+i)^n-1}{\delta}$	$\bar{a}_{\overline{\infty}\|}=\frac{1}{\delta}$

各种等额年金之间的关系如下：

(1) 每年支付 m 次的期末付年金$=\dfrac{i}{i^{(m)}}\times$每年支付1次的期末付年金；

(2) 每年支付 m 次的期初付年金$=\dfrac{d}{d^{(m)}}\times$每年支付1次的期初付年金；

(3) 每年连续支付的年金$=\dfrac{i}{\delta}\times$ 每年支付1次的期末付年金

$=\dfrac{d}{\delta}\times$ 每年支付1次的期初付年金；

(4) 每年支付1次的年金终值$=(1+i)^n\times$ 每年支付1次的年金现值；

(5) 每年支付 m 次的年金终值$=(1+i)^{1/m}\times$ 每年支付 m 次的年金现值。

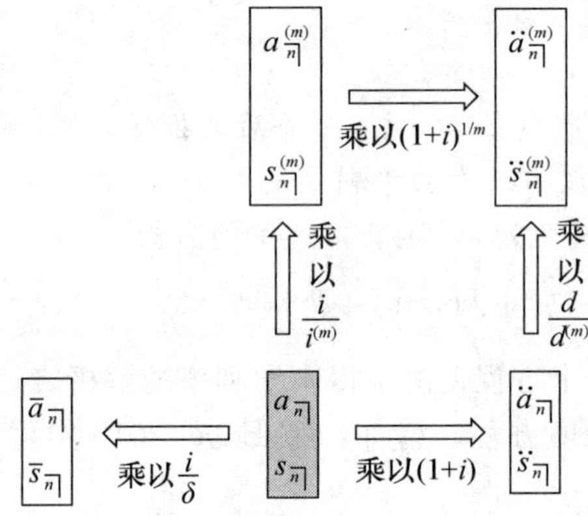

□习　题

2.1　投资者将在10年后退休。他计划从现在开始每年初向基金存入20 000元，如果基金的年收益率为6%，计算他在退休时可以积存多少退休金。

2.2　投资者从2010年3月1日起，每月末可以领取200元，2020年5月末是最后一次领取。如果每月复利一次的年名义利率为6%，计算该年金在2015年12月31日的价值。

2.3　投资者留下了10万元的遗产，该笔遗产前5年的利息收入由其长子领取，第二个5年的利息收入由其次子领取，从第11年开始，剩余遗产全部归第三个儿子。如果年利率为8%，计算三个儿子在该笔遗产中分别占多大份额。

2.4　一笔在36年内每年末支付4 000元的年金，与另一笔在18年内每年末支付5 000元的年金有相等的现值，年利率为 i。计算1 000元的投资在年利率为 i 时，经过多长时间可以翻番。

2.5　借款人原计划在每月末偿付1 000元，用5年时间还清贷款。每月复利一次的年名义利率为12%。如果借款人一次性支付60 000元还清贷款，计算一次性还款的时间。

2.6　投资者每月初向基金存入一笔款项，5年后可以累积到60 000元。如果前 2 年每次存入 1 000 元，后 3 年每次存入 500 元。计算每月复利一次的年名义利率。

2.7　一项 10 年期的年金，在前 5 年的每季度末付款 1 000 元，在后 5 年的每季度末付款 2 000 元。如果年利率为 5%，计算该项年金的现值。

2.8　一项每 3 年末支付 1 元的永续年金，其现值为 125/91，计算年利率是多少。

2.9　一项永续年金在每月初付款 1 元，如果每年复利 4 次的年名义利率为 4%，计算该项年金的现值。

2.10　一项永续年金在每月初付款 1 000 元，另一项永续年金在每季度末付款 3 020 元。当年利率为多少时，这两项年金的现值相等。

2.11　假设一笔 100 000 元的贷款，计划从第 5 年开始在每年末偿还 10 000 元，直至还清为止。如果年利率为 5%，并要求将不足 10 000 元的一次非正规付款提前在前一年末支付，计算最后一次付款的时间和金额。

2.12　一项年金从 2015 年 1 月 1 日开始，每月末支付 100 元，支付 60 次。这项年金的价值等价于在第 k 月末支付一笔 6 000 元的款项。假设每月复利一次的年名义利率为 12%，求 k。

2.13　如果投资者用其获得的一笔保险金购买一项 10 年期的期末付年金，则每年末可以领取 1 538 元；如果购买一项 20 年期的期末付年金，则每年末可以领取 1 072 元。求年利率为多少。

2.14　投资者在前两年的每季度初向基金存入 1 000 元，在后两年的每季度初存入 2 000 元，基金的年名义利率为 12%，每月复利一次。计算第四年末的累积值为多少。

2.15　每半年复利一次的年名义利率为 i，每两年末支付 1 元的永续年金的现值是 5.89。计算 i。

2.16　已知利息力为 $\delta=\dfrac{1}{1+t}$，计算 $\bar{a}_{\overline{n}|}$。

2.17　已知利息力为 $\delta=\dfrac{1}{1+0.5t}$，计算 $s_{\overline{5}|}$。

2.18　已知 $\int_0^8 \bar{a}_{\overline{t}|}\,\mathrm{d}t=100$，计算 $\bar{a}_{\overline{10}|}$。

2.19　已知利息力为 $\delta=0.1$，计算当 t 为多少时，在时刻 t 支付 1 元相当于将这 1 元在时刻 0 与 1 之间连续支付。

2.20　已知 $\bar{a}_{\overline{n}|}=4$，$s_{\overline{n}|}=12$，求利息力。

第3章

Chapter 3 变额年金

变额年金（varying annuity）是指付款金额可以变化的年金。对于变额年金，如果每次付款的金额没有任何变化规律，就只能逐笔计算每次付款的现值或终值，然后将它们相加求得整个年金的现值和终值。本章讨论的变额年金是指有规律变化的年金，如付款金额按算术级数变化或按几何级数变化的年金。对于这类年金，可以建立较为简便的计算公式。

概括地讲，变额年金可以分为两大类：一类是离散变额年金；另一类是连续变额年金。

离散变额年金是指付款金额的变化是离散的，如每年变化一次。这类年金包括每年支付一次的变额年金、每年支付 m 次的变额年金和连续支付的变额年金。离散变额年金既可以按算术级数变化（递增或递减），也可以按几何级数变化（即所谓的复递增年金）。

连续变额年金是指付款金额的变化是连续的，两个特例是连续递增年金和连续递减年金。

为方便起见，表 3-1 给出了本章使用的主要符号及其含义。

表 3-1　　变额年金的符号及其说明

符号	说明
$(Ia)_{\overline{n}\vert}, (Is)_{\overline{n}\vert}$	第 1 年支付 1 元，以后每年的支付额增加 1 元，支付 n 年的期末付年金的现值和终值
$(I\ddot{a})_{\overline{n}\vert}, (I\ddot{s})_{\overline{n}\vert}$	第 1 年支付 1 元，以后每年的支付额增加 1 元，支付 n 年的期初付年金的现值和终值
$(Ia)_{\overline{n}\vert}^{(m)}, (Is)_{\overline{n}\vert}^{(m)}$	第 1 年支付 1 元，以后每年的支付额增加 1 元，每年支付 m 次，支付 n 年的期末付年金的现值和终值
$(I\ddot{a})_{\overline{n}\vert}^{(m)}, (I\ddot{s})_{\overline{n}\vert}^{(m)}$	第 1 年支付 1 元，以后每年的支付额增加 1 元，每年支付 m 次，支付 n 年的期初付年金的现值和终值
$(I\bar{a})_{\overline{n}\vert}, (I\bar{s})_{\overline{n}\vert}$	第 1 年支付 1 元，以后每年的支付额增加 1 元，支付 n 年的连续支付年金的现值和终值
$(\bar{I}\bar{a})_{\overline{n}\vert}, (\bar{I}\bar{s})_{\overline{n}\vert}$	连续支付、连续递增的 n 年期年金的现值和终值

续前表

符号	说明
$(Da)_{\overline{n}\mid}$, $(Ds)_{\overline{n}\mid}$	第1年支付 n 元，以后每年的支付额减少1元，支付 n 年的期末付年金的现值和终值
$(D\ddot{a})_{\overline{n}\mid}$, $(D\ddot{s})_{\overline{n}\mid}$	第1年支付 n 元，以后每年的支付额减少1元，支付 n 年的期初付年金的现值和终值
$(Da)_{\overline{n}\mid}^{(m)}$, $(Ds)_{\overline{n}\mid}^{(m)}$	第1年支付 n 元，以后每年的支付额减少1元，每年支付 m 次，支付 n 年的期末付年金的现值和终值
$(D\ddot{a})_{\overline{n}\mid}^{(m)}$, $(D\ddot{s})_{\overline{n}\mid}^{(m)}$	第1年支付 n 元，以后每年的支付额减少1元，每年支付 m 次，支付 n 年的期初付年金的现值和终值
$(D\bar{a})_{\overline{n}\mid}$, $(D\bar{s})_{\overline{n}\mid}$	第1年支付 n 元，以后每年的支付额减少1元，支付 n 年的期初付年金的现值和终值
$(\bar{D}\bar{a})_{\overline{n}\mid}$, $(\bar{D}\bar{s})_{\overline{n}\mid}$	连续支付、连续递减的 n 年期年金的现值和终值
$(Ca)_{\overline{n}\mid}$	每年支付1次，支付 n 年的期末付复递增年金的现值
$(C\ddot{a})_{\overline{n}\mid}$	每年支付1次，支付 n 年的期初付复递增年金的现值
$(Ca)_{\overline{n}\mid}^{(m)}$	每年支付 m 次，支付 n 年的期末付复递增年金的现值
$(C\ddot{a})_{\overline{n}\mid}^{(m)}$	每年支付 m 次，支付 n 年的期初付复递增年金的现值
$(C\bar{a})_{\overline{n}\mid}$	连续支付，支付 n 年的复递增年金的现值
$V_{\overline{n}\mid}$	每年支付1次，支付 n 年，付款额任意变化的期末付年金的价值
$\ddot{V}_{\overline{n}\mid}$	每年支付1次，支付 n 年，付款额任意变化的期初付年金的价值
$V_{\overline{n}\mid}^{(m)}$	每年支付 m 次，支付 n 年，付款额任意变化的期末付年金的价值
$\ddot{V}_{\overline{n}\mid}^{(m)}$	每年支付 m 次，支付 n 年，付款额任意变化的期初付年金的价值
$\bar{V}_{\overline{n}\mid}$	连续支付，支付 n 年，付款额任意变化的连续年金的价值

3.1　递增年金

递增年金（increasing annuity）是指每次的付款金额按算术级数逐期递增的年金。下面分期末付和期初付两种情况讨论其现值和终值的计算问题。

3.1.1　期末付递增年金

期末付递增年金（increasing annuity-immediate）的支付规律如下：第一期末支付1元，第二期末支付2元……第 n 期末支付 n 元。

用 $(Ia)_{\overline{n}\mid}$ 表示期末付递增年金的现值，则有

$$(Ia)_{\overline{n}\mid}=\frac{\ddot{a}_{\overline{n}\mid}-nv^n}{i} \tag{3-1}$$

证明：未来付款的现值之和可以表示为：

$$(Ia)_{\overline{n}\mid}=v+2v^2+3v^3+\cdots+nv^n \tag{3-2}$$

上式两边同时乘以（$1+i$）则有

$$(1+i)(Ia)_{\overline{n}|}=1+2v+3v^2+\cdots+nv^{n-1} \tag{3-3}$$

用式（3-3）减去式（3-2），则有

$$i\cdot(Ia)_{\overline{n}|}=(1+v+v^2+v^3+\cdots+v^{n-1})-nv^n$$
$$=\ddot{a}_{\overline{n}|}-nv^n$$

上式经变形即得期末付递增年金的现值如式（3-1）所示。

期末付递增年金也可以分解成表3-2所示的形式。

表3-2　　期末付递增年金的分解表

时期	0	1	2	3	…	$n-1$	n
递增年金		1	2	3	…	$n-1$	n
等额年金		1	1	1	…	1	1
			1	1	…	1	1
				1	…	1	1
					…	…	…
						1	1
							1

根据表3-2，期末付递增年金可以表示为 n 项等额年金的现值之和，因此有

$$(Ia)_{\overline{n}|}=a_{\overline{n}|}+v\cdot a_{\overline{n-1}|}+\cdots+v^{n-1}\cdot a_{\overline{1}|}$$
$$=\frac{1-v^n}{i}+v\cdot\frac{1-v^{n-1}}{i}+\cdots+v^{n-1}\cdot\frac{1-v}{i}$$
$$=\frac{1+v+v^2+\cdots+v^{n-1}-nv^n}{i}$$
$$=\frac{\ddot{a}_{\overline{n}|}-nv^n}{i}$$

根据期末付递增年金的现值很容易求得其终值 $(Is)_{\overline{n}|}$ 为：

$$(Is)_{\overline{n}|}=(1+i)^n(Ia)_{\overline{n}|}=\frac{\ddot{s}_{\overline{n}|}-n}{i} \tag{3-4}$$

【例3-1】

一项20年期的递增年金，在第1年末支付650元，在第2年末支付700元，在第3年末支付750元，依此类推，最后一次支付发生在第20年末。假设年利率为6%，求此项年金的现值。

【解】年金最后一次的支付额应为650+19×50=1 600（元）。该项年金的现金流如表3-3所示，可以分解为下述两项年金之和：

（1）600项等额年金。

（2）50项递增年金。

表 3-3　　年金分解表

年份	1	2	3	…	20
现金流	650	700	750	…	1 600
600 项等额年金	1	1	1	…	1
50 项递增年金	1	2	3	…	20

因此，上述年金的现值为：

$$600a_{\overline{20|}}+50(Ia)_{\overline{20|}}=600\times 11.47+50\times\frac{\ddot{a}_{\overline{20|}}-20v^{20}}{0.06}$$
$$=6\ 882+50\times\frac{12.158\ 1-20\times 0.311\ 8}{0.06}$$
$$=11\ 817(\text{元})$$

【例 3-2】

一项递增年金，第 1 年末支付 300 元，第 2 年末支付 320 元，第 3 年末支付 340 元，依此类推，直到最后一次支付 600 元。假设年利率为 5%，计算此项年金在最后一次支付时刻的终值。

【解】支付金额每次递增 20 元，所以一共有（600－300）/20＋1＝16 次支付，最后一次支付发生在第 16 年末。

该项年金的现金流如表 3-4 所示，可以分解为下述两项年金之和：

（1）280 项等额年金。

（2）20 项递增年金。

表 3-4　　年金分解表

年份	1	2	3	…	16
现金流	300	320	340	…	600
280 项等额年金	1	1	1	…	1
20 项递增年金	1	2	3	…	16

因此，上述年金的终值可以表示为：

$$280s_{\overline{16|}}+20(Is)_{\overline{16|}}=280\times 23.657\ 5+20\times\frac{\ddot{s}_{\overline{16|}}-16}{0.05}$$
$$=6\ 624.10+20\times\frac{24.840\ 4-16}{0.05}$$
$$=10\ 160.25(\text{元})$$

3.1.2　期初付递增年金

期初付递增年金（increasing annuity-due）的现值和终值，可以根据期末付年金与期初付年金之间的关系进行计算。用 $(I\ddot{a})_{\overline{n|}}$ 表示期初付递增年金的现值，用 $(I\ddot{s})_{\overline{n|}}$ 表示期初付递增年金的终值。期初付年金比期末付年金提前 1 年，其价

值是期末付年金的（$1+i$）倍，故有

$$(I\ddot{a})_{\overline{n|}}=\frac{\ddot{a}_{\overline{n|}}-nv^n}{d} \tag{3-5}$$

$$(I\ddot{s})_{\overline{n|}}=\frac{\ddot{s}_{\overline{n|}}-n}{d} \tag{3-6}$$

证明：

$$(I\ddot{a})_{\overline{n|}}=(1+i)(Ia)_{\overline{n|}}=(1+i)\frac{\ddot{a}_{\overline{n|}}-nv^n}{i}=\frac{\ddot{a}_{\overline{n|}}-nv^n}{d}$$

$$(I\ddot{s})_{\overline{n|}}=(1+i)(Is)_{\overline{n|}}=(1+i)\frac{\ddot{s}_{\overline{n|}}-n}{i}=\frac{\ddot{s}_{\overline{n|}}-n}{d}$$

当 $n\to\infty$ 时，可以得到递增永续年金的现值为：

$$(Ia)_{\overline{\infty|}}=\frac{1}{di} \tag{3-7}$$

$$(I\ddot{a})_{\overline{\infty|}}=\frac{1}{d^2} \tag{3-8}$$

证明：

因为 $\lim\limits_{n\to\infty}nv^n=\lim\limits_{n\to\infty}\dfrac{n}{(1+i)^n}=0$，所以有

$$(Ia)_{\overline{\infty|}}=\lim_{n\to\infty}(Ia)_{\overline{n|}}=\lim_{n\to\infty}\frac{\ddot{a}_{\overline{n|}}-nv^n}{i}=\frac{1}{di}$$

$$(I\ddot{a})_{\overline{\infty|}}=\lim_{n\to\infty}(I\ddot{a})_{\overline{n|}}=\lim_{n\to\infty}\frac{\ddot{a}_{\overline{n|}}-nv^n}{d}=\frac{1}{d^2}$$

【例 3-3】

一项永续年金每年末支付 100，第一次支付发生在第 n 年末，其现值为 170.5 元；另一项永续年金的第一次支付也发生在第 n 年末，每年末依次支付 100 元、200 元、300 元等，其现值为 3 410。计算 n。

【解】由第一项年金可知

$$170.5=100\cdot v^{n-1}\cdot\frac{1}{i}$$

由第二项年金可知

$$3\,410=100\cdot v^{n-1}\cdot\frac{1}{id}$$

以上两式相除即得

$$d=\frac{170.5}{3\,410}=0.05$$

故

$$i=\frac{d}{1-d}=\frac{1}{19}$$

再由

$$170.5=100\cdot v^{n-1}\cdot\frac{1}{i}=\frac{100\times19}{(1+1/19)^{n-1}}$$

可得

$$n=48$$

3.2 递减年金

3.2.1 期末付递减年金

递减年金（decreasing annuity）是指付款金额按算术级数逐期递减的年金。下面仍然首先讨论期末付递减年金（decreasing annuity-immediate）。

期末付递减年金的付款规律如下：第一期末支付 n 元，第二期末支付 $n-1$ 元……第 n 期末支付 1 元。

用 $(Da)_n$ 表示期末付递减年金的现值，则有

$$(Da)_n=\frac{n-a_{\overline{n|}}}{i} \tag{3-9}$$

证明：期末付递减年金和期末付递增年金之和是一个等额年金，每期末的付款金额为 $(n+1)$，因此从等额年金的现值中减去递增年金的现值即得递减年金的现值，即

$$\begin{aligned}(n+1)a_{\overline{n|}}-(Ia)_{\overline{n|}}&=(n+1)\frac{1-v^n}{i}-\frac{\ddot{a}_{\overline{n|}}-nv^n}{i}\\&=\frac{(n+1)-(v^n+\ddot{a}_{\overline{n|}})}{i}\\&=\frac{(n+1)-(v^n+a_{\overline{n-1|}}+1)}{i}\\&=\frac{n-(v^n+a_{\overline{n-1|}})}{i}\\&=\frac{n-a_{\overline{n|}}}{i}\end{aligned}$$

期末付递减年金的现值也可以通过直接对现金流进行折现求得，即

$$(Da)_{\overline{n|}}=nv+(n-1)v^2+(n-2)v^3+\cdots+v^n \tag{3-10}$$

上式两边同时乘以 $(1+i)$，即得

$$(1+i)(Da)_{\overline{n}|}=n+(n-1)v+(n-2)v^2+\cdots+v^{n-1} \tag{3-11}$$

用式（3-11）减去式（3-10）即得

$$i(Da)_{\overline{n}|}=n-(v+v^2+\cdots+v^n)=n-a_{\overline{n}|}$$

上式经变形即得式（3-9）所示的期末付递减年金的现值。

递减年金还可以分解成一系列等额年金之和，如表3-5所示。

表3-5　递减年金的分解表

时间	0	1	2	3	…	$n-1$	n
递减年金		n	$n-1$	$n-2$	…	2	1
等额年金		1	1	1	…	1	1
		1	1	1	…	1	
		1	1	1	…		
		…	…	…			
		1	1	1			
		1	1				
		1					

应用表3-5，期末付递减年金的现值可以表示为上述一系列等额年金的现值之和，即

$$\begin{aligned}(Da)_{\overline{n}|}&=a_{\overline{n}|}+a_{\overline{n-1}|}+\cdots+a_{\overline{1}|}\\&=\frac{1-v^n}{i}+\frac{1-v^{n-1}}{i}+\cdots+\frac{1-v}{i}\\&=\frac{n-(v^n+v^{n-1}+\cdots+v)}{i}\\&=\frac{n-a_{\overline{n}|}}{i}\end{aligned}$$

根据递减年金的现值，很容易求得递减年金的终值 $(Ds)_{\overline{n}|}$ 为：

$$(Ds)_{\overline{n}|}=(1+i)^n(Da)_{\overline{n}|}=\frac{n(1+i)^n-s_{\overline{n}|}}{i} \tag{3-12}$$

【例3-4】

投资者A拥有一份10年期的期末付递增年金，第一年末支付1 000元，以后每年递增500元。投资者B拥有一份10年期的期末付递减年金，第一年末支付 X 元，以后每年递减 $X/10$ 元。假设年利率为5%，两项年金的现值相等。计算 X。

【解】 投资者A的年金可以分解为期末付等额年金和期末付递增年金之和，如表3-6所示。

表 3-6　投资者 A 的年金分解表

年份	1	2	3	…	10
原年金	1 000	1 500	2 000	…	5 500
500 项等额年金	1	1	1	…	1
500 项递增年金	1	2	3	…	10

投资者 A 的现值可以表示为：

$$PV_A = 500a_{\overline{10}|} + 500(Ia)_{\overline{10}|}$$

对于投资者 B，其年金的现金流如表 3-7 所示。

表 3-7　投资者 B 的现金流

年份	1	2	3	…	10
现金流	X	$\frac{9X}{10}$	$\frac{8X}{10}$	…	$\frac{X}{10}$
$X/10$ 项递减年金	10	9	8	…	1

上述现金流可以表示为 $X/10$ 项标准的递减年金，故其现值为：

$$PV_B = \frac{X}{10} \cdot (Da)_{\overline{10}|}$$

由于两项年金的现值相等，所以有

$$500a_{\overline{10}|} + 500(Ia)_{\overline{10}|} = \frac{X}{10} \cdot (Da)_{\overline{10}|}$$

$$500a_{\overline{10}|} + 500 \times \frac{1.05a_{\overline{10}|} - 10 \times 1.05^{-10}}{0.05} = \frac{X}{10} \times \frac{10 - a_{\overline{10}|}}{0.05}$$

$$X = 517(\text{元})$$

【例 3-5】

一项期末付变额年金，付款时期为 $2n$ 年，第一年末的付款金额为 1 元，以后每年递增 1 元，直至第 n 年末的付款为 n 元，在第 $n+1$ 年末的付款仍然是 n 元，之后每年递减 1 元，直至第 $2n$ 年末的最后一次付款为 1 元。写出这项年金的现值表达式。

【解】 该项年金的现金流如图 3-1 所示，其中上面一行数字表示年金，下面一行数字表示时间（年份）。

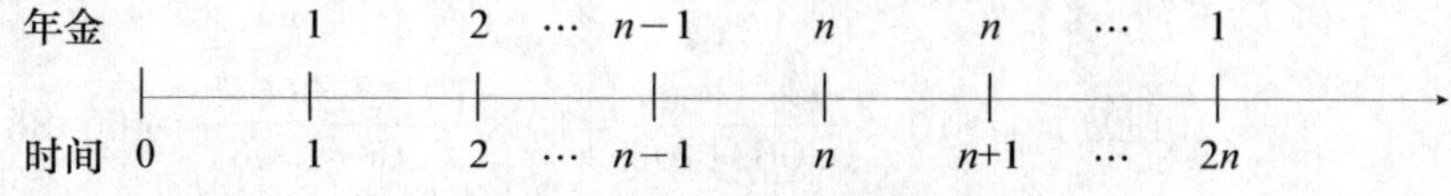

图 3-1　年金的现金流

该年金由一个递增年金和一个延期 n 年的递减年金构成，因此其现值可以表示为：

$$
\begin{aligned}
PV &= (Ia)_{\overline{n}|} + v^n \cdot (Da)_{\overline{n}|} \\
&= \frac{\ddot{a}_{\overline{n}|} - nv^n}{i} + \frac{n - a_{\overline{n}|}}{i} \cdot v^n \\
&= \frac{1}{i}(\ddot{a}_{\overline{n}|} - nv^n + nv^n - a_{\overline{n}|} \cdot v^n) \\
&= \frac{1}{i}[(1+i)a_{\overline{n}|} - a_{\overline{n}|} \cdot v^n] \\
&= \frac{a_{\overline{n}|}}{i}(1+i-v^n) \\
&= a_{\overline{n}|}\left(\frac{1}{d} - \frac{v^n}{i}\right)
\end{aligned}
$$

3.2.2 期初付递减年金

期初付年金的价值是期末付年金的（$1+i$）倍，所以，对于期初付递减年金（decreasing annuity-due），其现值和终值可以根据期末付递减年金的现值和终值计算，即

$$
(D\ddot{a})_{\overline{n}|} = (1+i)(Da)_{\overline{n}|} = \frac{n - a_{\overline{n}|}}{d} \tag{3-13}
$$

$$
(D\ddot{s})_{\overline{n}|} = (1+i)(Ds)_{\overline{n}|} = \frac{n(1+i)^n - s_{\overline{n}|}}{d} \tag{3-14}
$$

【例 3-6】

一项 10 年期的递减年金，在第 1 年初付款 100 元，在第 2 年初付款 90 元，在第 3 年初付款 80 元，依此类推，到第 10 年初付款 10 元。假设年利率为 6%，计算此项年金在第 10 年末的终值。

【解】该项年金等价于 10 项标准的递减年金，在第 10 年末的终值为：

$$
10 \cdot (D\ddot{s})_{\overline{10}|} = 10 \times \frac{10 \times (1.06)^{10} - s_{\overline{10}|}}{0.06/1.06} = 835.22(\text{元})
$$

式中 $s_{\overline{10}|} = \dfrac{1.06^{10} - 1}{0.06} = 13.180\ 8$

对于本例的年金，也可以首先计算其在时刻零的现值，然后再将其累积到第 10 年末，即

$$
10(D\ddot{a})_{\overline{10}|} = 10 \times \frac{10 - a_{\overline{10}|}}{0.06/1.06} = 10 \times \frac{10 - 7.360\ 1}{0.06/1.06} = 466.38(\text{元})
$$

$$
10(D\ddot{s})_{\overline{10}|} = (1.06)^{10} \times 466.38 = 835.22(\text{元})
$$

【例 3-7】

一项年金在第一年末付款 1 元，以后每年增加 1 元，直至第 n 年。从第 $n+$

1年开始，每年递减1元，直至最后一年付款1元。证明该项年金的现值可以表示为 $a_{\overline{n}|}\cdot\ddot{a}_{\overline{n}|}$。

【解】这项年金的现金流如下图所示：

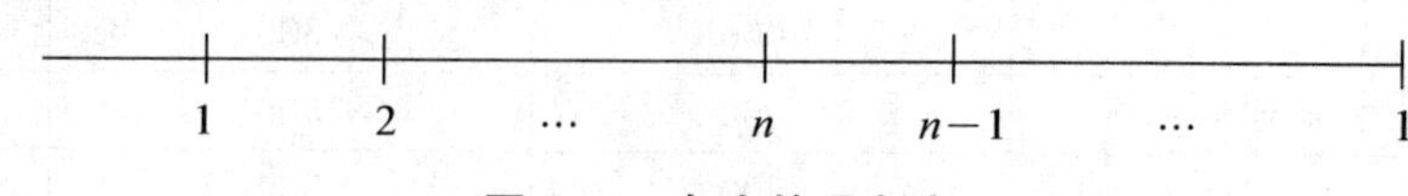

图3-2　年金的现金流

这是一个 n 年期的递增年金与一个延期 n 年的 $n-1$ 年期的递减年金之和，其现值可以表示为：

$$
\begin{aligned}
(Ia)_{\overline{n}|}+v^n\cdot(Da)_{\overline{n-1}|}&=\frac{\ddot{a}_{\overline{n}|}-nv^n}{i}+v^n\cdot\frac{(n-1)-a_{\overline{n-1}|}}{i}\\
&=\frac{1}{i}(a_{\overline{n-1}|}+1-nv^n+nv^n-v^n-v^na_{\overline{n-1}|})\\
&=\frac{1}{i}(a_{\overline{n-1}|}-v^na_{\overline{n-1}|}+1-v^n)\\
&=\frac{1}{i}(1-v^n)(a_{\overline{n-1}|}+1)\\
&=a_{\overline{n}|}\cdot\ddot{a}_{\overline{n}|}
\end{aligned}
$$

【例3-8】

一项20年期的年金，第一年末支付600元，以后每年末的付款增加100元，直至第10年末的付款为1 500元，然后每年末的付款减少100元，直至第20年末的付款为500元。计算该年金的现值。

【解】该项年金可以分解如下：

年份	原年金	分解后的年金	
1	600	500	100
2	700	500	200
3	800	500	300
4	900	500	400
5	1 000	500	500
6	1 100	500	600
7	1 200	500	700
8	1 300	500	800
9	1 400	500	900
10	1 500	500	1 000
11	1 400	500	900
12	1 300	500	800
13	1 200	500	700

续前表

年份	原年金	分解后的年金	
14	1 100	500	600
15	1 000	500	500
16	900	500	400
17	800	500	300
18	700	500	200
19	600	500	100
20	500	500	0

应用前例的结果，上述年金的现值可以表示为：

$$500a_{\overline{20|}}+100a_{\overline{10|}}\ddot{a}_{\overline{10|}}=500\times\frac{1-1.06^{-20}}{0.06}+100\times\left(\frac{1-1.06^{-10}}{0.06}\right)^2\times1.06$$
$$=11\,477.07(\text{元})$$

3.3 复递增年金

复递增年金（compound increasing annuity）是指付款金额按照某一固定比例增长的年金，即按几何级数增长的年金。譬如，第1年末支付1元，第2年末支付1.1元，第3年末支付1.21元，等等，支付金额每年增长10%，这就是一项复递增年金。下面分期初付和期末付两种情况讨论复递增年金的现值和终值。

3.3.1 期初付复递增年金

期初付复递增年金的付款规律如下：在时间零点支付1元，此后每次的支付金额按 r 的复利增长，直至第 n 年初支付 $(1+r)^{n-1}$，如图3-3所示。

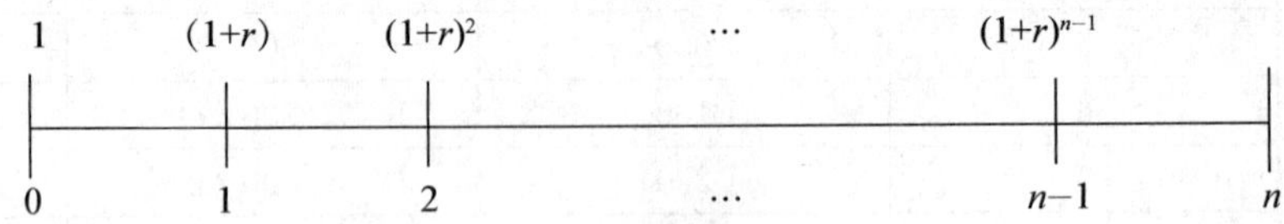

图3-3 期初付复递增年金

用 $(C\ddot{a})_{\overline{n|}i}$ 表示期初付复递增年金的现值，则有

$$(C\ddot{a})_{\overline{n|}i}=\ddot{a}_{\overline{n|}j} \tag{3-15}$$

式中，$j=\dfrac{i-r}{1+r}$ 表示从年利率 i 中扣除年金增长率 r 之后的净利率。

证明：把期初付复递增年金的现金流折现，其现值可以表示为：

$$(C\ddot{a})_{\overline{n}|i}=1+(1+r)v+(1+r)^2v^2+\cdots+(1+r)^{n-1}v^{n-1}$$

上式中，令

$$(1+r)v=\frac{1}{1+j} \tag{3-16}$$

则期初付复递增年金的现值可以表示为：

$$(C\ddot{a})_{\overline{n}|i}=1+\frac{1}{1+j}+\left(\frac{1}{1+j}\right)^2+\cdots+\left(\frac{1}{1+j}\right)^{n-1}=\ddot{a}_{\overline{n}|j} \tag{3-17}$$

由式（3－16）可知，$(1+r)(1+j)=1+i$，所以，$j=\dfrac{i-r}{1+r}$表示从利率 i 中扣除了年金增长率 r 之后的净利率。所以，在式（3－17）中，n 年期期初付复递增年金的现值就是应用净利率 j 计算的 n 年期期初付等额年金的现值。

若 $r=i$，则 $j=0$，此时，期初付复递增年金的现值可以简化为：

$$(C\ddot{a})_{\overline{n}|i}=\ddot{a}_{\overline{n}|j=0}=n \tag{3-18}$$

**【例 3－9】**

投资者拥有一项 20 年期的期初付复递增年金，该年金在第 1 年初给付 200 元，以后每年增长 10%。假设年利率为 5%，计算此项年金的现值。

【解】本例年金的现金流如图 3－4 所示。

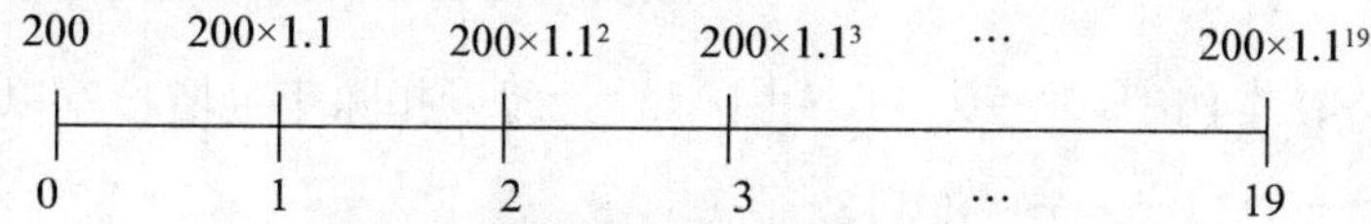

图 3－4　期初付复递增年金的现金流

应用式（3－15），此项年金的现值可以表示为：

$$(C\ddot{a})_{\overline{n}|}=200\cdot\ddot{a}_{\overline{20}|j}$$

其中

$$j=\frac{i-r}{1+r}=\frac{0.05-0.1}{1.1}=-4.545\,5\%$$

因此，此项年金的现值为：

$$\begin{aligned}(C\ddot{a})_{\overline{n}|}&=200\cdot\ddot{a}_{\overline{10}|-4.545\,5\%}=200\times\frac{1-(1-0.045\,455)^{-20}}{-0.045\,455/(1-0.045\,455)}\\&=6\,449(\text{元})\end{aligned}$$

3.3.2 期末付复递增年金

期末付年金比期初付年金整体上推迟了一年，所以其现值是期初付年金的 $\frac{1}{1+i}$。因此，期末付复递增年金的现值可以用期初付复递增年金的现值表示为：

$$(Ca)_{\overline{n}|i}=\frac{(C\ddot{a})_{\overline{n}|i}}{1+i}=\frac{\ddot{a}_{\overline{n}|j}}{1+i} \tag{3-19}$$

式中，$j=\frac{i-r}{1+r}$表示从年利率 i 中扣除了年金增长率 r 以后的净利率。

式（3－19）经变形，也可以表示为：

$$(Ca)_{\overline{n}|i}=\frac{a_{\overline{n}|j}}{1+r} \tag{3-20}$$

【例 3－10】

投资者拥有一项 10 年期的期末付复递增年金，第一年末付 1 000 元，以后每年增长 5%。假设年利率为 11.3%，计算这项年金的现值。

【解】本例年金的现金流如图 3－5 所示。

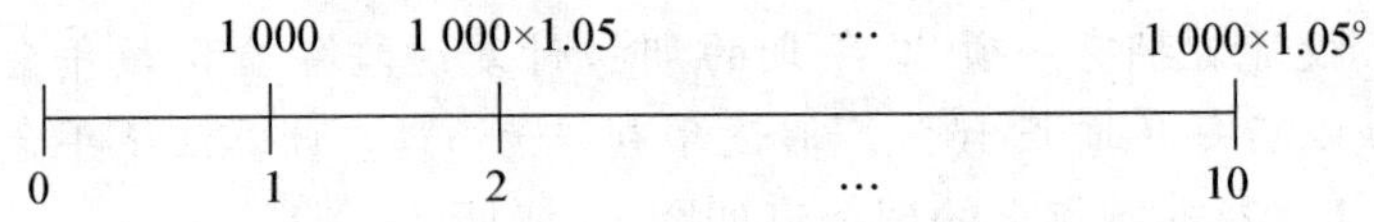

图 3－5 期末付复递增年金的现金流

在本例中，$r=0.05$，$i=0.113$，所以扣除年金增长率以后的利率为：

$$j=\frac{i-r}{1+r}=\frac{0.113-0.05}{1.05}=0.06$$

如果把第 1 年末看作当前时刻，则该项年金就是期初付复递增年金，它在第 1 年末的现值为 $1\,000(C\ddot{a})_{\overline{n}|i}$，再将其折现到时间零点，即得该项年金在时间零点的现值为：

$$\begin{aligned}1\,000(Ca)_{\overline{n}|i}&=\frac{1\,000(C\ddot{a})_{\overline{n}|i}}{1+i}=\frac{1\,000\ddot{a}_{\overline{n}|j}}{1+i}=1\,000\times\frac{(1+0.06)a_{\overline{10}|0.06}}{1+0.113}\\&=7\,009.61(\text{元})\end{aligned}$$

式中

$$a_{\overline{10}|0.06}=\frac{1-1.06^{-10}}{0.06}=7.360\,1$$

在特定条件下，复递增永续年金存在现值。从式（3－15）容易看出，当 $i>r$ 时，期初付复递增永续年金的现值存在，可以表示为：

$$(C\ddot{a})_{\overline{\infty}|i}=\ddot{a}_{\overline{\infty}|j}=\frac{1+j}{j} \tag{3-21}$$

式中，$j=\frac{i-r}{1+r}$。

相应地，应用期初付年金与期末付年金的关系，期末付复递增永续年金的现值可以表示为：

$$(Ca)_{\overline{\infty}|}=\frac{(C\ddot{a})_{\overline{\infty}|}}{1+i}=\frac{1}{i-r} \tag{3-22}$$

【例 3-11】

一项永续年金从第 3 年末开始支付，首次的支付金额为 5 000 元，以后每年增长 5%。如果年利率为 8%，计算该项年金的现值。

【解】首先应用式（3-21）计算该项年金在第 2 年末的价值，然后再将其折现至时间零点，即得该项年金的现值为：

$$\begin{aligned}PV&=5\,000\times1.08^{-2}\times(Ca)_{\overline{\infty}|}=5\,000\times1.08^{-2}\times\frac{1}{0.08-0.05}\\&=142\,889.8(\text{元})\end{aligned}$$

3.4 每年支付 m 次的变额年金

在等额年金的分析中，我们得出了如下结论：

（1）每年支付 m 次的期末付年金＝每年支付 1 次的期末付年金的$\frac{i}{i^{(m)}}$倍；

（2）每年支付 m 次的期初付年金＝每年支付 1 次的期初付年金的$\frac{d}{d^{(m)}}$倍。

对于变额年金，上述结论同样成立。对于 n 年期期末付变额年金，假设每年末的付款额分别为 C_1，C_2，…，C_n，其终值记为 $V_{\overline{n}|}$。如果将每年末的付款额等分为 m 次进行支付，则其终值将变为$\frac{i}{i^{(m)}}\times V_{\overline{n}|}$。以第 t 年为例，结果如图 3-6 所示。

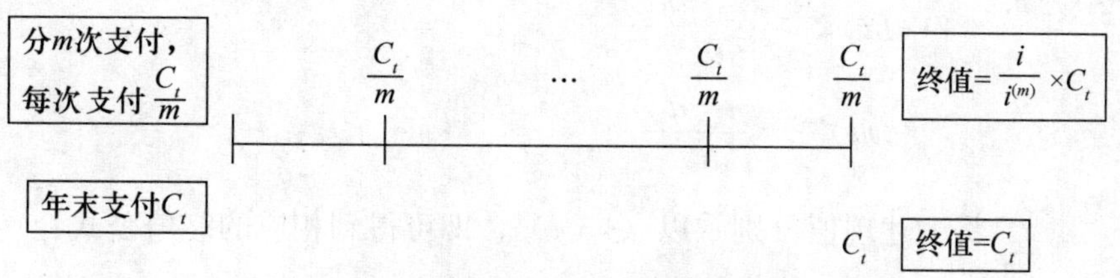

图 3-6　每年支付 m 次的变额年金

在图 3-6 中，第 t 年末的付款额为 C_t，所以在该年末的终值也是 C_t。

如果等分为 m 次等额支付，每次支付$\frac{C_t}{m}$，则形成一个分 m 次支付的 1 年期等额年金。应用分 m 次支付的 1 年期等额年金的结论，上述年金的终值可以表示为：

$$C_t \times s_{\overline{1}|}^{(m)} = C_t \times \frac{i}{i^{(m)}} \times s_{\overline{1}|} = C_t \times \frac{i}{i^{(m)}}$$

上式表明，第 t 年末的付款额如果等分为 m 次支付，其价值将变为原来的$\frac{i}{i^{(m)}}$倍。

对于 n 年期的期末付变额年金，如果每年的付款额都等分为 m 次进行支付，其价值都将变为原来的$\frac{i}{i^{(m)}}$倍，所以整项变额年金的价值也将变为原来的$\frac{i}{i^{(m)}}$倍，即

$$V_{\overline{n}|}^{(m)} = \frac{i}{i^{(m)}} V_{\overline{n}|} \tag{3-23}$$

式中，$V_{\overline{n}|}$表示 n 年期期末付变额年金的价值（现值或终值）；$V_{\overline{n}|}^{(m)}$表示每年支付 m 次的 n 年期期末付变额年金的价值（现值或终值）。

将上式应用于具体的变额年金，即得每年支付 m 次的期末付递增年金的现值为：

$$(Ia)_{\overline{n}|}^{(m)} = \frac{i}{i^{(m)}} \times (Ia)_{\overline{n}|} = \frac{\ddot{a}_{\overline{n}|} - nv^n}{i^{(m)}} \tag{3-24}$$

每年支付 m 次的期末付递减年金的现值为：

$$(Da)_{\overline{n}|}^{(m)} = \frac{i}{i^{(m)}} \times (Da)_{\overline{n}|} = \frac{n - a_{\overline{n}|}}{i^{(m)}} \tag{3-25}$$

每年支付 m 次的期末付复递增年金的现值为：

$$(Ca)_{\overline{n}|}^{(m)} = \frac{i}{i^{(m)}} (Ca)_{\overline{n}|} \tag{3-26}$$

将上述每年支付 m 次的期末付年金的现值公式分别乘以$(1+i)^{\frac{1}{m}}$，即得每年支付 m 次的期初付年金的现值公式：

$$(I\ddot{a})_{\overline{n}|}^{(m)} = \frac{\ddot{a}_{\overline{n}|} - nv^n}{d^{(m)}} \tag{3-27}$$

$$(D\ddot{a})_{\overline{n}|}^{(m)} = \frac{n - a_{\overline{n}|}}{d^{(m)}} \tag{3-28}$$

将上述现值分别乘以 $(1+i)^n$，即可得到相应的终值公式：

$$(Is)_{\overline{n}|}^{(m)} = \frac{\ddot{s}_{\overline{n}|} - n}{i^{(m)}} \tag{3-29}$$

$$(I\ddot{s})_{\overline{n}|}^{(m)}=\frac{\ddot{s}_{\overline{n}|}-n}{d^{(m)}} \tag{3-30}$$

$$(Ds)_{\overline{n}|}^{(m)}=\frac{n(1+i)^n-s_{\overline{n}|}}{i^{(m)}} \tag{3-31}$$

$$(D\ddot{s})_{\overline{n}|}^{(m)}=\frac{n(1+i)^n-s_{\overline{n}|}}{d^{(m)}} \tag{3-32}$$

类似地，可以证明，对于 n 年期的期初付变额年金，如果每年的付款额都等分为 m 次进行支付，其价值都将变为原来的 $\frac{d}{d^{(m)}}$ 倍，所以整项变额年金的价值也将变为原来的 $\frac{d}{d^{(m)}}$ 倍，即

$$\ddot{V}_{\overline{n}|}^{(m)}=\frac{d}{d^{(m)}}\ddot{V}_{\overline{n}|} \tag{3-33}$$

式中，$\ddot{V}_{\overline{n}|}$ 表示 n 年期期初付变额年金的价值（现值或终值）；$\ddot{V}_{\overline{n}|}^{(m)}$ 表示每年支付 m 次的 n 年期期初付变额年金的价值（现值或终值）。

【例 3-12】

一项年金在第 1 年的每月末支付 2 000 元，在第 2 年的每月末支付 2 100 元，在第 3 年的每月末支付 2 200 元……在第 10 年的每月末支付 2 900 元。如果年利率为 5%，计算该项年金的现值。

【解】该项年金可以分解为一系列等额年金和递增年金之和，如表 3-8 所示。

表 3-8　年金现金流的分解

年份	1	2	3	…	10
原始年金的现金流	2 000	2 100	2 200	…	2 900
1 900 项每年支付 12 次的等额年金	1	1	1	…	1
100 项每年支付 12 次的递增年金	1	2	3	…	10

根据表 3-8，该项年金的现值为：

$$\begin{aligned}PV&=1\,900\times12\times a_{\overline{10}|}^{(12)}+100\times12\times(Ia)_{\overline{10}|}^{(12)}\\&=1\,900\times12\times\frac{1-1.05^{-10}}{i^{(12)}}+100\times12\times\frac{\ddot{a}_{\overline{10}|}-10\times(1.05)^{-10}}{i^{(12)}}\\&=1\,900\times12\times\frac{1-1.05^{-10}}{0.048\,89}+100\times12\times\frac{8.107\,8-10\times(1.05)^{-10}}{0.048\,89}\\&=228\,373.47(\text{元})\end{aligned}$$

【例 3-13】

一项 10 年期的年金，在第 1 年的每月初支付 1 100 元，在第 2 年的每月初支

付 1 000 元，在第 3 年的每月初支付 900 元，依次递减，在第 10 年的每月初支付 200 元。假设年利率为 8%，计算此项年金的现值和第 10 年末的终值。

【解】该项年金可以分解为一系列等额年金和递减年金之和，如表 3-9 所示。

表 3-9　年金现金流的分解

年份	1	2	3	…	10
原始年金的现金流	1 100	1 000	900	…	200
100 项每年支付 12 次的等额年金	1	1	1	…	1
100 项每年支付 12 次的递减年金	10	9	8	…	1

根据表 3-9 的年金分解结果，该项年金的现值为：

$$\begin{aligned}PV &=100\times12\times\ddot{a}_{\overline{10}|}^{(12)}+100\times12\times(D\ddot{a})_{\overline{10}|}^{(12)}\\&=100\times12\times\frac{1-v^{10}}{d^{(12)}}+100\times12\times\frac{10-a_{\overline{10}|}}{d^{(12)}}\\&=100\times12\times\frac{1-1.08^{-10}}{d^{(12)}}+100\times12\times\frac{10-(1-1.08^{-10})/0.08}{d^{(12)}}\\&=59\ 859(\text{元})\end{aligned}$$

式中，$d^{(12)}=12\times[1-(1+0.08)^{-1/12}]=0.076\ 715$。

【例 3-14】

一项 30 年期的变额年金，如果每年末支付一次，现值为 46 502，如果将该年金调整为每月末等额支付一次，且保持每年的付款总额不变，计算新年金的现值和终值。假设年利率为 5%。

【解】每年支付 12 次的期末付年金等价于 $\frac{i}{i^{(12)}}$ 个每年支付 1 次的期末付年金，故由式（3-23）可知，新年金的现值为：

$$V_{\overline{30}|}^{(12)}=46\ 502\times\frac{i}{i^{(12)}}=46\ 502\times\frac{i}{12[(1+i)^{1/12}-1]}=47\ 558(\text{元})$$

新年金的终值为：

$$V_{\overline{30}|}^{(12)}\times(1+i)^{30}=205\ 543\ (\text{元})$$

3.5 连续支付的变额年金

连续支付的变额年金（continuously payable varying annuity）是指每年连续支付，但付款额每年变化一次的年金。在每年分 m 次支付的变额年金中，令每年的支付次数趋于无穷大，即 $m\to\infty$，就得到了连续支付的变额年金。

常见的变额年金有递增年金、递减年金和复递增年金，相应地，连续支付的变额年金也包括这三种类型。

连续支付的递增年金（continuously payable increasing annuity）遵循下述付款规律：第1年连续支付1元，第2年连续支付2元，第3年连续支付3元，直至第 n 年连续支付 n 元，如图3-7所示。

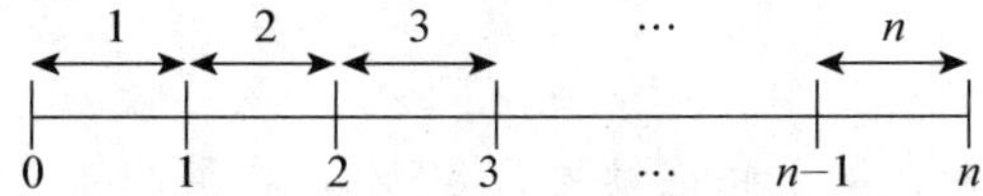

图3-7　连续支付的递增年金

对于连续支付的递增年金，其现值用符号 $(I\bar{a})_{\overline{n}|}$ 表示。字母 a 上的横线代表支付是连续的，字母 I 上没有横线，表示支付金额按一定时期间隔离散增长，即每年增长一次。

连续支付的递减年金（continuously payable decreasing annuity）遵循下述付款规律：第1年连续支付 n 元，第2年连续支付 $n-1$ 元，直至第 n 年连续支付1元。该年金的现金流如图3-8所示，其现值和终值分别用符号 $(D\bar{a})_{\overline{n}|}$ 和 $(D\bar{s})_{\overline{n}|}$ 表示。

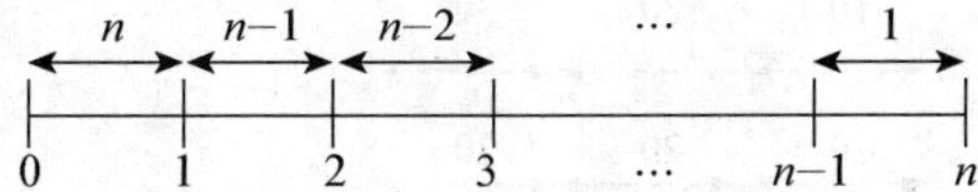

图3-8　连续支付的递减年金

由于 $\lim\limits_{m\to\infty} i^{(m)}=\delta$，所以在式（3-23）中，令 $m\to\infty$，即得连续支付的变额年金的价值为：

$$\bar{V}_{\overline{n}|}=\frac{i}{\delta}V_{\overline{n}|} \tag{3-34}$$

式中，$V_{\overline{n}|}$ 表示 n 年期期末付变额年金的价值（现值或终值）；$\bar{V}_{\overline{n}|}$ 表示 n 年期连续支付变额年金的价值（现值或终值）。

在式（3-33）中，令 $m\to\infty$，也可以将连续支付年金的价值表示为：

$$\bar{V}_{\overline{n}|}=\frac{d}{\delta}\ddot{V}_{\overline{n}|} \tag{3-35}$$

式中，$\ddot{V}_{\overline{n}|}$ 表示 n 年期期初付变额年金的价值（现值或终值）；$\bar{V}_{\overline{n}|}$ 表示 n 年期连续支付变额年金的价值（现值或终值）。

将式（3-34）应用于具体的变额年金，即得连续支付的递增年金的现值为：

$$(I\bar{a})_{\overline{n}|}=\frac{i}{\delta}\times(Ia)_{\overline{n}|} \tag{3-36}$$

连续支付的递减年金的现值为：

$$(D\bar{a})_{\overline{n|}}=\frac{i}{\delta}\times(Da)_{\overline{n|}} \tag{3-37}$$

连续支付的复递增年金的现值为：

$$(C\bar{a})_{\overline{n|}}=\frac{i}{\delta}\times(Ca)_{\overline{n|}} \tag{3-38}$$

【例 3-15】

一项年金在第 1 年连续支付 30 元，在第 2 年连续支付 40 元，在第 3 年连续支付 50 元，直至第 10 年连续支付 120 元。假设年利率为 5%，求这项年金的现值。

【解】 可以把这项年金分解为两项年金：一项是连续支付、每年支付 20 元的 10 年期等额年金；另一项是连续支付的递增年金，第 1 年连续支付 10 元，第 2 年连续支付 20 元，直至第 10 年连续支付 100 元。分解结果如图 3-9 所示。

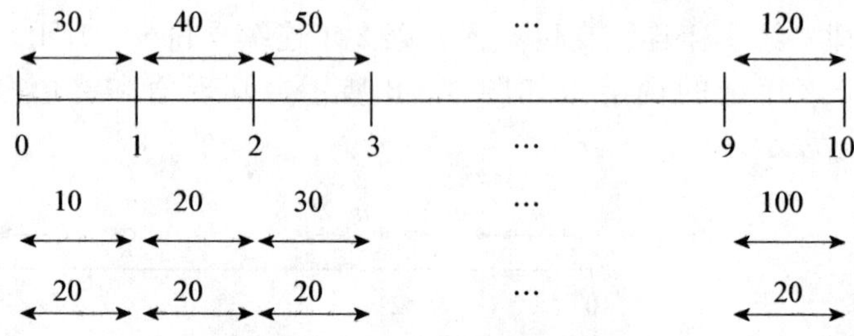

图 3-9 连续支付年金的分解

根据图 3-9，本例年金的现值可以表示为：

$$PV=20\bar{a}_{\overline{10|}}+10(I\bar{a})_{\overline{10|}}$$

式中

$$\bar{a}_{\overline{10|}}=\frac{1-1.05^{-10}}{\ln(1.05)}=7.913\,2$$

$$\ddot{a}_{\overline{10|}}=\frac{1-1.05^{-10}}{0.05/1.05}=8.107\,8$$

$$\begin{aligned}(I\bar{a})_{\overline{10|}}&=\frac{\ddot{a}_{\overline{n|}}-nv^n}{\delta}\\&=\frac{8.107\,8-10\times(1.05)^{-10}}{\ln(1.05)}\\&=40.350\,1\end{aligned}$$

因此本例年金的现值为：

$$PV=20\times7.913\,2+10\times40.350\,1=561.77(\text{元})$$

对于连续支付的递增年金，当支付期限趋于无穷时，就得到连续支付的永续

年金，即

$$(I\bar{a})_{\infty}=\lim_{n\to\infty}(I\bar{a})_{n}=\lim_{n\to\infty}\frac{\ddot{a}_{\overline{n}|}-nv^{n}}{\delta}=\frac{1}{\delta d}$$

式中

$$\lim_{n\to\infty}nv^{n}=\lim_{n\to\infty}\frac{n}{(1+i)^{n}}=0$$

【例 13-16】

一项连续支付的永续年金在第 1 年连续支付 2 000 元，第 2 年连续支付 3 000 元，第 3 年连续支付 4 000 元，以此方式无限期地支付下去。假设年利率为 6%，计算此项年金的现值。

【解】 该项年金可以分解为 1 000 项每年连续支付 1 元的等额年金和 1 000 项连续支付的递增年金，因此，其现值为：

$$\begin{aligned}PV&=1\,000\bar{a}_{\overline{\infty}|}+1\,000(I\bar{a})_{\overline{\infty}|}\\&=1\,000\times\frac{1}{\ln(1.06)}+1\,000\times\frac{1}{\ln(1.06)\times(0.06/1.06)}\\&=320\,353.8(\text{元})\end{aligned}$$

【例 3-17】

一项年金在第 1 年连续支付 100 万元，第 2 年连续支付 90 万元，第 3 年连续支付 80 万元，直至第 10 年连续支付 10 万元。假设年利率为 6%，计算该项年金的现值。

【解】 该项年金的现值为：

$$\begin{aligned}PV&=10\cdot(D\bar{a})_{\overline{10}|}\\&=10\times\frac{10-a_{\overline{10}|}}{\ln(1.06)}\\&=10\times\frac{10-(1-1.06^{-10})/0.06}{\ln(1.06)}\\&=453.06(\text{万元})\end{aligned}$$

3.6　一般连续变化的现金流

本节讨论最一般形式的连续变化的现金流，其中的两个特例是连续递增年金和连续递减年金。

3.6.1 连续递增年金

连续递增年金（continuously increasing annuity）遵循下述的付款规律：年金的支付期为 n，在时刻 t 的年付款率为 t，即付款率与时间同步增长。在时刻 t 的付款率为 t 的含义是：如果按此付款率支付，一年的付款额将为 t 元，因此在一个微小的时间区间 dt 的付款额为 $t\,dt$。

n 年期的连续递增年金的现值用符号 $(\bar{I}\bar{a})_{\overline{n|}}$ 表示，字母 a 和 I 上都有一个横线，表示年金是连续支付的，也是连续递增的。

连续递增年金的现值和终值为：

$$(\bar{I}\bar{a})_{\overline{n|}}=\frac{\bar{a}_{\overline{n|}}-nv^n}{\delta} \tag{3-39}$$

$$(\bar{I}\bar{s})_{\overline{n|}}=\frac{\bar{s}_{\overline{n|}}-n}{\delta} \tag{3-40}$$

证明：根据连续递增年金的含义，在时刻 t 的付款额为 $t\,dt$，其现值可以表示为 $e^{-\delta t}t\,dt$，将 $[0, n]$ 区间内所有付款的现值求和（即求积分）可得

$$\begin{aligned}(\bar{I}\bar{a})_{\overline{n|}}&=\int_0^n t\cdot e^{-\delta t}\,dt\\&=\left[-\frac{t}{\delta}\cdot e^{-\delta t}\right]\Big|_0^n-\int_0^n\frac{e^{-\delta t}}{-\delta}dt\\&=-\frac{n\cdot e^{-\delta n}}{\delta}-\left[\frac{1}{\delta^2}\cdot e^{-\delta t}\right]\Big|_0^n\\&=-\frac{n\cdot e^{-\delta n}}{\delta}-\frac{e^{-\delta n}}{\delta^2}+\frac{1}{\delta^2}\\&=\frac{\left[\dfrac{1-e^{-\delta n}}{\delta}\right]-n\cdot e^{-\delta n}}{\delta}\\&=\frac{\dfrac{1-v^n}{\delta}-nv^n}{\delta}\\&=\frac{\bar{a}_{\overline{n|}}-nv^n}{\delta}\end{aligned}$$

把前述的现值累积 n 年，即得连续递增年金的终值为：

$$(\bar{I}\bar{s})_{\overline{n|}}=(1+i)^n(\bar{I}\bar{a})_{\overline{n|}}=\frac{\bar{s}_{\overline{n|}}-n}{\delta}$$

【例 3-18】

一项10年期的年金在时刻 t 的年付款率为 $9t+6$，利息力为9%，计算此项年金的现值。

【解】可以将此项年金的现金流分解成两部分：一部分是连续递增的年金；另一部分是连续支付的等额年金。故其现值可以表示为：

$$PV=9\cdot(\bar{I}\bar{a})_{\overline{10|}}+6\cdot\bar{a}_{\overline{10|}}$$

其中

$$i=e^{0.09}-1=0.094\,174$$

$$\bar{a}_{\overline{10|}}=\frac{1-v^{10}}{\delta}=\frac{1-(1.094\,174)^{-10}}{0.09}=6.593\,670$$

$$(\bar{I}\bar{a})_{\overline{10|}}=\frac{\bar{a}_{\overline{10|}}-10v^{10}}{\delta}=\frac{6.593\,670-10\times(1.094\,174)^{-10}}{0.09}=28.088\,592$$

故此项年金的现值为：

$$PV=9\times28.088\,592+6\times6.593\,670=292.36(\text{元})$$

【例 3-19】

一项年金的付款期是从第 2 年末至第 7 年末，在时刻 t 的付款率为 $3t-4$，利息力为 6%，计算此项年金在第 7 年末的终值。

【解】如果此年金的付款期是从时刻 0 到第 7 年末，则其终值为：

$$FV_1=3(\bar{I}\bar{s})_{\overline{7|}}-4\bar{s}_{\overline{7|}}$$

从时刻 0 到第 2 年末的付款在第 7 年末的价值为：

$$FV_2=[3(\bar{I}\bar{s})_{\overline{2|}}-4\bar{s}_{\overline{2|}}]e^{0.06\times(7-2)}$$

从 FV_1 中减去 FV_2 即得此项年金在第 7 年末的终值为：

$$FV=FV_1-FV_2=3(\bar{I}\bar{s})_{\overline{7|}}-4\bar{s}_{\overline{7|}}-[3(\bar{I}\bar{s})_{\overline{2|}}-4\bar{s}_{\overline{2|}}]e^{0.3}$$

其中

$$i=e^{0.06}-1=6.183\,7\%$$

$$\bar{s}_{\overline{7|}}=\frac{(1+i)^7-1}{\delta}=\frac{(1.061\,837)^7-1}{0.06}=8.699\,360$$

$$\bar{s}_{\overline{2|}}=\frac{(1+i)^2-1}{\delta}=\frac{(1.061\,837)^2-1}{0.06}=2.124\,948$$

$$(\bar{I}\bar{s})_{\overline{7|}}=\frac{\bar{s}_{\overline{7|}}-7}{\delta}=\frac{8.699\,360-7}{0.06}=28.322\,667$$

$$(\bar{I}\bar{s})_{\overline{2|}}=\frac{\bar{s}_{\overline{2|}}-2}{\delta}=\frac{2.124\,948-2}{0.06}=2.082\,467$$

故此项年金的终值为：

$$\begin{aligned}FV&=3\times28.322\,667-4\times8.699\,360-(3\times2.082\,467-4\times2.124\,948)e^{0.3}\\&=53.21\end{aligned}$$

对于连续递增的年金，如果支付期限趋于无穷，即可得到连续递增的永续年金，其现值用符号 $(\bar{I}\bar{a})_{\overline{\infty}|}$ 表示，则有

$$(\bar{I}\bar{a})_{\overline{\infty}|}=\frac{1}{\delta^2} \tag{3-41}$$

证明：在连续递增年金的现值公式即式（3-39）中，令 n 趋于无穷大，则有

$$\begin{aligned}(\bar{I}\bar{a})_{\overline{\infty}|}&=\lim_{n\to\infty}(\bar{I}\bar{a})_{\overline{n}|}\\&=\lim_{n\to\infty}\frac{\bar{a}_{\overline{n}|}-nv^n}{\delta}\\&=\lim_{n\to\infty}\frac{[1-(1+i)^{-n}]/\delta-n(1+i)^{-n}}{\delta}\\&=\frac{1}{\delta^2}\end{aligned}$$

【例 3-20】

一项永续年金在时刻 t 的付款率为 $3t$，付款从 0 时刻开始并一直延续下去，年利率为 5%，求该项年金的现值。

【解】 这是一项永续年金，应用式（3-41）可得其现值为：

$$3(\bar{I}\bar{a})_{\overline{\infty}|}=3\times\frac{1}{[\ln(1.05)]^2}=1\ 260.25$$

3.6.2 连续递减年金

连续递减年金（continuously decreasing annuity）遵循下述付款规律：年金的支付期为 n 年，在时刻 t 的付款率为 $n-t$。连续递减年金的现值和终值分别用符号 $(\bar{D}\bar{a})_{\overline{n}|}$ 和 $(\bar{D}\bar{s})_{\overline{n}|}$ 表示，且有

$$(\bar{D}\bar{a})_{\overline{n}|}=\frac{n-\bar{a}_{\overline{n}|}}{\delta} \tag{3-42}$$

$$(\bar{D}\bar{s})_{\overline{n}|}=\frac{n(1+i)^n-\bar{s}_{\overline{n}|}}{\delta} \tag{3-43}$$

证明：在时刻 t 的一个微小区间 $\mathrm{d}t$，付款额为 $(n-t)\mathrm{d}t$，其现值为 $\mathrm{e}^{-\delta t}(n-t)\mathrm{d}t$，把 $[0,n]$ 时期的所有现值求和（即求积分）可得连续递减年金的现值为：

$$\begin{aligned}(\bar{D}\bar{a})_{\overline{n}|}&=\int_0^n(n-t)\mathrm{e}^{-\delta t}\,\mathrm{d}t\\&=n\bar{a}_{\overline{n}|}-(\bar{I}\bar{a})_{\overline{n}|}\\&=n\bar{a}_{\overline{n}|}-\frac{\bar{a}_{\overline{n}|}-nv^n}{\delta}\end{aligned}$$

$$=\frac{n(1-v^n)-\bar{a}_{\overline{n|}}+nv^n}{\delta}$$

$$=\frac{n-\bar{a}_{\overline{n|}}}{\delta}$$

将现值累积 n 年，即得连续递减年金的终值为：

$$(\bar{D}\bar{s})_{\overline{n|}}=(1+i)^n(\bar{D}\bar{a})_{\overline{n|}}=\frac{n(1+i)^n-\bar{s}_{\overline{n|}}}{\delta}$$

【例 3－21】

一份 10 年期的年金在时刻 t 的付款率为 $10-t$。假设利息力为 5%，计算此项年金的现值和在第 10 年末的终值。

【解】根据已知条件可知：

$$\bar{a}_{\overline{10|}}=\frac{1-e^{-10\times 0.05}}{0.05}=7.869\,26$$

应用式（3－42），此项年金的现值为：

$$(\bar{D}\bar{a})_{\overline{10|}}=\frac{10-\bar{a}_{\overline{10|}}}{0.05}=\frac{10-7.869\,26}{0.05}=42.61$$

将上述现值累积到第 10 年末，即得其终值为：

$$(\bar{D}\bar{s})_{\overline{10|}}=42.61e^{10\times 0.05}=70.25$$

3.6.3　一般连续变化的现金流

本节讨论最一般意义上的现金流，即付款连续发生、付款金额连续变化的现金流。这种现金流可以表述为：付款时间是从时刻 a 到时刻 b，在时刻 t 的付款率为 $\rho(t)$，利息力为 $\delta(t)$。

在时刻零点的 1 元，在时刻 t 的累积值可以表示为：

$$a(t)=\exp\left[\int_0^t \delta(s)\mathrm{d}s\right]$$

所以，在时刻 t 支付的 1 元，在时间零点的现值为：

$$a^{-1}(t)=\exp\left[-\int_0^t \delta(s)\mathrm{d}s\right]$$

在时刻 t 的付款率为 $\rho(t)$，所以在时刻 t 的一个微小区间 $\mathrm{d}t$，付款额为 $\rho(t)\mathrm{d}t$，其在时刻零点的现值为 $a^{-1}(t)\rho(t)\mathrm{d}t$。

为了计算从时刻 a 到时刻 b 所有付款的现值，需要将该期间所有付款的现值加总，在连续情况下就是对它们进行积分，即

$$PV_0=\int_a^b a^{-1}(t)\rho(t)\mathrm{d}t=\int_a^b \rho(t)\exp\left[-\int_0^t \delta(s)\mathrm{d}s\right]\mathrm{d}t \tag{3-44}$$

在已知现值的情况下，现金流在未来任意时点 T 的价值等于现值的累积值。譬如，将式（3－44）累积至时刻 T，即乘以累积函数的值

$$a(T)=\exp\left[\int_0^T \delta(s)\mathrm{d}s\right]$$

即得前述现金流在时刻 T 的累积值为：

$$FV_T=PV_0\times a(T)=\int_a^b \rho(t)\exp\left[\int_t^T \delta(s)\mathrm{d}s\right]\mathrm{d}t \tag{3-45}$$

【例3－22】

一个连续支付的现金流在时刻 t 的付款率为 $\rho(t)=3$，支付期限从时刻 2 到时刻 6，利息力为 $\delta(t)=0.05$。计算此现金流在时刻零的现值。

【解】 应用式（3－44），该现金流的现值为：

$$\begin{aligned}PV&=\int_2^6 3\exp\left(-\int_0^t 0.05\mathrm{d}s\right)\mathrm{d}t\\&=\int_2^6 3\mathrm{e}^{-0.05t}\mathrm{d}t\\&=\frac{3}{0.05}\left[-\mathrm{e}^{-0.05t}\right]\Big|_2^6\\&=9.84\end{aligned}$$

【例3－23】

一个连续支付的现金流，支付期从时刻 0 到时刻 0.5，在时刻 t 的付款率为 $\rho(t)=10t+3$，利息力为 $\delta(t)=0.2t+0.06$。计算此现金流在时刻零的现值。

【解】 应用式（3－44），该现金流的现值为：

$$\begin{aligned}PV&=\int_a^b \rho(t)\exp\left[-\int_0^t \delta(s)\mathrm{d}s\right]\mathrm{d}t\\&=\int_0^{0.5}(10t+3)\exp\left[-\int_0^t(0.2s+0.06)\mathrm{d}s\right]\mathrm{d}t\\&=\int_0^{0.5}(10t+3)\exp[-(0.1t^2+0.06t)]\mathrm{d}t\\&=-50\int_0^{0.5}(-0.2t-0.06)\exp(-0.1t^2-0.06t)\mathrm{d}t\\&=-50[\exp(-0.1t^2-0.06t)]\Big|_0^{0.5}\\&=-50[\exp(-0.055)-1]\\&=2.68\end{aligned}$$

【例 3－24】

一个连续支付的现金流在时刻 t 的付款率为 $\rho(t)=150\exp(-0.03t)$，支付期从时刻 1 到时刻 6，利息力为 $\delta(t)=0.04$。计算此现金流在时刻 $t=9$ 的价值。

【解】 应用式（3－45），该现金流在时刻 9 的价值为：

$$
\begin{aligned}
FV &= \int_a^b \rho(t)\exp\left(\int_t^T \delta(s)\mathrm{d}s\right)\mathrm{d}t \\
&= \int_1^6 150\exp(-0.03t)\exp\left(\int_t^9 0.04\mathrm{d}s\right)\mathrm{d}t \\
&= 150\int_1^6 \exp(-0.03t)\exp(0.36-0.04t)\mathrm{d}t \\
&= 150\int_1^6 \exp(0.36-0.07t)\mathrm{d}t \\
&= \frac{150}{0.07}\left[-\exp(0.36-0.07t)\right]\Big|_1^6 \\
&= 845.71
\end{aligned}
$$

□小　结

期末付变额年金的现值和累积值（终值）公式如下表所示。对于期初付年金，只需把分母上的利率符号改为相应的贴现率符号即可。

年金	递增年金		递增永续年金的现值
	现值	累积值	
每年支付 1 次，每年递增 1 次	$(Ia)_{\overline{n}\|}=\dfrac{\ddot{a}_{\overline{n}\|}-nv^n}{i}$	$(Is)_{\overline{n}\|}=\dfrac{\ddot{s}_{\overline{n}\|}-n}{i}$	$(Ia)_{\overline{\infty}\|}=\dfrac{1}{di}$
每年支付 m 次，每年递增 1 次	$(Ia)_{\overline{n}\|}^{(m)}=\dfrac{\ddot{a}_{\overline{n}\|}-nv^n}{i^{(m)}}$	$(Is)_{\overline{n}\|}^{(m)}=\dfrac{\ddot{s}_{\overline{n}\|}-n}{i^{(m)}}$	$(Ia)_{\overline{\infty}\|}^{(m)}=\dfrac{1}{di^{(m)}}$
连续支付，每年递增 1 次	$(I\bar{a})_{\overline{n}\|}=\dfrac{\ddot{a}_{\overline{n}\|}-nv^n}{\delta}$	$(I\bar{s})_{\overline{n}\|}=\dfrac{\ddot{s}_{\overline{n}\|}-n}{\delta}$	$(I\bar{a})_{\overline{\infty}\|}=\dfrac{1}{d\delta}$
连续支付，连续递增	$(\bar{I}\bar{a})_{\overline{n}\|}=\dfrac{\bar{a}_{\overline{n}\|}-nv^n}{\delta}$	$(\bar{I}\bar{s})_{\overline{n}\|}=\dfrac{\bar{s}_{\overline{n}\|}-n}{\delta}$	$(\bar{I}\bar{a})_{\overline{\infty}\|}=\dfrac{1}{\delta^2}$

年金	递减年金	
	现值	累积值
每年支付 1 次，每年递减 1 次	$(Da)_{\overline{n}\|}=\dfrac{n-a_{\overline{n}\|}}{i}$	$(Ds)_{\overline{n}\|}=\dfrac{n(1+i)^n-s_{\overline{n}\|}}{i}$
每年支付 m 次，每年递减 1 次	$(Da)_{\overline{n}\|}^{(m)}=\dfrac{n-a_{\overline{n}\|}}{i^{(m)}}$	$(Ds)_{\overline{n}\|}^{(m)}=\dfrac{n(1+i)^n-s_{\overline{n}\|}}{i^{(m)}}$

续前表

年金	递减年金	
	现值	累积值
连续支付，每年递减1次	$(D\bar{a})_{\overline{n}\rceil}=\dfrac{n-a_{\overline{n}\rceil}}{\delta}$	$(D\bar{s})_{\overline{n}\rceil}=\dfrac{n(1+i)^n-s_{\overline{n}\rceil}}{\delta}$
连续支付，连续递减	$(\bar{D}\bar{a})_{\overline{n}\rceil}=\dfrac{n-\bar{a}_{\overline{n}\rceil}}{\delta}$	$(\bar{D}\bar{s})_{\overline{n}\rceil}=\dfrac{n(1+i)^n-\bar{s}_{\overline{n}\rceil}}{\delta}$

对于年增长率为 r 的复递增年金，期初付年金和期末付年金的现值分别为：

期初付：$(C\ddot{a})_{\overline{n}\rceil i}=\ddot{a}_{\overline{n}\rceil j}$

期末付：$(Ca)_{\overline{n}\rceil i}=\dfrac{\ddot{a}_{\overline{n}\rceil j}}{1+i}$

式中，$1+i=(1+r)(1+j)$，$j=\dfrac{i-r}{1+r}$。

变额年金计算公式之间的关系可以概括如下：

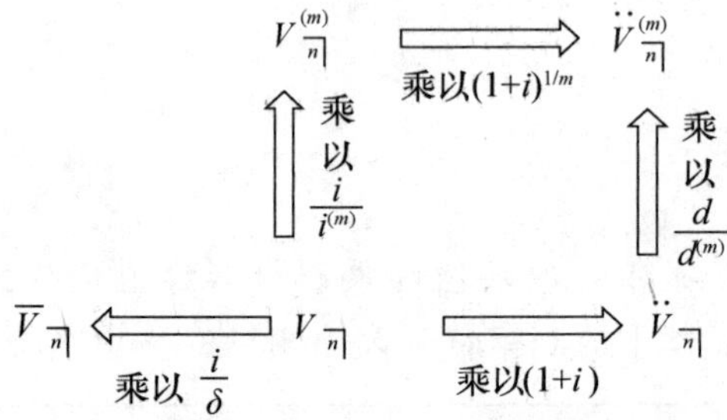

其中，$V_{\overline{n}\rceil}$表示 n 年期期末付变额年金的价值（现值或终值），$V_{\overline{n}\rceil}^{(m)}$表示每年支付 m 次的 n 年期期末付变额年金的价值（现值或终值），$\ddot{V}_{\overline{n}\rceil}$表示 n 年期期初付变额年金的价值（现值或终值），$\ddot{V}_{\overline{n}\rceil}^{(m)}$表示每年支付 m 次的 n 年期期初付变额年金的价值（现值或终值），$\bar{V}_{\overline{n}\rceil}$表示 n 年期连续支付变额年金的价值（现值或终值）。

等额年金可以看作变额年金的特例，所以上述关系式也适用于等额年金。

□习　题

3.1　一项年金在第一年末的付款为1 000元，以后每年增加100元，一共支付10次。如果年利率为5%，计算该项年金的现值。

3.2　一项永续年金在第一年末支付1，第二年末支付2，直至第 n 年末支付 n，然后一直维持在每年支付 n，计算此项年金的现值。

3.3　一项永续年金在第4年初支付2，第6年初支付4，第8年初支付6，第10年初支付8，并按此规律无限期地支付下去。若年利率为10%，计算该项年金的现值。

3.4　年金A支付20年，每年末支付55。年金B支付30年，其中前10年每年末支付30，中间10年每年末支付60，最后10年每年末支付90。若这两项年金的现值相等，计算它们的现值为多少。

3.5　一项15年期的年金在第1年末给付300元，第2年末给付280元，第3年末给付260元，直至给付金额减少到160元，然后每年的给付金额保持160元不变，直至第15年末。假设年利率为5%，计算此项年金在时刻零的现值。

3.6　一项10年期年金在第1年末的付款为1 000元，以后每年增长10%。如果年利率为5%，计算该项年金的现值。

3.7　投资者在第1年的每季度初存款1个单位，在第2年的每季度初存款2个单位，以此类推，第8年的每季度初存款8个单位。在第8年末，投资者取出这笔存款用于购买一项每年末支付X的永续年金。假设年利率为8%，计算X。

3.8　投资者在未来20年的退休金计划如下：从2015年初开始，每月末领取2 000元，月度退休金每年增加3%。假设每月复利一次的年名义利率为6%，计算该项退休金在2015年初的价值。

3.9　投资者每年初向基金投入一笔资金，持续10年。前5次投资金额均为1 000元，从第6次开始投资金额每年递增5%。若基金的年利率为8%，计算该项投资在第10年末的累积值。

3.10　投资者在时刻1收到400元，在时刻2收到450元，在时刻3收到500元，依此类推，直至最后一次收到900元，假设每个时期的有效利率为5%，计算这些款项在时刻零的现值和在时刻12的终值。

3.11　投资者在第1年末收到500元，在第2年末收到480元，在第3年末收到460元，依此类推，直到最后一次收到300元。假设年利率为6%，计算该现金流在第1年初的现值和在第20年末的终值。

3.12　一个现金流的付款过程如下：现在支付50元，此后每年比上一年减少10元，直至第4年末，然后每年的付款又比前一年增加10元，直至第8年末。假设年利率为9%，计算该现金流在时刻零的现值。

3.13　投资者需要在第10年末筹集到80 000元，为此他现在投资X元，在第1年末投资（$X-500$）元，在第2年末投资（$X-1\,000$）元，直到第9年末投资（$X-4\,500$）元。假设年利率为6%，计算X的值。

3.14　如果现在存入基金X元，基金将在第5年末返还3 000元，在第6年末返还2 900元，在第7年末返还2 800元，依此类推，最后一次返还在第15年末。假设年利率为6%，计算X的值。

3.15　一项期末付永续年金，前5年的付款均为20元，从第6年开始，付款每年比上一年增长k%。假设年利率为9%，此项永续年金的现值为335元，求k的值。

3.16　一项连续支付的年金，第1年连续支付100元，第2年连续支付110元，第3年连续支付120元，依此类推，直到第10年连续支付190元。假设年利率为4%，计算此项年金在第10年末的终值。

3.17　一项连续年金在第1年连续支付100元，此后每一年比前一年减少5

元，直到最后一次支付65元。假设年利率为7%，计算此项年金在第10年末的终值。

3.18　一项10年期的连续年金在时刻t的支付率为$\rho(t)=4t+3$，假设利息力为$\delta(t)=0.03+0.04t$，计算此项年金在时刻零的现值。

3.19　一个现金流从时刻5到时刻10连续付款，在时刻t的支付率为$\rho(t)=1.2t^2+2t$。从时刻零到时刻5的利息力为$\delta_t=0.004t+0.01$，从时刻5到时刻10的利息力为$\delta(t)=0.0006t^2+0.001t$，计算此现金流在时刻零的现值。

3.20　一项连续年金在时刻t的支付率为$\rho(t)=9k+tk$，其中$0\leqslant t\leqslant 10$，利息力为$\delta(t)=1/(t+9)$，在第10年末，此项年金的价值为25 000元，求k的值。

第 4 章 收益率

Chapter 4

收益率是投资分析中最为重要的基本概念之一。本章的主要内容包括：净现值和收益率的基本概念以及它们的计算方法，收益率唯一的条件，基金的币值加权收益率及其近似计算方法，基金的时间加权收益率及其计算方法，再投资与修正收益，以及基金的收益分配方法。

4.1 净现值与收益率

评价一个投资项目的收益水平，或者比较不同投资项目的收益水平，通常采用的方法是计算其现金流的净现值或收益率。一个投资项目的现金流是指与该项目相关的资金流出和资金流入。资金流出表示项目的投资金额，而资金流入表示从项目中获得的投资收入。资金流入与资金流出之差称作资金的净流入。

4.1.1 净现值

净现值（net present value）是资金净流入的现值，简记为 NPV。在表 4-1 中，第四栏为资金的净流入，等于资金流入与资金流出之差。

表 4-1　投资项目的资金流出和资金流入　单位：万元

年度（年）	资金流出	资金流入	资金净流入 R_t
0	10	0	−10
1	1	0	−1
2	1	4	3
3	1	4	3
4	1	4	3
5	1	4	3
6		4	4

对于表4－1中的资金净流入，在年利率为 i 的条件下，净现值可以表示为：

$$\mathrm{NPV}(i)=-10-v+3\sum_{t=2}^{5}v^{t}+4v^{6}$$

更一般地，如果时点 t 的资金净流入为 R_t，则净现值可表示为：

$$\mathrm{NPV}(i)=\sum_{t=0}^{n}v^{t}R_{t} \tag{4-1}$$

式中，$v=(1+i)^{-1}$。

从式（4－1）可以看出，净现值的大小取决于年利率的高低。年利率越高，净现值越小；年利率越低，净现值越大。对于表4－1中的现金流，表4－2给出了在各种利率水平下的净现值。

表4－2　　不同利率水平下的净现值

利率	净现值（万元）
0.05	2.163 8
0.06	1.683 3
0.07	1.227 6
0.08	0.795 1
0.09	0.384 3
0.10	−0.006 1
0.11	−0.377 3
0.12	−0.730 6
0.13	−1.066 9
0.14	−1.387 2
0.15	−1.692 5

根据表4－2绘制的净现值曲线如图4－1所示。从图4－1可以看出，如果投资者所要求的收益率不超过9.983 96%，净现值都是大于零的，因此项目是可行的。如果投资者所要求的收益率大于9.983 96%，则净现值将小于零，此时，项目是不可行的。

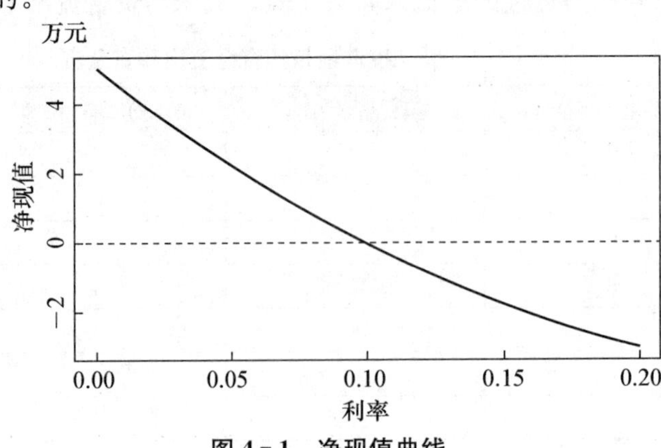

图4－1　净现值曲线

如果用净现值比较不同的投资项目，在其他条件相同的情况下，应该优先选择净现值较大的项目进行投资。

在Excel中计算净现值可以应用NPV函数。对于表4-1中的现金流，在单元格A1:A7中输入净现金流入，并在另一个空白单元格（如B7）中输入函数"=NPV(5%,A2:A7)+A1"后回车，即可得到年利率为5%时的净现值等于2.1638。

4.1.2 收益率

收益率（yield rate），也称作内部报酬率（internal rate of return），简记为IRR，通常定义为使得未来资金流入的现值与资金流出的现值相等的利率。由于资金流入与资金流出之差就是资金净流入，所以收益率也可以定义为使得资金净流入的现值等于零的利率。简言之，收益率就是使得净现值等于零的利率，也就是下述方程中关于利率i的解：

$$\sum_{t=0}^{n}(1+i)^{-t}R_t=0 \tag{4-2}$$

式中，R_t表示时间t的资金净流入。

上述收益率的定义有些抽象。为了更加直观地解释收益率的定义，不妨假设一项投资，期初投资额为100万元，2年后的累积价值为120万元。显然，这项投资的年收益率i满足下述方程：

$$100(1+i)^2=120 \tag{4-3}$$

上式表明，期初的100万元按照年收益率i计算，经过两年后，累积价值正好等于120万元。解上述方程即得年收益率为8.5445%。

上述方程与前述的收益率的定义还没有对应起来，但经过变形可得

$$100=120(1+i)^{-2}$$

上式左边是资金流出的现值，右边是资金流入的现值，所以基于上述方程求得的收益率就是使得资金流出的现值与资金流入的现值相等的利率。

显然，式（4-3）还可以变形为：

$$120(1+i)^{-2}-100=0$$

上式左边表示资金净流入的现值，即净现值，所以，由上式求得的收益率也就是使得净现值等于零的利率。

应用收益率进行投资决策时，当投资项目的收益率大于或等于投资者所要求的收益率时，该项目就是可行的。投资者所要求的最低收益率应该等于其筹集资金所支付的利率。不妨考虑一个简例。假设一个投资项目的资金流出和资金流入如表4-1所示。资金流出表示该项目的初始投资和每年的维持费用，资金流入表示该项目每年产生的投资收入，资金净流入是资金流入与资金流出之差。

在表 4-1 中，如果假设投资项目的收益率为 i，则它应该是下述方程的解：

$$10+\sum_{t=1}^{5}v^t=4\sum_{t=2}^{6}v^t$$

式中，$v=(1+i)^{-1}$。

在上式中，左边表示资金流出的现值，右边表示资金流入的现值。

因为收益率也是使得资金净流入的现值等于零的利率，所以表 4-1 中的收益率也可以通过下述方程求得：

$$-10-v+3\sum_{t=2}^{5}v^t+4v^6=0$$

上式左边是资金净流入的现值，即净现值。

求解前述任意一个方程，即可求得收益率为 $i=9.983\ 96\%$。这就意味着，如果投资者所要求的收益率不超过 9.983 96%，该项目就是可行的。

【例 4-1】

一个项目的初始投资为 3 000 万元，在第二年初追加投资 1 000 万元。项目在第一年末可获得 2 000 万元的收入，在第二年末可获得 4 000 万元的收入。求该项目的收益率。

【解】 该项目的资金净流入为：

$$R_0=-3\ 000,\ R_1=2\ 000-1\ 000=1\ 000,\ R_2=4\ 000$$

收益率应该满足下述方程：

$$-3\ 000+1\ 000\ (1+i)^{-1}+4\ 000(1+i)^{-2}=0$$

由此可以求得收益率为 $i=1/3$。

【例 4-2】

如果在期初投资 20 万元，可以在今后的 5 年内每年末获得 5 万元的收入。假设投资者 A 所要求的年收益率为 7%，投资者 B 所要求的年收益率为 8%。应用净现值和收益率分别分析投资者 A 和投资者 B 的投资决策。

【解】 该投资项目的净现值为 $-20+5a_{\overline{5}|}$，若按投资者 A 所要求的收益率 7% 计算，净现值为 0.5 万元，大于零，所以投资者 A 可以投资。

若按投资者 B 所要求的收益率 8% 计算，净现值为 -0.036 万元，小于零，所以投资者 B 不宜投资。

如果令净现值等于零，即 $-20+5a_{\overline{5}|}=0$，则可以求得该项目的收益率为 7.93%，大于投资者 A 所要求的收益率，小于投资者 B 所要求的收益率，所以投资者 A 可以投资，而投资者 B 不宜投资。

在 Excel 中求解一个现金流的收益率可以应用 IRR 函数，具体参见附录。

4.1.3　多重收益率

表 4－1 中的现金流具有唯一的收益率。但是，由于收益率是方程（4－2）的解，而该方程又是一个关于未知利率 i 的高次方程，所以有可能存在若干个不同的解。换言之，收益率有可能不是唯一的。下面就是存在多重收益率的一个示例。

【例 4－3】

投资者在第一年初向基金投入 10 000 元，在第一年末抽走了年初投资的 10 000 元本金并从该基金中借出 11 500 元，在第二年末向该基金偿还了 11 550 元结清其账户。计算该项投资的收益率。

【解】 资金净流入如表 4－3 所示。

表 4－3　　资金净流入　　单位：元

时间	0	1	2
资金净流入	－10 000	21 500	－11 550

假设收益率为 i，并令净现值等于零，可以建立下述方程：

$$-10\,000+21\,500(1+i)^{-1}-11\,550(1+i)^{-2}=0$$

上述方程经变形可得

$$[20\times(1+i)-21]\times[10\times(1+i)-11]=0$$

所以有

$$20\times(1+i)-21=0$$

或

$$10\times(1+i)-11=0$$

由此可见，从此方程可以求得两个不同的收益率，分别是 5%和 10%。

本例虽是人为构造的，但在现实中，如果一个投资项目在资金净流入大于零的情况下，由于某些原因（如大修理），随后出现了资金净流入小于零的情况，那么该项目就有可能出现多重收益率。

当收益率不唯一时，无法用收益率比较投资项目的优劣。那么，是否可以用净现值比较呢？也不行。这是因为当收益率不唯一时，净现值不再是利率的单调递减函数。譬如在例 4－3 中，净现值在两个收益率处的值都为零，而在 5%的收益率附近，净现值是利率的增函数，而在 10%的收益率附近，净现值又是利率的减函数，参见表 4－4 和图 4－2。净现值的这种特性使得对投资项目的评价十分困难。譬如，如果投资者只要求 4%的收益率，则项目的净现值小于零，该项目不可行，但如果投资者要求 7%的收益率，则项目的净现值大于零，该项目又是可行的！显然不合逻辑。

表 4-4　　多重收益率条件下的净现值

利率（%）	3	4	5	6	7	8	9	10	11	12
净现值	−13.20	−5.55	0	3.56	5.24	5.14	3.37	0	−4.87	−11.16

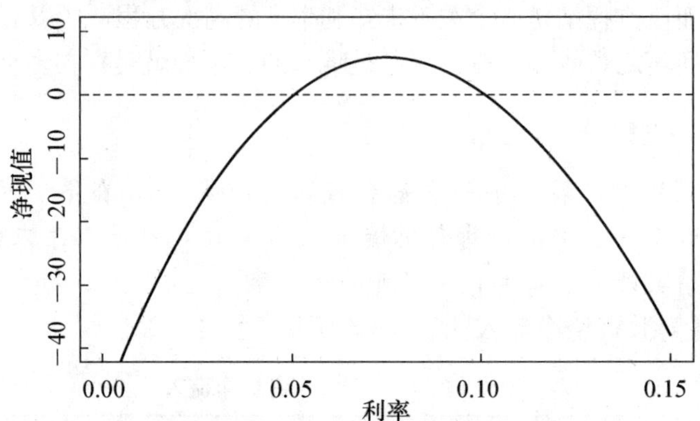

图 4-2　多重收益率情况下的净现值曲线

在出现多重收益率的情况下，可以考虑用 4.4 节将要介绍的修正收益率对投资项目进行评价。

4.1.4　收益率唯一的条件

从例 4-3 可知，收益率有可能是不唯一的。那么，收益率在什么情况下将是唯一的呢？考察表 4-1 会有所启发。在表 4-1 中，资金净流入 R_t 的符号很有规律，前几年都是负号，而后几年都是正号。如果资金净流入的符号满足这一规律，即资金净流入只改变过一次符号，收益率将是唯一的。当然，这是一个比较粗糙的判断准则。在某些情况下，虽然资金净流入改变过两次符号，但收益率仍然是唯一的。譬如，对于表 4-5 所示的资金净流入，虽然改变过两次符号，但仍然有唯一的收益率，收益率为 10.11%。

事实上，在更加一般的条件下，收益率也是唯一的。如果用收益率计算资金净流入的累积值，该累积值始终为负，直至最后一年末才为零，那么这个收益率就是唯一的。譬如，在表 4-5 中，如果按收益率 10.11%计算，每年末的资金净流入的累积值始终为负，直至最后一年末才为零，所以这个收益率是唯一的。

表 4-5　　资金净流入及其累积值

时间（年）	资金净流入	累积值的计算公式	资金净流入的累积值
0	−10	−10	−10
1	5	−10×(1+10.11%)+5	−6.011
2	5	−6.011×(1+10.11%)+5	−1.619
3	−3	−1.619×(1+10.11%)−3	−4.782
4	−2	−4.782×(1+10.11%)−2	−7.266
5	8	−7.266×(1+10.11%)+8	0

对于表 4－1 中的现金流，若按收益率 0.099 839 6 计算，资金净流入的累积值也是始终为负，直至最后一年末才为零，如表 4－6 所示，所以该现金流的收益率也是唯一的。

表 4－6　　资金净流入的累积值

年度	资金净流入 R_t	资金净流入的累积值
0	−10	−10
1	−1	−11.998
2	3	−10.196
3	3	−8.214
4	3	−6.034
5	3	−3.637
6	4	0

在例 4－3 中，无论是按收益率 0.05 计算还是按收益率 0.10 计算，资金净流入的累积值都大于零，即

$$-1\,000(1+i)+2\,150=\begin{cases}1\,100>0, & \text{当 } i=0.05 \text{ 时}\\ 1\,050>0, & \text{当 } i=0.10 \text{ 时}\end{cases}$$

也正因如此，本例出现了多重收益率。

由此可见，如果按某个收益率计算，资金净流入的累积值出现了正值，那就表明有可能出现多重收益率。此时，不能以此收益率作为投资决策的依据，因为还有存在其他收益率的可能性。换言之，在应用收益率进行投资决策时，有必要先按此收益率计算资金净流入的累积值，如果资金净流入的累积值在某个年份出现了正值，那就意味着这个收益率不是唯一的，不能据此进行投资决策。

综上所述，判断一个收益率是否唯一，可以依次采用下述两个判断准则：

> 准则一：首先计算资金净流入，如果资金净流入只改变过一次符号，收益率将是唯一的。

如果资金净流入改变过两次或两次以上的符号，可以采用准则二。

> 准则二：用收益率计算资金净流入的累积值，如果该累积值始终为负，直至最后一年末才为零，那么该收益率就是唯一的。

4.1.5　收益率不存在的一个简例

值得一提的是，在某些情况下，收益率可能是不存在的。譬如在例 4－3 中，如果假设投资者在第一年初投资 10 000 元，在第一年末抽走年初投资的 10 000 元本金并从该基金中借出 10 000 元，在第二年末向该基金偿还了 11 550 元的本金和利息之后结清其账户，则求解收益率 i 的方程为：

$$-10\,000+20\,000(1+i)^{-1}-11\,550(1+i)^{-2}=0$$

上述方程经变形得

$$1\,000i^2=-155$$

可见，此时的收益率将是虚数。不过，本例可以通过绘制净现值曲线做出是否投资的决策。本例的净现值曲线如图 4－3 所示。该图表明，无论根据哪个收益率计算，净现值都是小于零的，因此应该放弃投资。

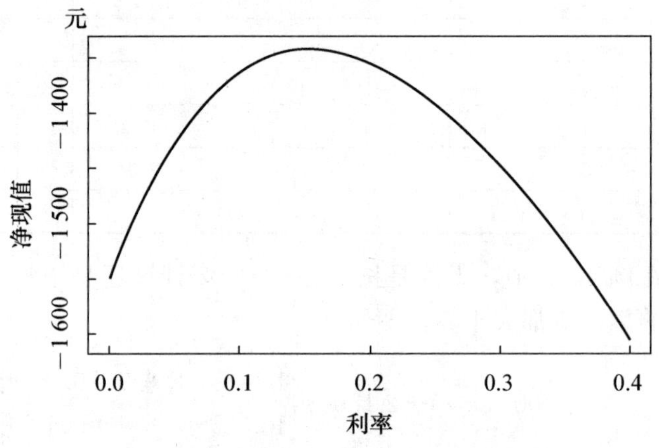

图 4－3　收益率不存在时的净现值曲线

4.2　币值加权收益率

每当我们论及收益率时，它总是与一定的条件相联系，如某个时期的收益率，或某笔投资的收益率，等等。如果分析的对象仅仅涉及一笔本金，或者本金的变化仅仅发生在期初或期末，收益率的计算就比较简单。如果本金在一个度量时期（如一年）内是不断变化的，随时都有新资金投入，也不断有资金撤出。在这种情况下，应该如何计算收益率呢？

假设期初的本金为 A_0，在时刻 t 的新增本金为 C_t（$0\leqslant t\leqslant 1$），投资收益率为 i，那么这些投资在期末的累积值可表示为：

$$A_0(1+i)+\sum_t C_t(1+i)^{(1-t)} \tag{4-4}$$

式中，时刻 t 的新增投资额 C_t 只在时刻 t 以后产生收益，即产生收益的时间长度为（$1-t$）。如果用 A_1 表示期末的累积值，则有

$$A_0(1+i)+\sum_t C_t(1+i)^{(1-t)}=A_1 \tag{4-5}$$

式中，C_t 既可以大于零（表示增加投资），也可以小于零（表示减少投资）。

解上述方程，即可得到精确的收益率。从式（4－5）可以看出，收益率的大小与投资额的增减变化密切相关。

由式（4－5）所确定的收益率称作币值加权收益率（dollar-weighted rate of return）。事实上，前面介绍的收益率都属于币值加权收益率，只是为了与4.3节的时间加权收益率相区别，本节采用了币值加权收益率的概念。

求解上述方程并不容易，必须借助迭代算法。下面介绍一种基于式（4－5）的近似计算公式。

在式（4－5）中，计算累积值时使用了复利。对于不足一个时期的新增投资，如果用单利近似复利，即令

$$(1+i)^{(1-t)}\approx 1+(1-t)i$$

并将上式代入式（4－5）左边可得

$$\begin{aligned}&A_0(1+i)+\sum_t C_t[1+(1-t)i]\\&=i\Big[A_0+\sum_t C_t(1-t)\Big]+\Big(A_0+\sum_t C_t\Big)\\&\approx A_1\end{aligned}$$

上式经变形即得计算收益率的一个近似公式为：

$$i\approx\frac{A_1-\left(A_0+\sum_t C_t\right)}{A_0+\sum_t C_t(1-t)}=\frac{I}{A_0+\sum_t C_t(1-t)} \tag{4-6}$$

式中，$I=A_1-\left(A_0+\sum_t C_t\right)$ 表示当期的利息收入，其中 $\left(A_0+\sum_t C_t\right)$ 是总投资额，即本金之和，将其从期末的累积值 A_1 中减去，即得当期的利息收入。分母上的 $A_0+\sum_t C_t(1-t)$ 可以看作以本金产生利息的时间长度为权数计算的加权本金余额，如期初的本金将在整个时期内产生利息，所以它的权数为1，时刻 t 的新增投资 C_t 产生利息的时间长度是 $(1-t)$，所以其权数为 $(1-t)$。由此可见，根据式（4－6）计算的收益率也可以解释为当期产生的利息收入与当期的加权本金余额之比。

【例4－4】

某投资账户的余额及其新增投资如表4－7所示。计算该投资账户在当年的收益率（注：每个日期的投资余额中不含当日的新增投资）。

表4－7　投资账户的余额　　单位：万元

日期	2017年1月1日	2017年4月1日	2017年9月1日	2018年1月1日
账户余额	100	112	110	120
新增投资		－20	30	

【解】假设收益率为 i，则根据题意可以建立下述方程：

$$100(1+i)-20(1+i)^{9/12}+30(1+i)^{4/12}=120$$

上式是按“30/360”规则计算投资时间的，即每月均按30天计算，而每年按360天计算。解此方程可得收益率为 $i=10.542\%$。

如果按照“实际/365”规则计算投资时间，则可建立下述方程：

$$100(1+i)-20(1+i)^{275/365}+30(1+i)^{122/365}=120$$

上式表明，2017年一共有365天，其中－20万元和30万元的新增投资分别有275天和122天的投资天数。解上述方程即得收益率为 $i=10.547\%$。

从理论上讲，基于“实际/365”规则计算投资天数是最合理的，因此该投资账户精确的收益率为10.547%。在Excel中，可以应用函数XIRR计算基于“实际/365”规则的精确收益率。譬如，对于本例的数据，在单元格A1:A4中输入投资账户的净现金流入，在单元格B1:B4中输入净现金流入的发生时间，在单元格C5中输入函数“＝XIRR(A1:A4,B1:B4)”后回车，即可求得收益率为10.547%，如表4-8所示。注意，账户在时间零点的余额表示资金的流出，为负值，在到期时间的余额表示资金的流入，为正值。

表4-8　应用XIRR函数求解精确的收益率

	A	B	C
1	－100	2017/1/1	
2	20	2017/4/1	
3	－30	2017/9/1	
4	120	2017/1/1	
5			10.547%

下面再讨论收益率的近似计算。期初的本金为100万元，在4月1日减少了20万元本金，在9月1日又增加了30万元的本金，因此期末的本金余额为100－20＋30＝110（万元）。从期末的账户余额（120万元）中减去期末的本金余额（110万元），即得当年的利息收入 $I=10$（万元）。应用式（4-6）可得收益率的近似值为：

$$\begin{aligned} i &\approx \frac{I}{A_0+\sum_t C_t(1-t)} \\ &=\frac{10}{100-20\times\frac{9}{12}+30\times\frac{4}{12}} \\ &=10.53\% \end{aligned}$$

可见，式（4-6）在本题中的近似结果是很好的。

【例4-5】

某投资项目的现金流如表4-9所示，在5%的年利率下计算该项目的净现

值，并计算该项目的币值加权收益率。

表 4-9　　投资项目的现金流　　单位：万元

A	B	C	D	E	F
时间	资金流出	资金流入	资金净流入	距离项目起始日的天数	距离项目起始日的年数
2015/1/13	25		−25	0	0
2015/2/20	25		−25	38	0.104 1
2015/3/28		20	20	74	0.202 7
2015/6/3		18	18	141	0.386 3
2015/7/17		14	14	185	0.506 8

【解】该项目资金净流入的发生时间不规则，需要计算具体的时间长度。应用“实际/365”规则计算投资时间，有关结果如表 4-9 所示。距离项目起始日的天数除以 365 即得距离项目起始日的年数。

在 5%的利率下，该项目的净现值就是资金净流入按 5%的年利率折现求得的现值，折现的时间长度如表 4-9 的 F 列所示，具体计算过程如下：

$$\begin{aligned}&-25-25\times(1.05)^{-0.1041}+20\times(1.05)^{-0.2027}+18\times(1.05)^{-0.3863}\\&+14\times(1.05)^{-0.5068}\\&=1.2518\end{aligned}$$

在 Excel 中，可以应用 XNPV 函数计算非规则现金流的净现值。譬如，对于本例的净现值可以如下计算：在单元格 D2:D6 中输入资金净流入，在单元格 A2:A6 中输入资金净流入的发生时间（参见表 4-9），在另一个空白单元格中输入“=XNPV(5%,D2:D6,A2:A6)”后回车，即可得到净现值的结果为 1.251 8。

注意，在应用 NPV 函数时，函数中不能包含项目起始点的现金流，但在应用 XNPV 函数时，必须包含项目起始点的现金流。NPV 适用于等周期的现金流，默认现金流的第一个值发生在第一个周期之末。XNPV 适用于发生时间不规则的现金流，现金流的第一个值要用于计算现金流的投资时间长度，所以不能缺省。

币值加权收益率的精确结果是下述方程的解：

$$25+25(1+i)^{-0.1041}=20(1+i)^{-0.2027}+18(1+i)^{-0.3863}+14(1+i)^{-0.5068}$$

式中，等号左边是资金流出的现值，等号右边是资金流入的现值。

解上述方程可得币值加权收益率为 14.21%。

计算本例的币值加权收益率还可以在 Excel 的一个空白单元格中输入“=XIRR(D2:D6,A2:A6)”后回车求得。

4.3 时间加权收益率

币值加权收益率可以衡量基金中每个投资者的收益状况。但是，即使投资于同一只基金的个体投资者，也会出现某些赚钱而另一些亏本的情况。这是因为投资基金的收益率是不断变化的，如果投资者在有利时机追加投资，而在不利时机减少投资，就会赚钱；相反，如果投资者在有利时机减少投资，而在不利时机追加投资，就会亏本。换言之，币值加权收益率的大小与本金增减变化的金额和时间都密切相关。

如果要衡量基金经理人的业绩，前述的币值加权收益率就无能为力了，因为它会受到本金增减变化的影响，而本金的增减变化是由投资者个人决定的，与投资经理人的决策无关。衡量基金经理人的业绩需要使用时间加权收益率（time-weighted rate of return）。时间加权收益率是剔除本金增减变化的影响以后计算的收益率，也就是在本金恒定基础上计算的收益率。

假设投资账户在期初的本金为 $A(0)$，在期末的累积值为 $A(1)$，投资期为 1 年。在此期间，共有 n 次新增投资，分别记为 C_1，C_2，…，C_n。这 n 次新增投资将整个投资期分割为 $n+1$ 个时间区间。假设在第 k 个时间区间末的累积值为 A_k，新增投资为 C_k（可正可负），则该投资账户的现金流变化过程如图 4－4 所示。注意，A_k 的下标 k 表示第 k 个时间区间。

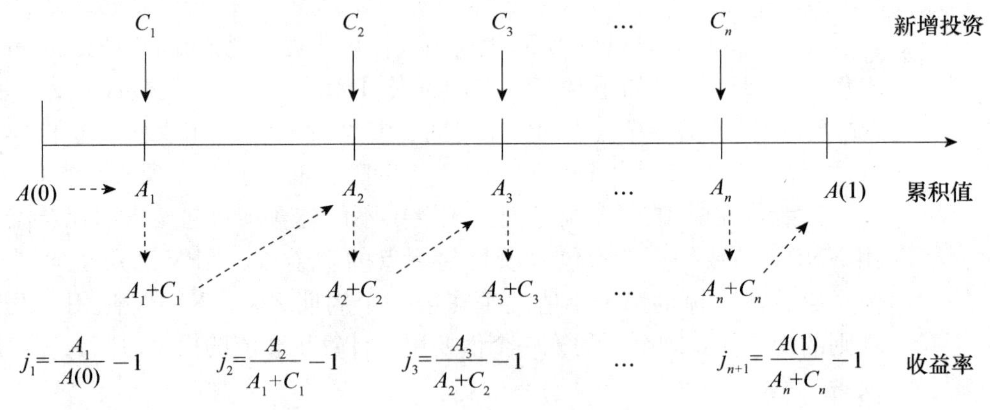

图 4－4　基金累积值的变化过程

在该图中，账户的初始值为 $A(0)$，在第一次新增投资发生之前，账户的累积值为 A_1，因此账户在第一个时间区间的收益率为：

$$j_1=\frac{A_1}{A(0)}-1$$

在第二个时间区间，由于有新增投资 C_1，所以该区间的初始值为 A_1+C_1，在该区间末，累积值变为 A_2，所以在第二个时间区间的收益率为：

$$j_2=\frac{A_2}{A_1+C_1}-1$$

依此类推，在最后一个时间区间（第 $n+1$ 个时间区间）的收益率为：

$$j_{n+1}=\frac{A(1)}{A_n+C_n}-1$$

注意，这些收益率都不受新增投资的影响，反映了账户本身在各个时间区间的增长特性，因此都可以看作时间加权收益率。

如果在期初投资 1 元，并在各个时间区间获得上述收益率，则在期末的累积值为：

$$\begin{aligned}&(1+j_1)(1+j_2)\cdots(1+j_{n+1})\\&=\frac{A_1}{A(0)}\times\frac{A_2}{A_1+C_1}\times\frac{A_3}{A_2+C_2}\times\cdots\times\frac{A_n}{A_{n-1}+C_{n-1}}\times\frac{A(1)}{A_n+C_n}\end{aligned}$$

假设整个投资期的时间加权收益率为 i，则上述累积值应该等于期初的 1 元按时间加权收益率 i 计算的累积值 $(1+i)$，即

$$1+i=(1+j_1)(1+j_2)\cdots(1+j_{n+1}) \tag{4-7}$$

故时间加权收益率为：

$$i=(1+j_1)(1+j_2)\cdots(1+j_{n+1})-1$$

式中，j_k 是第 k 个时间区间的时间加权收益率。

可以看出，时间加权收益率不受新增投资的影响。

【例 4-6】

一个养老金账户在 2018 年 1 月 1 日的余额为 400 亿元。在 2018 年，该账户的新增投资及其余额的变化情况如表 4-10 所示，其中负值表示减少投资，正值表示增加投资。计算该账户在 2018 年期间的时间加权收益率。

表 4-10　　账户余额的变化过程　　单位：亿元

时间	新增投资发生前的账户余额	新增投资	新增投资发生后的账户余额
2018-1-1	400		
2018-5-1	410	−20	390
2018-7-1	400	−20	380
2018-9-1	380	5	385
2018-12-31	410		

【解】应用式（4-7）有

$$1+i=\frac{410}{400}\times\frac{400}{410-20}\times\frac{380}{400-20}\times\frac{410}{380+5}=1.1196$$

故该账户的时间加权收益率为11.96%。

【例4-7】

某基金在1月1日的余额为A，在6月30日的余额为B，在12月31日的余额为C。在下列三种情况下，分别计算基金的币值加权收益率和时间加权收益率：

(1) 没有新增投资发生。

(2) 在6月30日计算余额之后新增投资D。

(3) 在6月30日计算余额之前新增投资D，即6月30日的余额中包含新增投资D。

【解】

(1) 币值加权法：$I=C-A\Rightarrow i=\dfrac{I}{A}=\dfrac{C-A}{A}$

时间加权法：$1+i=\dfrac{B}{A}\cdot\dfrac{C}{B}=\dfrac{C}{A}\Rightarrow i=\dfrac{C}{A}-1=\dfrac{C-A}{A}$

(2) 币值加权法：$I=C-A-D\Rightarrow i=\dfrac{I}{A+D/2}=\dfrac{C-A-D}{A+D/2}$

时间加权法：$1+i=\dfrac{B}{A}\cdot\dfrac{C}{B+D}\Rightarrow i=\dfrac{B}{A}\cdot\dfrac{C}{B+D}-1$

(3) 币值加权法：$I=C-A-D\Rightarrow i=\dfrac{I}{A+D/2}=\dfrac{C-A-D}{A+D/2}$

时间加权法：$1+i=\dfrac{B-D}{A}\cdot\dfrac{C}{B}\Rightarrow i=\dfrac{B-D}{A}\cdot\dfrac{C}{B}-1$

【例4-8】

在2017年1月1日，基金经理人A和B的基金余额均为1 000万元。他们的新增投资如下：

在2017年12月31日，A的基金价值为2 000万元。2018年1月1日，A收到一笔20 000万元的新增投资。到2018年12月31日，A的基金余额为22 000万元。

在2017年12月31日，B的基金价值为1 200万元。2018年1月1日，一笔1 000万元的资金从B的基金中撤出。到2018年12月31日，B的基金余额为180万元。

分别计算A，B两个基金经理人在这两年期间的币值加权收益率和时间加权收益率，并比较他们在2017年和2018年的收益率。

【解】在2017—2018年期间，A的基金币值加权收益率满足：

$$1000(1+i)^2+20000(1+i)=22000\Rightarrow i=0.045361$$

故 A 的基金币值加权收益率为 4.5%。

A 的基金时间加权收益率满足：

$$(1+i)^2=\frac{2\,000}{1\,000}\times\frac{22\,000}{22\,000}=2.0\Rightarrow i=0.414\,214$$

故 A 的基金时间加权收益率为 41.4%。

在 2017—2018 年期间，B 的基金币值加权收益率满足：

$$1\,000(1+i)^2-1\,000(1+i)=180\Rightarrow i=0.155\,744$$

故 B 的基金币值加权收益率为 15.6%。

B 的基金时间加权收益率满足：

$$(1+i)^2=\frac{1\,200}{1\,000}\times\frac{180}{200}=1.08\Rightarrow i=0.039\,230$$

故 B 的基金时间加权收益率为 3.9%。

A 的基金在 2017 年从 1 000 万元增长到 2 000 万元，故其在 2017 年的收益率为 2 000/1 000－1＝100%。在 2018 年 1 月 1 日，A 的基金新增投资 20 000 万元，故其在 2018 年初的余额为 22 000 万元，年末仍为 22 000 万元，故 A 的基金在 2018 年的收益率为 0%。注意，这里收益率既可以理解为时间加权收益率，也可以理解为币值加权收益率，因为它们是相等的。

B 的基金在 2017 年从 1 000 万元增长到 1 200 万元，故其在 2017 年的收益率为 1 200/1 000－1＝12%。在 2018 年 1 月 1 日，减少投资 1 000 万元，使得 B 的基金在 2018 年初的余额为 200 万元，到年末时降低为 180 万元，故其在 2018 年的收益率为 180/200－1＝－10.0%。类似地，这里收益率既可以理解为时间加权收益率，也可以理解为币值加权收益率。

表 4-11 对两个基金经理人的收益率进行了比较。从 2017—2018 年期间的时间加权收益率来看，经理人 A 的业绩明显好于经理人 B。但是，因为基金 A 在市场低迷时增加了一笔较大的投资，这使得它在 2017—2018 年期间的币值加权收益率大大降低。而 B 的基金在市场低迷时减少了投资，这使得 B 的基金在 2017—2018 年期间的币值加权收益率明显高于 A 的基金。

从单个年度来看，无论是 2017 年还是 2018 年，也无论是币值加权收益率还是时间加权收益率，A 的基金收益率都要高于 B 的基金收益率。

表 4-11　　时间加权收益率与币值加权收益率的比较

	2017 年的币值加权收益率与时间加权收益率	2018 年的币值加权收益率与时间加权收益率	2017—2018 年期间的币值加权收益率	2017—2018 年期间的时间加权收益率
A 的基金	100%	0%	4.5%	41.4%
B 的基金	12%	−10%	15.6%	3.9%

4.4 再投资与修正收益率

前面的讨论基本上都假设每期产生的利息是按原始本金的利率自动进行再投资的。实际情况可能并非如此，即前期产生的利息在后期进行再投资时所获得的利率不同于原始投资的利率。本节将通过几个简例来说明再投资对项目收益率的影响，并介绍修正收益率的概念和计算方法。

【例 4-9】

假设债券 A 的期限是 5 年，到期收益率为 8%；债券 B 的期限是 8 年，到期收益率为 7%。如果债券 A 和债券 B 的面值和售价相等，风险相当，都是在到期时一次性支付本息，那么投资者应该选择哪只债券呢？

【解】 单纯根据到期收益率的高低做出选择债券 A 而拒绝债券 B 的决策是欠妥当的。债券 A 的到期收益率尽管较高，但它的期限仅有 5 年。5 年之后还存在一个再投资问题。如果在后面的 3 年，再投资的收益率太低，则从总体上看，债券 A 就未必优于债券 B。现在的问题是，当后 3 年的再投资收益率为多少时，债券 A 肯定会优于债券 B 呢？

假设后 3 年的再投资收益率为 i，则债券 A 在第 8 年末的累积值为 $(1+0.08)^5(1+i)^3$，债券 B 在第 8 年末的累积值为 $(1+0.07)^8$。如果债券 A 和债券 B 是没有区别的，则应有

$$(1+0.08)^5(1+i)^3=(1+0.07)^8$$

解此方程可得

$$i=0.053\,54$$

由此可见，只有当后 3 年的再投资收益率大于 5.354%时，债券 A 才优于债券 B。否则，投资者应该选择债券 B。

本例讨论了由于投资期限不同而导致的再投资问题。下例将说明当每期产生的利息都按另一个利率投资时，如何计算投资的现值或累积值。

【例 4-10】

期初投资 1 元，投资期限为 n 年，年利率为 i。如果每年产生的利息按年利率 j 进行再投资，计算第 n 年末的累积值和该项投资的年平均收益率。

【解】 这项投资在每年末可以产生 i 元的利息，由于投资期限为 n 年，所以在这 n 年内，每年末都有 i 元的利息收入。这些利息收入形成了一项每年末支付 i 元的 n 年期等额年金，该年金按年利率 j 计息，所以其终值为 $i\times s_{\overline{n}|j}$。在第 n 年末，还有 1 元本金的返还，所以上述投资在第 n 年末的累积值为 $1+i\times s_{\overline{n}|j}$。

如果假设该项投资的年收益率为 x，则有下述价值方程：

$$(1+x)^n=1+i\times s_{\overline{n}|j}$$

解此方程即得该项投资的年收益率为：

$$x=(1+i\cdot s_{\overline{n}|j})^{\frac{1}{n}}-1$$

在本例中，如果假设再投资利率等于原始投资的利率，则可以得到复利的累积值公式，即当 $j=i$ 时，上述投资在第 n 年末的累积值为 $(1+i)^n$。

【例 4－11】

一项年金在每年末支付 1 元，一共支付 n 次。假设年利率为 i，该年金在每年末产生的利息按年利率 j 进行再投资。计算该项年金的终值。

【解】 该项年金可以分解成两部分进行考虑：

一部分是年金的本金序列在第 n 年末的价值。由于每年末支付 1 元，所以第 n 年末的本金价值为 n 元。注意，其中不包括年金所产生的利息及其累积值。

另一部分是年金的利息收入及其累积值。第 1 年末支付的 1 元在第 2 年至第 n 年的每年末都可以产生 i 元的利息，第 2 年末支付的 1 元在第 3 年至第 n 年的每年末都可以产生 i 元的利息……第 $(n-1)$ 年末支付的 1 元在第 n 年末可以产生 i 元的利息。这就形成了一项递增年金序列，如图 4－5 中的利息序列所示。

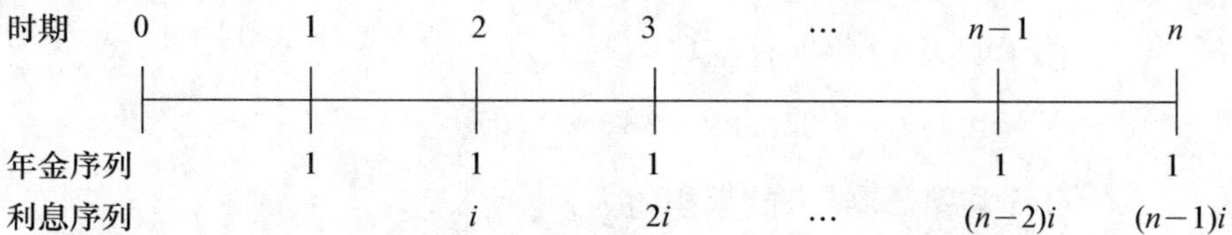

图 4－5　原始年金的利息进行再投资所形成的利息序列

利息要按利率 j 进行再投资，所以利息序列的终值为 $i\times(Is)_{\overline{n-1}|j}$，再加上本金序列在第 n 年末的价值，即得整个年金在第 n 年末的终值为：

$$n+i\times(Is)_{\overline{n-1}|j}=n+\frac{i}{j}\times[\ddot{s}_{\overline{n-1}|j}-(n-1)]$$

**【例 4－12】**

投资者在每年初投资 1 000 万元，一共投资 5 年。假设原始投资额的年利率为 6%，每年支付一次利息。利息在进行再投资时的年利率为 5%。计算投资者在第 5 年末的累积值以及这项投资的年收益率。

【解】 该项投资的现金流如表 4－12 所示。

表 4－12　投资的现金流　　单位：万元

时间	0	1	2	3	4	5
本金	1 000	1 000	1 000	1 000	1 000	
利息		60	60×2	60×3	60×4	60×5

本金在第 5 年末的累积值为 5 000 万元。利息收入形成一个递增年金，在第 5 年末的累积值为 $60\times(Is)_{\overline{5}|5\%}$，所以该投资者在第 5 年末可以获得的累积值为：

$$5\ 000+60(Is)_{\overline{5}|5\%}=5\ 000+60\times\frac{\ddot{s}_{\overline{5}|5\%}-5}{5\%}=5\ 962.3(\text{万元})$$

假设该项投资的年收益率为 i，则可建立下述价值方程：

$$1\ 000\ddot{s}_{\overline{5}|i}=5\ 962.3$$

解此方程可知该项投资的年收益率为 $i=5.926\%$。

可见，该项投资的收益率介于原始投资的收益率（6%）和利息的再投资收益率（5%）之间。

【例 4-13】

投资者的总投资金额为 10 000 元。他首先购买了一项每年初支付 1 000 元、年利率为 8%的 10 年期年金。在每次收到年金后，以 7%的年利率进行再投资。该投资者用剩余的资金购买了一张 10 年期的存款单，该存款单的年名义利率为 10%，每季度复利一次。计算此项 10 年期投资的年收益率。

【解】 购买年金的价格为：

$$1\ 000\ddot{a}_{\overline{10}|0.08}=7\ 246.89\ (\text{元})$$

用于购买 10 年期存款单的资金为：

$$10\ 000-7\ 246.89=2\ 753.11(\text{元})$$

年金在第 10 年末的累积值为：

$$1\ 000\ddot{s}_{\overline{10}|0.07}=14\ 783.60(\text{元})$$

存款单的季度有效利率为 2.5%，故 10 年后存款单的累积值为：

$$2\ 753.11\times(1+0.025)^{40}=7\ 392.28(\text{元})$$

上述投资在第 10 年末的总累积值为 22 175.88 元。

假设此项 10 年期投资的收益率为 i，则有

$$10\ 000\times(1+i)^{10}=22\ 175.88\Rightarrow i=8.29\%$$

即此项 10 年期投资的年收益率为 8.29%。

如果一个项目的收入在重新投资时的利率与筹集资金时的利率不同，则评价该项目应该使用修正收益率或修正内部报酬率（modified rate of internal rate）。在计算修正收益率时，对资金流出使用筹集资金的利率计算现值，而对资金流入使用再投资的利率计算累积值。

假设现金流的到期时间是 T 年，则计算修正收益率 i 的一般方程如下：

$$\begin{matrix}\text{基于筹资利率计算的}\\\text{资金流出的现值}\end{matrix}\times(1+i)^{T}=\begin{matrix}\text{基于再投资利率计算的}\\\text{资金流入的累积值}\end{matrix}$$

上式左边是资金流出的现值按照修正收益率累积 T 年后的价值，右边是资金流入在 T 年末的累积值，令两者相等，即可求得现金流的修正收益率。

【例 4－14】

投资者期初投资 10 000 元，在以后 3 年的每年末可以获得 4 000 元的收入。计算此项投资的收益率。如果每年的投资收入只能按 5%的利率进行再投资，计算此项投资的修正收益率。

【解】 收益率是下述方程的解：

$$10\,000=4\,000\cdot a_{\overline{3}|i}=4\,000\times\frac{1-(1+i)^{-3}}{i}$$

解此方程即得该项目的收益率为 9.7%。

如果每年的投资收入只能按 5%的利率进行再投资，则求解修正收益率的方程如下：

$$10\,000(1+i)^{3}=4\,000s_{\overline{3}|5\%}=12\,610$$

解此方程即得该项目的修正收益率为 8.04%。

求解收益率的 Excel 函数如下：

＝IRR({－10 000,4 000,4 000,4 000})

求解修正收益率的 Excel 函数如下：

＝MIRR({－10 000,4 000,4 000,4 000},0,5%)

式中，花括号中的数值表示投资项目的资金净流入；0 表示筹集资金的利率，该例的投资发生在期初，无须进行贴现，所以筹资利率设定为 0；5%表示对投资收入进行再投资所能获得的利率。

当一个投资项目存在多重收益率时，也可以考虑使用修正收益率对项目进行评价。

【例 4－15】

投资者以 8%的利率借入资金进行投资，在时点零的投资额为 10 000 元，在第 2 年末的投资额为 11 550 元。在第 1 年末获得了 21 500 元的收益。投资者对收益进行再投资的利率为 5%。计算该项投资的修正收益率。

【解】 容易验证，如果不考虑筹集资金的利率，则该项目存在两个收益率，分别为 5%和 10%。

如果考虑筹集资金的利率 8%，则资金流出在时点零的现值为：

$$10\,000+11\,550(1+8\%)^{-2}=19\,902.26(\text{元})$$

因为投资项目的收入只能按 5% 的利率进行再投资，所以资金流入在第 2 年末的累积值为：

$$21\,500\times(1+5\%)=22\,575(\text{元})$$

上述计算结果表明，在时点零投资 19 902.26 元，在第 2 年末可以累积到 22 575 元。令该投资项目的修正收益率为 i，则有

$$19\,902.26\times(1+i)^2=22\,575$$

由此可得修正收益率为 6.5%。

4.5 收益分配

如果一只基金由多个投资者共同所有，那么在每个年度末，应该如何把基金的收益分配给每个投资者呢？在一只基金中，某些人的投资可能较早，而另一些人的投资则相对较晚。如果基金的收益率水平一直保持恒定，那么收益分配是比较容易的，只需按照基金的收益率和每个投资者的投资额及其投资时间就可以计算出应该分配给每个投资者的份额。譬如，假设基金的收益率一直保持在 6%的水平，某个投资者的投资额是 10 000 元，投资时间是 9 个月，则根据单利计算，应该分配给他的投资收入是 10 000×0.06×9/12=450（元）。

这种分配投资收益的方法称为组合方法（portfolio method），它基于投资基金的平均收益率向每个投资者分配收益。不论投资时间早晚，他们都将获得一个相同的收益率。在投资收益比较平稳的时期，这种方法是切实可行的。但是，如果市场利率波动较大，尤其是当市场利率处于上升阶段时，用组合方法分配收益可能不利于吸引新的投资者。这是因为当市场利率上升时，投资基金在早期的投资收益较低，从而会拉低其平均收益率。如果投资基金的平均收益率低于当前市场利率，那么当基金按平均收益率分配收益时，潜在的投资者当然不会愿意加入基金。在市场利率上升的时期，为了鼓励潜在的投资者加入基金，可以采取投资年度方法（investment year method）分配投资收益。当然，在市场利率下降的时期，采用组合方法更能吸引潜在的投资者，但对于早期的投资者而言又不公平，因为新增投资会拉低他们的平均收益水平。

在投资年度方法中，新增投资在若干年内按投资年度利率分配收益，超过一定年数以后，再按组合利率分配收益。投资年度利率是考虑投资发生日期的利率，投资发生的日期不同，投资年度利率也可能不同。譬如，不同年度的新增投资在 2014 年分配收益时使用的投资年度利率如表 4-13 所示。该表中的投资年度利率是表 4-14 中黑体数字所形成的对角线上的元素。投资发生的时间不同，它们在 2014 年分配收益时获得的利率水平也不同。越是后期投入的资金，对其分配收益的利率越高，这是因为市场利率水平在 2010—2014 年之间有一个上升趋势，如表 4-14 中第一列的投资年度利率所示。

表 4-13　　2014 年分配收益时使用的投资年度利率

投资年度	2010	2011	2012	2013	2014
投资年度利率	6.72%	7.09%	7.06%	7.22%	7.50%

表 4-14　　投资年度方法

投资发生的日历年度	投资年度利率（%）					组合利率（%）	组合利率的日历年度
x	i_0^x	i_1^x	i_2^x	i_3^x	i_4^x	i_{x+5}	$x+5$
2010	6.50	6.53	6.56	6.62	**6.72**	7.45	2015
2011	7.00	7.00	7.03	**7.09**	7.24	7.47	2016
2012	7.00	7.01	**7.06**	7.18	7.12	7.47	2017
2013	7.20	**7.22**	7.30	7.26	7.22		
2014	**7.50**	7.53	7.50	7.46			
2015	8.00	7.96	7.90				
2016	7.50	7.49					
2017	7.30						

当投资发生的时间超过了一定时期以后（在表 4-14 中是 5 年），分配收益时将采用组合利率。组合利率是一个平均化的收益率，它不考虑投资发生的具体时间，对所有满足条件的投资都按同一个利率分配收益。譬如，2010 年的新增投资和 2011 年的新增投资在 2016 年分配收益时都使用 7.47%的组合利率，因为在 2016 年它们的投资期限都超过了 5 年。

在应用投资年度方法分配收益时，每笔投资在最初的若干年按照投资年度利率分配收益，而在随后的年份，按照组合利率分配收益。譬如，在表 4-14 中，2010 年发生的新增投资，在 2010—2014 年期间按投资年度利率分配收益，而从 2015 年开始，按组合利率分配收益。2010—2014 年的投资年度利率分别为 6.50%，6.53%，6.56%，6.62%，6.72%，它们是表 4-14 中 2010 年所对应的第一行利率。从 2015 年开始，按组合利率 7.45%，7.47%和 7.47%分配收益，它们是表 4-14 中“组合利率”一栏所列示的利率。

在表 4-14 中，投资年度利率的上标表示投资发生的年度，上标与下标之和表示分配收益的年度。譬如，i_1^{2010} 表示发生在 2010 年的新增投资在 2011 年分配收益时所使用的投资年度利率，即 $i_1^{2010}=6.53\%$。在组合利率中，只有下标，没有上标，意味着分配收益时不考虑新增投资的具体时间。譬如，i_{2016} 既可以表示 2010 年发生的新增投资在 2016 年分配收益时所使用的利率，也可以表示 2011 年发生的新增投资在 2016 年分配收益时所使用的利率。换言之，只要新增投资的发生时间超过了 5 年，在 2016 年分配收益时都采用相同的利率，在该表中为 $i_{2016}=7.47\%$。

【例 4-16】

投资者在 2011 年初向一只基金投资 1 000 万元，根据表 4-14 的收益分配方案，计算该笔投资在2016—2017年的收益分配金额。

【解】2011年初投资的1 000万元在2015年末的累积值为：

$$1\,000\times1.070\,0\times1.070\,0\times1.070\,3\times1.070\,9\times1.072\,4=1\,407.274\,5(\text{万元})$$

在2017年末的累积值为：

$$1\,407.274\,5\times1.074\,7\times1.074\,7=1\,625.374\,0(\text{万元})$$

所以该笔投资在2016—2017年期间可以获得的收益分配金额为：

$$1\,625.374\,0-1\,407.274\,5=218.099\,5(\text{万元})$$

前面仅仅介绍了投资年度利率在收益分配中的应用。与此相关的另一个问题是，如何求得投资年度利率？这与基金的投资策略有关。在构造表4-14时，采用了如下假设：

(1) 假设每个投资人的初始本金都投资于每年支付一次利息的5年期债券，所以初始本金在5年内都按投资年度利率计息。

(2) 债券的利息收入都重新投资于1年期的债券，所以利息收入按照再投资年度的利率计息。

(3) 5年以上的投资，其累积值都按照平均利率（即组合利率）计息。

以2012年初发生的1元投资为例，本金按照2012年的利率（即7.00%）计息，所以在2013年初将累积到（1+0.070 0）元。这笔累积值在2013年末分配收益时，本金仍然按照投资发生年度的利率（即7.00%）计息，而0.070 0元的利息收入可以重新投资，所以按照2013年的利率（即7.20%）计息。也就是说，2012年初的1元投资在2013年末分配收益时的利率为：

$$i_1^{2012}=\frac{0.070\,0+0.070\,0\times0.072\,0}{1+0.070\,0}=7.01\%$$

这个利率也就是2012年初的投资在2013年末分配收益时使用的利率。

其他投资年度的利率也可类似计算，如2012年初的投资在2014年末分配收益时使用的利率为：

$$i_2^{2012}=\frac{0.070\,0+[(1+0.070\,0)\times(1+0.070\,1)-1]\times0.075\,0}{(1+0.070\,0)\times(1+0.070\,1)}=7.06\%$$

式中，分母表示2012年初的1元投资在2014年初的累积值；分子表示2012年初的1元投资在2014年获得的总收益，其中最初的1元本金仍然按照投资发生年度的利率（即7.00%）计息，而所有利息收入按照2014年的再投资利率（即7.50%）计息。

在构造表4-14时，假设第一列的投资年度利率已知，以后各列的投资年度利率可以通过上述方法递推计算。

组合利率是相应投资年度利率的平均数，如2015年的组合利率是2011—2015年的投资在2015年分配收益时使用的5个投资年度利率的几何平均数，这 5 个投资年度利率分别为 7.24%，7.18%，7.30%，7.53%，8.00%，参见表 4-14 中与 2015 年对应的对角线上的元素，它们的平均利率为：

$$\begin{aligned} i_{2015} &= [(1+7.24\%)\times(1+7.18\%)\times(1+7.30\%)\times(1+7.53\%)\\ &\quad \times(1+8.00\%)]^{1/5}-1\\ &= 7.45\% \end{aligned}$$

□小　结

1. 收益率是使得未来资金流入的现值与资金流出的现值相等的利率，也是使得净现值等于零的利率。

2. 收益率唯一的一个简单判断准则为：如果资金净流入只改变过一次符号，收益率将是唯一的。收益率唯一的另一个判断准则为：如果按收益率计算的资金净流入的累积值始终为负，直至最后一年末才变为零，那么该收益率将是唯一的。

3. 计算币值加权收益率的近似公式为：

$$i \approx \frac{I}{A_0+\sum_t C_t(1-t)}$$

4. 计算时间加权收益率的一般公式为：

$$i=(1+j_1)(1+j_2)\cdots(1+j_{n+1})-1$$

式中，j_k 是第 k 个时间区间的收益率。

5. 求解修正收益率 i 的一般方程如下：

$$\begin{matrix}\text{基于筹资利率计算的}\\ \text{资金流出的现值}\end{matrix}\times(1+i)^T=\begin{matrix}\text{基于再投资利率计算的}\\ \text{资金流入的累积值}\end{matrix}$$

□习　题

4.1　某项目的初始投资金额为 50 000 元，未来的现金流入分别为：第 1 年末 15 000 元，第 2 年末 40 000 元，第 3 年末 10 000 元。求该项目的收益率。

4.2　一个投资账户的有关信息如下：

时间	2017-1-1	2017-5-1	2017-9-1	2018-1-1
账户余额	50 000	75 000	90 000	67 000
投入		15 000		
支取			25 000	

计算该账户的币值加权收益率和时间加权收益率。

4.3 账户A和B的有关信息如下，其中账户余额是指在新增投资发生之前的余额。

日期	新增投资	账户A的余额
2013-1-1		50 000
2013-3-1		55 000
2013-5-1	24 000	50 000
2013-11-1	−36 000	77 310
2014-1-1		43 100

日期	新增投资	账户B的余额
2013-1-1		100 000
2013-7-1	−15 000	105 000
2014-1-1		X

账户B在2013年的时间加权收益率等于账户A在2013年的币值加权收益率。求X。

4.4 投资者于2016年1月1日在一个账户投资了100万元。该年的其他投资信息如下：

	2016-4-19	2016-10-30
余额	90	110
新增投资	X	X

该账户在2017年1月1日的余额为120万元，在2016年的币值加权收益率为零，求该账户的时间加权收益率。

4.5 2014年1月1日，一个投资账户的余额为100万元。4月1日，余额上升为120万元，投资者在当日又存入D万元。10月1日，账户余额为100万元，投资者在当日取出50万元。2015年1月1日，账户余额为65万元。假设该账户的时间加权收益率为零，计算该账户的币值加权收益率。

4.6 2014年1月1日，某投资者向基金投入1 000万元，第二笔投资发生在2014年7月1日，直至2015年1月1日，基金的账面余额为2 000万元。已知该基金在过去一年的时间加权收益率为10%，币值加权收益率为9%，求投资者在2014年前6个月获得的年收益率。

4.7 某账户在1月1日的账面余额为75万元，12月31日的账面余额为130万元。每月末存入该账户的资金为10万元，并分别在2月28日、6月30日、10月15日和10月31日从账户中取走了5万元、25万元、8万元和35万元。求该账户在这一年的币值加权收益率。

4.8 某投资者于1月1日在一个账户中投资50万元，下表为该投资账户一年中的余额变化情况：

日期	投资前的余额（万元）	新增投资额（万元）
3月15日	40	20
6月1日	80	80
10月1日	175	75

6月30日，账户余额为157.50万元，12月31日，账户余额为X。如果把前6个月的时间加权收益率用年实际收益率表示，则其等于全年的时间加权收益率。求X。

4.9　某投资基金在年初的余额为20 000万元。在每季度末有新增投资1 000万元。在新增投资发生之后的基金余额分别为23 000万元、24 800万元、25 000万元及25 100万元。计算该基金的时间加权收益率。

4.10　一个投资者购买了一项5年期的金融产品，该产品满足下述条件：(1) 该投资者在5年内的每年初可以获得10 000元；(2) 这些款项将按年利率4%计息，并在每年末将所获利息以3%的年利率进行再投资。如果该投资者需要获得4%的年收益率，计算该投资者应该支付的购买价格。

4.11　某投资者在20年内每年初向银行存入5 000元，银行以$i\%$的年利率在每年末支付利息。这些利息以$(i/2)\%$的年利率进行再投资。整个投资在20年中的年实际收益率为8%。计算i。

4.12　投资者A以年利率10%投资1 000万元，期限为10年。每年末支付利息，利息以年利率i进行再投资。10年末，利息的累积值为1 500万元。投资者B在20年的每年末投资150万元，年利率为12%。每年末支付利息，利息以年利率i进行再投资。求20年后B的利息累积值。

4.13　某投资者的初始投资为12万元，10年末又投资12万元，这些投资以年利率i计息。利息按年度支付，并以$0.75i$的年利率进行再投资。在第20年末，再投资利息的累积值为64万元，求i。

4.14　投资者分别在2013年、2014年和2015年的年初投资100万元。根据下表的数据计算该投资者在2015年可以分配到的收益金额。

原始投资的日历年度x	投资年度利率		投资组合利率	投资组合利率的日历年度$x+2$
	i_0^x	i_1^x	i_{x+2}	
2013	6.50%	6.53%	7.53%	2015
2014	7.00%	7.07%		
2015	8.00%			

第 5 章 Chapter 5 债务偿还方法

常见的两种债务偿还方法是分期偿还法（amortization method）和偿债基金法（sinking fund method）。在分期偿还法中，借款人分期清偿贷款，在每次偿还的金额中，既包括当期应该支付的利息，又包括一部分本金的返还。分期偿还方法包括等额分期偿还和变额分期偿还。顾名思义，在等额分期偿还中，借款人每次偿还相等的金额，而在变额分期偿还中，借款人每次偿还的金额是变化的。

在偿债基金法中，借款人一方面要在贷款期间定期支付贷款的利息，另一方面要积累一笔偿债基金，用于贷款到期时一次性清偿贷款本金。偿债基金可以分为等额偿债基金和变额偿债基金。等额偿债基金是指借款人每次向偿债基金的储蓄额相等，而在变额偿债基金中，借款人每次向偿债基金的储蓄额是变化的。

下面首先讨论等额分期偿还和等额偿债基金，然后讨论变额分期偿还和变额偿债基金。

5.1 等额分期偿还

等额分期偿还是指借款人在偿还贷款时每次偿还相等的金额。这是最基本也是应用最为广泛的一种贷款偿还方法。

在等额分期偿还中，需要解决的问题包括：

(1) 借款人每次应该偿还的金额是多少；

(2) 在特定时点上，借款人未偿还的本金余额是多少；

(3) 在每次偿还的总金额中，支付的利息和偿还的本金分别是多少。

下面分别讨论这些问题的解决方法。

5.1.1 借款人每次应该偿还的金额

假设贷款本金为 L_0，期限为 n 年，年利率为 i，借款人每年末等额分期偿还，则应有下述价值方程：

$$L_0=Ra_{\overline{n}|}$$

即贷款本金应该等于借款人未来偿还金额的现值之和。

由此可得借款人每次偿还的金额为：

$$R=\frac{L_0}{a_{\overline{n}|}} \tag{5-1}$$

在 Excel 中，可以使用 PMT 函数计算每次的偿还金额。

5.1.2　未偿还本金余额

未偿还本金余额（outstanding balance）是指截止到计算日借款人尚未偿还的贷款本金。在贷款的起始日期，未偿还本金余额就是贷款本金 L_0。下面用 L_1 表示第一期末的未偿还本金余额，用 L_2 表示第二期末的未偿还本金余额……用 L_n 表示第 n 期末的未偿还本金余额。注意，第 k 期末的未偿还本金余额是在第 k 次偿还后计算的，它等于第 $k+1$ 期初的未偿还本金余额。如果贷款期限为 n，则第 n 期末的未偿还本金余额应该为零，即 $L_n=0$。

计算未偿还本金余额有两种不同的方法，即过去法和将来法。过去法是基于过去已经偿还的本金计算未偿还本金余额，而将来法是基于将来需要偿还的金额计算未偿还本金余额。可以证明，这两种方法是等价的。

1. 过去法

过去法（retrospective method）是指从原始贷款本金中减去过去已经偿还的本金即得未偿还本金余额。在等额分期偿还方法中，借款人每次偿还的总金额为 R，从此金额中减去当期的利息即得当期偿还的本金。譬如，从贷款本金 L_0 中减去第 1 期偿还的本金 $R-iL_0$，即得第 1 期末的未偿还本金余额：

$$\begin{aligned}L_1&=L_0-(R-iL_0)\\&=L_0(1+i)-R\end{aligned}$$

从第 1 期末（也就是第 2 期初）的未偿还本金余额 L_1 中减去第 2 期偿还的本金 $R-iL_1$，即得第 2 期末的未偿还本金余额：

$$\begin{aligned}L_2&=L_1-(R-iL_1)\\&=L_1(1+i)-R\\&=L_0(1+i)^2-R[(1+i)+1]\\&=L_0(1+i)^2-Rs_{\overline{2}|}\end{aligned}$$

从第 2 期末（也就是第 3 期初）的未偿还本金余额 L_2 中减去第 3 期偿还的本金 $R-iL_2$，即得第 3 期末的未偿还本金余额：

$$\begin{aligned}L_3&=L_2-(R-iL_2)\\&=L_2(1+i)-R\\&=L_0(1+i)^3-R[(1+i)^2+(1+i)+1]\end{aligned}$$

$$=L_0(1+i)^3-Rs_{\overline{3}|}$$

依此类推，第 k 期末的未偿还本金余额为：

$$L_k=L_0(1+i)^k-Rs_{\overline{k}|},\ k=1,2,3,\cdots,n \tag{5-2}$$

由此可见，第 k 期末的未偿还本金余额是下述两项之差：

(1) 原始本金在第 k 期末的累积值 $L_0(1+i)^k$。

(2) 已经偿还的金额 R 在第 k 期末的累积值 $Rs_{\overline{k}|}$。

【例 5-1】

一笔 100 000 元的保险金，受益人选择每月末领取一次。如果保险金的年收益率为 8%，则 25 年可以领完。在受益人领取 10 年后，保险金的年收益率提高到了 10%，计算在后 15 年，受益人每月可以领取多少保险金。

【解】 在前 10 年，月有效利率为：

$$i=(1+0.08)^{1/12}-1=0.006\ 434\ 03$$

在后 15 年，月有效利率为：

$$j=(1+0.1)^{1/12}-1=0.007\ 974\ 14$$

按月有效利率 i 计算，25 年（即 300 个月）可以领完保险金，故每月领取的保险金为：

$$R_1=\frac{100\ 000}{a_{\overline{300}|i}}=100\ 000\times\frac{i}{1-(1+i)^{-300}}=753.42(\text{元})$$

用过去法计算第 10 年末的保险金余额为：

$$\begin{aligned}L_{10}&=L_0(1+i)^{120}-R_1s_{\overline{120}|i}\\&=100\ 000\times(1+i)^{120}-753.42\times\frac{(1+i)^{120}-1}{i}\\&=80\ 183.27(\text{元})\end{aligned}$$

因此，在后 15 年每月可以领取的保险金为：

$$R_2=\frac{L_{10}}{a_{\overline{180}|j}}=\frac{80\ 183.27}{95.384\ 3}=840.63(\text{元})$$

2. 将来法

在每个时期末，未偿还本金余额应该等于将来需要偿还的总金额在此时点上的现值。因此，所谓将来法（prospective method），就是把将来需要偿还的总金额折算成计算日的现值即得未偿还本金余额。譬如，在第 k 期末，将来还需偿还 $(n-k)$ 次，所以用将来法计算的未偿还本金余额为：

$$L_k=Ra_{\overline{n-k}|},\quad k=1,2,3,\cdots,n \tag{5-3}$$

可以证明，用过去法和将来法计算的未偿还本金余额是相等的。事实上，将式（5－2）变形即得式（5－3）。证明过程如下：

由式（5－1）可知，贷款本金为 $L_0=Ra_{\overline{n}|}$，将其代入式（5－2）可得

$$\begin{aligned}L_k &= L_0(1+i)^k - Rs_{\overline{k}|}\\&= Ra_{\overline{n}|}(1+i)^k - Rs_{\overline{k}|}\\&= R\left[\frac{1-v^n}{i}\cdot(1+i)^k-\frac{(1+i)^k-1}{i}\right]\\&= R\,\frac{1-v^{n-k}}{i}\\&= Ra_{\overline{n-k}|}\end{aligned}$$

虽然过去法和将来法是等价的，但在实际应用中，还应根据实际情况选择合适的计算方法。如果将来的付款金额和付款次数都是已知的，应用将来法就比较简便；否则，就需要应用过去法。

【例 5－2】

应用将来法重新计算例 5－1 中第 10 年末的保险金余额。

【解】 将来还需领取 15 年，即 180 个月，每月末领取 $R_2=840.63$ 元，所以应用将来法计算第 10 年末的保险金余额为：

$$L_{10}=R_2a_{\overline{180}|j}=840.63\times\frac{1-(1+j)^{-180}}{j}=80\,182.92(\text{元})$$

结果与例 5－1 几乎相同，误差是由四舍五入造成的。

5.1.3　本金和利息的分解

在等额分期偿还方法中，每次偿还的金额是 R，其中包括当期应该支付的利息（interest）和偿还的本金（principle）两部分。下面讨论在每次的偿还金额 R 中，有多少是对本金的偿还，有多少是支付当期的利息。

假设第 k 期初的未偿还本金余额为 L_{k-1}，这也是第 $k-1$ 期末的未偿还本金余额，所以在第 k 期末应该支付的利息 I_k 为：

$$I_k=iL_{k-1}$$

把将来法的公式即式（5－3）代入上式，可得第 k 期末应该支付的利息为：

$$I_k=iRa_{\overline{n-k+1}|i}=R(1-v^{n-k+1}) \tag{5-4}$$

因此，在第 k 期偿还的本金 P_k 为：

$$P_k=R-I_k=R\cdot v^{n-k+1} \tag{5-5}$$

式（5－5）表明，借款人每次偿还的本金金额形成一个等比数列，如第一期末偿还的本金为 Rv^n，第二期末偿还的本金为 Rv^{n-1}……第 n 期末偿还的本金为 Rv。这是一个递增数列，即借款人在初期偿还的本金较少，而在后期偿还的本金

较多。由于每期支付的总金额 R 是固定的，所以借款人支付的利息金额是逐期递减的。这一结论也可以从表 5-1 和图 5-1 中看出。

【例 5-3】

证明借款人每期偿还的本金之和等于原始贷款本金，即 $\sum_{k=1}^{n} P_k = L_0$。

【解】借款人每期偿还的本金之和为：

$$\sum_{k=1}^{n} P_k = \sum_{k=1}^{n} Rv^{n-k+1} = \frac{L_0}{a_{\overline{n}|}} \times \sum_{k=1}^{n} v^{n-k+1} = \frac{L_0}{a_{\overline{n}|}} \times a_{\overline{n}|} = L_0$$

假设借款人每年末还款的总金额为 1 单位，还款期限为 n 年，年利率为 i，则每年末偿还的利息和本金，以及每年末的未偿还本金余额如表 5-1 所示，这种表格称作分期偿还表。

表 5-1　　等额分期偿还表

时间 t	还款额	利息 I_t	本金 P_t	未偿还贷款余额
0				$a_{\overline{n}|i}$
1	1	$ia_{\overline{n}|i} = 1 - v^n$	v^n	$a_{\overline{n-1}|i}$
2	1	$ia_{\overline{n-1}|i} = 1 - v^{n-1}$	v^{n-1}	$a_{\overline{n-2}|i}$
⋮	⋮	⋮	⋮	⋮
t	1	$ia_{\overline{n-t+1}|i} = 1 - v^{n-t+1}$	v^{n-t+1}	$a_{\overline{n-t}|i}$
⋮	⋮	⋮	⋮	⋮
$n-1$	1	$ia_{\overline{2}|i} = 1 - v^2$	v^2	$a_{\overline{1}|i}$
n	1	$ia_{\overline{1}|i} = 1 - v$	v	0
总和	n	$n - a_{\overline{n}|i}$	$a_{\overline{n}|i}$	

在表 5-1 中，如果令 $n = 20$，$i = 10\%$，则借款人每年支付的利息和本金的变化过程如图 5-1 所示，未偿还本金余额的变化过程如图 5-2 所示。

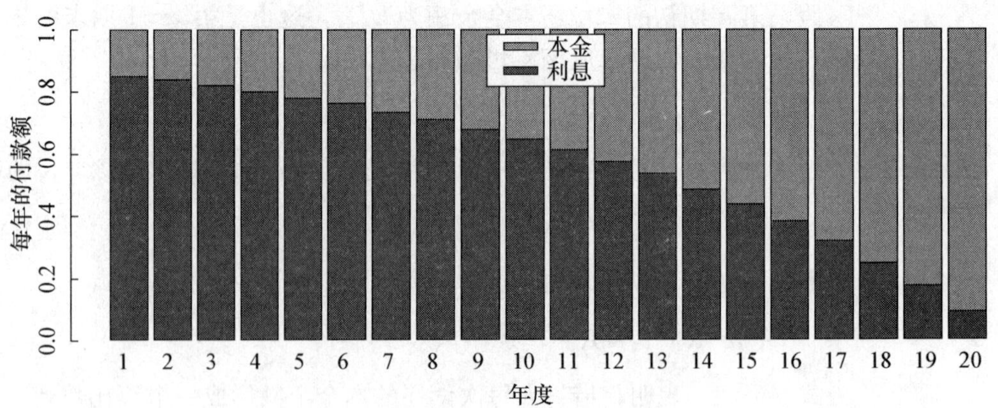

图 5-1　每年末偿还的利息和本金

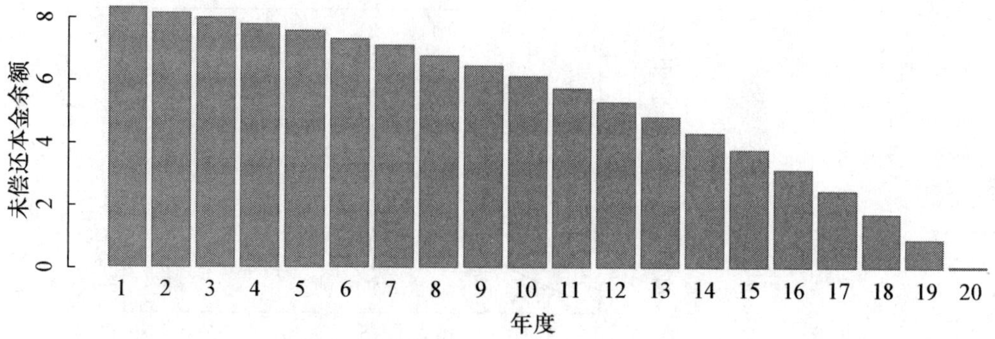

图 5-2　每年末的未偿还本金余额

从表 5-1 可以看出，当贷款本金为 $a_{\overline{n}|}$ 时，借款人支付的利息总额为 $n-a_{\overline{n}|}$，利息总额与贷款本金之比可以表示为贷款期限 n 的函数：

$$f(n)=\frac{n-a_{\overline{n}|}}{a_{\overline{n}|}}=\frac{ni}{1-v^n}-1$$

当 $i>1$ 时，上式关于 n 的一阶导数为：

$$f'(n)=\frac{i(1-v^n)+niv^n\ln v}{(1-v^n)^2} \tag{5-6}$$

式（5-6）的分母大于零。分子上提出 i 后，剩余项为 $1-v^n+v^n\ln v^n$。令 $x=v^n$，显然有 $0<x<1$。容易证明 $g(x)=1-x+x\ln x$ 是（0，1）区间上的减函数，且 $g(1)=0$，所以在（0，1）区间上 $g(x)>0$。这就意味着式（5-6）的分子也大于零，所以 $f'(n)>0$。

由此可见，利息总额与贷款本金之比是贷款期限的增函数。在贷款利率给定的条件下，贷款期限越长，借款人支付的利息总额相对于贷款本金越多。

假设借款人每年末偿还的总金额为 1 单位，贷款年利率为 10%，表 5-2 给出了随着贷款期限的延长，借款人偿还的利息总额与贷款本金之比的增长过程。贷款期限越长，借款人支付的利息总额与贷款本金之比越高，而且该比率呈现出加速增长的态势，即贷款期限越长，该比率的增长速度越快，如图 5-3 所示。在该图中，实线表示利息总额与贷款本金之比，虚线是基于该比率与贷款期限求得的回归直线。

表 5-2　借款人支付的利息总额与贷款本金之比随贷款期限的延长而增长的过程

贷款期限	贷款本金	利息总额	利息总额与贷款本金之比
1	0.91	0.09	0.10
5	3.79	1.21	0.32
10	6.14	3.86	0.63
15	7.61	7.39	0.97
20	8.51	11.49	1.35
25	9.08	15.92	1.75
30	9.43	20.57	2.18

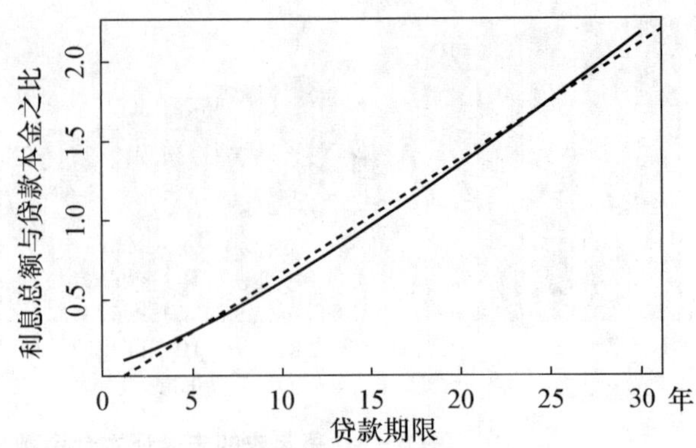

图5-3　借款人支付的利息总额与贷款本金之比的变化过程

【例5-4】

在等额分期偿还方法中，贷款的年利率为10%。当贷款期限为多少年时，借款人在贷款期间支付的利息总额正好等于贷款本金。

【解】假设贷款期限为 n 年，借款人每年偿还的总金额为1单位，则贷款本金为 $a_{\overline{n}|}$，借款人在贷款期限内支付的利息总额为 $n-a_{\overline{n}|}$，令

$$n-a_{\overline{n}|}=a_{\overline{n}|}$$

则当 $i=10\%$ 时，有

$$1-1.1^{-n}-0.05n=0$$

解上述方程可得 $n=15.38$。

在其他贷款利率水平下对应的贷款期限如表5-3所示。

表5-3　　借款人支付的利息总额等于贷款本金时对应的贷款年数

年利率	5%	6%	7%	8%	9%	10%
贷款年数	31.32	26.01	22.22	19.37	17.16	15.38

【例5-5】

一笔100 000元的贷款，期限为5年，年利率为6%，每年末等额分期偿还。计算下列各项并构造分期偿还表：

(1) 每年末应该偿还的金额。

(2) 每年末的未偿还本金余额。

(3) 在每年末偿还的金额中，利息和本金分别是多少。

【解】由式（5-1）可知，每年末应该偿还的总金额为：

$$R=\frac{100\,000}{a_{\overline{5}|}}=100\,000\times\frac{0.06}{1-1.06^{-5}}=23\,739.64(\text{元})$$

应用式（5-3）可以求得各年末的未偿还本金余额。譬如，第3年末的未偿还本金余额为：

$$L_3=23\,739.64a_{\overline{5-3}|}=23\,739.64\times\frac{1-1.06^{-2}}{0.06}=43\,524.08(\text{元})$$

应用式（5－4）可以求得每年末支付的利息金额。譬如，第 3 年末支付的利息金额为：

$$I_3=23\,739.64(1-v^{5-3+1})=23\,739.64\times(1-1.06^{-3})=3\,807.38(\text{元})$$

应用式（5－5）可以求得每年偿还的本金。譬如，第 3 年末偿还的本金为：

$$P_3=R-I_3=19\,932.26(\text{元})$$

其他各年的计算结果如表 5－4 所示。

表 5－4　　等额分期偿还表　　单位：元

时间（年）	每年末的偿还金额	支付当年利息	偿还本金	未偿还本金余额
0				100 000
1	23 739.64	6 000.00	17 739.64	82 260.36
2	23 739.64	4 935.62	18 804.02	63 456.34
3	23 739.64	3 807.38	19 932.26	43 524.08
4	23 739.64	2 611.44	21 128.20	22 395.89
5	23 739.64	1 343.75	22 395.89	0.00

表 5－4 所示的等额分期偿还表可以在 Excel 中按下述方法递推计算求得：

第一年支付的利息为：

$$100\,000\times6\%=6\,000(\text{元})$$

第一年偿还的本金为：

$$23\,739.64-6\,000=17\,739.64(\text{元})$$

第一年末的未偿还本金余额为：

$$100\,000-17\,739.64=82\,260.36(\text{元})$$

第二年支付的利息为：

$$82\,260.36\times6\%=4\,935.62(\text{元})$$

第二年偿还的本金为：

$$23\,739.64-4\,935.62=18\,804.02(\text{元})$$

第二年末的未偿还本金余额为：

$$82\,260.36-18\,804.02=63\,456.34(\text{元})$$

依此类推，可以得到表 5－4 的所有结果。在 Excel 中，只需计算出第一年的结果，然后选中第一年的数值，用鼠标下拉右下角的黑色十字即可自动完成以后各年的计算。

【例5-6】

投资者向一只基金投资20 000元，希望在今后的5年内每年末领取5 000元的收入。计算基金的年利率应该是多少。如果从第三年初开始，基金的年利率上升了100个基点（1个基点为0.01%），计算投资者在今后的3年中每年末可以领取多少。

【解】 假设基金的年利率为 i，则根据题意可以建立如下价值方程：

$$20\,000=5\,000a_{\overline{5|}}$$

上式经变形得

$$\frac{1-(1+i)^{-5}}{i}=4$$

应用Excel中的单变量求解，可以求得年利率为 $i=7.93\%$。

投资者在第二年末的投资余额（也就是第三年初的投资余额）为：

$$L_2=5\,000a_{\overline{3|}}=5\,000\times\frac{1-(1+0.079\,3)^{-3}}{0.079\,3}=12\,901.78(\text{元})$$

如果将利率提高100个基点，即上升到8.93%，则在今后三年，投资者每年末可以领取的金额为：

$$R=\frac{12\,901.78}{a_{\overline{3|}}}=12\,901.78\times\frac{0.089\,3}{1-(1+0.089\,3)^{-3}}=5\,090.55(\text{元})$$

【例5-7】

一笔100 000元的贷款，为期10年。如果年利率为6%，比较下述三种还款方式下支付的利息总额：

(1) 在第10年末一次性偿还所有本息。

(2) 每年末支付当年的利息，在第10年末再偿付本金。

(3) 每年等额分期偿还。

【解】 (1) 这笔贷款在第10年末的累积值为：

$$10\,000\times(1+0.06)^{10}=17\,909(\text{元})$$

因此支付的利息总额为：

$$17\,909-10\,000=7\,909(\text{元})$$

(2) 借款人每年末需要支付的利息为10 000×0.06=600（元），10年期间支付的利息总额为6 000元。

(3) 如果10年内等额分期偿还，则借款人每年末需要偿还的金额为：

$$R=\frac{10\,000}{a_{\overline{10|}}}=10\,000\times\frac{0.06}{1-1.06^{-10}}=1\,359(\text{元})$$

借款人 10 年期间支付的总金额为 13 590 元，所以支付的利息金额为 3 590 元。

可见，第一种方法在第 10 年末一次性偿还本息，所以支付的利息最多，而第三种方法在第一年就有部分本金的偿还，所以支付的利息最少。

【例 5－8】

投资者从商业银行获得 100 万元的住房抵押贷款，期限为 20 年，年利率为 8%，每月末等额分期偿还。借款人按原计划偿还了 150 次贷款，然后申请 10 天以后一次性还清剩余贷款，计算借款人应该一次性偿还多少。

【解】 根据年利率可以求得月有效利率为：

$$i=(1+0.08)^{1/12}-1=0.006\,434$$

借款人每月末应该偿还的金额为：

$$R=\frac{1\,000\,000}{a_{\overline{240}|i}}=1\,000\,000\times\frac{0.006\,434}{1-1.006\,434^{-240}}=8\,191.48(\text{元})$$

借款人偿还了 150 次以后，还剩余 90 次尚未偿还，所以在第 150 个还款日，借款人的未偿还本金余额为：

$$L_{150}=8\,191.48a_{\overline{90}|}=8\,191.48\times\frac{0.006\,434}{1-1.006\,434^{-90}}=558\,322.60(\text{元})$$

借款人如果申请在第 150 个还款日后立即还清所有的未偿还本金余额，则需要一次性偿还 558 322.60 元。在本例中，借款人申请在第 150 个还款日后的第 10 天一次性还清所有贷款余额，所以偿还的总金额还应该包括这 10 天（即 1/3 个月）所产生的利息，即借款人需要一次性偿还的总金额为：

$$L=L_{150}(1+i)^{1/3}=558\,322.60\times1.006\,434^{1/3}=559\,517.5(\text{元})$$

5.2　等额偿债基金

在偿债基金方法中，贷款人要求借款人在贷款期间定期支付贷款利息，并同时向偿债基金进行储蓄，在贷款到期时，偿债基金的累积值应该等于贷款本金。

本节所谓的等额偿债基金是指借款人每期向偿债基金的储蓄额相等。不妨看一简例。假设借款人从银行获得 10 000 元的贷款，期限为 5 年，年利率为 6%。双方达成协议，借款人按下述方法偿还贷款：

（1）借款人每年末向银行支付 600 元利息（即 10 000 元的 6%）；

（2）借款人在银行开设一个存款账户，每年末向该账户存入 1 791.76 元，该账户按 5.5%的利率计息。到第 5 年末，该账户的累积值正好是 10 000 元，用于偿还贷款本金。

在这个简例中，借款人在银行开设的存款账户就是偿债基金。因为借款人每年末向偿债基金储蓄相等的金额，所以称作等额偿债基金。

偿债基金名义上归借款人所有，供借款人在贷款到期时一次性清偿贷款本金，因此偿债基金产生的利息收入也用于偿还本金。偿债基金的积累过程也就是原始本金的偿还过程。换言之，借款人在偿债基金的储蓄额及其产生的利息收入可以看作对贷款本金的偿还。从原始贷款本金中减去偿债基金的累积值，就是借款人尚未偿还的本金余额。

仍然沿用 5.1 节的符号，用 L_0 表示初始贷款本金，用 i 表示贷款利率，用 n 表示贷款期限。在偿债基金方法中，原始本金在贷款到期时用借款人积累的偿债基金一次性偿还，所以在贷款期间保持不变，相应地，借款人每期支付的利息金额应为常数（用 I 表示），即

$$I=iL_0 \tag{5-7}$$

在偿债基金方法中，借款人需要在每期末支付当期的利息，同时还需要积累一笔偿债基金。这笔基金在贷款到期时应该正好等于贷款的原始本金 L_0。偿债基金的利率与贷款利率既可能相等，也可能不等。在这两种不同的情况下，借款人每期向偿债基金储蓄的金额是不同的。下面分别进行讨论。

5.2.1 偿债基金利率不等于贷款利率的情形

在偿债基金方法中，通常的情况是偿债基金的利率小于贷款利率。不过本小节的结论同样适用于偿债基金的利率大于贷款利率的情形。

假设贷款期限为 n，偿债基金的利率为 j，贷款本金为 L_0，借款人每年向偿债基金的储蓄额为 D。偿债基金在第 n 年末的累积值应该等于贷款本金，即

$$D\times s_{\overline{n}|j}=L_0 \tag{5-8}$$

由此可得借款人在每期末向偿债基金的储蓄额应为：

$$D=\frac{L_0}{s_{\overline{n}|j}} \tag{5-9}$$

借款人每年末需要支付的利息为 $I=iL_0$，所以借款人在每年末的付款总额为：

$$I+D=iL_0+\frac{L_0}{s_{\overline{n}|j}} \tag{5-10}$$

借款人每年末向偿债基金储蓄 D 元，所以偿债基金在第 k 年末的累积值为 $D\cdot s_{\overline{k}|j}$，从原始贷款本金 L_0 中减去偿债基金的累积值，即得借款人在第 k 年末的未偿还本金余额为：

$$L_k=L_0-Ds_{\overline{k}|j} \tag{5-11}$$

【例 5－9】

借款人需要在未来 5 年还清 100 000 元的贷款，贷款的年利率为 10%。假设借款人用等额偿债基金方法来偿还贷款，偿债基金的年利率为 8%。计算：

(1) 借款人每年末向偿债基金的储蓄额为多少。

(2) 在等额偿债基金方法中借款人每年末支付的总金额为多少。如果借款人用等额分期偿还方法偿还贷款，借款人每年末支付的总金额为多少。

(3) 借款人在第 2 年末的未偿还本金余额是多少。

【解】(1) 应用式 (5－9)，借款人每年末向偿债基金的储蓄额为：

$$D=\frac{100\ 000}{s_{\overline{5}|0.08}}=100\ 000\times\frac{0.08}{1.08^5-1}=17\ 045.65(\text{元})$$

(2) 在等额偿债基金方法中，应用式 (5－10)，可以求得借款人每年末支付的总金额为：

$$R=I+D=100\ 000\times0.1+17\ 045.65=27\ 045.65(\text{元})$$

如果用等额分期偿还方法偿还贷款，则借款人每年末支付的总金额为：

$$R=\frac{100\ 000}{a_{\overline{5}|0.1}}=100\ 000\times\frac{0.1}{1-1.1^{-5}}=26\ 379.75(\text{元})$$

可见，如果偿债基金的利率小于贷款利率，则借款人每年支付的总金额要大于等额分期偿还方法中支付的总金额，换言之，在等额偿债基金方法中，借款人的实际借款利率要高于等额分期偿还方法中的贷款利率。

(3) 应用式 (5－11)，可以求得借款人在第 2 年末的未偿还本金余额为：

$$\begin{aligned}L_2&=100\ 000-17\ 045.65\times s_{\overline{2}|0.08}\\&=100\ 000-17\ 045.65\times\frac{1.08^2-1}{0.08}\\&=64\ 545.06(\text{元})\end{aligned}$$

5.2.2　偿债基金利率等于贷款利率的情形

如果偿债基金的利率 j 与贷款利率 i 相等，则等额偿债基金方法等价于等额分期偿还方法，即借款人每年末支付的总金额在两种方法中相等。

在等额偿债基金方法中，当 $j=i$ 时，由式 (5－10) 可知借款人每期末支付的总金额为：

$$I+D=iL_0+\frac{L_0}{s_{\overline{n}|i}}=L_0\left(i+\frac{1}{s_{\overline{n}|i}}\right)=\frac{L_0}{a_{\overline{n}|i}} \tag{5-12}$$

式中，$i+\frac{1}{s_{\overline{n}|i}}=\frac{1}{a_{\overline{n}|i}}$，可参见式 (2－12)。

式 (5－12) 就是在等额分期偿还方法中，借款人每期末支付的总金额。由此可见，当偿债基金的利率与贷款利率相等时，等额分期偿还方法与等额偿债基金方法是等价的。也就是说，无论使用等额分期偿还方法还是使用等额偿债基金方法，借款人在每期末支付的总金额是相等的。

当偿债基金的利率 j 与贷款利率 i 相等时，借款人在每期末向偿债基金的储蓄额为：

$$D=\frac{L_0}{s_{\overline{n}|i}}=L_0\left(\frac{1}{a_{\overline{n}|i}}-i\right)=R-iL_0 \tag{5-13}$$

式中，$\frac{1}{s_{\overline{n}|i}}=\frac{1}{a_{\overline{n}|i}}-i$，可参见式（2-12）。

当偿债基金的利率 j 与贷款利率 i 相等时，偿债基金方法等价于分期偿还方法，所以在第 k 期末，偿债基金方法的未偿还本金余额 $L_0-Ds_{\overline{k}|i}$ 应该等于分期偿还方法中的未偿还本金余额 $Ra_{\overline{n-k}|i}$。

证明：在偿债基金方法中，如果 $j=i$，则偿债基金在第 k 期末的累积值为 $Ds_{\overline{k}|i}$，未偿还本金余额为：

$$\begin{aligned}
L_k &=L_0-Ds_{\overline{k}|} \\
&=L_0\left(1-\frac{s_{\overline{k}|}}{s_{\overline{n}|}}\right) \\
&=L_0\left[1-\frac{(1+i)^k-1}{(1+i)^n-1}\right] \\
&=L_0\,\frac{(1+i)^n-(1+i)^k}{(1+i)^n-1} \\
&=L_0\,\frac{1-v^{n-k}}{1-v^n} \\
&=Ra_{\overline{n}|}\frac{a_{\overline{n-k}|}}{a_{\overline{n}|}} \\
&=Ra_{\overline{n-k}|}
\end{aligned}$$

上式正好是在等额分期偿还方法中，借款人在第 k 期末的未偿还本金余额。

【例 5-10】

一笔 100 000 元的贷款，期限为 5 年，年利率为 6%。借款人采用偿债基金方法偿还，每年末偿还 6 000 元的利息，同时建立一笔偿债基金用于清偿贷款本金，偿债基金的利率与贷款利率相同。计算下列各项的值：

（1）借款人每年末向偿债基金的储蓄额。

（2）偿债基金每年产生的利息。

（3）偿债基金在每年末的累积值。

（4）每年末的未偿还本金余额。

【解】当偿债基金的利率与贷款利率相等时，分期偿还方法与偿债基金方法等价。本例即可验证这一结论。

（1）借款人每年末向偿债基金的储蓄额应为：

$$D=\frac{100\,000}{s_{\overline{5}|0.06}}=100\,000\times\frac{0.06}{1.06^5-1}=17\,739.64(\text{元})$$

（2）偿债基金在第 k 年所产生的利息为 $jD\cdot s_{\overline{k-1}|j}$。譬如在第 3 年的利息为：

$$I_3=0.06\times 17\,739.64\times s_{\overline{3-1}|0.06}=0.06\times 17\,739.64\times\frac{1.06^2-1}{0.06}$$
$$=2\,192.62(\text{元})$$

（3）偿债基金在第 k 年末的累积值为 $D\cdot s_{\overline{k}|j}$。譬如在第 3 年末的累积值为：

$$A_3=17\,739.64\times s_{\overline{3}|0.06}=17\,739.64\times\frac{1.06^3-1}{0.06}=56\,475.92(\text{元})$$

（4）每年末的未偿还本金余额可以应用式（5－11）求得。譬如，第 3 年末的未偿还本金余额为：

$$L_3=100\,000-17\,739.64\times s_{\overline{3}|0.06}=100\,000-17\,739.64\times\frac{1.06^3-1}{0.06}$$
$$=43\,524.08(\text{元})$$

其他计算结果如表 5－5 所示。

表 5－5　　偿债基金表（偿债基金的利率与贷款利率相等）　　单位：元

年份	每年末支付的总金额	支付当年利息	向偿债基金的储蓄额	偿债基金的累积值	偿债基金产生的利息	未偿还本金余额
0						100 000
1	23 739.64	6 000	17 739.64	17 739.64	0.00	82 260.36
2	23 739.64	6 000	17 739.64	36 543.66	1 064.38	63 456.34
3	23 739.64	6 000	17 739.64	56 475.92	2 192.62	43 524.08
4	23 739.64	6 000	17 739.64	77 604.11	3 388.56	22 395.89
5	23 739.64	6 000	17 739.64	100 000.00	4 656.25	0.00

比较表 5－4 和表 5－5 可知，借款人在两种方法下每年的付款总额相等，均为 23 739.64 元，验证了当偿债基金的利率与贷款利率相等时，偿债基金方法等价于分期偿还方法。

**【例 5－11】**

有两笔贷款的本金均为 10 000 元，期限均为 5 年，但偿还方式不同。第一笔贷款采用偿债基金方法偿还，贷款利率为 6%，偿债基金利率为 5%。第二笔贷款采用等额分期方法偿还。计算当第二笔贷款的利率为多少时，两笔贷款对借款人而言是等价的。

【解】 无论选择哪一笔贷款，如果借款人在每年末都要支付相等的金额，就可以认为两笔贷款对借款人而言是等价的。

对于第一笔贷款，借款人在每年末需要支付的总金额为：

$$A = I + D = iL_0 + \frac{L_0}{s_{\overline{n}|j}} = 10\ 000 \times 0.06 + 10\ 000 \times \frac{0.05}{1.05^5 - 1}$$
$$= 2\ 409.75(\text{元})$$

对于第二笔贷款，假设其利率为 r，则借款人在每年末需要支付的总金额为：

$$B = \frac{10\ 000}{a_{\overline{5}|r}} = 10\ 000 \times \frac{r}{1-(1+r)^{-5}}$$

令 $A=B$，则有

$$2\ 409.75 = 10\ 000 \times \frac{r}{1-(1+r)^{-5}}$$

解上述方程，即可求得使上述两笔贷款等价的分期偿还利率为：

$$r = 6.552\%$$

可见，等额分期偿还利率高于偿债基金方法中的贷款利率。

从前面的讨论中可以看出，分期偿还方法和偿债基金方法的主要区别是，它们对已经偿还的本金采用不同的计息方式。在分期偿还方法中，已经偿还的本金是按贷款利率计息的，而在偿债基金方法中，已经偿还的本金（即偿债基金的累积值）是按偿债基金的利率计息的。当偿债基金的利率与贷款利率相同时，偿债基金方法就等价于分期偿还方法。

5.2.3 一般形式的等额偿债基金

在等额偿债基金方法中，有可能要求借款人每期支付服务费（service payment），并向偿债基金进行储蓄。借款人每期支付的服务费（W）不一定等于贷款利率与贷款本金的乘积。在这种情况下，借款人每期向偿债基金的储蓄额（D）应该满足下述价值方程：

$$L_0(1+i)^n = W \times s_{\overline{n}|i} + D \times s_{\overline{n}|j} \tag{5-14}$$

式中，左边是贷款本金在贷款到期时的累积值；右边包括两项，第一项是借款人支付的服务费在贷款到期时的累积值，第二项是借款人向偿债基金的储蓄额在贷款到期时的累积值。贷款本金和服务费按照贷款利率 i 进行累积，而向偿债基金的储蓄额按照偿债基金的利率 j 进行累积。

在式（5-14）中，如果令服务费等于贷款利率与贷款本金的乘积，即令

$$W = iL_0$$

则式（5-14）就简化为式（5-8），即

$$L_0 = D \times s_{\overline{n}|j}$$

【例 5－12】

一笔贷款的本金是 100 万元，贷款期限是 10 年，年利率是 5%。贷款用偿债基金方法进行偿还，借款人每年支付的服务费是 6 万元。偿债基金的利率是 4%。计算借款人每年向偿债基金的储蓄额是多少，该笔贷款与等额偿还方法等价的贷款利率是多少。

【解】 应用式（5－14）可以建立下述价值方程：

$$100\times(1+0.05)^{10}=6s_{\overline{10}|5\%}+D\times s_{\overline{10}|4\%}$$

求解上式，即得借款人每年向偿债基金的储蓄额为：

$$D=7.28(\text{万元})$$

这就意味着借款人每年的还款总额为：

$$6+7.28=13.28(\text{万元})$$

假设与等额偿还方法等价的贷款利率为 r，则有

$$100=(6+7.28)a_{\overline{10}|r}$$

由此可以求得与等额偿还方法等价的贷款利率为 $r=5.52\%$。也就是说，该笔贷款的实际贷款利率为 5.52%，而不是名义上的 5%，也不是与 6 万元服务费相对应的 6%。

可以验证，当服务费增加时，实际贷款利率将下降。譬如，当服务费为 8 万元时，该笔贷款的实际贷款利率将下降为 5.37%。

5.3　变额分期偿还

变额分期偿还是指借款人每次偿还的金额不等。假设贷款本金为 L_0，每期末偿还的金额为 R_t（$t=1, 2, \cdots, n$），则有

$$L_0=\sum_{t=1}^{n}v^tR_t \tag{5-15}$$

在等额分期偿还方法中，借款人每期偿还的本金逐期递增，支付的利息逐期递减，一增一减，使得借款人每期偿还的总金额（即本金和利息之和）是一个常数。变额分期偿还方法可以多种多样，其中最为常见的一种是所谓的等额本金偿还方法，即借款人每期偿还相等的本金。在等额本金偿还方法中，借款人每期偿还的本金虽然相等，但未偿还的本金余额和支付的利息金额都是逐期递减的，这使得借款人每期偿还的总金额也是逐期递减的。

在变额分期偿还方法中，有可能出现的一种异常情况是，借款人当期偿还的

总金额还不足以支付当期的应付利息。譬如，按照期初的未偿还本金余额和贷款利率计算，借款人当期应该支付的利息是1 000元，但当期实际偿还的总金额只有900元。在这种情况下，相当于借款人又增加了100元的贷款本金。对此类问题的正确处理方法可参见本节后面的例题。

【例5-13】

一笔100 000元的贷款，期限为5年，年利率为5%，每年末偿还20 000元本金。构造分期偿还表。

【解】 第一年应该支付的利息为：

$$100\,000\times 0.05=5\,000(\text{元})$$

第一年偿还的总金额为：

$$20\,000+5\,000=25\,000(\text{元})$$

第一年末（第二年初）的本金余额为：

$$100\,000-20\,000=80\,000(\text{元})$$

第二年支付的利息为：

$$80\,000\times 0.05=4\,000(\text{元})$$

第二年偿还的总金额为：

$$20\,000+4\,000=24\,000(\text{元})$$

依此类推，其他各年的计算结果如表5-6所示。

表5-6　　等额本金分期偿还表　　单位：元

年份	每年末的偿还金额	支付当年利息	偿还本金	未偿还本金余额
0				100 000
1	25 000	5 000	20 000	80 000
2	24 000	4 000	20 000	60 000
3	23 000	3 000	20 000	40 000
4	22 000	2 000	20 000	20 000
5	21 000	1 000	20 000	0

**【例5-14】**

借款人从银行获得一笔贷款，期限为5年，年利率为6%。根据还款计划，借款人在每年末的偿还金额依次为20 000元、18 000元、16 000元、14 000元、12 000元。计算：(1) 贷款本金为多少；(2) 在第三年末支付的总金额中，偿还的本金和支付的利息分别为多少。

【解】 每年末的偿还金额形成一个变额年金序列，它可以分解为10 000项基本的等额年金（每年末支付1元）和2 000项基本的递减年金之和，如表5-7所示。

表 5-7 年金的分解 单位：元

时期	0	1	2	3	4	5
偿还金额		20 000	18 000	16 000	14 000	12 000
10 000 项基本等额年金		1	1	1	1	1
2 000 项基本递减年金		5	4	3	2	1

贷款本金等于上述年金的现值之和，即

$$L_0=10\,000a_{\overline{5}|}+2\,000(Da)_{\overline{5}|}=10\,000\times a_{\overline{5}|}+2\,000\times\frac{5-a_{\overline{5}|}}{0.06}$$
$$=68\,377.33(\text{元})$$

式中，$a_{\overline{5}|}=\frac{1-1.06^{-5}}{0.06}=4.212\,4$。

第二年末（即第三年初）未偿还的本金余额为（用将来法计算）：

$$L_2=10\,000_{\overline{3}|}+2\,000(Da)_{\overline{3}|}=10\,000\times a_{\overline{3}|}+2\,000\times\frac{3-a_{\overline{3}|}}{0.06}=37\,630(\text{元})$$

式中，$a_{\overline{3}|}=\frac{1-1.06^{-3}}{0.06}=2.673\,0$。

因此第三年末应该支付的利息为：

$$I_3=iL_2=0.06\times37\,630=2\,257.8(\text{元})$$

第三年末偿还的本金为：

$$P_3=R_3-I_3=16\,000-2\,257.8=13\,742.2(\text{元})$$

【例 5-15】

一笔 100 000 元的贷款，贷款的年利率为 10%，期限为 6 年，每年末偿还一次，每次的偿还金额以 50%的速度递增。构造分期偿还表。

【解】本例的偿还金额构成了一个复递增年金，年金的增长率为 $r=50\%$。假设第一年末的偿还金额为 R_1，则应用复递增年金公式，有

$$R_1\times\frac{a_{\overline{n}|j}}{1+r}=100\,000$$

式中

$$j=\frac{i-r}{1+r}=\frac{0.1-0.5}{1+0.5}=-0.266\,667$$

$$a_{\overline{6}|j}=\frac{1-(1+j)^{-6}}{j}=20.361\,42$$

由此可得

$R_1 = 7\,366.873$(元)

第一年末应该支付的利息为：

$I_1 = 100\,000 \times 0.1 = 10\,000$(元)

显然，第一年末偿还的总金额 7 366.873 元还不足以支付当年的应付利息 10 000 元，亦即出现了负偿还，增加了未偿还的本金余额。第一年末偿还的本金（即负偿还金额）为：

$P_1 = R_1 - I_1 = 7\,366.873 - 10\,000 = -2\,633.127$(元)

第一年末偿还的本金为负值，这就意味着增加了本金，所以第一年末的未偿还本金余额将会增加，即为：

$L_1 = L_0 - P_1 = 100\,000 + 2\,633.127 = 102\,633.127$(元)

第二年应该支付的利息为：

$I_2 = iL_1 = 0.1 \times 102\,633.127 = 10\,263.313$(元)

借款人在第二年末偿还的总金额为：

$R_2 = 1.5R_1 = 1.5 \times 7\,366.873 = 11\,050.310$(元)

所以第二年末偿还的本金为：

$P_2 = R_2 - I_2 = 11\,050.310 - 10\,263.313 = 786.997$(元)

第二年末的未偿还本金余额为：

$L_2 = L_1 - P_2 = 102\,633.127 - 786.997 = 101\,846.130$(元)

依此类推，其他各年的计算结果如表 5-8 所示。

表 5-8 变额分期偿还表 单位：元

年份	每年末的偿还金额	支付当年利息	偿还本金	未偿还本金余额
0				100 000
1	7 366.87	10 000.00	−2 633.13	102 633.13
2	11 050.31	10 263.31	787.00	101 846.13
3	16 575.46	10 184.61	6 390.85	95 455.28
4	24 863.20	9 545.53	15 317.67	80 137.61
5	37 294.79	8 013.76	29 281.03	50 856.58
6	55 942.19	5 085.66	50 856.53	0.04

说明：最后结果有 0.04 的舍入误差。

5.4 变额偿债基金

在等额偿债基金方法中，借款人每期末向偿债基金的储蓄额相等。所谓的变额偿债基金，是指借款人每期末向偿债基金的储蓄额是变化的。

假设贷款本金为 L_0，贷款利率为 i，则借款人在每期末支付的利息为 iL_0。由于借款人每期末支付的总金额由两部分构成：一部分是当期的利息；另一部分是向偿债基金的储蓄额。因此，当每期支付的利息为常数时，唯一可变的量就是向偿债基金的储蓄额。假设借款人在第 t 期末支付的总金额为 R_t，则在第 t 期末向偿债基金的储蓄额为 $R_t - iL_0$。偿债基金在第 n 期末的累积值应该等于贷款本金 L_0，用 j 表示偿债基金的利率，则有

$$\begin{aligned} L_0 &= \sum_{t=1}^{n}(R_t - iL_0)(1+j)^{n-t} \\ &= \sum_{t=1}^{n} R_t(1+j)^{n-t} - iL_0 s_{\overline{n}|j} \end{aligned}$$

从上式即可求得贷款本金 L_0 的表达式为：

$$L_0 = \frac{\sum_{t=1}^{n} R_t(1+j)^{n-t}}{1 + is_{\overline{n}|j}} \tag{5-16}$$

式（5-16）经变形，贷款本金 L_0 还可以表示为：

$$L_0 = \frac{\sum_{t=1}^{n} R_t(1+j)^{-t}}{1 + (i-j)a_{\overline{n}|j}} \tag{5-17}$$

证明：对式（5-16）的分子和分母分别乘以 $(1+j)^{-n}$ 可得

$$\begin{aligned} L_0 &= \frac{\sum_{t=1}^{n} R_t(1+j)^{n-t}}{1 + is_{\overline{n}|j}} \\ &= \frac{\sum_{t=1}^{n} R_t(1+j)^{n-t}(1+j)^{-n}}{(1+j)^{-n} + is_{\overline{n}|j}(1+j)^{-n}} \\ &= \frac{\sum_{t=1}^{n} R_t(1+j)^{-t}}{(1 - ja_{\overline{n}|j}) + ia_{\overline{n}|j}} \\ &= \frac{\sum_{t=1}^{n} R_t(1+j)^{-t}}{1 + (i-j)a_{\overline{n}|j}} \end{aligned}$$

在式（5-17）中，分子上是借款人所有的偿还额按偿债基金利率计算的现值。如果偿债基金的利率与贷款利率相等，即 $j = i$，则有

$$L_0 = \sum_{t=1}^{n} v^t R_t$$

这就是式（5-15）所示的结果。

【例5-16】

假设借款人从银行获得一笔贷款，期限为5年，年利率为8%。借款人用偿债基金方法偿还，每年末支付的总金额（包括当期的利息和向偿债基金的储蓄两部分）依次为20 000元、18 000元、16 000元、14 000元、12 000元，偿债基金的年利率为7%。计算贷款本金为多少。

【解】借款人在每年末的偿还金额形成了一个变额年金序列，它可以分解为10 000项等额年金（每年末支付1元）和2 000项递减年金（每年末的付款金额依次为5元、4元、3元、2元、1元）。应用式（5-17）可知贷款本金为：

$$\begin{aligned}L_0&=\frac{\sum_{t=1}^{n}R_t(1+j)^{-t}}{1+(i-j)a_{\overline{n}|j}}\\&=\frac{10\,000\times a_{\overline{5}|0.07}+2\,000\times(Da)_{\overline{5}|0.07}}{1+(0.08-0.07)\times a_{\overline{5}|0.07}}\\&=\frac{10\,000\times a_{\overline{5}|0.07}+2\,000\times(5-a_{\overline{5}|0.07})/0.07}{1+(0.08-0.07)\times a_{\overline{5}|0.07}}\\&=64\,083.04(\text{元})\end{aligned}$$

式中

$$a_{\overline{5}|0.07}=\frac{1-(1+0.07)^{-5}}{0.07}=4.100\,2$$

本例的偿债基金表如表5-9所示。

表5-9　变额偿债基金表　单位：元

年份	每年末支付的总金额	支付当年利息	向偿债基金的储蓄额	偿债基金的累积值	未偿还本金余额
0					64 083.04
1	20 000	5 126.64	14 873.36	14 873.36	49 209.68
2	18 000	5 126.64	12 873.36	28 787.85	35 295.19
3	16 000	5 126.64	10 873.36	41 676.35	22 406.69
4	14 000	5 126.64	8 873.36	53 467.06	10 615.98
5	12 000	5 126.64	6 873.36	64 083.11	−0.07

说明：最后结果有−0.07的舍入误差。

【例5-17】

假设一笔贷款的期限为5年，用偿债基金方法偿还，贷款利率为10%，偿债基金利率为8%。如果借款人每年末偿还的总金额（包括支付当期利息和向偿债基金的储蓄额）分别为100万元、200万元、300万元、400万元、500万元，计

算贷款本金应为多少。

【解】 假设贷款本金为 L_0，则借款人每年末支付的利息为 $0.1L_0$，每年末向偿债基金的储蓄额分别为 $100-0.1L_0$，$200-0.1L_0$，$300-0.1L_0$，$400-0.1L_0$，$500-0.1L_0$。在贷款到期时，偿债基金的累积值应该等于贷款本金。借款人在偿债基金的储蓄额形成了一个变额年金序列，可以分解成100项递增年金和 $0.1L_0$ 项等额年金之差，故有

$$100(Is)_{\overline{5}|0.08}-0.1L_0 s_{\overline{5}|0.08}=L_0 \tag{5-18}$$

从式（5-18）可以求得贷款本金为：

$$L_0=\frac{100(Is)_{\overline{5}|0.08}}{1+0.1s_{\overline{5}|0.08}}=1\ 052.45(\text{万元})$$

式中

$$s_{\overline{5}|0.08}=\frac{1.08^5-1}{0.08}=5.866\ 6$$

$$\ddot{s}_{\overline{5}|0.08}=\frac{1.08^5-1}{0.08/1.08}=6.335\ 9$$

$$(Is)_{\overline{5}|0.08}=\frac{\ddot{s}_{\overline{5}|0.08}-5}{0.08}=16.698\ 8$$

若按此本金计算，借款人第一年末的应付利息为105.25万元，而他偿还的总金额仅为100万元，这就意味着借款人在第一年末向偿债基金的储蓄额为零，并从偿债基金中借出了5.25万元，相当于借款人以8%的利率获得了5.25万元的贷款，低于原贷款计划中10%的贷款利率。

借款人从偿债基金中借出的资金相当于增加了贷款本金，理应按照10%的贷款利率计息，即将其本金化。但在式（5-18）中，第一年末向偿债基金的负储蓄（即 $100-0.1L_0=-5.25$（万元））是按照8%的偿债基金利率计息的，并没有按照10%的贷款利率计息，所以由此式求得的贷款本金是不合理的。

假设准确的贷款本金为 L_0'，则第一年末的未偿还本金余额为：

$$L_1=1.1L_0'-100 \tag{5-19}$$

上式右边的第一项是贷款本金的累积值，从中减去借款人偿还的100万元，即得第一年末的未偿还本金余额。

基于式（5-18）求得的贷款本金会导致借款人在第一年末向偿债基金的储蓄额为零，所以偿债基金只能从第二年末开始积累，也就是说，第一年末的未偿还本金余额应该在今后的4年由偿债基金积累。在今后4年（即第二年至第五年），借款人每年末向偿债基金的储蓄额分别为：

$$200-0.1L_1,\ 300-0.1L_1,\ 400-0.1L_1,\ 500-0.1L_1$$

这些储蓄额在第五年末的累积值应该等于 L_1，即有

$$100(Is)_{\overline{4}|0.08}+(100-0.1L_1)s_{\overline{4}|0.08}=L_1 \tag{5-20}$$

上式左边是偿债基金的累积值，第一项表示100项递增年金的累积值，第二项表示（$100-0.1L_1$）项等额年金的累积值，这两项年金之和就是借款人在第二年末至第五年末向偿债基金的储蓄额。

由式（5-20）可以求得第一年末的未偿还本金余额为：

$$L_1=\frac{100\times(Is)_{\overline{4}|0.08}+100\times s_{\overline{4}|0.08}}{1+0.1\times s_{\overline{4}|0.08}}=1\,057.39(\text{万元})$$

式中

$$s_{\overline{4}|0.08}=\frac{1.08^4-1}{0.08}=4.506\,1$$

$$\ddot{s}_{\overline{4}|0.08}=\frac{1.08^4-1}{0.08/1.08}=4.866\,6$$

$$(Is)_{\overline{4}|0.08}=\frac{\ddot{s}_{\overline{4}|0.08}-4}{0.08}=10.832\,5$$

把$L_1=1\,057.39$代入式（5-19）可以反推出准确的贷款本金为：

$$L_0'=\frac{L_1+100}{1.1}=1\,052.17(\text{万元})$$

本例的偿债基金表如表5-10所示。借款人在第一年末偿还的总金额为100万元，全部用于支付当年利息，所以向偿债基金的储蓄额为零，偿债基金的累积值也为零。第一年末的未偿还本金余额由式（5-20）求得，为1 057.39万元。从第二年开始，用第一年末的未偿还本金余额乘以贷款利率可以求得各年的利息金额为105.74万元，从每年偿还的总金额中减去当年的利息，即得向偿债基金的储蓄额。偿债基金的储蓄额按照8%的偿债基金利率累积，贷款到期时正好等于第一年末的未偿还本金余额。

表5-10　变额偿债基金表　单位：万元

年份	每年末偿还的总金额	支付当年利息	向偿债基金的储蓄额	偿债基金的累积值	未偿还本金余额
0					1 052.17
1	100	100	0	0	1 057.39
2	200	105.74	94.261	94.26	964.43
3	300	105.74	194.261	296.06	762.23
4	400	105.74	294.261	614.01	443.85
5	500	105.74	394.261	1 057.39	0

本例的结果表明，在变额偿债基金中，当第一年出现负储蓄时，应该将负储蓄本金化。这种情况最有可能出现在偿还金额递增的变额偿债基金中。需要特别

注意的是，在这种情况下建立价值方程，要确保借款人向偿债基金的负储蓄按照贷款利率计息，而不是按照偿债基金的利率计息。在变额分期偿还方法中也有可能出现负偿还的情况，但在建立价值方程时，负偿还可以等同于正偿还处理，因为在分期偿还方法中已经偿还的本金和未偿还的本金都是按照相同的贷款利率计息的。

【例 5-18】

一笔贷款的年利率为 10%，期限为 6 年。借款人用偿债基金方法偿还，偿债基金的年利率为 8%。借款人第一年末偿还的总金额（包括支付当期利息和向偿债基金的储蓄额）为 1 万元，以后各年以 50% 的速度递增。计算贷款本金是多少。

【解】 假设贷款本金为 L_0，借款人每年末向偿债基金的储蓄额分别为：

$$1-0.1L_0,\ 1.5-0.1L_0,\ 1.5^2-0.1L_0,\ 1.5^3-0.1L_0,\ 1.5^4-0.1L_0,\ 1.5^5-0.1L_0$$

上述储蓄额形成的现金流可以分解为 1 项期末付复递增年金和 $0.1L_0$ 项等额年金，它们的累积值应该等于贷款本金，即有

$$F_1-0.1L_0\times s_{\overline{6}|0.08}=L_0 \tag{5-21}$$

式中，F_1 表示复递增年金的累积值；$0.1L_0\times s_{\overline{6}|0.08}$ 表示等额年金的累积值。

期末付复递增年金的累积值为：

$$F_1=\frac{a_{\overline{6}|j}}{1+0.5}(1+0.08)^6=23.3423(\text{万元})$$

式中

$$j=\frac{0.08-0.5}{1+0.5}=-0.28$$

$$a_{\overline{6}|j}=\frac{1-(1+j)^{-6}}{j}=22.0644$$

因此由式（5-21）可以求得贷款本金为：

$$L_0=\frac{F_1}{1+0.1s_{\overline{6}|0.08}}=13.4647(\text{万元})$$

式中

$$s_{\overline{6}|0.08}=\frac{1.08^6-1}{0.08}=7.3359$$

上述贷款本金若按 10% 的贷款利率计算，借款人在第一年末的应付利息为 1.346 5 万元，大于借款人第一年末偿还的总金额 1 万元，这就意味着借款人从偿债基金中取出了 0.346 5 万元，即增加了 0.346 5 万元的贷款本金，这部分本

金理应按贷款利率计息，但在式（5-21）中，仍然按照偿债基金的利率计息，所以基于式（5-21）求得的贷款本金是不准确的。换言之，在本例中，偿债基金方法不能直接应用于初始的贷款本金，因为借款人在第一年末向偿债基金的储蓄额为零。下面考虑从第二年开始建立偿债基金，即借款人从第二年末开始向偿债基金储蓄，并要求偿债基金在贷款到期时的累积值等于第一年末的未偿还本金余额。

假设准确的贷款本金为 L_0'，则第一年末的未偿还本金余额为：

$$L_1=1.1L_0'-1 \tag{5-22}$$

借款人从第二年末到第六年末向偿债基金的储蓄额分别为：

$$1.5-0.1L_1,\ 1.5^2-0.1L_1,\ 1.5^3-0.1L_1,\ 1.5^4-0.1L_1,\ 1.5^5-0.1L_1$$

这些储蓄额形成的现金流可以分解为1.5项复递增年金和 $0.1L_1$ 项等额年金，它们在第六年末的累积值应该等于第一年末的未偿还本金余额，即有

$$1.5\times F_2-0.1L_1\times s_{\overline{5}|0.08}=L_1 \tag{5-23}$$

式中，F_2 表示复递增年金的累积值；$0.1L_1\times s_{\overline{5}|0.08}$ 表示等额年金的累积值。

应用式（3-20），复递增年金的累积值为：

$$F_2=\frac{a_{\overline{5}|j}}{1+0.5}(1+0.08)^5=14.5820(\text{万元})$$

式中

$$j=\frac{0.08-0.5}{1+0.5}=-0.28$$

$$a_{\overline{5}|j}=\frac{1-(1+j)^{-5}}{j}=14.8864$$

把 F_2 代入式（5-23），可以求得第一年末的未偿还本金余额为：

$$L_1=\frac{1.5\times F_2}{1+0.1\times s_{\overline{5}|0.08}}=13.7856(\text{万元})$$

式中

$$s_{\overline{5}|0.08}=\frac{1.08^5-1}{0.08}=5.8666$$

再由式（5-22）可以反推出准确的贷款本金为：

$$L_0'=\frac{L_1+1}{1.1}=13.4415(\text{万元})$$

本例的变额偿债基金表如表5-11所示。在第一年末，借款人偿还的总金额

为 1 万元，全部用于支付当年的利息，所以向偿债基金的储蓄额为零，偿债基金的累积值也为零，未偿还本金余额为 13.785 6 万元。从第二年开始，每年末偿还的总金额按 50%的速度增长，结果如表 5－11 的第二列所示，每年末支付的利息金额等于第一年末的未偿还本金余额与贷款利率的乘积，为 1.378 6 万元。从借款人每年偿还的总金额中减去当年的利息，即得向偿债基金的储蓄额。偿债基金的储蓄额按照 8%的偿债基金利率累积，在贷款到期时正好等于第一年末的未偿还本金余额。

表 5－11　变额偿债基金表　单位：万元

年份	每年末偿还的总金额	支付当年利息	向偿债基金的储蓄额	偿债基金的累积值	未偿还本金余额
0					13.441 5
1	1	1	0	0	13.785 6
2	1.5	1.378 6	0.121 4	0.121 4	13.664 2
3	2.25	1.378 6	0.871 4	1.002 6	12.783 1
4	3.375	1.378 6	1.996 4	3.079 2	10.706 4
5	5.062 5	1.378 6	3.683 9	7.009 5	6.776 2
6	7.593 75	1.378 6	6.215 2	13.785 5	0.000 2

说明：最终结果有 0.000 2 的舍入误差。

□小　结

贷款偿还的两种基本方法是分期偿还法和偿债基金法，分别包括变额和等额两种具体方法。

1. 在等额分期偿还方法中：

借款人每次偿还的总金额为：

$$R=\frac{L_0}{a_{\overline{n}|}}$$

支付的利息为：

$$I_k=iRa_{\overline{n-k+1}|}=R(1-v^{n-k+1})$$

偿还的本金为：

$$P_k=Rv^{n-k+1}$$

未偿还的本金余额为：

$$L_k=L_0(1+i)^k-Rs_{\overline{k}|}\quad（过去法）$$

$$L_k=Ra_{\overline{n-k}|}\quad（将来法）$$

在等额分期偿还方法中，贷款期限越长，借款人支付的利息总额与贷款本金之比越大，而且该比率随着贷款期限的延长呈现加速增长的态势。

2. 在等额偿债基金方法中：

借款人每期支付的利息金额为：

$$I=iL_0$$

向偿债基金的储蓄额为：

$$D=\frac{L_0}{s_{\overline{n}|j}}$$

未偿还本金余额为：

$$L_0-Ds_{\overline{k}|j}$$

3. 当偿债基金的利率与贷款利率相等时，等额偿债基金方法与等额分期偿还方法等价。

4. 在变额分期偿还方法中，如果借款人的偿还金额是逐期递增的，就有可能出现负偿还的情况，即借款人偿还的总金额还不足以支付当期的利息。负偿还应该增加借款人未偿还的本金余额。

5. 在变额偿债基金方法中，如果借款人的偿还金额是逐期递增的，亦即借款人向偿债基金的储蓄额是逐期递增的，就有可能出现借款人向偿债基金的储蓄额小于当期应付利息的情况。此时，借款人向偿债基金的储蓄额为零，同时应该增加借款人未偿还的本金余额。

□习　题

5.1　一笔贷款在 n 年内等额分期偿还，每年末偿还一次，偿还金额为 X 元，$n>5$，且已知：(1) 第一次还款额中的利息金额为 604 元。(2) 第三次还款额中的利息金额为 593.75 元。(3) 第五次还款额中的利息金额为 582.45 元。计算 X。

5.2　一笔 35 年期的贷款用等额分期方法偿还，每年末偿还一次。第 8 次还款额中的利息金额为 135 元。第 22 次还款额中的利息金额为 108 元。计算第 29 次还款额中的利息金额。

5.3　一笔本金为 100 万元的 30 年期贷款，年利率为 5%，以等额分期方法偿还，每年末偿还一次。计算当年支付的利息金额最接近于偿还总金额 1/3 的年份。

5.4　一笔 10 年期的贷款，在每年末偿还 R 元。已知：(1) 在最初 3 年，偿还的本金金额总和为 290.35 元。(2) 在最后 3 年，偿还的本金金额总和为 408.55 元。计算在整个偿还期内，支付的利息金额为多少。

5.5　借款人需要偿还一笔 1 000 万元的贷款。借款人在第 6 年末开始第一次偿还，以后每年末等额偿还一次，在第 15 年末可以偿清这笔贷款（即一共偿还 10 次）。已知在第 10 年末的偿还结束后，未偿还的本金余额为 908.91 万元。计算借款人在第 5 年末的未偿还本金余额。

5.6　一笔 20 000 元的贷款，期限为 4 年，年利率为 8%。借款人必须在每年末偿还 1 600 元的利息，并建立一笔偿债基金用于清偿贷款本金，偿债基金的利率与贷款利率相同。计算：(1) 借款人第 2 年末向偿债基金的储蓄额；(2) 偿债基金在第 2 年末的余额；(3) 第 2 年末的未偿还本金余额。

5.7　有两笔贷款的本金均为 20 000 元，期限均为 4 年，但偿还方式不同。第一笔贷款采用偿债基金方法偿还，贷款利率为 8%，偿债基金利率为 7%。第二笔贷款采用等额分期偿还方法偿还。计算当第二笔贷款的利率为多少时，两笔贷款对借款人而言是等价的。

5.8　一笔 10 年期的贷款在每年末偿还一次，年贷款利率为 5%。借款人第一次偿还的总金额为 200 万元，以后的每笔偿还均比前一年多 10 万元。计算第 5 次偿还中的利息金额是多少。

5.9　一笔 125 000 元的 30 年期贷款在每月末偿还一次，同一年的月偿还金额相等，但每年的月偿还额较前一年增加 2%。年利率为 5%，求第一年的月偿还额。

5.10　银行有一笔 10 000 万元的 20 年期贷款，该笔贷款在每年末偿还 1 000 万元。如果银行把每次的偿还额立即按 5% 的年利率进行再投资，计算银行在这 20 年期间的年收益率。

5.11　借款人有一笔 55 000 元的贷款，每月末偿还 500.38 元，共需偿还 n 年。每月复利一次的年名义利率为 i。借款人因故没有偿还第一次付款，但其余各次均按时偿还了。由于没有偿还第一次付款，故在第 n 年末还欠 3 077.94 元。计算利率 i。

5.12　借款人自 2000 年 1 月 1 日起以年利率 5% 偿还一笔 20 000 元的 30 年期贷款，每年末偿还一次。该借款人自 2010 年 1 月 1 日起又以年利率 7% 偿还另一笔 10 000 元的 20 年期贷款，也在每年末偿还一次。计算借款人在 2010 年末偿还的总金额中，偿还的本金是多少。

5.13　一笔 10 000 元的贷款将以每月复利一次的名义利率 12% 计息，在 6 个月内的每月末分期偿还。前三次每次偿还 X，后三次每次偿还 $3X$。计算第三次偿还的本金金额与第五次支付的利息金额。

5.14　一笔 100 万元的 30 年期贷款将按月等额分期偿还，每月末偿还一次，每月复利一次的年名义利率为 $X\%$。在第 69 次的还款额中，利息金额占 94.473%。求 X。

5.15　一笔 1 000 万元的 30 年期贷款按年分期偿还，每年末偿还一次，年利率为 8%。前 10 次的偿还金额均等于应付利息，第 11～20 次的偿还金额等于应付利息的两倍，后 10 次的偿还金额等于 X。求 X 的值。

5.16　一笔 15 年期的贷款，年还款额为 1 000 元，年利率为 5%。在第 5 次还款之后调整了偿还方式。调整后，第 6 次的还款额为 800 元，第 7 次的还款额为（800+X）元，以后每次的还款额均比前一次增加 X 元，偿还期限不变。求调整后最后一次的还款额。

5.17　一笔 8 000 万元的 10 年期贷款按年分期偿还，每年末偿还一次，年利率为 7%。偿还 4 次以后，借款人要求分 4 次偿还剩余的款项。新的偿还方式使贷款人在整个 8 年期获得了 8%的年收益率。计算调整偿还方式以后，借款人每年的还款额增加了多少。

5.18　一笔 100 000 元的 30 年期贷款按下述方式偿还：(1) 第一年末偿还 X 元。(2) 后来的 19 年，每年末的偿还金额均比上一年增加 100 元。(3) 在最后 10 年，每年末的偿还额保持在前一年的水平不变。假设年利率为 5%，求 X。

5.19　借款人从银行获得一笔贷款，期限为 4 年，年利率为 8%。借款人用偿债基金方法偿还，每年末支付的总金额（包括当期的利息和向偿债基金的储蓄两部分）依次为 2 000 元、3 000 元、4 000 元、5 000 元，偿债基金的年利率为 7%。计算贷款本金为多少。

第 6 章 Chapter 6 债券和股票

6.1 引　言

资产可以分为实际资产和金融资产。实际资产是指有形的实物资产，如土地、工厂和机器设备等生产性资产；金融资产是无形的虚拟资产，与实际资产所产生的收益相关，如货币、债券和股票等。一个机构的金融资产就是与它进行交易的另一个机构的金融负债。金融资产和金融负债通常称为金融工具。

在现实生活中，个人或企业都有可能出现资金盈余，也都有可能出现资金短缺。资金短缺的一方需要通过出售债权或所有权进行融资，而资金盈余的一方则可以通过金融工具进行投资，为资金短缺的一方提供资金。金融市场（financial market）就是实现资金从盈余者向短缺者流动的市场。在金融市场上，通过金融工具，资金得以融通，金融交易得以进行。

金融市场可以从不同角度进行分类，这些分类概括了金融市场的基本结构和主要功能。譬如，金融市场可以分为债务市场和股权市场，它们分别代表了企业或个人可以从金融市场获得资金的两种方式。在债务市场上，借款人通过发行债券获得资金，而在股权市场上，企业通过发行股票获得资金。与债券持有人相比，股票持有人是对公司剩余权益的要求者，也就是说，公司必须首先偿还债券持有人，然后才能对股票持有人进行支付。

金融市场也可以分为货币市场（money market）和资本市场（capital market），分别交易两种不同期限的金融工具。货币市场是交易短期债务工具（到期期限通常在一年以下）的金融市场。货币市场并不对货币进行交易，但在货币市场上交易的证券期限短、流动性高，与货币非常接近。资本市场是交易长期债务工具（到期期限通常在一年以上）或股权工具的金融市场。这两种市场适用于不同的投资者，譬如，企业和银行通常将临时性的盈余资金投资于货币市场以赚取利息收入，而养老金公司则由于未来给付的现金流比较确定，会更多地参与长期债券市场的交易。

金融市场还可以分为一级市场（primary market）和二级市场（secondary market）。一级市场是发行新证券并将其出售给初始购买者的金融市场，通常在内部进行，公众并不知晓。在一级市场上，协助证券初始销售的金融机构是投资银行（investment bank）。二级市场是再次出售已发行证券的金融市场，如证券交易所。二级市场的主要功能是提供流动性和发现证券价格。没有流动性或流动性不足的证券很难吸引投资者。投资者在二级市场上的证券交易价格可以为一级市场上的证券定价提供参考依据。

随着金融市场的不断完善，金融工具也日益丰富，如债券、股票、期权、期货和互换等。本章主要介绍债券和股票及其定价原理。

6.1.1 债券

债券（bond）是投资者向政府、公司或金融机构提供资金的债权债务合同，该合同载明了债券发行人在指定日期向债券持有人支付利息并在到期日偿还本金的承诺。债券的利率水平由债券市场决定，表示债券发行人所支付的融资成本，亦即债券发行人为借入资金而支付的价格。

按照利息的支付方式不同，债券可以分为零息债券（zero-coupon bond）和附息债券（bond with coupons）两类。零息债券又称贴现债券（discount bond），是一种以低于面值的贴现方式发行，到期时按面值偿还的债券。发行价格与面值的差额就是投资者获得的利息收入。附息债券是指事先确定息票率（coupon rate），每半年或一年按面值和息票率计算并支付一次利息的债券。附息债券的持有人不仅可以在债券到期时收回本金（面值），还可以定期获得固定的息票收入。息票收入是债券面值与息票率的乘积。

按债券到期时间的长短，债券可以分为短期债券、中期债券和长期债券。到期期限在一年以内的债券为短期债券；到期期限在十年以上的债券为长期债券；到期期限在一年以上十年以下的债券为中期债券。

按照债券发行主体不同，可以把债券分为国债、地方政府债券和公司债券。国债是由中央政府发行的债券，一般没有违约风险，利率相对较低。地方政府债券是由地方政府发行的债券，存在一定的违约风险。公司债券是由信用较高的大公司发行的债券，根据其违约风险可以分为担保债券、信用债券和垃圾债券。担保债券附有抵押品，违约风险较低；信用债券是仅以发行人的资信为基础发行的债券，存在一定的违约风险；垃圾债券（junk bond）是评级低于BBB等级的债券，被视为投机性债券，违约风险较高，所以通常有较高的预期收益率。

6.1.2 股票

股票（stock）是投资者向公司提供资金的权益合同，是公司所有权的凭证。

股票的所有者就是股东。股东的权益是一种剩余索取权，即公司对其债务还本付息后的剩余收益归股东所有。在公司破产的情况下，股东通常一无所获，但只承担有限责任，即当公司的资产不足以清偿全部债务时，股东的个人财产不受追究。

股票可以分为普通股（common stock）和优先股（preferred stock）两种类型。普通股是在优先股的要求权得到满足之后才参与公司利润和资产分配的股票，它代表着最终的剩余索取权，其股息收益上不封顶，下不保底，每一阶段的股息也是不确定的。由于普通股的投资风险较大，所以其预期收益也较高。

普通股的价格受公司的经营状况、政治经济环境、供求关系等诸多因素的影响，其波动没有范围限制，暴涨暴跌现象屡见不鲜。本章关于股票价值的分析是在一种极端简化的模式下进行的，即假设股票的价格只受未来股息收入的影响，未来股息收入的现值越大，股票的价格就越高。如果将其他因素考虑在内，股票价格的分析将变得异常复杂，超出了本书的讨论范围。

优先股是指在剩余索取权方面比普通股优先的股票，这种优先权表现为可以在普通股之前优先获得固定的股息。优先股的股息固定，因此其价格与公司经营状况的关系不如普通股密切，主要取决于市场利率和固定的股息收入。优先股的风险小于普通股，所以预期收益也低于普通股。

6.2 债券的定价原理

影响债券价格的因素有很多，如市场利率、发行人的信用、债券的特定条款和税收待遇等。本节将忽略其他影响因素，仅分析债券的理论价格与到期收益率的关系。因此，债券的理论价格也就是债券未来息票收入的现值与到期偿还值的现值之和。

为方便起见，表 6 - 1 给出了本章使用的符号及其说明。

表 6 - 1　　　　符号及其说明

符号	说明
P	债券的价格
i	债券的到期收益率（yield to maturity），即投资人购买债券并持有至债券到期日可以获得的收益率
F	债券的面值（face amount），即债券到期时支付给债券持有人的金额，也称为票面值或到期值
C	债券到期时的偿还值（redemption value），通常等于债券的面值，即 $C=F$。但也有例外，譬如当债券提前赎回时，偿还值可能不等于债券的面值
r	债券的息票率（coupon rate），用于计算债券每次支付的息票收入
rF	债券每次支付的息票收入（coupon），等于息票率 r 与债券面值 F 的乘积

续前表

符号	说明
g	债券的修正息票率，它是债券的息票收入 rF 与到期偿还值 C 的比率，即 $g=rF/C$。债券的息票收入也可以表示为 gC，即 $gC=rF$
n	在债券的有效期内，息票的支付次数
i_c	债券的当期收益率（current yield），是息票收入与债券价格之比，即 $i_c=rF/P$，可以看作债券到期收益率 i 的近似结果。对于到期期限无穷大的债券（即永续债券），当期收益率等于到期收益率

债券的价格有不同的计算方法，最常见的是基本公式法，即债券价格等于未来息票收入的现值与到期偿还值的现值之和，其他计算方法是基本公式法的变形。

6.2.1 基本公式

从理论上讲，债券的价格应该等于债券未来现金流入的现值。债券的未来收益包括两部分，即周期性支付的息票收入和到期的偿还值，因此，债券的价格应该等于未来息票收入的现值与到期偿还值的现值之和，即债券定价的基本公式可以表示为：

$$P=\sum_{t=1}^{n} rF\cdot v^t+C\cdot v^n=rFa_{\overline{n}|}+Cv^n \tag{6-1}$$

从式（6-1）可以看出，债券的价格 P 与到期收益率 i 成反比关系，也就是说，对于给定的债券，到期收益率越高，债券的价格越低。

对式（6-1）求关于到期收益率 i 的一阶和二阶导数，可得

$$\frac{\mathrm{d}P}{\mathrm{d}i}=-\left(\sum_{t=1}^{n} rFtv^{t+1}+Cnv^{n+1}\right)<0$$

$$\frac{\mathrm{d}^2P}{\mathrm{d}i^2}=\sum_{t=1}^{n} rFt(t+1)v^{t+2}+Cn(n+1)v^{n+2}>0$$

一阶导数小于零，说明债券价格 P 是到期收益率 i 的减函数，到期收益率越高，债券的价格越低。

二阶导数大于零，说明债券价格 P 是到期收益率 i 的凸函数（下凸），如图6-1所示。当到期收益率下降时，债券价格将以加速度上升，而当到期收益率上升时，债券价格将以减速度下降。债券的这种特性有利于投资者防范利率风险。

注意，对于可赎回债券，当到期收益率比较低时，债券价格对到期收益率的二阶导数将小于零，即债券价格是到期收益率的上凸函数，当到期收益率下降时，债券价格将以减速度上升，而当到期收益率上升时，债券价格将以加速度下降。这种债券对投资者是不利的。

从图6-1可以看出，当到期收益率从 i_0 上升到 i_2 时，债券价格的下降幅度为 P_0-P_2，当到期收益率从 i_0 下降到 i_1 时，债券价格的上升幅度为 P_1-P_0。该图表明，虽然到期收益率发生了同样幅度的变化，但它所导致的价格上升的幅

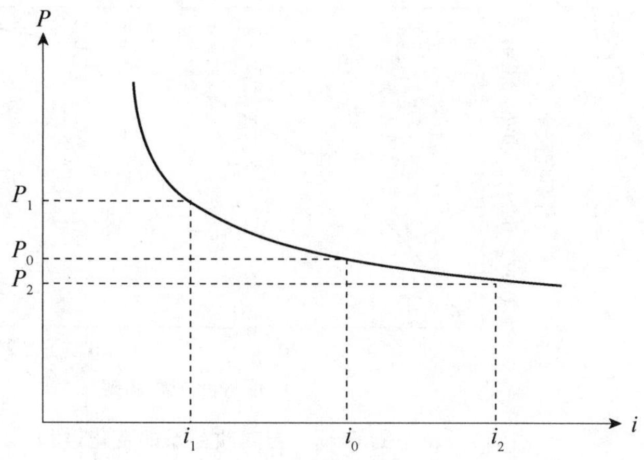

图 6－1　债券价格与到期收益率的关系

度大于价格下降的幅度。

【例 6－1】

如果债券的面值等于偿还值且按面值发售，则债券的到期收益率等于息票率，即 $i=r$。

【解】如果 $P=C=F$，则由债券定价的基本公式式（6－1）可知

$$F=rFa_{\overline{n}|}+Fv^n$$

上式变形即得

$$r=\frac{1-v^n}{a_{\overline{n}|}}=i$$

【例 6－2】

假设债券的面值为 1 000 元，到期按面值偿还，年息票率为 9%，到期收益率为 10%。计算当债券的到期期限为 1 年、5 年、10 年、20 年和 30 年时，债券的当期收益率分别为多少。

【解】债券每年末的息票收入为 90 元，应用债券定价的基本公式式（6－1），当债券的到期期限为 1 年时，债券的价格为：

$$P=90a_{\overline{1}|}+1\,000v^1=990.91(\text{元})$$

类似可以求得，在其他几种情况下，债券的价格分别为 962.09 元、938.55 元、914.86 元和 905.73 元。

用债券的息票收入 90 元除以上述的债券价格，即得债券的当期收益率分别为 9.08%，9.35%，9.59%，9.84%和 9.94%。

可见，随着债券到期期限的延长，债券的当期收益率趋于到期收益率 10%。图 6－2 给出了本例中债券的当期收益率随着债券到期期限的延长趋于到期收益率的过程。

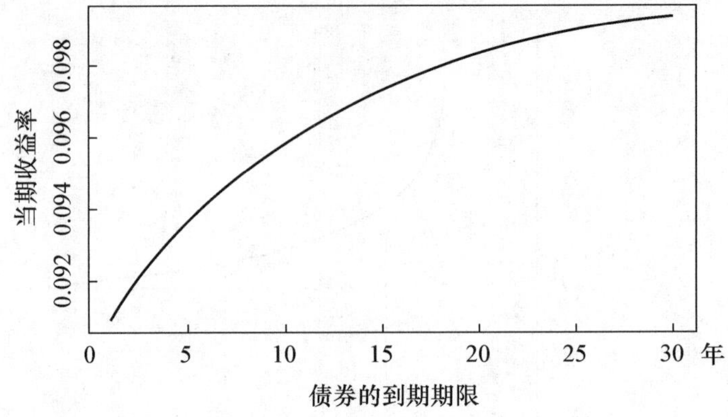

图 6-2　当期收益率的变化过程

【例 6-3】

当债券的期限无穷大时，即当 $n\to\infty$ 时，当期收益率将等于到期收益率，即 $i_c=i$。

【解】 在债券定价的基本公式式（6-1）中，当 $n\to\infty$ 时，有 $Cv^n\to 0$，$a_{\overline{n|}}\to 1/i$，所以

$$P=rFa_{\overline{n|}}+Cv^n=\frac{rF}{i}$$

上式变形即得

$$i=\frac{rF}{P}=i_c$$

【例 6-4】

如果债券的偿还值等于面值，且按面值发售，即 $P=C=F$，则债券的当期收益率等于到期收益率，也等于债券的息票率，即 $i_c=i=r$。

【解】 在债券定价的基本公式式（6-1）中，令 $P=F=C$，可得

$$1=ra_{\overline{n|}}+v^n$$

上式经变形有

$$r=i$$

再由 $i_c=\dfrac{rF}{P}$ 和 $P=F$ 可得

$$i_c=r$$

所以有

$$i_c=i=r$$

由债券定价的基本公式式（6-1）可知，债券的到期收益率越高，债券的价

格越低。而由当期收益率的定义可知，债券的价格越低，当期收益率越高。所以，当期收益率与到期收益率总是同向变化的。

在 Excel 中，可以使用 PRICE 函数计算附息债券的价格，具体参见附录。

给出债券的到期收益率，就可以应用债券的基本公式计算出债券的价格。反之，如果已知债券的价格，就可以通过下述方程求得债券的到期收益率：

$$P=rFa_{\overline{n}|}+Cv^n$$

在实际应用中，可以用 Excel 中的 YIELD 函数求解债券的到期收益率，具体参见附录。

6.2.2　溢价公式

在溢价公式中，需要引入修正息票率的概念。修正息票率是息票收入与到期偿还值之比，即

$$g=\frac{rF}{C} \tag{6-2}$$

上式表明，债券的息票收入也可以由修正息票率和到期偿还值的乘积表示，即

$$\text{息票收入}=rF=gC \tag{6-3}$$

对式（6－1）变形，可以得到债券定价的溢价公式为：

$$P=C[1+(g-i)a_{\overline{n}|}] \tag{6-4}$$

对式（6－1）的变形过程如下：

$$\begin{aligned}P&=rFa_{\overline{n}|}+Cv^n\\&=rFa_{\overline{n}|}+C(1-ia_{\overline{n}|})\\&=C+(rF-iC)a_{\overline{n}|}\\&=C+(gC-iC)a_{\overline{n}|}\\&=C[1+(g-i)a_{\overline{n}|}]\end{aligned}$$

在式（6－4）中，如果债券的价格 P 大于偿还值 C，就称债券按溢价出售，溢价为：

$$\text{溢价}=C(g-i)a_{\overline{n}|} \tag{6-5}$$

上式表明，当债券的修正息票率 g 等于到期收益率 i 时，债券的溢价为零。

如果债券的价格 P 小于偿还值 C，债券就按折价出售。折价事实上就是负的溢价。

债券的价格 P 可以看作投资者在购买债券时的投资余额。账面值（book value）是基于购买债券时的到期收益率计算的债券持有人在该债券上的投资余额，因此债券在购买日的账面值就是债券的价格，即债券在购买日的账面值为：

$$V_0=C[1+(g-i)a_{\overline{n}|}]$$

更一般地，债券在第t年末的账面值（投资余额）可以表示为：

$$V_t=C[1+(g-i)a_{\overline{n-t}|}] \tag{6-6}$$

证明：应用将来法，债券在第t年末的账面值就是其未来息票收入和偿还值在第t年末的现值，可以表示为：

$$V_t=rF\cdot a_{\overline{n-t}|}+Cv^{n-t}$$

经过变形，上式可以用溢价公式表示为：

$$\begin{aligned}V_t&=rF\cdot a_{\overline{n-t}|}+Cv^{n-t}\\&=gC\cdot a_{\overline{n-t}|}+Cv^{n-t}\\&=C[g\cdot a_{\overline{n-t}|}+1-i\cdot a_{\overline{n-t}|}]\\&=C[1+(g-i)a_{\overline{n-t}|}]\end{aligned}$$

应用过去法，债券在第t年末的账面值就是债券的购买价格在第t年末的累积值减去已付息票收入在第t年末的累积值，即

$$V_t=P(1+i)^t-rF\cdot s_{\overline{t}|} \tag{6-7}$$

容易证明，应用过去法计算的账面值等价于应用将来法计算的账面值，即有

$$\begin{aligned}V_t&=P(1+i)^t-rF\cdot s_{\overline{t}|}\\&=(rFa_{\overline{n}|}+Cv^n)(1+i)^t-rF\cdot s_{\overline{t}|}\\&=(rFa_{\overline{n}|}+Cv^n)(1+i)^t-rF\cdot a_{\overline{t}|}(1+i)^t\\&=rF(a_{\overline{n}|}-a_{\overline{t}|})(1+i)^t+Cv^{n-t}\\&=rFa_{\overline{n-t}|}+Cv^{n-t}\end{aligned}$$

账面值不同于债券的市场价值，是基于购买债券时固定的到期收益率计算的，它不随市场利率的变化而变化。当债券按溢价发行时，投资者的账面值（实际投资余额）是逐期调整的，从期初的购买价P一直调整到到期偿还值C。显然，当债券的溢价为零时，账面值将恒等于偿还值，即$P=C$，此时没有必要逐期调整账面值。

债券在各期末的账面值存在递推关系，即上一期的账面值按照到期收益率i累积一个时期，再减去当期的息票收入，即得下一期的账面值：

$$V_t=V_{t-1}\times(1+i)-rF \tag{6-8}$$

账面值是债券持有人的实际投资余额，因此债券持有人应得的利息收入等于账面值与到期收益率的乘积。当债券的溢价为零（即$P=C$）时，修正息票率g等于到期收益率i，债券的账面值恒等于C，所以债券持有人每期应得的利息收入iC就等于息票收入gC，即$iC=gC$。

当债券的溢价不为零时，投资者在每期应得的利息收入不等于息票收入。此

时，投资者在每期获得的息票收入可以分解为两部分：一部分是应得利息收入，一部分是对其溢价购买债券的分摊金额，即溢价分摊（amortization of premium）。换言之，溢价分摊等于息票收入减去投资者应得利息收入，而投资者应得利息收入等于上期末（即本期初）的账面值与到期收益率的乘积。譬如，投资者在第 t 期末可以获得的息票收入为 rF，而应得的利息收入是期初账面值与到期收益率的乘积，故第 t 期的溢价分摊为 $rF-i\times V_{t-1}$。从式（6-8）可以看出，这个值正好等于上期末的账面值与本期末的账面值之差，即

$$V_{t-1}-V_t=rF-i\times V_{t-1} \tag{6-9}$$

如果用前述的溢价公式表示账面值，应用式（6-6），则溢价分摊也可以表示为：

$$V_{t-1}-V_t=C(g-i)v^{n-t+1} \tag{6-10}$$

溢价分摊过程表示投资者在购买债券时支付的溢价金额将逐期分摊到息票收入中，从而使得投资者每期获得的息票收入超过其应得利息收入。在债券到期时，溢价金额将全部分摊完毕，债券的账面值将等于其偿还值。

对于折价出售的债券，上述结论仍然成立，因为折价可以看作负的溢价，相应地，溢价分摊就变成了折价累积（accumulation of discount）。也就是说，投资者在购买债券时获得的折价金额将逐期从息票收入中得到累积，即投资者每期获得的息票收入小于其应得利息收入。在债券到期时，折价金额累积完毕，债券的账面值将等于其偿还值。

**【例 6-5】**

债券的面值为 1 000 元，年息票率为 6%，期限为 3 年，到期按面值偿还。债券的到期收益率为 5%，计算债券的价格以及投资者在各年末的账面值。

【解】债券的面值 F 等于偿还值 C，故修正息票率 g 等于息票率 r，均为 6%。应用溢价公式式（6-4），容易求得债券的价格为：

$$\begin{aligned}P&=C[1+(g-i)a_{\overline{n}|}]\\&=1\,000\times\left[1+(0.06-0.05)\times\frac{1-1.05^{-3}}{0.05}\right]\\&=1\,027.23(\text{元})\end{aligned}$$

债券的价格超过了到期偿还值，故该债券是按溢价发行的，溢价金额为 27.23 元。

投资者在购买债券时的账面值为 1 027.23 元，到期时的账面值为 1 000 元，账面值减少的金额就是债券的溢价。账面值是逐期减少的，每期减少的账面值称作溢价分摊金额。以第一年为例，溢价分摊金额的计算过程如下：

按照到期收益率 5%计算，投资者在第一年应该得到的利息收入为：

$$1\,027.23\times 0.05=51.36(\text{元})$$

投资者在第一年实际获得的息票收入为：

$$1\,000\times0.06=60(\text{元})$$

投资者实际获得的息票收入与应得利息收入的差额就是溢价分摊金额，用于减少投资余额（即账面值）。溢价分摊金额也可以看作对投资者支付溢价的利息补偿。

第一年的溢价分摊金额为：

$$60-51.36=8.64(\text{元})$$

从第一年初的账面值中减去第一年的溢价分摊金额，即得第二年初的账面值为：

$$1\,027.23-8.64=1\,018.59(\text{元})$$

依此类推，以后各年的溢价分摊金额和账面值如表 6-2 所示。在该表中，每年的账面值等于上一年的账面值减去当年的溢价分摊金额。

表 6-2　债券的溢价分摊金额和账面值　单位：元

年份 (1)	实得息票收入 (2)	应得利息收入 (3)	溢价分摊金额 (4) = (2) - (3)	账面值 (5)
0				1 027.23
1	60	51.36	8.64	1 018.59
2	60	50.93	9.07	1 009.52
3	60	50.48	9.52	1 000
合计	180	152.77	27.23	

表 6-2 表明，溢价分摊金额之和正好等于债券的溢价。债券的溢价可以看作投资者在购买债券时多支付的一部分资金，也就是额外的投资额，这部分额外的投资额将逐期转化为对投资者的额外利息补偿，即实际息票收入超过应得利息收入的差额。换言之，溢价金额将逐期分摊到息票收入中，使得各期的息票收入大于应得利息收入。溢价金额转化为息票收入以后，额外的投资额将减少，因此投资者的账面值（即投资余额）也将相应减少。在债券到期时，债券的账面值将正好等于其偿还值。

【例 6-6】

债券的面值为 1 000 元，息票率为 6%，期限为 3 年，到期按面值偿还。债券的到期收益率为 8%，计算债券的价格以及投资者在各年末的账面值。

【解】债券的面值等于偿还值，所以修正息票率等于息票率，均为 6%。应用溢价公式式（6-4），容易求得债券的价格为：

$$\begin{aligned}P&=C[1+(g-i)a_{\overline{n}|}]\\&=1\,000\times\left[1+(0.06-0.08)\times\frac{1-1.08^{-3}}{0.08}\right]\end{aligned}$$

=948.46(元)

债券的价格低于到期偿还值，表明该债券是按折价发行的，折价金额为 1 000－948.46=51.54（元）。按折价发行的债券，投资者在购买债券时的价格低于债券的到期偿还值，但在债券到期时，投资者仍然可以获得偿还值。

投资者初始的账面值是 948.46 元，债券到期时的账面值是 1 000 元，两者的差额就是债券的折价。账面值是逐期增加的，每期增加的账面值称作折价累积金额。以第一年为例，折价累积金额的计算过程如下：

投资者在第一年应该得到的利息收入是初始账面值与到期收益率的乘积，即为：

948.46×0.08=75.88(元)

投资者在第一年实际获得的息票收入为：

1 000×0.06=60(元)

从应得利息收入中减去实际息票收入，即得第一年的折价累积金额为：

75.88－60=15.88(元)

折价累积金额将增加投资者的账面值（即投资余额），所以第一年末（也就是第二年初）的账面值为：

948.46＋ 15.88=964.34(元)

依此类推，以后各年的折价累积金额和账面值如表 6－3 所示。在该表中，每年的账面值等于上一年的账面值加上当年的折价累积金额。

表 6－3　　债券的折价累积金额和账面值　　单位：元

年份 (1)	实得息票收入 (2)	应得利息收入 (3)	折价累积金额 (4) ＝ (3) － (2)	账面值 (5)
0				948.46
1	60	75.88	15.88	964.34
2	60	77.15	17.15	981.49
3	60	78.52	18.52	1 000
合计	180	231.55	51.55	

表 6－3 表明，每年的折价累积金额之和正好等于债券的折价。折价可以看作投资者在购买债券时节省的投资额。节省的投资额将通过每期的利息收入进行填补，也就是说，投资者每期应得的利息收入将分解为两部分：一部分通过息票收入直接支付给投资者，另一部分用于填补折价（即增加账面值），在债券到期时再通过偿还值支付给投资者。应得利息收入超过实际息票收入的部分用于填补节省的投资额（即折价），最终可以把初始的账面值增加到偿还值，所以称作折价累积金额。

折价等于负的溢价，所以折价累积金额也可以解释为负的溢价分摊金额。

6.2.3 基价公式

债券的基价是投资者为了获得与息票收入 rF 相等的周期性收益所需的投资额，记为 G。换言之，债券的基价 G 如果按收益率 i 投资，每期产生的利息收入将等于债券的息票收入，即

$$\text{息票收入}=iG=rF \tag{6-11}$$

债券的价格可以用基价表示为：

$$P=G+(C-G)v^n \tag{6-12}$$

证明：由于 $iG=rF$，所以债券定价的基本公式式（6-1）可以变形为：

$$\begin{aligned}P&=rFa_{\overline{n}|}+Cv^n\\&=iGa_{\overline{n}|}+Cv^n\\&=G(1-v^n)+Cv^n\\&=G+(C-G)v^n\end{aligned}$$

对式（6-12）可以进行如下解释：投资者若将基价 G 按收益率 i 投资 n 年，每年末可以获得与息票收入 rF 相等的周期性收益 iG，到期时还可以获得 G 元的偿还值（本金）。投资者若将 P 元用于购买 n 年期债券，每年末可以获得周期性的息票收入 rF，到期时还可以获得 C 元的偿还值。由此可见，投资者购买债券可以在到期时多获得（$C-G$）元的偿还值。这个偿还值的现值为（$C-G$）v^n，所以，投资者购买债券的价格 P 应该比基价 G 多支付 $(C-G)v^n$ 元。

应用债券的基价容易求得债券的到期收益率为：

$$\text{到期收益率}=\frac{\text{息票收入}}{\text{债券的基价}} \tag{6-13}$$

【例6-7】

假设债券的面值为1 000元，期限为5年，年息票率为8%，每年末支付一次利息，到期时按面值偿还。如果债券的到期收益率为9%，应用基价公式计算债券的价格。

【解】债券的基价 G 是为了获得与息票收入相等的周期性收益所需的投资额，即有 $iG=rF$。债券每年的息票收入为80元，所以基价为：

$$G=80\div0.09=888.89(\text{元})$$

应用式（6-12）可以求得债券的价格为：

$$\begin{aligned}P&=G+(C-G)v^n\\&=888.89+(1\,000-888.89)\times1.09^{-5}\\&=961.10(\text{元})\end{aligned}$$

6.2.4　Makeham 公式

Makeham 公式主要用于简化分期偿还债券的定价过程。令债券到期偿还值的现值为 $K=Cv^n$，则计算债券价格的 Makeham 公式可以表示为：

$$P=\frac{g}{i}(C-K)+K \tag{6-14}$$

证明：由于息票收入 $rF=gC$，将其代入式（6-1），即得债券的价格为：

$$\begin{aligned} P &= rFa_{\overline{n}|}+Cv^n \\ &=gC\,\frac{1-v^n}{i}+Cv^n \\ &=\frac{g}{i}(C-Cv^n)+Cv^n \\ &=\frac{g}{i}(C-K)+K \end{aligned}$$

在式（6-14）中，K 是到期偿还值 C 的现值，而债券的价格是偿还值的现值与息票收入的现值之和，所以 $\frac{g}{i}(C-K)$ 就是未来息票收入的现值。如果债券的修正息票率 g 与债券的到期收益率 i 相等，则息票收入的现值就成为（$C-K$），从而债券的价格 P 就等于债券的偿还值 C。

**【例 6-8】**

某债券的面值为 1 000 元，年度息票率为 5%，从第 6 年末开始，发行人每年末偿还 205 元，直至第 10 年末还清。假设债券的到期收益率为 6%，计算该债券的价格。

【解】这是一种分期偿还债券，该债券的现金流如表 6-4 所示。由于从第 6 年末开始，债券被分解成 5 次等额偿还，每次偿还 1/5，所以在计算下一期的息票收入时应该扣除已经偿还的面值。譬如在第 6 年末，面值被偿还 1/5 以后，还剩余 800 元，所以第 7 年末的息票收入为 800×5%=40（元）。以后各年依此类推。

表 6-4　　分期偿还债券的息票收入和偿还值　　单位：元

年度	0	1	2	3	4	5	6	7	8	9	10
息票收入		50	50	50	50	50	50	40	30	20	10
偿还值							205	205	205	205	205

对于分期偿还债券，其价格的计算完全可以应用前面介绍的基本原理进行。譬如，对于本例的债券，如果到期收益率为 6%，则偿还值的现值为：

$$205v^5a_{\overline{5}|}=205\times1.06^{-5}\times\frac{1-1.06^{-5}}{0.06}=645.28(\text{元})$$

未来息票收入的现值为：

$$50a_{\overline{5}|}+10v^5(Da)_{\overline{5}|}=50\times a_{\overline{5}|}+10\times 1.06^{-5}\times\frac{5-a_{\overline{5}|}}{0.06}=308.71(\text{元})$$

式中 $a_{\overline{5}|}=\dfrac{1-1.06^{-5}}{0.06}=4.2124$

因此上述债券的价格为：

$$645.28+308.71=953.99(\text{元})$$

对于分期偿还债券，还可以采用更加简便的方法计算其价格。譬如，首先可以将该债券分解为5种面值均为200元，偿还值均为205元，到期期限分别为6年、7年、8年、9年和10年的债券；然后计算每一种债券的价格后相加，即可得到原债券的价格。在计算每一种债券的价格时，应用式（6-14）Makeham公式可以简化计算过程。

如果分解后的每种债券具有相同的修正息票率 g，则由式（6-14）Makeham公式可知，第 s 种债券的价格可表示为：

$$P_s=\frac{g}{i}(C_s-K_s)+K_s,\ s=1,\ 2,\ \cdots,\ 5 \tag{6-15}$$

式中，C_s 是第 s 种债券的到期偿还值；K_s 是第 s 种债券的偿还值的现值。

原债券的价格可表示为前述5种债券的价格之和：

$$P=\frac{g}{i}\left(\sum_{s=1}^{5}C_s-\sum_{s=1}^{5}K_s\right)+\sum_{s=1}^{5}K_s \tag{6-16}$$

应用式（6-16）的前提条件是分解后的每种债券具有相同的修正息票率 g。这个条件通常能够得到满足，因为修正息票率是息票收入与偿还值的比率，而分期偿还债券一般采取等额分期偿还的方式，因此分解后的每种债券具有相同的面值和相同的偿还值。在原债券的息票率给定的条件下，分解后每种债券的修正息票率自然是相等的。

在本例中，由于每种债券的面值均为200，偿还值均为205，原债券的息票率为 $r=5\%$，所以分解后每种债券的修正息票率均为：

$$g=200\times 5\%\div 205=0.04878$$

下面应用式（6-16）计算上述分期偿还债券的价格。分解后5种债券的偿还值之和为：

$$\sum_{s=1}^{5}C_s=205\times 5=1025(\text{元})$$

5种债券的偿还值的现值之和为：

$$\sum_{s=1}^{5}K_s=205v^5a_{\overline{5}|}=205(1+0.06)^{-5}\times\frac{1-1.06^{-5}}{0.06}=645.28(\text{元})$$

所以原债券的价格为：

$$\begin{aligned} P &= \frac{g}{i}\left(\sum_{s=1}^{5} C_s - \sum_{s=1}^{5} K_s\right) + \sum_{s=1}^{5} K_s \\ &= \frac{0.04878}{0.06} \times (1025 - 645.28) + 645.28 \\ &= 953.99(\text{元}) \end{aligned}$$

显然，应用式（6－16）计算分期偿还债券的价格要比应用基本公式简便得多。

更一般地，如果原债券可以分解为 n 种偿还值分别为 C_s（$s=1$，2，…，n），偿还值的现值分别为 K_s（$s=1$，2，…，n）的债券之和，修正息票率为 g，那么原债券的价格可按下述公式计算：

$$P = \frac{g}{i}\left(\sum_{s=1}^{n} C_s - \sum_{s=1}^{n} K_s\right) + \sum_{s=1}^{n} K_s \tag{6-17}$$

式中，$\sum_{s=1}^{n} C_s$ 是上述 n 种债券的偿还值之和；$\sum_{s=1}^{n} K_s$ 是 n 种债券的偿还值的现值之和。

6.3　债券在任意时点上的价格和账面值

前面讨论了债券在息票支付日期的价格和账面值，本节将讨论债券在相邻两个息票支付日期之间的价格和账面值。

6.3.1　债券的价格

为了便于表述，假设债券在上一个息票支付日期的价格为 P_0，在下一个息票支付日期的价格为 P_1，用 P_t（$0<t<1$）表示债券在这两个息票支付日期之间的价格，则它们之间的关系如图 6－3 所示。

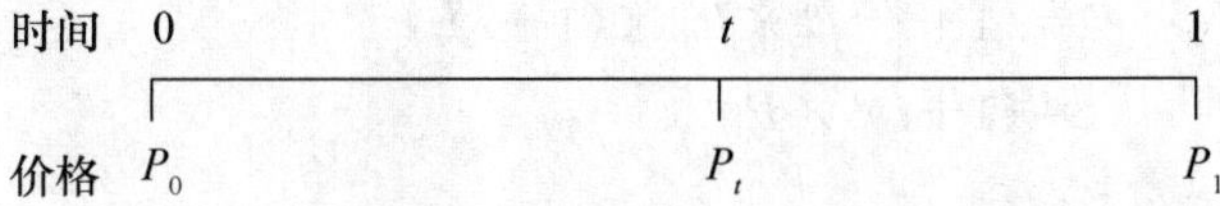

图 6－3　债券在两个息票支付日期之间的价格

可以证明，相邻两个息票支付日期的价格 P_0 和 P_1 之间存在下述关系：

$$P_1 = (1+i) \times P_0 - rF \tag{6-18}$$

上式表明，下一个息票支付日期的价格 P_1 等于上一个息票支付日期的价格 P_0 的累积值减去当期的息票收入 rF。证明如下。

不妨令

$$P_0=rFa_{\overline{n}|}+Cv^n$$
$$P_1=rFa_{\overline{n-1}|}+Cv^{n-1}$$

则式（6－18）的右边可以变形为：

$$\begin{aligned}P_0(1+i)-rF&=(1+i)(rFa_{\overline{n}|}+Cv^n)-rF\\&=rF\ddot{a}_{\overline{n}|}+Cv^{n-1}-rF\\&=rF(1+a_{\overline{n-1}|})+Cv^{n-1}-rF\\&=rFa_{\overline{n-1}|}+Cv^{n-1}\end{aligned}$$

上式即为 P_1。

应用债券定价的基本原理，P_t 应该等于未来息票收入在时间 t 的价值与到期偿还值在时间 t 的价值之和。未来息票收入与到期偿还值在时间 0 的价值为 P_0，所以债券在时间 t 的价值为：

$$P_t=(1+i)^t\times P_0,\ 0<t<1 \tag{6-19}$$

注意，P_t 中包含在时间 1 到期的部分息票收入，而 P_1 中不包含在时间 1 到期的息票收入，所以当 $t=1$ 时，式（6－19）不成立。当 $t=1$ 时，P_0 和 P_1 之间的关系如式（6－18）所示。

债券在时间 t 的价格 P_t 也可以由 P_1 求得。P_1 中不包含在时间 1 到期的息票收入 rF，所以未来息票收入与到期偿还值在时间 1 的价值为 $rF+P_1$，将其折现 $1-t$ 年，即得债券在时间 t 的价值为：

$$P_t=(1+i)^{t-1}\times(rF+P_1) \tag{6-20}$$

可以证明，应用式（6－19）和式（6－20）计算的债券价格是等价的。

事实上，由式（6－18）可知

$$P_1+rF=(1+i)\times P_0$$

将其代入式（6－20）并变形即得式（6－19）：

$$\begin{aligned}P_t&=(1+i)^{t-1}\times(P_1+rF)\\&=(1+i)^{t-1}\times P_0\times(1+i)\\&=(1+i)^t\times P_0\end{aligned}$$

6.3.2 债券的账面值

债券的账面值是债券持有人的实际投资余额，等于债券的价格扣除应计息票收入。在息票支付日，应计息票收入为零，所以账面值等于债券价格；在其他时点上，账面值等于债券价格减去应计息票收入。

假设债券的到期收益率为 i，债券在时间 0 的价格（等于账面值）为 P_0，则

在时间 t（$0<t<1$）的价格为 $P_t=(1+i)^t\times P_0$，从此价格中扣除应计息票收入，即得在时间 t 的账面值 V_t 为：

$$V_t=P_t-(rF)_t=(1+i)^tP_0-(rF)_t \tag{6-21}$$

式中，$(rF)_t$ 表示从时间 0 到时间 t 的应计息票收入，实际的息票收入只能在时间 1 领取。

从时间 0 到时间 1 的息票收入为 rF，如果按到期收益率 i 计算，则从时间 0 到时间 t 的应计息票收入可以分别按复利和单利两种方法计算。

（1）按复利计算：从时间 0 到时间 1 可以产生 rF 的息票收入，所以在时间 0 的本金应为$\frac{rF}{i}$。这个本金到时间 t 的累积值为$\frac{rF}{i}(1+i)^t$，从中扣除时间 0 的本金$\frac{rF}{i}$，即得应计息票收入为：

$$(rF)_t=\frac{rF}{i}[(1+i)^t-1] \tag{6-22}$$

（2）按单利计算：从时间 0 到时间 1 可以产生 rF 的息票收入，所以从时间 0 到时间 t 产生的应计息票收入为：

$$(rF)_t=trF \tag{6-23}$$

与应计息票收入的计算方法相对应，债券的账面值有下述三种计算方法。

（1）理论方法。

$$V_t=(1+i)^t\times P_0-\frac{rF}{i}[(1+i)^t-1] \tag{6-24}$$

在该方法中，账面值在时间 t 的累积值和应计息票收入均按复利计算，从而可以求得精确的账面值，所以称为理论方法。

（2）半理论方法。

$$V_t=(1+i)^t\times P_0-trF \tag{6-25}$$

该方法将应计息票收入按单利近似计算，而账面值 P_0 在时间 t（$0<t<1$）的累积值仍然按复利计算，所以称作半理论方法。

在式（6-25）中，如果将账面值 P_0 在时间 t（$0<t<1$）的累积值也按单利近似计算，即将（$(1+i)^t\times P_0$）用单利公式（$(1+ti)\times P_0$）近似代替，则有下面的实践方法。

（3）实践方法。

$$V_t=(1+ti)P_0-trF \tag{6-26}$$

上述方法计算简单，应用广泛，所以称作实践方法。

【例 6-9】

债券的面值为 1 000 元，年息票率为 6%，期限为 3 年，到期按面值偿还。

债券的到期收益率为8%，计算债券在购买6个月后的价格和账面值。

【解】 本例中给出的已知量有 $C=F=1\,000$，$r=g=6\%$，$n=3$，$i=8\%$，所以应用溢价公式式（6-4），债券在购买日的价格为：

$$\begin{aligned}P_0&=C[1+(g-i)a_{\overline{n}|}]\\&=1\,000[1+(0.06-0.08)a_{\overline{3}|}]\\&=948.46(\text{元})\end{aligned}$$

应用式（6-19），容易求得债券在购买6个月后的价格为：

$$P_t=(1+i)^t\times P_0=948.46\times(1+0.08)^{0.5}=985.67(\text{元})$$

债券在购买6个月后的账面值可以有三种不同的计算方法，现分别说明如下。

按理论方法计算，由式（6-24）可知债券在6个月后的账面值为：

$$\begin{aligned}V_t&=(1+i)^t\times P_0-\frac{rF}{i}[(1+i)^t-1]\\&=985.67-\frac{0.06\times1\,000}{0.08}\times[(1+0.08)^{0.5}-1]\\&=956.25(\text{元})\end{aligned}$$

按半理论方法计算，由式（6-25）可知债券在6个月后的账面值为：

$$\begin{aligned}V_t&=(1+i)^t\times P_0-trF\\&=985.67-0.5\times0.06\times1\,000\\&=955.67(\text{元})\end{aligned}$$

按实践方法计算，由式（6-26）可知债券在6个月后的账面值为：

$$\begin{aligned}V_t&=(1+ti)\times P_0-trF\\&=(1+0.5\times0.08)\times948.46-0.5\times0.06\times1\,000\\&=956.40(\text{元})\end{aligned}$$

如果将本例的债券在每个季度末计算一次价格和账面值，则结果如表6-5所示。

表6-5　债券在每个季度末的价格和账面值　单位：元

季度	价格	账面值		
		理论方法	半理论方法	实践方法
0	948.46	948.46	948.46	948.46
1	966.89	952.32	951.89	952.43
2	985.67	956.25	955.67	956.40
3	1 005.00	960.25	959.82	960.37

续前表

季度	价格	账面值		
		理论方法	半理论方法	实践方法
4	964.34	964.34	964.34	964.34
5	983.07	968.50	968.07	968.63
6	1 002.17	972.75	972.17	972.91
7	1 021.64	977.07	976.64	977.20
8	981.48	981.48	981.48	981.48
9	1 000.55	985.98	985.55	986.11
10	1 019.98	990.56	989.98	990.74
11	1 039.80	995.24	994.80	995.37
12	1 000.00	1 000.00	1 000.00	1 000.00

从表 6－5 可以看出，账面值的增加过程是平滑的，且根据三种不同方法计算的账面值比较接近，在每年末完全相等。债券的价格呈阶梯递增形式，但在每年末，债券的价格等于债券的账面值。债券的价格之所以呈现出这种增长形式，是因为息票收入只在每年末进行支付。在每个年度内，债券价格的增长过程是平滑的。在每个年度末，息票收入支付以后，债券价格将发生一次下跌，从而使得债券价格在整个增长过程中呈现出阶梯递增的形式。图 6－4 描述了债券价格和账面值的变化过程。该图的横轴表示时间（以年为单位），纵轴表示债券的价格和账面值，其中虚线表示债券价格的变化过程，实线表示债券账面值的变化过程。

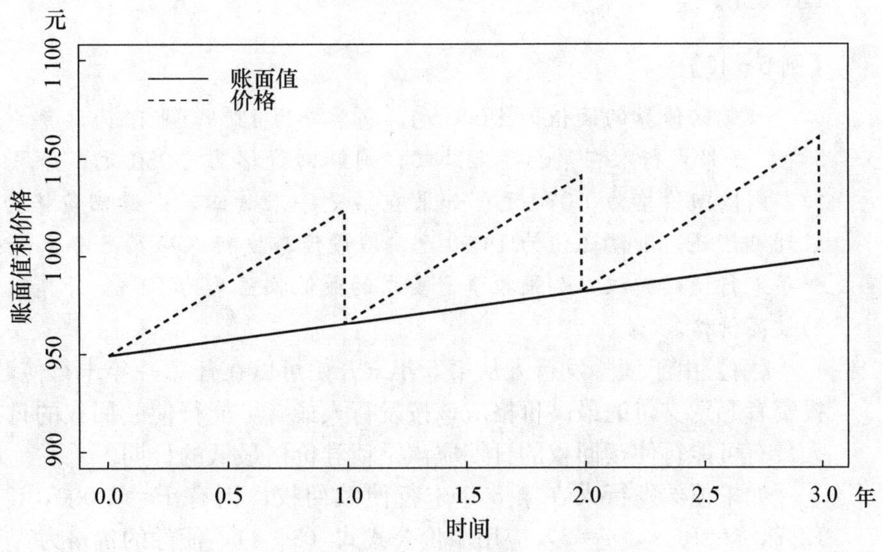

图 6－4 债券价格和账面值的变化过程

6.4 可赎回债券的价格

有些债券中会包含一个赎回条款（call provision），该条款规定，在特定条件下，债券发行人有权要求债券持有人将已经发行的债券回售给发行人。含有赎回条款的债券称为可赎回债券（callable bond）。

公司发行可赎回债券的原因之一是为了控制融资成本。当市场利率下降时，债券的价格会上升。当市场利率足够低时，债券的市场价格将高于债券的赎回价格。此时，债券发行人如果赎回原来发行的债券，并发行较低利率的新债券，就可以降低融资成本。赎回条款限制了债券持有人从债券价格上升中所能获得的收益，因此与其他债券相比，可赎回债券具有相对较高的预期收益率。

对于债券发行人而言，可赎回债券也有利于调整公司的资产结构。譬如，对于一家拥有过多现金流的公司，如果没有合适的投资机会，就可以考虑发行可赎回债券，以减轻公司的债务负担。

赎回条款是有利于债券发行人的条款，为了保护债券持有人的利益，赎回条款中通常会规定一个赎回保护期（如5～10年），即只有当债券超过一定时期以后，债券发行人才能行使赎回权。债券发行人在赎回债券时支付给债券持有人的金额通常等于或略高于债券的面值，高于面值的部分通常为1年期的利息成本。譬如，面值为1 000元、息票率为10%的债券，其赎回价格可能为1 100元。

【例6-10】

可赎回债券的面值为1 000元，息票率为12%，期限为8年，赎回保护期为5年。如果发行人在第5年末赎回，则赎回价格为1 050元；如果在第6年末赎回，则赎回价格为1 030元；如果在第7年末赎回，则赎回价格为1 010元；如果到期偿还，则偿还值为1 000元。假设债券发行人从第5年末开始可以在任意一年末行使赎回权，如果投资者要求的最低收益率为10%，计算投资者愿意支付的最高价格。

【解】 由于债券发行人从第5年末开始可以在任意一年末行使赎回权，所以，投资者愿意支付的最高价格应该按发行人最有可能行使赎回权的日期计算。发行人最有可能行使赎回权的日期应该是债券价格最低的日期。

如果债券发行人在第5年末行使赎回权，则有 $F=1\,000$，$C=1\,050$，$r=12\%$，$i=10\%$，$n=5$，应用溢价公式式（6-4），债券的价格为：

$$\begin{aligned}P_5&=C+(gC-iC)a_{\overline{n}|}\\&=C+(rF-iC)a_{\overline{n}|}\end{aligned}$$

$$=1\,050+(1\,000\times 12\%-1\,050\times 10\%)a_{\overline{5}|0.10}$$
$$=1\,106.86(\text{元})$$

如果债券发行人在第 6 年末行使赎回权，则 $C=1\,030$，债券的价格为：

$$P_6=1\,030+(1\,000\times 12\%-1\,030\times 10\%)a_{\overline{6}|0.10}=1\,104.40(\text{元})$$

如果债券发行人在第 7 年末行使赎回权，则 $C=1\,010$，债券的价格为：

$$P_7=1\,010+(1\,000\times 12\%-1\,010\times 10\%)a_{\overline{7}|0.10}=1\,102.50(\text{元})$$

如果债券在到期时偿还，则 $C=1\,000$，债券的价格为：

$$P_8=1\,000+(1\,000\times 12\%-1\,000\times 10\%)a_{\overline{8}|0.10}=1\,106.70(\text{元})$$

由此可见，债券的价格在第 7 年末最低，所以投资者愿意支付的最高价格应该是 1 102.50 元。如果投资者的出价高于 1 102.50 元，则当发行人在第 7 年末行使赎回权时，投资者的收益率将达不到他所要求的 10%。譬如，如果投资者按 1 106.70 的价格购买债券（即假设发行人不行使赎回权），则当发行人实际在第 7 年末行使赎回权时，投资者的实际收益率将为 9.92%，它是下述方程的解：

$$1\,106.70=1\,010+(1\,000\times 12\%-1\,010i)a_{\overline{7}|i}$$

式中，左边是投资者实际支付的债券价格，右边是应用溢价公式计算的债券价格。

本例表明，当债券包含赎回条款时，债券的价格将低于不包含赎回条款的同类债券。譬如在本例中，如果债券不包含赎回条款，则债券的价格应该是 1 106.70 元。

**【例 6 - 11】**

可赎回债券的面值为 1 000 元，年息票率为 8%，每季度末支付一次利息，期限为 10 年，到期时按面值偿还。债券发行人在第 5 年末可以行使赎回权。如果债券不被提前赎回，则投资者可以获得每季度复利一次的年名义收益率 6%。假设投资者购买此债券要确保每季度复利一次的年名义收益率为 6%，计算该债券在第 5 年末的赎回价格（即偿还值）。

【解】债券在每季度末的息票收入为 20 元。债券的到期收益率为 6%（每季度复利一次），相当于每季度的有效收益率为 1.5%。应用债券定价的基本公式可得债券的价格为：

$$\begin{aligned}P&=20a_{\overline{40}|0.015}+1\,000v^{40}\\&=20\times\frac{1-1.015^{-40}}{0.015}+1\,000\times 1.015^{-40}\\&=1\,149.58(\text{元})\end{aligned}$$

如果该债券在第五年末（即第 20 个季度末）赎回，假设赎回价格为 C，则

由债券定价的基本公式有

$$1\,149.58=20a_{\overline{20}|}+C\cdot v^{20}$$

投资者要求确保每季度复利一次的年名义收益率为6%，这相当于1.5%的季度有效收益率，所以在上式中令$i=1.5\%$，即可求得债券在第5年末的赎回价格为：

$$C=\left(1\,149.58-20\times\frac{1-1.015^{-20}}{0.015}\right)\div 1.015^{-20}=1\,085.84(\text{元})$$

如前所述，对于可赎回债券，其价格等于在各种可能赎回时点上的最低价格。如果债券可以在赎回保护期以后的任意时间点上行使赎回权，就需要在每个可能的赎回时点上分别计算债券的价格，但这种时间点显然有无穷多个。在这种情况下，可以通过债券的溢价公式寻找最低价格对应的时间点。引用式（6-4），债券的溢价公式如下：

$$P=C[1+(g-i)a_{\overline{n}|}] \tag{6-27}$$

从式（6-27）可以看出，如果债券的偿还值C在各种可能的赎回时点上保持不变，则当债券的修正息票率g大于债券的到期收益率i时，债券的期限n越短，债券的价格越低；反之，当债券的修正息票率g小于债券的到期收益率i时，债券的期限n越长，债券的价格越低。基于债券价格的上述特点，就很容易找到可赎回债券的最低价格。

【例6-12】

10年期可赎回债券的年息票率为6%，每半年支付一次利息。债券的面值为1 000元，赎回保护期为5年。从第5年末开始，债券发行人有权随时赎回债券，赎回价格为1 020元。如果投资者要求每半年复利一次的年名义收益率为5%，计算该赎回债券的发行价格应该为多少。

【解】债券每半年的息票收入为30元，每半年的修正息票率为$g=30/1\,020=2.941\,2\%$。投资者所要求的每半年的到期收益率为$i=2.5\%$。

修正息票率大于到期收益率，即$g>i$，所以债券的期限越短，即n越小，债券的价格越低。由于债券的赎回保护期为5年，每半年支付一次利息，所以最低价格所对应的债券期限为$n=5\times2=10$。

应用溢价公式式（6-27），可得该债券的发行价格为：

$$\begin{aligned}P&=1\,020+1\,020\times(2.941\,2\%-2.5\%)\times a_{\overline{10}|}\\&=1\,020+1\,020\times(2.941\,2\%-2.5\%)\times\frac{1-1.025^{-10}}{0.025}\\&=1\,059.39(\text{元})\end{aligned}$$

6.5　股票的价值分析

股票的价值分析十分复杂，远远超出了本书的范围，下面仅仅讨论几种简化情况下的结果。

6.5.1　优先股

优先股没有到期期限，且股息固定，所以优先股相当于永续年金。假设优先股每期末的股息固定为 D，投资者所要求的收益率为 i，则优先股的价格可以表示为：

$$P=\frac{D}{i} \tag{6-28}$$

在上式中，如果股息 D 每年末支付一次，则 i 表示年收益率；如果股息 D 每季度末支付一次，则 i 表示季度收益率。

6.5.2　普通股

如果忽略影响股票价格的其他因素，仅仅根据股息收入的现值计算其理论价格，则相应的股票定价模型就是股息贴现模型。股息贴现模型是分析股票价值的理论模型之一。如果用 D_t（$t=1$，2，3，…）表示每期的股息收入，用 i 表示投资者所要求的收益率，用 P 表示股票的理论价格，则股息贴现模型的一般形式为：

$$P=\sum_{t=1}^{\infty}v^{t}D_{t} \tag{6-29}$$

普通股的股息收入事先难以预测，波动幅度较大，因此其理论价格的计算比较复杂。如果假设股息的变化具有一定的规律可循，则可以得到式（6-29）的一些简化形式。

如果股息的增长率为零，即每期的股息均为 $D_t=D$（$t=1$，2，…），则普通股的价格与优先股类似，也可以表示为：

$$P=\frac{D}{i} \tag{6-30}$$

如果股息的增长率是一个常数 r，且假设第一年末的股息为 D_1，那么第 t 年末的股息可以表示为：

$$D_t=D_1\times(1+r)^{t-1}，t=1,2,3,\cdots$$

在这种情况下，普通股的股息就形成了一个期末付的复递增永续年金，第一年末的付款金额为 D_1。应用复递增年金的现值公式，该永续年金的现值（亦即股票的价格）可以表示为：

$$P=\frac{D_1}{i-r} \tag{6-31}$$

在常数增长模型中，如果已知股票的价格，就很容易根据式（6-31）求得股票的收益率。

【例 6-13】

股票当前的价格是每股 25 元，预计一年后可以分得 1.2 元的红利，假设红利按每年 4%的速度无限期增长。计算投资者购买该股票可以获得的年收益率。

【解】 股票的价格为 $P=25$（元），在第一年末的红利为 $D_1=1.2$（元），红利的年度增长率为 $r=4\%$。应用式（6-31）可得投资者购买该股票的年收益率为：

$$i=\frac{D_1}{P}+r=\frac{1.2}{25}+0.04=8.8\%$$

【例 6-14】

股票当年的利润为每股 2 元，当年年底每股的分红为 1.5 元。假设该企业的利润以每年 5%的速度无限期增长，且每年将 75%的利润分红。如果投资者要求的年收益率为 10%，计算该股票在当年年底分红以后的价格。

【解】 该股票在下一年末的分红为 $1.5\times(1+0.05)$ 元，$i=10\%$，$r=5\%$。应用式（6-31），该股票在当年年底分红以后的价格为：

$$P=\frac{1.5\times(1+0.05)}{0.10-0.05}=31.5(\text{元})$$

6.5.3 市盈率模型

从理论上讲，前述的股息贴现模型是理想的股票定价模型，但对于不支付股息或股息增长率不固定的公司，这些方法将难以运用。此时，一种比较可行的方法是应用市盈率模型为股票定价。市盈率（price-to-earnings ratio）是股票价格与每股收益之比，即

$$\text{市盈率}=\frac{\text{股票价格}}{\text{每股收益}} \tag{6-32}$$

市盈率衡量了投资者为每一元的盈利愿意支付的价格。如果股票的市盈率高于市场平均水平，可能意味着市场预期该股票的收益会在未来继续增长，这将促使其市盈率回归到正常水平。高市盈率也表明，市场认为该公司股票的风险较

低，所以愿意为其支付一笔溢价。

注意，如果公司的收益接近零或为负值，则计算市盈率是没有意义的。

长期来看，同一个行业的公司应该具有近似的市盈率水平。因此，公司股票的价格可以用行业的平均市盈率乘以该公司的预期收益来求得，即公司的股票价格可以如下计算：

$$\text{股票价格}=\text{行业平均的市盈率}\times\text{每股的预期收益} \tag{6-33}$$

【例 6-15】

一家餐饮企业的预期收益为每股 2 元，假设餐饮行业的平均市盈率为 20 倍，计算该企业的股价应为多少。

【解】 应用式（6-33）可得

$$\text{股价}=20\times2=40(\text{元})$$

【例 6-16】

假设 A 公司没有上市，年预期收益为 250 万元。B 公司与 A 公司很相似，是一个上市公司，年预期收益为 100 万元，每股的股价为 200 元，股票数量为 10 万股。计算 A 公司的市场价值。

【解】 B 公司的市盈率为：

$$\text{市盈率}=\frac{\text{股票价格}}{\text{每股的收益}}=\frac{200}{100/10}=20$$

假设 A 公司的市盈率与此类似，则其总股价（即市场价值）的估计值为：

$$\text{总股价}=\text{市盈率}\times\text{预期收益}=20\times250=5\,000(\text{万元})$$

6.5.4　卖空

当一个投资者出售某项当前并非属于其所有的资产时，就称为卖空（short sale）。卖空行为是在购买某项资产之前出售该资产。在股票市场上，投资者可以从交易商借得股票并进行抛售。在清算卖空时，卖空投资者需要从股票市场上购买该股票并偿还给交易商。如果在清算卖空时，该股票价格下降，卖空投资者就可以从股票差价中获取收益。投资者在股票市场上进行卖空操作时，一般是因为预期股价会下跌，从而可以利用股价下跌来获取收益。

卖空的所得（gain）即为股票的出售价格减去购买价格：

$$\text{卖空所得}=\text{份数}\times(\text{出售价格}-\text{购买价格}) \tag{6-34}$$

【例 6-17】

假设投资者以每股 30 元的价格卖空股票 100 股，一年后在清算时以每股 20

元的价格购入100股偿还给交易商，计算其卖空所得。

【解】 该投资者的卖空所得为：

$$100\times(30-20)=1\,000(\text{元})$$

在卖空清算之前，卖空投资者出售股票的所得由交易商保管，这笔资金不为卖空投资者产生利息收入，并且在清算之前也不能提取。

在执行卖空操作以后，如果股票价格上升，交易商很有可能会因为投资者没有足够资金购入股票偿还而蒙受损失，为了防止这种卖空行为的违约风险，交易商会要求投资者存入一笔交易保证金作为担保。交易保证金（margin deposit）通常是以投资者卖空价格的百分比来计算的。譬如在上例中，假设交易商要求投资者缴纳50%的交易保证金，则交易保证金为：

$$100\times30\times50\%=1\,500(\text{元})$$

对于投资者而言，交易保证金是可以获得利息收入的。假设交易保证金账户的年利率为10%，则一年以后投资者可以从交易保证金账户中获取1 500×0.1=150（元）的利息收入。

进行卖空行为的投资者在清算之时不仅需要将股票足额偿还给交易商，还需要向交易商支付卖空期间的股票红利。在上例中，假设股票每年的红利为每股0.1元，则一年后在清算时投资者需向交易商支付的红利为：

$$0.1\times100=10(\text{元})$$

将上述内容整合，可以得到投资者进行卖空操作的总利润为：

$$\text{卖空利润}=\text{份数}\times(\text{出售价格}-\text{购买价格})+\text{交易保证金利息}-\text{红利} \tag{6-35}$$

在卖空操作中，投资者的出资额就是交易保证金，所以投资者的卖空收益率就是卖空利润与交易保证金之比：

$$\text{卖空收益率}=\frac{\text{卖空利润}}{\text{交易保证金}} \tag{6-36}$$

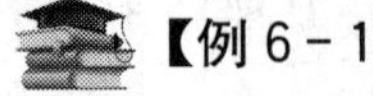

【例6-18】

投资者以每股5元的价格卖空股票10 000股，一年以后在清算时以每股4.5元的价格购入10 000股股票偿还给交易商。交易商要求的交易保证金为30%，交易保证金账户的年利率为6%。每股股票在每年的红利为0.2元。计算该投资者的卖空利润和卖空收益率。

【解】 投资者需要缴纳的交易保证金为：

$$0.3\times10\,000\times5=15\,000(\text{元})$$

投资者进行此项卖空操作的所得（即买卖差价）为：

$$10\,000\times(5-4.5)=5\,000(\text{元})$$

投资者进行此项卖空操作的卖空利润为：

$$5\,000+0.06\times15\,000-0.2\times10\,000=3\,900(\text{元})$$

投资者在此项卖空操作期间的收益率为：

$$3\,900\div15\,000=26\%$$

□小　结

1. 债券在息票支付日期的价格和账面值相等，可以用下述四种方法求得：

(1) 基本公式：$P=rFa_{\overline{n}|}+Cv^n$。

(2) 溢价公式：$P=C+C(g-i)a_{\overline{n}|}$。

(3) 基价公式：$P=G+(C-G)v^n$。

(4) Makeham 公式：$P=\dfrac{g}{i}(C-K)+K$。

对于不可赎回的附息债券，债券价格是到期收益率的减函数，到期收益率越高，债券的价格越低。债券价格还是到期收益率的凸函数。到期收益率上升时，债券价格的下降速度是递减的；而当到期收益率下降时，债券价格的上升速度是递增的。

当债券的溢价为零时，债券的账面值恒等于偿还值，每期的利息收入就等于息票收入。

当债券的溢价不为零时，投资者在每期的利息收入不等于息票收入。息票收入被分解为两部分：一部分是应得利息收入，一部分是对溢价购买债券的补偿。折价可以看作负的溢价。

基价是投资者为了获得与息票收入 rF 相等的周期性收益所需要的投资额。债券的基价 G 如果按收益率 i 投资，每期产生的利息收入将等于债券的息票收入，即 $iG=rF=gC$。

2. 债券在相邻两个息票支付日期之间的价格可按下述公式计算：

$$P_t=(1+i)^tP_0$$

式中，P_0 是债券在上一个息票支付日期的价格；t 是距离上一个息票支付日期的时间。

3. 账面值是债券持有人的实际投资余额。债券在相邻两个息票支付日期之间的账面值可按下述三种方法计算：

(1) 理论方法：$V_t=(1+i)^t\times P_0-\dfrac{rF}{i}[(1+i)^t-1]$。

(2) 半理论方法：$V_t=(1+i)^t\times P_0-trF$。

(3) 实践方法：$V_t=(1+ti)P_0-trF$。

4. 可赎回债券的价格等于在各种可能赎回时点上的最低价格。如果债券的偿还值 C 在各种可能的赎回时点上保持不变，则当债券的修正息票率大于债券的到期收益率时，债券的期限越短，债券的价格越低；反之，当债券的修正息票率小于债券的到期收益率时，债券的期限越长，债券的价格越低。

5. 按照股息贴现模型，优先股的价格可以表示为：

$$P=\frac{D}{i}$$

普通股的价格可以表示为：

$$P=\sum_{t=1}^{\infty}v^{t}D_{t}$$

如果股息的增长率是一个常数 r，则普通股的价格可以表示为：

$$P=\frac{D_1}{i-r}$$

式中，D_1 是第一年末的股息。

市盈率是股票价格与每股收益之比。公司股票的价格也可以用行业的平均市盈率乘以该公司的预期收益来求得，即

股票价格＝行业平均的市盈率×每股预期收益

6. 投资者进行卖空操作的总利润为：

卖空利润＝份数×(出售价格－购买价格)＋交易保证金利息－红利

卖空收益率为：

$$卖空收益率=\frac{卖空利润}{交易保证金}$$

□ 习　题

6.1　债券的面值为1 000元，年息票率为5%，期限为5年，到期按面值偿还，到期收益率为6%。计算债券的价格和第二年末的账面值。

6.2　债券的面值为1 000元，息票率为6%，期限为5年，到期按面值偿还，到期收益率为8%。计算该债券在购买9个月后的价格和账面值。

6.3　债券的面值为1 000元，期限为5年，到期按面值偿还，年息票率为6%。该债券的发行价格为950元，计算投资者购买该债券的到期收益率。

6.4　债券的面值为1 000元，期限为5年，到期按面值偿还，年息票率为6%。该债券的发行价格为950元。假设息票收入只能按5%的利率进行投资，计算投资该债券的收益率。

6.5　一种 n 年期债券的面值为1 000元，年息票率为8%。该债券在第三年

末的账面值为 1 099.84 元，在第五年末的账面值为 1 082.27 元。计算该债券的价格。

6.6 已知下述三种 10 年期债券的面值均为 1 000，且具有相同的到期收益率：

(1) 债券 A 的年息票率为 8%，每半年支付一次利息，折价发行，折价为 X。

(2) 债券 B 的年息票率为 9%，每半年支付一次利息，溢价发行，溢价为 Y。

(3) 债券 C 的年息票率为 10%，每半年支付一次利息，溢价发行，溢价为 $2X$。

已知 $X=10$ 元，计算 Y 的值。

6.7 面值为 1 000 元的债券，年息票率为 8%，每半年支付一次利息，到期偿还 1 100 元。如果投资者以价格 P 购买此债券，则每半年复利一次的到期收益率为 6%。假设偿还值的现值为 190 元，求该债券的价格 P。

6.8 三种债券具有相同的到期偿还值、到期时间和到期收益率，且每年支付一次利息。债券 A 的年息票收入为 40 元，以价格 P 出售；债券 B 的年息票收入为 30 元，以价格 Q 出售；债券 C 的年息票收入为 80 元。计算债券 C 的价格。

6.9 某 10 年期债券的面值为 1 000 元，年息票率为 r，每年末支付一次利息，到期偿还值为 1 100 元。如果以价格 P 出售，将产生 4%的到期收益率；如果以价格（$P-81.94$）出售，将产生 5%的到期收益率；如果以价格 X 出售，将产生 r 的到期收益率。计算 X。

6.10 债券的期限为 20 年，面值为 1 000 元，到期偿还 1 050 元，每年末支付一次利息。第一次支付的息票收入为 50 元，以后每次支付的息票收入比上一次增长 3%。如果以价格 P 购买该债券，则可以产生 8%的到期收益率。计算该债券的价格 P。

6.11 某债券的面值为 1 000 元，年度息票率为 6%，从第 6 年末开始，发行人每年末偿还 200 元，直至第 10 年末还清。假设债券的到期收益率为 7%，计算该债券的价格。

6.12 投资者购买了一只面值为 1 000 元的 10 年期债券，息票率为 8%，每半年末支付一次利息。如果债券到期时按面值偿还，则每半年复利一次的到期收益率为 7%。如果债券在第 5 年末赎回，则为了保证产生相同的到期收益率，赎回价格应为 X。求 X。

6.13 某 10 年期可赎回债券的年息票率为 6%，每年支付一次利息。债券的面值为 1 000 元，赎回保护期为 5 年。从第 5 年末开始，债券发行人有权随时赎回债券，赎回价格为 1 050 元。如果投资者要求的年收益率为 8%，计算该赎回债券的发行价格应该为多少。

6.14 股票在当年的利润为每股 0.2 元，今后每年都会以 10%的速度增长。股票在今后 5 年没有分红，5 年后将每年利润的 50%分红。如果投资者要求 11%的年收益率，计算投资者愿意支付的购买价格。

6.15　某公司利润的季度增长率为2%，该公司每季度拿出利润的30%进行分红。在某个季度初，如果投资者购买此公司的股票，就可以获取10%的年度收益率（每半年复利一次）。该股票的第一次分红是在该季度末，每股的分红金额为0.3元。计算投资者购买该股票的价格。

6.16　股票当前的价格是每股30元，预计一年后可以分得1.5元的红利。假设红利按每年5%的速度无限期增长，计算投资者购买该股票可以获得的年度收益率。

6.17　某企业的预期收益为每股1.5元，假设同类上市企业的平均市盈率为20倍，计算该企业的股价应为多少。

6.18　卖空投资者以每股10元的价格出售50 000股某企业的股票。一年以后，该股票每股的价格降到了9.50元，此时该投资者购入50 000股该股票。假设交易保证金为50%，保证金的利率为5%，该股票每年的分红为每股0.1元，计算该投资者的卖空收益率。

第 7 章 利率风险管理

Chapter 7

资产的价格是利率的减函数，利率越高，资产的价格越低。资产的利率风险就是指资产的价格因为利率的波动所带来的不确定性。衡量资产价格对利率敏感程度的两个主要指标是久期和凸度，它们也是进行利率风险管理的常用工具。

本章关于利率风险的讨论主要以债券为例，但基本原理具有一般性，即同样适用于其他已知现金流资产的利率风险管理或一个公司的利率风险管理。

一个公司的盈余等于其资产的现值与负债的现值之差。利率的波动会导致资产的现值和负债的现值同时发生变化，相应地，公司的盈余也会随之波动。本章将应用久期和凸度的概念，介绍一种称为免疫的策略，通过调整资产和负债的现金流，防范公司的利率风险，即确保公司的盈余不会因为利率的波动而减少。

为了方便起见，表 7-1 给出了本章使用的符号及其说明。关于它们的详细解释请参阅本章后面各节的内容。

表 7-1　　符号及其说明

符号	说明
$D_{马}$	马考勒久期，是现金流到期时间的加权平均数，也可以定义为债券价格关于利息力的一阶导数与债券价格之比
$C_{马}$	马考勒凸度，定义为债券价格关于利息力的二阶导数与债券价格之比
D	修正久期，定义为债券价格关于名义收益率的一阶导数与债券价格之比
C	凸度，定义为债券价格关于名义收益率的二阶导数与债券价格之比
$D_{效}$	有效久期，用于近似计算修正久期或马考勒久期
$C_{效}$	有效凸度，用于近似计算凸度或马考勒凸度

7.1 马考勒久期

到期时间越长的债券，其价格受利率波动的影响越大。衡量债券利率风险最传统的方法是利用债券的到期时间。债券的到期时间越长，其利率风险就越大。

不过这是一种比较粗糙的方法。譬如，对于两只到期时间完全相同的债券，一只是零息债券，到期时一次性偿付本息，另一只是附息债券，每年末都要支付当期的利息。这两只债券的利率风险显然是不同的，零息债券的所有本息到期时一次性偿付，所以受利率波动的影响要大于附息债券，即零息债券的利率风险更大。

为了更加准确地衡量债券的利率风险，一种改进的方法是计算债券现金流的平均到期时间，即以债券未来的现金流作为权重计算债券的加权平均到期时间。譬如，附息债券在未来 3 年的每年末支付 100 元利息，并在第 3 年末偿还面值 1 000 元，那么该债券的加权平均到期时间为：

$$(100\times1+100\times2+1\,100\times3)\div1\,300=2.77(\text{年})$$

上述方法虽然是一种改进，但仍然存在缺陷，因为它没有考虑发生在不同时间的现金流具有不同的价值。为此，马考勒（F. R. Macaulay）在考虑货币时间价值的基础上，提出了久期（duration）的概念。

假设债券（或其他资产）未来的一系列现金流为 R_t，则债券的价格就是其未来现金流的现值，可以表示为到期收益率 i 的函数：

$$P=\sum_{t>0}R_t(1+i)^{-t}=\sum_{t>0}R_t v^t \tag{7-1}$$

式中，$v=(1+i)^{-1}$；i 表示年有效收益率。

由于有效收益率 i 也可以用名义收益率 $i^{(m)}$ 和利息力 δ 表示，即它们之间存在下述关系：

$$(1+i)^t=\left[1+\frac{i^{(m)}}{m}\right]^{mt}=e^{\delta t} \tag{7-2}$$

所以债券的价格还可以表示为：

$$P=\sum_{t>0}R_t\left(1+\frac{i^{(m)}}{m}\right)^{-mt}=\sum_{t>0}R_t e^{-\delta t} \tag{7-3}$$

式中，$i^{(m)}$ 表示每年复利 m 次的年名义收益率。

为了简化表述，本章用 y 表示收益率，它既可以表示名义收益率 $i^{(m)}$，也可以表示有效收益率 i。当 $m=1$ 时，名义收益率就是有效收益率。此时，债券的价格可以用名义收益率表示为：

$$P(y)=\sum_{t>0}R_t\left(1+\frac{y}{m}\right)^{-mt} \tag{7-4}$$

式中，y 表示每年复利 m 次的年名义收益率。

债券的价格也可以用利息力表示为：

$$P(\delta)=\sum_{t>0}R_t e^{-\delta t} \tag{7-5}$$

所谓马考勒久期（Macaulay duration），就是指未来现金流到期时间的加权平均值，权重为每个现金流的现值在总现值中所占的比重。

假设债券在时刻 t 的现金流为 R_t，用 $D_{马}$ 表示债券的马考勒久期，则有

$$D_{马}=\sum_{t>0} t \times w_t=\frac{1}{P(\delta)} \sum_{t>0} t R_t \mathrm{e}^{-\delta t} \quad (7-6)$$

在上式中，时间 t 的权重为：

$$w_t=\frac{1}{P(\delta)} R_t \mathrm{e}^{-\delta t} \quad (7-7)$$

马考勒久期是现金流到期时间的加权平均数，所以是一个时间概念，可以用时间单位计量。

马考勒久期越大，说明未来现金流的加权到期时间越长，从而资产价格对利率的敏感性越强，利率风险越高。

由式（7-5）可知，债券价格关于利息力的一阶导数为：

$$P'(\delta)=-\sum_{t>0} t R_t \mathrm{e}^{-\delta t}$$

将上式代入式（7-6），也可以将马考勒久期表示为：

$$D_{马}=-\frac{P'(\delta)}{P(\delta)} \quad (7-8)$$

可见，马考勒久期也是利息力变化时债券价格的单位变化速率，马考勒久期越大，表明债券价格受利息力波动的影响越大，因而其利率风险越高。

【例 7-1】

面值为 1 000 元的 3 年期债券的息票率为 10%，每年末支付一次利息，到期偿还值为 1 000 元。假设债券的到期收益率为 10%，计算债券的马考勒久期。

【解】马考勒久期等于现金流到期时间的加权平均数，所以由表 7-2 中的有关数值可以求得马考勒久期为：

$$D_{马}=\frac{1 \times 90.91+2 \times 82.65+3 \times 826.45}{90.91+82.65+826.45}=2.74(\text{年})$$

表 7-2　债券的现金流及其现值　单位：元

时间（t）	1	2	3
现金流（R_t）	100	100	1 100
现金流的现值	$100/1.1=90.91$	$100/(1.1)^2=82.65$	$1\,100/(1.1)^3=826.45$

在 Excel 中，可以应用 DURATION 函数计算债券的马考勒久期。譬如，对于例 7-1 中的 3 年期债券，债券的结算日是 2015 年 1 月 1 日，到期日是 2018 年 1 月 1 日。在一个空白单元格中输入“=DURATION(DATE(2015,1,1),DATE(2018,1,1),10%,10%,1,1)”后回车，即可求得该债券的马考勒久期为

2.74年。

【例7-2】

一笔贷款的期限为n，年利率为i，按年等额分期偿还。求该笔贷款的马考勒久期。

【解】假设第t年末的等额分期偿还金额为R，则其现值为Rv^t，所有偿还金额的现值之和为$Ra_{\overline{n}|}$。应用权重$\frac{Rv^t}{Ra_{\overline{n}|}}=\frac{v^t}{a_{\overline{n}|}}$计算现金流到期时间的加权平均数，即得贷款的马考勒久期为：

$$D_{马}=\sum_{t=1}^{n}\left(t\times\frac{v^t}{a_{\overline{n}|}}\right)=\frac{(Ia)_{\overline{n}|}}{a_{\overline{n}|}}=\frac{\ddot{a}_{\overline{n}|}-nv^n}{ia_{\overline{n}|}}=\frac{1+i}{i}-\frac{n}{(1+i)^n-1} \quad (7-9)$$

可见，分期偿还贷款的马考勒久期与贷款本金和分期偿还金额都无关，只受贷款期限和贷款利率的影响。

显然，式（7-9）也是n年期期末付等额年金的马考勒久期。当$n\to\infty$时，由式（7-9）可以求得期末付永续年金的马考勒久期为：

$$D_{马}=\frac{1+i}{i}=\frac{1}{d} \quad (7-10)$$

对于n年期期初付等额年金而言，第一次付款的时间为零，所以其马考勒久期等于$n-1$年期期末付等额年金的马考勒久期。对于永续年金而言，无论期初付还是期末付，它们的马考勒久期都如式（7-10）所示，即为$1/d$。

图7-1应用式（7-9）给出了等额分期偿还贷款的马考勒久期。可见，在固定利率的条件下，马考勒久期是贷款期限的增函数，增长速度越来越慢。在固定贷款期限的条件下，马考勒久期是利率的减函数，且递减速度越来越慢。

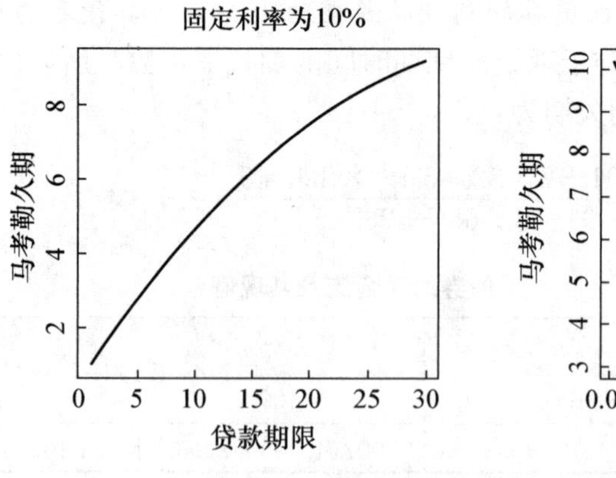

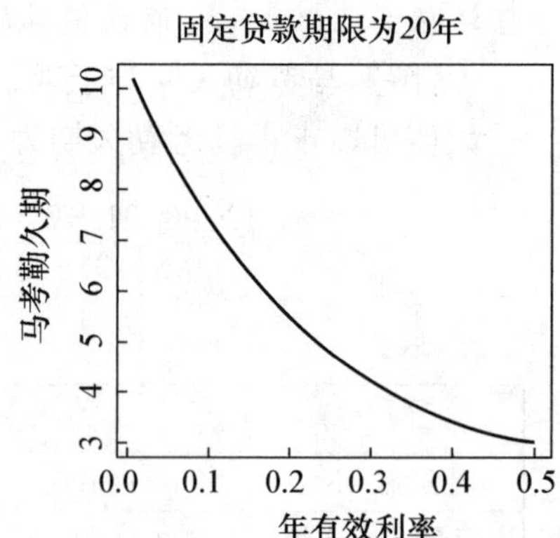

图7-1 等额分期偿还贷款的马考勒久期

【例7-3】

一笔15年期按月等额分期偿还的贷款，每月复利一次的年名义利率为12%，计算该笔贷款的马考勒久期。

【解】月有效利率为1%，偿还月数为15×12=180（月）。应用式（7-9），该项贷款的马考勒久期为：

$$D_{马}=\frac{(1+i)}{i}-\frac{n}{(1+i)^n-1}=(1+0.01)/0.01-\frac{180}{1.01^{180}-1}$$
$$=64.9698(月)$$

将时间的度量单位转换为年，相应的马考勒久期为64.969 8/12＝5.41（年）。

马考勒久期是利率的减函数。利率和利息力总是同向变化，所以马考勒久期也是利息力的减函数。这个结论可以用数学语言表述为：马考勒久期对利息力δ的一阶导数小于零。

证明：如果用利息力表示马考勒久期，并求其关于利息力的一阶导数，则有

$$\begin{aligned}\frac{\mathrm{d}(D_{马})}{\mathrm{d}\delta}&=\frac{\mathrm{d}}{\mathrm{d}\delta}\frac{\sum\limits_{t>0}tR_t\mathrm{e}^{-\delta t}}{\sum\limits_{t>0}R_t\mathrm{e}^{-\delta t}}\\&=-\frac{\left[\sum\limits_{t>0}R_t\mathrm{e}^{-\delta t}\right]\left[\sum\limits_{t>0}t^2R_t\mathrm{e}^{-\delta t}\right]-\left[\sum\limits_{t>0}tR_t\mathrm{e}^{-\delta t}\right]^2}{\left[\sum\limits_{t>0}R_t\mathrm{e}^{-\delta t}\right]^2}\\&=-\left[\frac{\sum\limits_{t>0}t^2R_t\mathrm{e}^{-\delta t}}{\sum\limits_{t>0}R_t\mathrm{e}^{-\delta t}}-\left(\frac{\sum\limits_{t>0}tR_t\mathrm{e}^{-\delta t}}{\sum\limits_{t>0}R_t\mathrm{e}^{-\delta t}}\right)^2\right]\\&=-\left[\sum_{t>0}t^2w_t-\left(\sum_{t>0}tw_t\right)^2\right]\end{aligned}$$

式中　$$w_t=\frac{R_t\mathrm{e}^{-\delta t}}{\sum\limits_{t>0}R_t\mathrm{e}^{-\delta t}}$$

在上式中，第一项是现金流到期时间t的平方的平均数，第二项是现金流到期时间t的平均数的平方，两项相减正好就是现金流到期时间t的方差，可以记为σ^2。只要现金流的到期时间点不止一个，则其方差总是大于零的，所以有

$$\frac{\mathrm{d}(D_{马})}{\mathrm{d}\delta}=-\sigma^2<0 \tag{7-11}$$

上式表明，马考勒久期是利息力的减函数，当然也就是利率的减函数。换言之，债券的马考勒久期是到期收益率的减函数，到期收益率越高，债券的马考勒久期越小，从而债券价格对到期收益率变动的敏感性越弱，债券的利率风险越小。

直观地看，债券的马考勒久期应该随着债券到期时间的延长而增加，但事实并非总是如此。图7-2揭示了债券的马考勒久期与债券到期时间的一种反常关

系。在图 7-2 中，债券的息票率为 5%，收益率为 15%，横轴表示债券的到期时间，纵轴表示债券的马考勒久期。从该图可以看出，随着债券到期时间的延长，债券的马考勒久期先是快速增加，然后又开始缓慢减小。这就意味着当此类债券（息票率为 5%）的到期时间超过 20 年时，到期时间越长，债券的利率风险反而越小。这说明用债券的到期时间衡量债券的利率风险可能是不准确的。

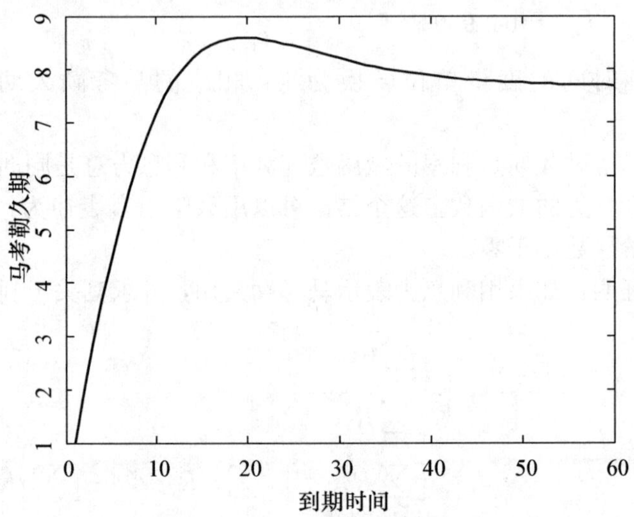

图 7-2　债券到期时间与马考勒久期的关系（反例）

图 7-3 揭示了债券的马考勒久期与债券息票率之间的一种变化关系。在图 7-3 中，债券的到期时间为 20 年，到期收益率为 10%，横轴表示债券的息票率，纵轴表示债券的马考勒久期。从该图可以看出，随着债券息票率的上升，马考勒久期减小的速度越来越慢。这表明，虽然债券的利率风险随着债券息票率的上升而不断减小，但减小的幅度越来越小。

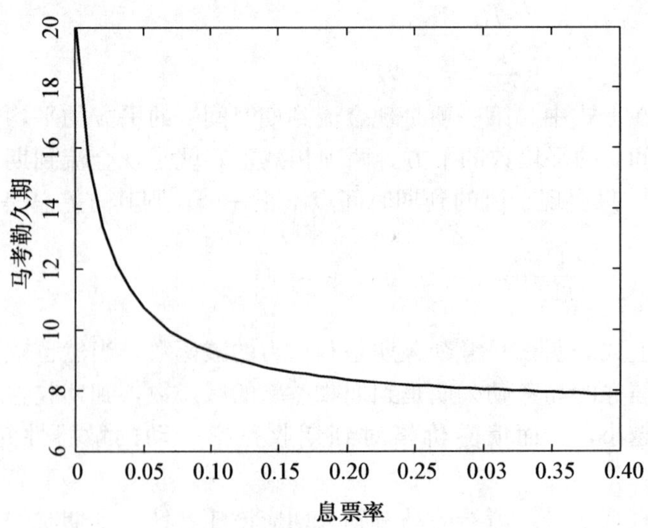

图 7-3　债券的息票率对马考勒久期的影响

【例 7－4】

假设债券的面值为 F，期限为 n，到期时按面值偿还，债券的到期收益率等于年息票率，均为 i，证明该债券的马考勒久期可以表示为：

$$D_{马}=\ddot{a}_{\overline{n}|} \tag{7－12}$$

【解】 令 $v=(1+i)^{-1}$，则该债券的马考勒久期可以表示为：

$$\begin{aligned}D_{马}&=\frac{\sum_{t=1}^{n}tv^{t}iF+nv^{n}F}{\sum_{t=1}^{n}v^{t}iF+v^{n}F}\\&=\frac{i\sum_{t=1}^{n}tv^{t}+nv^{n}}{i\sum_{t=1}^{n}v^{t}+v^{n}}\\&=\frac{i(Ia)_{\overline{n}|}+nv^{n}}{ia_{\overline{n}|}+v^{n}}\\&=\frac{i(\ddot{a}_{\overline{n}|}-nv^{n})/i+nv^{n}}{i(1-v^{n})/i+v^{n}}\\&=\ddot{a}_{\overline{n}|}\end{aligned}$$

【例 7－5】

面值为 1 000 元的 10 年期债券，到期时按面值偿还，年息票率为 6%。该债券的发行价格为 1 000 元，计算该债券的马考勒久期。

【解】 当偿还值等于面值时，按面值出售的债券，到期收益率等于息票率，所以应用式（7－12）可以求得该债券的马考勒久期为：

$$D_{马}=\ddot{a}_{\overline{10}|}=\frac{1-1.06^{-10}}{0.06/1.06}=7.80(\text{年})$$

7.2　修正久期

债券的价格是到期收益率的减函数。当到期收益率 y 变化时，债券价格 $P(y)$ 的瞬时变化速率是多少呢？

债券价格关于到期收益率的一阶导数 $P'(y)$ 可以反映到期收益率变化时债券价格的瞬时变化速率，但它受债券价格自身大小的影响，不同价格的债券之间不具有可比性。为此，可以计算债券价格的单位变化速率，即将上述导数除以债券价格以消除债券价格大小的影响。

修正久期（modified duration）就是到期收益率变化时债券价格的单位变化速率，可以简称为久期。用 D 表示修正久期，则有

$$D=-\frac{P'(y)}{P(y)} \tag{7-13}$$

债券价格关于到期收益率的一阶导数小于零，为了使修正久期为正值，在其定义公式前面增加了一个负号。

不失一般性，假设债券的到期收益率 y 是指每年复利 m 次的年名义收益率，则债券的价格可以表示为：

$$P(y)=\sum_{t>0}R_t\left(1+\frac{y}{m}\right)^{-mt}$$

债券价格关于到期收益率 y 的一阶导数为：

$$P'(y)=-\sum_{t>0}tR_t\left(1+\frac{y}{m}\right)^{-mt-1} \tag{7-14}$$

故基于年名义收益率 y 计算的修正久期为：

$$D=-\frac{1}{P(y)}\sum_{t>0}tR_t\left(1+\frac{y}{m}\right)^{-mt-1} \tag{7-15}$$

当 $m=1$ 时，年名义收益率等于年有效收益率，即 $y=i$，修正久期的计算公式即式（7-15）可以简化为：

$$D=-\frac{1}{P(i)}\sum_{t>0}tR_t(1+i)^{-t-1} \tag{7-16}$$

债券价格的单位变化速率反映了债券价格随着到期收益率的变化而变化的速度。修正久期越大，说明债券价格的波动幅度越大，到期收益率的较小波动就可能引起债券价格的大幅波动，所以债券的利率风险越大。反之，修正久期越小，说明债券价格的波动幅度越小，到期收益率的较大波动也只能引起债券价格的小幅波动，所以债券的利率风险越小。

修正久期与马考勒久期之间存在下述关系：

$$D=\frac{D_{马}}{1+y/m} \tag{7-17}$$

式中，y 是指每年复利 m 次的年名义收益率，即 $y=i^{(m)}$；D 是基于年名义收益率 y 计算的修正久期。

对式（7-17）的证明如下：

由于

$$e^{\delta}=\left(1+\frac{y}{m}\right)^{m}$$

所以

$$\delta=m\ln\left(1+\frac{y}{m}\right)$$

上式关于 y 求偏导，即得

$$\frac{\mathrm{d}\delta}{\mathrm{d}y}=\frac{1}{1+y/m} \tag{7-18}$$

由链式法则可知

$$P'(y)=\frac{\mathrm{d}P}{\mathrm{d}y}=\frac{\mathrm{d}P}{\mathrm{d}\delta}\frac{\mathrm{d}\delta}{\mathrm{d}y}=\frac{P'(\delta)}{1+y/m} \tag{7-19}$$

将式（7-19）代入式（7-13），即可将修正久期表示为：

$$D=-\frac{P'(y)}{P(y)}=-\frac{P'(y)}{P(\delta)}=-\frac{P'(\delta)}{P(\delta)(1+y/m)}=\frac{D_{马}}{1+y/m} \tag{7-20}$$

可见，如果已知马考勒久期，则可以将其除以$\left(1+\frac{y}{m}\right)$得到修正久期。式（7-20）也说明了 D 称作修正久期的原因。

修正久期表示到期收益率变化时债券价格的单位变化速率。在实际应用中，到期收益率既可以是年名义收益率，也可以是年有效收益率。在应用年有效收益率 i 的场合，式（7-20）可以简化为：

$$D=\frac{D_{马}}{1+i} \tag{7-21}$$

式中，D 表示基于年有效收益率计算的久期。

【例 7-6】

假设 2 年期零息债券的到期收益率为 $i^{(12)}=12\%$，计算该债券的修正久期。

【解】 对于 2 年期的零息债券，其马考勒久期是 2 年。应用式（7-20），基于名义收益率的修正久期为：

$$D=\frac{2}{1+0.12/12}=1.98$$

每年复利 12 次的年名义收益率 12%等价于 $1.01^{12}-1=12.68\%$的年有效收益率。应用式（7-21），基于年有效收益率的修正久期为：

$$D=\frac{2}{1+0.1268}=1.77$$

注意，上述两个修正久期的含义完全不同，前者表示每年复利 12 次的年名义收益率发生变化时，债券价格的单位变化速率为 1.98；后者表示年有效收益率变化时，债券价格的单位变化速率为 1.77。马考勒久期表示当利息力（连续复利）变化时，债券价格的单位变化速率为 2。

在 Excel 中计算债券的修正久期可以使用 MDURATION 函数，具体应用可以参见附录。

当到期收益率在每年的复利次数 $m\to\infty$时，到期收益率 y 将等于利息力 δ，且由式（7－20）容易求得

$$D_{马}=\lim_{m\to\infty}D \tag{7-22}$$

即马考勒久期可以看作当到期收益率趋于连续收益率（即利息力）时修正久期的极限情形。

由于马考勒久期是到期收益率的减函数，所以修正久期也是到期收益率的减函数。这就意味着，到期收益率越高，修正久期越小，从而债券的利率风险越小。反之，到期收益率越低，修正久期越大，从而债券的利率风险越大。

修正久期与债券到期时间的关系类似于马考勒久期与债券到期时间的关系，参见图 7－2；修正久期与债券息票率的关系类似于马考勒久期与债券息票率的关系，参见图 7－3。

修正久期在定义中使用了人们熟悉的到期收益率，而马考勒久期在定义中使用了较为抽象的利息力概念，所以修正久期在实际的利率风险管理中较为常用。需要注意的是，修正久期与马考勒久期不同，它不再是一个时间概念，而是一个强度概念，反映了到期收益率的波动对债券价格的影响强度。

**【例 7－7】**

假设年利率为 i，计算每年末支付 R 元的永续年金的修正久期。

【解】由式（7－10）可知，永续年金的马考勒久期为：

$$D_{马}=\frac{1+i}{i}$$

应用式（7－21）即得永续年金的修正久期为：

$$D=\frac{D_{马}}{1+i}=\frac{1}{i} \tag{7-23}$$

【例 7－8】

一项 10 年期年金在第 1 年末的付款为 1 元，以后每年末的付款额按 5%的速度增长。假设年利率为 6%，计算该项年金的修正久期。

【解】这是一项期末付复递增年金，应用复递增年金的现值公式，其现值可以表示为：

$$P=\frac{a_{\overline{10}|j}}{1.05}=\frac{1-(1+j)^{-10}}{1.05j}$$

式中 $$j=\frac{i-r}{1+r}=\frac{i-0.05}{1.05}$$

应用链式求导法则，有

$$P'(i)=\frac{\mathrm{d}P}{\mathrm{d}j}\frac{\mathrm{d}j}{\mathrm{d}i}=\frac{10(1+j)^{-11}(1.05j)-[1-(1+j)^{-10}]\times 1.05}{(1.05j)^2}\times\frac{1}{1.05}$$

应用修正久期的定义公式式（7-13）并化简，有

$$D=-\frac{P'(i)}{P}=-\frac{1}{1.05}\left[\frac{10(1+j)^{-11}}{1-(1+j)^{-10}}-\frac{1}{j}\right]$$

由年利率 $i=6\%$，可得

$$j=(0.06-0.05)/1.05=0.009\,524$$

将其代入上式，即得复递增年金的修正久期为：

$$D=5.114\,9$$

应用本例的方法，容易求得 n 年期期末付复递增年金的修正久期为：

$$D=-\frac{1}{1+r}\left[\frac{n(1+j)^{-(n+1)}}{1-(1+j)^{-n}}-\frac{1}{j}\right]\tag{7-24}$$

式中，r 表示年金的年度增长率；i 表示年利率；$j=\dfrac{i-r}{1+r}$。

修正久期度量了到期收益率变化对债券价格的影响，因此可以用于近似计算到期收益率变化以后的债券价格。将式（7-13）变形可得

$$D=-\frac{1}{P}\frac{\mathrm{d}P}{\mathrm{d}y}\approx-\frac{1}{P}\frac{\Delta P}{\Delta y}$$

即

$$\frac{\Delta P}{P}\approx -D\cdot(\Delta y)\tag{7-25}$$

上式左边表示债券价格变化的百分比，ΔP 表示债券价格的变化量，Δy 表示到期收益率的变化量。到期收益率的变化量通常用基点（base points）表示。一个基点为 0.01%，100 个基点为 1%。譬如，当到期收益率从 6%增加到 8%时，可以表述为到期收益率增加了 200 个基点。

式（7-25）表明，债券价格变化的百分比与到期收益率的变化近似为线性关系。譬如，当债券的修正久期为 3 时，到期收益率每增加 10 个基点（相当于 0.1%），债券价格将下降大约 0.3%。当收益率的变化幅度较小时，式（7-25）的近似结果比较准确。

图 7-4 描述了到期收益率与债券价格之间的近似线性变化关系。在图 7-4 中，由导数的定义可知：

$$\frac{\hat{P}(y+\Delta y)-P(y)}{\Delta y}=P'(y)$$

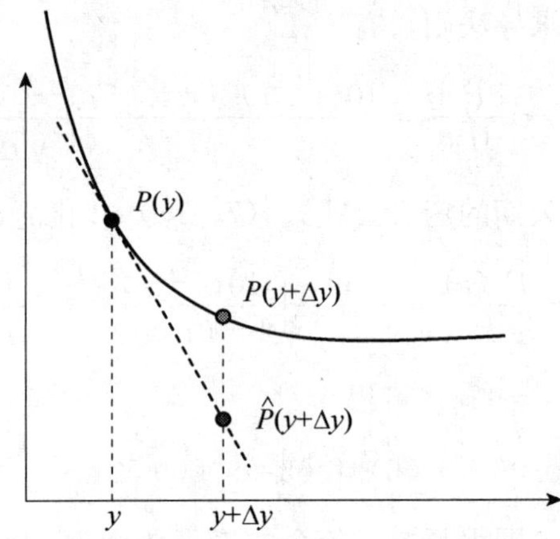

图 7-4 债券价格变化与到期收益率变动的近似线性关系

上式经变形，可得

$$\frac{\hat{P}(y+\Delta y)-P(y)}{P(y)}=\frac{P'(y)}{P(y)}\cdot\Delta y=-D\cdot\Delta y$$

在上式中，用 $P(y+\Delta y)$ 代替 $\hat{P}(y+\Delta y)$，即得下述近似公式：

$$\frac{P(y+\Delta y)-P(y)}{P}=\frac{\Delta P}{P}\approx -D\cdot(\Delta y)$$

可见，上述线性近似的精度取决于用 $P(y+\Delta y)$ 代替 $\hat{P}(y+\Delta y)$ 所产生的误差。显然，价格曲线的弯曲程度越大，线性近似所产生的误差越大。因此，为了准确度量到期收益率变化对债券价格的影响，还需要考虑债券价格曲线的弯曲程度，这要用到后面将要讨论的凸度概念。

【例 7-9】

已知债券的价格为 115.92 元，到期收益率为 7%，修正久期为 8.37。计算到期收益率上升为 7.05%时，该债券的价格大约是多少。

【解】到期收益率上升为 7.05%时，债券价格下降的百分比近似为：

$$\frac{\Delta P}{P}=-D\cdot(\Delta y)=-8.37\times(7.05\%-7\%)=-0.42\%$$

所以，到期收益率上升为 7.05%时，新的债券价格近似为：

115.92×(1－0.42%)＝115.43(元)

7.3 有效久期

对于现金流确定的债券，马考勒久期和修正久期都可以用于分析其利率风险。但对于可赎回债券，其未来的现金流与利率有关，当利率下降时，债券发行人有可能提前赎回债券，也就是说，可赎回债券的现金流是不确定的，所以无法计算马考勒久期和修正久期。对于可赎回债券和其他具有不确定现金流的资产，需要引入一种新的久期概念，即所谓的有效久期（effective duration），下面用符号 $D_{效}$ 表示。有效久期可以用于近似马考勒久期或修正久期。

在计算修正久期时，我们假定债券未来的现金流是确定的，即不会因为利率水平的变化而变化。基于这一假设，债券的价格可以表示为到期收益率的函数，且可以计算债券价格关于到期收益率的一阶导数 $P'(y)$。对于可赎回债券，其未来的现金流是不确定的，所以债券的价格无法表示为到期收益率的一个简单函数，也就不能直接计算 $P'(y)$，但可以用下式对其进行近似估计：

$$P'(y) \approx \frac{P_+ - P_-}{2\Delta y} \tag{7-26}$$

式中，P_+ 表示到期收益率增加 Δy 时的债券价格；P_- 表示到期收益率减少 Δy 时的债券价格。

图7-5直观解释了式（7-26）的近似估计过程。在该图中，曲线表示债券的价格，直线表示 $P'(y)$ 的精确值，即债券价格在点（y_0，P_0）的切线斜率。$y_0 - y_- = y_+ - y_0 = \Delta y$，所以割线AB的斜率可以表示为$\frac{P_+ - P_-}{2\Delta y}$。由此可见，式（7-26）对 $P'(y)$ 的近似估计实际上是用割线AB的斜率代替了点（y_0，P_0）的切线斜率。

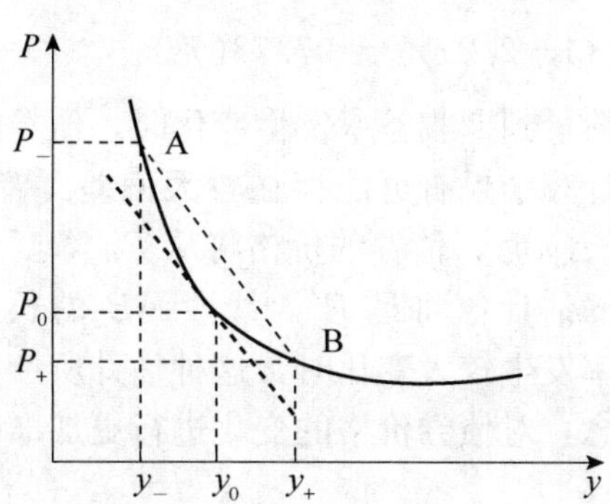

图7-5 债券价格变化与收益率变动的近似线性关系

在修正久期的定义公式中，用式（7-26）近似计算 $P'(y)$，即得有效久期的计算公式为：

$$D_{效} = \frac{P_- - P_+}{P(2\Delta y)} \tag{7-27}$$

式（7-27）定义的有效久期可以看作对修正久期的近似计算。

在式（7-26）和式（7-27）中，也可以用利息力 δ 代替名义收益率 y，从而得到下述的有效久期：

$$D_{效}=\frac{P_{-}-P_{+}}{P(2\Delta\delta)} \tag{7-28}$$

式中，P_{+}表示利息力增加 $\Delta\delta$ 时的债券价格；P_{-}表示利息力减少 $\Delta\delta$ 时的债券价格。

式（7-28）定义的有效久期是对马考勒久期的近似计算。

【例 7-10】

已知6年期可赎回债券的价格为100元，当到期收益率上升100个基点时，该债券的价格将降为95.87元；当到期收益率下降100个基点时，该债券的价格将升至104.76元。计算：(1) 该债券的有效久期。(2) 当收益率上升50个基点时，该债券的价格。

【解】 由题意可知

$$P=100, P_{+}=95.87, P_{-}=104.76, \Delta y=0.01$$

应用式（7-27），该债券的有效久期为：

$$D_{效}=\frac{P_{-}-P_{+}}{P(2\Delta y)}=\frac{104.76-95.87}{100\times 2\times 0.01}=4.45$$

当收益率上升50个基点时，该债券价格变化的百分比近似为：

$$\frac{\Delta P}{P}\approx -D_{效}\cdot\Delta y=-4.45\times 0.005=-2.22\%$$

所以该债券的价格近似为：

$$100\times(1-2.22\%)=97.78(元)$$

久期可以衡量到期收益率发生变化时，债券的价格将会如何变化，但是，仅仅基于久期的计算结果有可能存在较大偏差。譬如，在图7-6中，当收益率由 y_0 增加到 $y_0+\Delta y$ 时，债券的价格将从 P_0 降至 P。如果仅仅利用久期来近似计算，债券价格的估计值将是 P'。线段 AB 的长度就是这种估计所产生的误差。显然，当收益率发生较大变化时，这种估计所产生的误差也较大。为此，下节将引入凸度的概念，对债券价格的变化进行更加准确的估计。

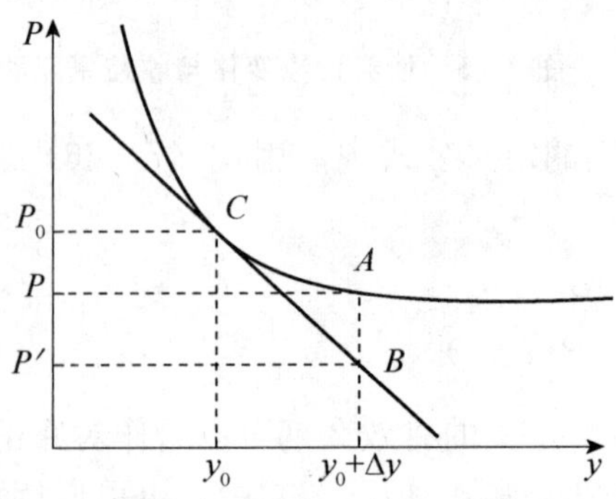

图7-6 债券价格变化与到期收益率变化的近似关系

7.4 凸　度

久期度量了债券的到期收益率与债券价格之间的近似线性变化关系，而凸度（convexity）则度量了这种线性近似所产生的误差。如果用凸度调整久期的线性近似结果，则可以更加精确地度量到期收益率与债券价格之间的变化关系。

如果用 y 表示债券的年名义到期收益率，则凸度定义为债券价格关于年名义到期收益率的二阶导数与债券价格之比：

$$C=\frac{P''(y)}{P(y)} \tag{7-29}$$

由于债券价格对年名义到期收益率的二阶导数为正，所以在定义公式的前面不加负号。修正久期度量了年名义到期收益率变化时债券价格的稳定性，凸度则度量了年名义到期收益率变化时修正久期的稳定性。

假设债券在时间 t 的现金流为 R_t，则债券价格对年名义到期收益率求二阶导数可得

$$P''(y)=\sum_{t>0}t\left(t+\frac{1}{m}\right)R_t\left(1+\frac{y}{m}\right)^{-mt-2} \tag{7-30}$$

所以基于年名义到期收益率 y 的凸度可按下式计算：

$$C=\frac{P''(y)}{P(y)}=\frac{1}{P(y)}\left[\sum_{t>0}t\left(t+\frac{1}{m}\right)R_t\left(1+\frac{y}{m}\right)^{-mt-2}\right] \tag{7-31}$$

当 $m=1$ 时，y 就是年有效到期收益率，即 $y=i$，此时，基于年有效到期收益率的凸度可以简化为：

$$C=\frac{P''(i)}{P(i)}=\frac{1}{P(i)}\left[\sum_{t>0}t(t+1)R_t(1+i)^{-t-2}\right] \tag{7-32}$$

可以证明，债券的凸度是到期收益率的减函数，即在其他条件不变的情况下，到期收益率越高，债券的凸度越小，到期收益率越低，债券的凸度越大。

【例7-11】

一项10年期年金在每年末支付1元，年利率为5%，计算该年金的修正久期和凸度。

【解】 该项年金的现值为：

$$P=\frac{1-1.05^{-10}}{0.05}=7.72$$

应用式（7-16），该项年金的修正久期为：

$$D=-\frac{1}{P}\left[\sum_{t=1}^{10}t(1+i)^{-t-1}\right]=\frac{37.50}{7.72}=4.86$$

应用式（7-32），该项年金的凸度为：

$$C=\frac{1}{P}\left[\sum_{t=1}^{10}t(t+1)R_t(1+i)^{-t-2}\right]=\frac{274.91}{7.72}=35.61$$

上述计算可以在 Excel 表格中实现，计算过程如表 7-3 所示。

表 7-3　凸度的计算过程

时间（t）	现金流（R_t）	$R_t(1+i)^{-t}$	$tR_t(1+i)^{-t-1}$	$t(t+1)R_t(1+i)^{-t-2}$
1	1	0.95	0.91	1.73
2	1	0.91	1.73	4.94
3	1	0.86	2.47	9.40
4	1	0.82	3.13	14.92
5	1	0.78	3.73	21.32
6	1	0.75	4.26	28.43
7	1	0.71	4.74	36.10
8	1	0.68	5.16	44.20
9	1	0.64	5.53	52.62
10	1	0.61	5.85	61.25
合计		7.72	37.50	274.91

【例 7-12】

假设债券的年到期收益率为 i，求 n 年期零息债券的凸度。

【解】 不妨假设债券的面值为 1 元，则 n 年期零息债券的价格为：

$$P(i)=(1+i)^{-n}$$

债券价格关于到期收益率的一阶和二阶导数分别为：

$$P'(i)=-n(1+i)^{-n-1}$$
$$P''(i)=n(n+1)(1+i)^{-n-2}$$

由此可得 n 年期零息债券的凸度为：

$$C=\frac{P''(i)}{P(i)}=n(n+1)(1+i)^{-2}$$

7.5 马考勒凸度

凸度是基于名义收益率 y 计算的。如果在计算凸度时，用利息力（即连续复收益率）δ 代替名义收益率 y，即可得到债券的马考勒凸度。换言之，马考勒凸度是债券价格关于利息力的二阶导数与债券价格的比率：

$$C_{马}=\frac{P''(\delta)}{P(\delta)} \tag{7-33}$$

由于

$$P''(\delta)=\frac{\mathrm{d}^2}{\mathrm{d}\delta^2}\left(\sum_{t>0}R_t\mathrm{e}^{-\delta t}\right)=\sum_{t>0}t^2R_t\mathrm{e}^{-\delta t}$$

所以

$$C_{马}=\frac{P''(\delta)}{P(\delta)}=\frac{1}{P(\delta)}\sum_{t>0}t^2R_t\mathrm{e}^{-\delta t} \tag{7-34}$$

从式（7-34）可以看出，马考勒凸度是现金流到期时间平方的加权平均数。譬如，n 年期零息债券只有一笔现金流，在第 n 年末到期，所以其马考勒凸度就是 n^2。

由于

$$\mathrm{e}^{-\delta}=\left(1+\frac{y}{m}\right)^{-m}$$

所以马考勒凸度也可以通过名义收益率 y 表示为：

$$C_{马}=\frac{1}{P(y)}\sum_{t>0}t^2R_t\left(1+\frac{y}{m}\right)^{-mt} \tag{7-35}$$

当 $m=1$ 时，y 就是年有效收益率，即 $y=i$，此时，马考勒凸度可以简化为：

$$C_{马}=\frac{1}{P(i)}\sum_{t>0}t^2R_t(1+i)^{-t} \tag{7-36}$$

可以证明，债券的马考勒凸度是利息力 δ 的减函数，即在其他条件不变的情况下：利息力 δ 越高，马考勒凸度越小；利息力 δ 越低，马考勒凸度越大。

【例7-13】

一项10年期年金在每年末支付1元，年利率为5%，计算该项年金的马考勒凸度。

【解】 该项年金的现值为：

$$P=\frac{1-1.05^{-10}}{0.05}=7.72$$

应用式（7-36），该项年金的马考勒凸度为：

$$C_{马}=\frac{1}{P}\left[\sum_{t=1}^{10}t^2(1+i)^{-t}\right]=\frac{263.72}{7.72}=34.15$$

上述计算可以在 Excel 表格中实现，计算过程如表 7－4 所示。

表 7－4 马考勒凸度的计算过程

时间（t）	现金流（R_t）	$R_t(1+i)^{-t}$	$t^2R_t(1+i)^{-t}$
1	1	0.95	0.95
2	1	0.91	3.63
3	1	0.86	7.77
4	1	0.82	13.16
5	1	0.78	19.59
6	1	0.75	26.86
7	1	0.71	34.82
8	1	0.68	43.32
9	1	0.64	52.21
10	1	0.61	61.39
合计		7.72	263.72

**【例 7－14】**

假设年利率为 i，求期初付永续年金的凸度和马考勒凸度。

【解】 期初付永续年金的现值为：

$$P(i)=\frac{1+i}{i}$$

所以有

$$P'(i)=-\frac{1}{i^2}$$

$$P''(i)=\frac{2}{i^3}$$

由此可得期初付永续年金的凸度为：

$$C=\frac{P''(i)}{P(i)}=\frac{2}{(1+i)i^2}$$

由于 $i=e^{\delta}-1$，所以期初付永续年金的现值关于利息力 δ 的导数为：

$$P'(\delta)=\frac{dP}{d\delta}=\frac{dP}{di}\frac{di}{d\delta}=-\frac{1}{i^2}e^{\delta}=-\frac{1+i}{i^2}$$

$$P''(\delta)=\frac{dP'(\delta)}{d\delta}=\frac{dP'(\delta)}{di}\frac{di}{d\delta}=\frac{-i^2+2(1+i)i}{i^4}e^{\delta}=\frac{-i^2+2(1+i)i}{i^4}\cdot(1+i)$$

应用马考勒凸度的定义公式式（7－33），可得期初付永续年金的马考勒凸度为：

$$C_{马}=\frac{P''(\delta)}{P(\delta)}=\frac{2+i}{i^2}$$

马考勒久期是资产价格关于利息力的一阶导数与资产价格之比，而马考勒凸度是资产价格关于利息力的二阶导数与资产价格之比。可以证明，马考勒久期与马考勒凸度之间存在下述关系：

$$C_{马}=\sigma^2+D_{马}^2 \tag{7-37}$$

式中，σ^2 表示现金流到期时间的方差。

证明：马考勒凸度是现金流到期时间的平方的平均数，而马考勒久期是现金流到期时间的平均数。用 σ^2 表示现金流到期时间的方差，则有

$$\sigma^2=\left[\sum_{t>0}t^2w_t-\left(\sum_{t>0}tw_t\right)^2\right]=C_{马}-D_{马}^2$$

式中，权重 $w_t=\frac{R_t e^{-\delta t}}{\sum_{t>0}R_t e^{-\delta t}}$。

【例 7-15】

基于年有效利率 i 的凸度为 C，则可以用马考勒久期 $D_{马}$ 和马考勒凸度 $C_{马}$ 表示为：

$$C=(D_{马}+C_{马})\cdot(1+i)^{-2} \tag{7-38}$$

【解】 由 $1+i=e^{\delta}$ 可知 $\frac{di}{d\delta}=e^{\delta}$，所以

$$P'(\delta)=\frac{dP}{di}\frac{di}{d\delta}=P'(i)e^{\delta}$$

上式对利息力 δ 再求导数可得

$$P''(\delta)=P''(i)\frac{di}{d\delta}e^{\delta}+P'(i)e^{\delta}=P''(i)e^{2\delta}+P'(i)e^{\delta}$$

上式两边分别除以资产价格，有

$$C_{马}=C\cdot e^{2\delta}-D\cdot e^{\delta}$$

应用马考勒久期和修正久期的关系 $D_{马}=De^{\delta}$，上式经变形即得式（7-38）。

如前所述，马考勒久期是现金流到期时间的平均数，而马考勒凸度是现金流到期时间平方的平均数，所以式（7-38）可以为凸度的计算过程提供便利。譬如，对于 n 年期零息债券，其马考勒久期为 n，马考勒凸度为 n^2，故由式（7-37）可以直接求得零息债券的凸度为 $n(n+1)(1+i)^{-2}$。

7.6 有效凸度

对于确定的现金流，可以直接计算其凸度或马考勒凸度。但对于可赎回债券等具有利率敏感性的现金流，就需要用有效凸度近似代替凸度和马考勒凸度。类似于有效久期的计算，在计算有效凸度时，可以对 $P''(y)$ 进行如下近似计算：

$$\begin{aligned}P''(y)&=\frac{d^2P}{dy^2}\approx\frac{\Delta(\Delta P)}{(\Delta y)^2}\\&=\frac{(P_+-P)-(P-P_-)}{(\Delta y)^2}\\&=\frac{P_++P_--2P}{(\Delta y)^2}\end{aligned}\tag{7-39}$$

因此有效凸度可以定义为：

$$C_{效}=\frac{P_++P_--2P}{(\Delta y)^2P}\tag{7-40}$$

式中，P 表示当前的价格；P_+表示到期收益率增加 Δy 时的债券价格；P_-表示到期收益率减少 Δy 时的债券价格。

式（7-40）是对凸度的近似计算。在式（7-40）中，如果用利息力 δ 代替名义收益率 y，即可得到近似计算马考勒凸度的有效凸度为：

$$C_{效}=\frac{P_++P_--2P}{(\Delta\delta)^2P}\tag{7-41}$$

式中，P 表示当前的价格；P_+表示利息力增加 $\Delta\delta$ 时的债券价格；P_-表示利息力减少 $\Delta\delta$ 时的债券价格。

【例7-16】

已知一只6年期可赎回债券的价格为100元，当收益率上升100个基点时，该债券的价格将降为95.87元；当收益率下降100个基点时，该债券的价格将升至104.76元。计算该债券的有效凸度。

【解】 应用式（7-40），该债券的有效凸度为：

$$C_{效}=\frac{P_++P_--2P}{(\Delta y)^2P}=\frac{95.87+104.76-2\times100}{(0.01)^2\times100}=63$$

7.7　基于久期和凸度计算资产价格

债券的价格 $P(y)$ 是到期收益率 y 的函数。将债券的价格函数用泰勒级数展开，则有

$$P(y)=P(y_0)+P'(y_0)(y-y_0)+\frac{1}{2}P''(y_0)(y-y_0)^2+o(y-y_0) \tag{7-42}$$

式中，$o(y-y_0)$ 是关于 $y-y_0$ 的高阶无穷小量，当 $y-y_0$ 较小时，可以忽略不计。此时，将等式右边的 $P(y_0)$ 移到等式左边，并在等式两边同时除以 $P(y_0)$，则可以将债券价格的相对变化率表示为下面的近似公式：

$$\frac{P(y)-P(y_0)}{P(y_0)}\approx\frac{P'(y_0)}{P(y_0)}(y-y_0)+\frac{1}{2}\frac{P''(y_0)}{P(y_0)}(y-y_0)^2$$

如果式（7-42）中的 y 表示债券的名义收益率，则应用修正久期和凸度的定义，有

$$\frac{\Delta P}{P}\approx-D\cdot(\Delta y)+\frac{1}{2}\cdot C\cdot(\Delta y)^2 \tag{7-43}$$

上式表明，名义收益率变化所导致的债券价格变化的百分比可以通过修正久期和凸度近似计算。

债券的价格 $P(\delta)$ 也可以表示为利息力 δ 的函数。把式（7-42）中的 y 替换为利息力 δ，则式（7-43）变形为：

$$\frac{\Delta P}{P}\approx-D_{马}\cdot(\Delta\delta)+\frac{1}{2}\cdot C_{马}\cdot(\Delta\delta)^2 \tag{7-44}$$

上式表明，利息力变化所导致的债券价格变化的百分比可以通过马考勒久期和马考勒凸度近似计算。

在式（7-43）中，如果无法求得债券的修正久期和凸度，则可以用债券的有效久期和有效凸度近似计算。相应地，式（7-43）变形为：

$$\frac{\Delta P}{P}\approx-D_{效}\cdot(\Delta y)+\frac{1}{2}\cdot C_{效}\cdot(\Delta y)^2 \tag{7-45}$$

类似地，在式（7-44）中，也可以用债券的有效久期和有效凸度近似计算马考勒久期和马考勒凸度。

从式（7-43）可以看出，久期对债券价格的影响取决于到期收益率的变化方向，当到期收益率上升时，久期越大，债券价格的下降幅度越大，对投资者越

不利；当收益率下降时，久期越大，债券价格的上升幅度越大，对投资者越有利。由此可见，久期是一把“双刃剑”，对投资者既有有利的一面，也有不利的一面。债券的凸度只会给投资者带来好处。不论收益率如何变化，债券的凸度越大，收益率变化时债券价格的上升幅度就越大。因此，对投资者而言，理想的债券应该具有较小的久期和较大的凸度。

凸度越大的债券，其规避利率风险的能力就越强。这可以从图7-7得到反映。在该图中，债券A（用实线表示）的凸度大于债券B（用虚线表示）的凸度，所以，当利率下降时，债券A的价格上升幅度大于债券B；而当利率上升时，债券A的价格下降幅度小于债券B。因此，债券A对投资者具有更多的风险保护。

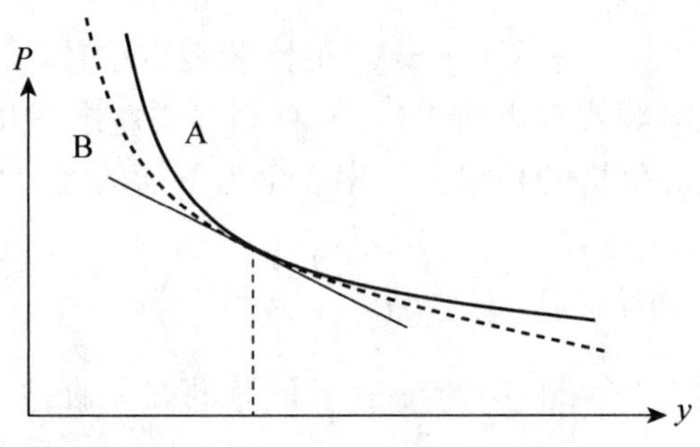

图7-7　凸度对债券价格的影响

注意，在久期和凸度的计算中，我们假设收益率的大小与期限长短无关，所以在对不同日期的现金流进行贴现时采用了同一利率。

【例7-17】

债券的面值是1 000元，期限为15年，年息票率为11%，到期时按面值偿还。如果到期收益率为12%，计算该债券的价格、马考勒久期、修正久期和凸度，以及当到期收益率上升至12.5%时，债券价格的变化幅度。

【解】债券的价格为：

$$\begin{aligned}P &= 110a_{\overline{15}|}+1\,000\times(1+0.12)^{-15}\\ &=110\times\frac{1-1.12^{-15}}{0.12}+1\,000\times1.12^{-15}\\ &=931.89(\text{元})\end{aligned}$$

债券的马考勒久期为（参见表7-5）：

$$D_{马}=\frac{1}{P}\sum_{t=1}^{15}tR_t(1+0.12)^{-t}=\frac{7\,220.86}{931.89}=7.75$$

债券的修正久期为：

$$D=\frac{D_{马}}{1+i}=\frac{7.75}{1.12}=6.92$$

债券的凸度为（参见表 7－5）：

$$C=\frac{1}{P}\times\left[\sum_{t=1}^{15}t(t+1)R_t(1.12)^{-t-2}\right]=\frac{69\ 585.71}{931.89}=74.67$$

表 7－5　　　　债券价格、久期和凸度的计算过程

t	R_t	$R_t(1.12)^{-t}$	$tR_t(1.12)^{-t}$	$t(t+1)R_t(1.12)^{-t-2}$
1	110	98.21	98.21	156.59
2	110	87.69	175.38	419.44
3	110	78.30	234.89	749.00
4	110	69.91	279.63	1 114.59
5	110	62.42	312.08	1 492.75
6	110	55.73	334.38	1 865.94
7	110	49.76	348.31	2 221.36
8	110	44.43	355.42	2 550.03
9	110	39.67	357.00	2 846.01
10	110	35.42	354.17	3 105.77
11	110	31.62	347.85	3 327.61
12	110	28.23	338.81	3 511.28
13	110	25.21	327.72	3 657.58
14	110	22.51	315.11	3 768.11
15	1 110	202.79	3 041.89	38 799.65
合计		931.89	7 220.86	69 585.71

如果债券的到期收益率上升为 12.5%，即上升 50 个基点，则债券的价格将变为 900.51 元，债券价格的实际下降幅度为（900.51－931.89）÷931.89＝－3.38%。

如果仅用修正久期作近似计算，则当债券的到期收益率上升 50 个基点时，债券价格的下降幅度为：

$$\frac{\Delta P}{P}\approx-D\cdot(\Delta y)=-6.92\times0.005=-3.46\%$$

如果进一步考虑凸度的影响，则可以得到更加精确的近似结果，即当债券的到期收益率上升 50 个基点时，债券价格的下降幅度为：

$$\begin{aligned}\frac{\Delta P}{P}&\approx-D\cdot(\Delta y)+0.5\cdot C\cdot(\Delta y)^2\\&=-6.92\times0.005+0.5\times74.67\times(0.005)^2\\&=-3.46\%+0.093\%\\&=-3.37\%\end{aligned}$$

这一结果已经十分接近真实值。

债券的价格、马考勒久期、修正久期和凸度都是到期收益率的减函数，表7-6和图7-8是在不同到期收益率水平下计算的债券价格、马考勒久期、修正久期和凸度。可以看出，它们都随着到期收益率的上升而不断下降。

表7-6　到期收益率变化对债券价格、马考勒久期、修正久期和凸度的影响

到期收益率	债券价格	马考勒久期	修正久期	凸度
0.04	1 778	9.69	9.31	119.20
0.05	1 623	9.44	8.99	112.80
0.06	1 486	9.19	8.67	106.63
0.07	1 364	8.95	8.36	100.70
0.08	1 257	8.70	8.06	95.01
0.09	1 161	8.46	7.76	89.56
0.10	1 076	8.22	7.47	84.35
0.11	1 000	7.98	7.19	79.39
0.12	932	7.75	6.92	74.67
0.13	871	7.52	6.65	70.19

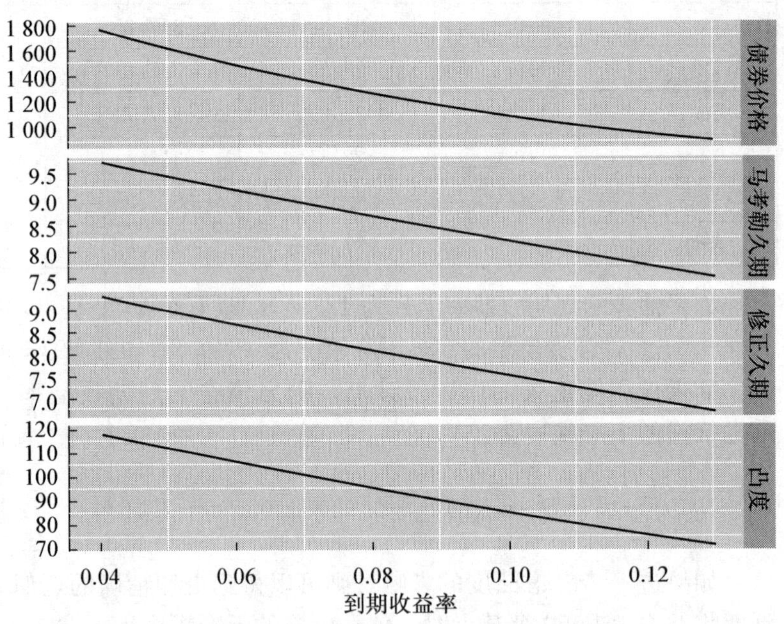

图7-8　到期收益率变化对债券价格、马考勒久期、修正久期和凸度的影响

**【例7-18】**

已知一只6年期可赎回债券的现价为100元，当收益率上升100个基点时，该债券的价格将降为95.87元；当收益率下降100个基点时，该债券的价格将升至104.76元。计算当收益率上升50个基点时，该债券的价格。

【解】该债券的有效久期为：

$$D_{效}=\frac{P_{-}-P_{+}}{P_0(2\Delta y)}=\frac{104.76-95.87}{100\times2\times0.01}=4.45$$

有效凸度为：

$$C_{效}=\frac{(P_{+}+P_{-}-2P_0)}{(\Delta y)^2P_0}=\frac{(95.87+104.76-2\times100)}{(0.01)^2\times100}=63$$

由式（7-45）可得，当收益率上升50个基点时，债券价格的下降幅度为：

$$\begin{aligned}\frac{\Delta P}{P}&\approx-D_{效}(\Delta y)+0.5C_{效}(\Delta y)^2\\&=-4.45\times0.005+0.5\times63\times0.005^2\\&=-2.14\%\end{aligned}$$

故当收益率上升50个基点时，债券的价格为：

$$100\times(1-2.14\%)=97.86(元)$$

7.8 资产组合的久期和凸度

对于资产组合，也可以计算其久期和凸度。计算资产组合的久期和凸度可以采取两种方法：一种方法是首先计算组合中每种资产的久期和凸度，然后以组合中每种资产的市场价值为权重，计算这些久期和凸度的加权平均数，即得资产组合的久期和凸度。另一种方法是将资产组合看作一个整体，直接根据资产组合的现金流计算久期和凸度。这两种方法的计算结果未必相同。对于上升的收益率曲线而言，当收益率上升时，第一种方法的计算结果较为准确，当收益率下降时，第二种方法的计算结果较为准确；对于下降的收益率曲线，当收益率上升时，第二种方法的计算结果较为准确，而当收益率下降时，第一种方法的计算结果较为准确。对于平坦的收益率曲线，上述两种方法的计算结果是相同的。

下面仅对第一种方法进行简要介绍。

假设资产组合由 n 种债券构成，第 k 只债券的现值为 P_k，久期为 D_k，凸度为 C_k，则该资产组合的价格为：

$$P=\sum_{k=1}^{n}P_k \tag{7-46}$$

该资产组合的久期 $\widetilde{D}$ 和凸度 $\widetilde{C}$ 分别为：

$$\widetilde{D}=\sum_{k=1}^{n}\frac{P_k}{P}D_k \tag{7-47}$$

$$\widetilde{C}=\sum_{k=1}^{n}\frac{P_k}{P}C_k \tag{7-48}$$

这里的久期可以是马考勒久期、修正久期或有效久期，凸度也可以是马考勒凸度或有效凸度。

式（7-46）显然成立，所以，可以将资产组合的久期表示为：

$$\begin{aligned}\widetilde{D}&=-\frac{1}{P}\frac{\mathrm{d}P}{\mathrm{d}y}=-\frac{1}{P}\sum_{k=1}^{n}\frac{\mathrm{d}P_k}{\mathrm{d}y}\\&=\sum_{k=1}^{n}\frac{P_k}{P}\left(-\frac{1}{P_k}\frac{\mathrm{d}P_k}{\mathrm{d}y}\right)\\&=\sum_{k=1}^{n}\frac{P_k}{P}D_k\end{aligned}$$

类似可以证明式（7-48）成立。

【例7-19】

一个债券组合由两种面值为100元的债券构成，两种债券到期后均按面值偿还，且到期收益率均为5%。第一种债券的年息票率为6%，期限为5年。第二种债券为10年期的零息债券。计算该债券组合的马考勒久期、修正久期、马考勒凸度以及凸度。

【解】第一种债券的价格为：

$$\begin{aligned}P_1&=6a_{\overline{5}|}+100\times(1+0.05)^{-5}\\&=6\times\frac{1-1.05^{-5}}{0.05}+100\times(1+0.05)^{-5}\\&=104.33(\text{元})\end{aligned}$$

第一种债券的马考勒久期为：

$$D_{\text{马}1}=-\frac{1}{P_1}\sum_{t=1}^{5}tR_t(1+i)^{-t}=\frac{467.16}{104.33}=4.48$$

第一种债券的修正久期为：

$$D_1=\frac{D_{\text{马}1}}{1+i}=\frac{4.48}{1.05}=4.26$$

第一种债券的马考勒凸度为：

$$C_{\text{马}1}=-\frac{1}{P_1}\sum_{t=1}^{5}t^2R_t(1+i)^{-t}=\frac{2\,229.45}{104.33}=21.37$$

直接应用式（7-38），第一种债券的凸度为：

$$C_1=(D_{\text{马}1}+C_{\text{马}1})\cdot(1+i)^{-2}=(4.48+21.37)\times1.05^{-2}=23.45$$

第一种债券的价格、马考勒久期和马考勒凸度的计算过程可参见表7-7。

表 7-7　债券价格和修正久期的计算过程

t	R_t	$R_t(1.05)^{-t}$	$tR_t(1.05)^{-t}$	$t^2R_t(1.05)^{-t}$
1	6	5.71	5.71	5.71
2	6	5.44	10.88	21.77
3	6	5.18	15.55	46.65
4	6	4.94	19.74	78.98
5	106	83.05	415.27	2 076.34
合计		104.33	467.16	2 229.45

第二种债券的价格为：

$$P_2=100\times(1+0.05)^{-10}=61.39(\text{元})$$

第二种债券是零息债券，马考勒久期为 $D_{马2}=10$，马考勒凸度为 $C_{马2}=10^2=100$。

第二种债券的修正久期为：

$$D_2=10/(1+0.05)=9.52$$

应用式（7-38），第二种债券的凸度为：

$$C_2=(D_{马2}+C_{马2})\cdot(1+i)^{-2}=(10+100)\times1.05^{-2}=99.77$$

债券组合的价格为：

$$P=P_1+P_2=165.72$$

由此可得，债券组合的马考勒久期为：

$$\tilde{D}_{马}=\frac{P_1}{P}D_{马1}+\frac{P_2}{P}D_{马2}=0.63\times4.48+0.37\times10=6.52$$

类似地，可以求得债券组合的修正久期、马考勒凸度和凸度分别为：

$$\tilde{D}=6.21$$
$$\tilde{C}_{马}=50.50$$
$$\tilde{C}=51.72$$

7.9 免　疫

几乎任何一家企业都无法回避利率风险的影响，但是，通过资产与负债的适当安排，可以减轻利率风险可能造成的不良后果。一般而言，企业的负债结构是一个外生变量，受其自身的影响相对较小，而资产结构却可以根据需要进行调整。本节在假设负债结构给定的条件下，应用久期和凸度的有关概念，介绍如何通过安排资产的结构来防范未来的利率风险。利率风险的防范是一个十分复杂的问题，本节只对防范利率风险的 Redington 免疫策略（Redington immunization）进行简要介绍。该免疫策略由英国精算师弗兰克·雷丁顿（Frank Redington）于 1950 年代提出，通常简称为“免疫”。

在负债结构给定的条件下，如何安排资产结构，以使资产结构与负债结构正好平衡，消除或减弱利率风险造成的不良后果是免疫策略的主要目标。考虑一个极端简化的例子。假设银行发行了一种三年期的存款单，存款单的年利率为 5%，银行吸收到的存款金额为 100 亿元。银行在投资这笔资金时可能遭遇下述两种类型的利率风险：

第一，如果投资期限太长，银行有可能遭遇利率上升的风险。当利率上升时，某些储户可能要求提前取款，此时，银行不得不将一些未到期的投资变现，而这些投资的价值会由于利率的上升而下降，所以在这种情况下，银行必然遭受损失。

第二，如果投资期限太短，银行有可能遭遇利率下降的风险。如果投资期限太短，当利率下降时，再投资的收益率必然也会下降，从而使得银行的总体收益减少，甚至有可能还不足以支付向储户保证的利息。此时，银行也会遭受损失。

免疫策略就是要通过合理安排资产的投资期限，来减弱或消除上述两种利率风险的不利影响。换言之，通过合理安排投资期限，企业可以获得一种“免疫力”，从而不会遭受利率波动所造成的损失。

假设企业在未来需要偿还的一系列负债为 L_1，L_2，…，L_m，它现在需要安排一系列在未来到期的资产 A_1，A_2，…，A_n，以备偿付未来到期的债务。在当前时点上，资产的现值应该等于负债的现值。只有如此，才能说明目前的资产价值正好可以偿还未来的负债。但是，当利率在未来发生变化时，资产的价值有可能不再等于负债的价值。如果资产的价值超过了负债的价值，那对企业是再好不过的事。但是，如果资产的价值小于负债的价值，企业将面临支付危机。

现在的问题是，如何安排资产的结构，才可以使得资产的价值一直大于或等于负债的价值呢？要做到这一点，必须满足下述条件：

第一，按当前的利率计算，资产的现值应该等于负债的现值。这一点保证了未来到期的资产价值与未来到期的负债价值在当前时点上正好相等，即资产正好可以偿还负债。

第二，资产的久期等于负债的久期。这一点可以保证当利率发生变化时，资产的价值和负债的价值将发生同样幅度的变化，从而保证资产的价值不会低于负债的价值。这里的久期可以是马考勒久期、修正久期或有效久期。

第三，资产的凸度大于负债的凸度。如果满足这一条件，那就意味着当利率发生变化时，资产的价值将超过负债的价值。换言之，当利率上升时，资产价值下降的幅度小于负债价值下降的幅度；当利率下降时，资产价值上升的幅度大于负债价值上升的幅度。这里的凸度也可以是马考勒凸度或有效凸度。

如果一个企业的资产结构和负债结构满足上述三个条件，则利率的变化将不会减少企业的盈余，如图 7－9 所示。

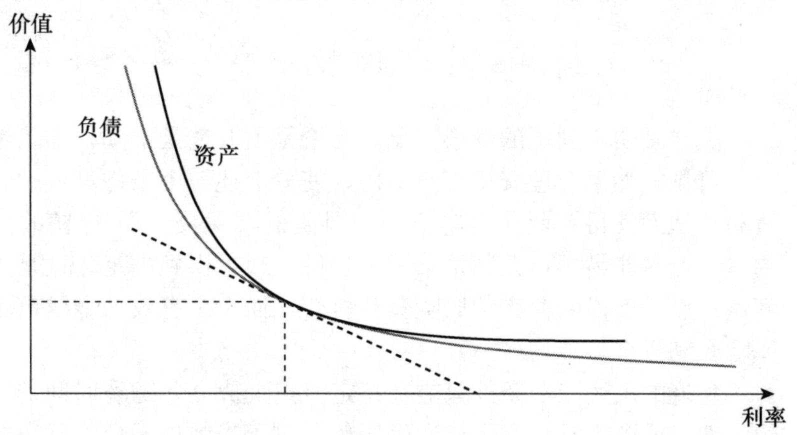

图 7－9　免疫的条件

为便于表述，假设资产的现值为 P_A，久期为 D_A，凸度为 C_A；负债的现值为 P_L，久期为 D_L，凸度为 C_L。免疫的前述三个条件可以重新表述为：

(1) $P_A=P_L$　(7－49)

(2) $D_A=D_L$　(7－50)

(3) $C_A>C_L$　(7－51)

在前述假设下，盈余可以表示为：

$$S(y)=P_A-P_L$$

求盈余关于利率 y 的一阶导数，并应用久期的定义公式，则有

$$S'(y)=\frac{\mathrm{d}P_A}{\mathrm{d}y}-\frac{\mathrm{d}P_L}{\mathrm{d}y}=-D_A\times P_A+D_L\times P_L$$

求盈余关于利率 y 的二阶导数，并应用凸度的定义公式，则有

$$S''(y)=\frac{\mathrm{d}^2P_A}{\mathrm{d}y^2}-\frac{\mathrm{d}^2P_L}{\mathrm{d}y^2}=C_A\times P_A-C_L\times P_L$$

根据免疫策略的第一个条件式 (7－49)，有

$$S(y)=P_A-P_L=0$$

根据免疫策略的第二个条件式 (7－50)，有

$$S'(y)=-D_A\times P_A+D_L\times P_L=0$$

根据免疫策略的第一个条件式 (7－49) 和第三个条件式 (7－51)，有

$$S''(y)=C_A\times P_A-C_L\times P_L>0$$

由此可见，如果免疫的三个条件都得以满足，就有

$$S(y)=0,\ S'(y)=0,\ S''(y)>0$$

假设利率的变化为 Δy，则应用泰勒级数展开式可得

$$S(y+\Delta y)\approx S(y)+\Delta y S'(y)+\frac{(\Delta y)^2 S''(y)}{2}>0$$

上式表明，利率的微小变化，无论是上升还是下降，都能保证盈余大于零。

可见，如果合理安排资产结构，使得上述三个条件都成立，就可以实现免疫策略，从而使得企业获得防范利率风险的“免疫力”。遗憾的是，在实践中要做到这一点并非易事，尤其是第三个条件，很难得到满足。这是因为如果确实能做到这一点，就说明存在无风险套利机会，而一个有效的金融市场不会长期存在无风险套利机会。

免疫的上述三个条件只能在特定时点上成立，随着时间的推移，资产和负债的久期（或凸度）都有可能发生变化。对于当前处于免疫状态的资产组合，必须进行定期调整，才能使它们继续保持在免疫状态。

注意，上述结论成立的假设前提是不同期限的利率水平是相等的，在该假设不能满足的条件下，上述免疫策略就不一定成立。

【例 7－20】

投资者按当前的利率 6%获得了一笔 200 万元的贷款，期限为 10 年。为了防范利率风险，投资者希望购买价值 200 万元的债券实施免疫策略，假设可供选择的债券有以下三种：

债券 A：面值 1 000 元，期限为 10 年，年息票率为 6.7%。

债券 B：面值 1 000 元，期限为 15 年，年息票率为 6.988%。

债券 C：面值 1 000 元，期限为 30 年，年息票率为 5.9%。

问：投资者应该如何选择上述三种债券？

【解】 投资者在第 10 年末需要偿还的总金额为 $200(1+6\%)^{10}=358.17$（万元）。

负债的马考勒久期就是负债的到期时间，为 10 年；负债的马考勒凸度是负债到期时间的平方，即为 100。

各种债券的马考勒久期和马考勒凸度如表 7－8 所示。

在当前 6%的利率水平下，三种债券的价格分别为：

债券 A：$P_{\mathrm{A}}=67a_{\overline{10}|}+1\,000\times(1.06)^{-10}=1\,051.52$（元）

债券 B：$P_{\mathrm{B}}=69.88_{\overline{15}|}+1\,000\times(1.06)^{-15}=1\,095.96$（元）

债券 C：$P_{\mathrm{C}}=59a_{\overline{30}|}+1\,000\times(1.06)^{-30}=986.24$（元）

由此可知，200 万元可以购买 1 902 份债券 A，或 1 825 份债券 B，或 2 028 份债券 C。

下面分别两种情况进行分析，即利率保持不变和利率发生变化。

（1）利率保持不变，并将每期的息票收入仍然按 6%的利率进行再投资。

一份债券 A 在第 10 年末（即债务偿还日期）的累积价值为：

$$1\,000+67s_{\overline{10|}}=1\,883.11(\text{元})$$

用 200 万元购买债券 A，可以买到 1 902 份，因此投资者在第 10 年末可以累积到的价值为 1 883.11×1 902=358.17（万元），正好等于到期需要偿还的债务。

一份债券 B 在第 10 年末的累积价值为：

$$69.88s_{\overline{10|}}+[69.88a_{\overline{5|}}+1\,000\times(1.06)^{-5}]=1\,962.69(\text{元})$$

上式中，第一项是息票收入在第 10 年末的累积值，方括号中是债券在第 10 年末出售后可以获得的价值。

用 200 万元购买债券 B，可以购买到 1 825 份，因此投资者在第 10 年末可以累积到的价值为 1 962.69×1 825=358.17（万元）。这也正好等于到期需要偿还的债务。

同理，如果购买债券 C，投资者在第 10 年末也可以积累到 358.17 万元。

由此可见，在利率保持不变的情况下，无论购买哪种债券，投资者在第 10 年末都可以累积到与到期债务相等的金额。也就是说，投资者没有利率风险。

前面的计算结果如表 7-8 所示。

表 7-8　　利率保持在 6%不变时购买三种债券的结果

债券类型	A	B	C
债券的面值	1 000	1 000	1 000
债券的到期期限	10	15	30
债券的息票率	6.700%	6.988%	5.900%
债券的马考勒久期	7.67	10.00	14.64
债券的马考勒凸度	68.73	126.50	318.11
债券的价格（元）	1 051.52	1 095.96	986.24
购买的债券份数	1 902	1 825	2 028
一份债券在第 10 年末的价值（元）	1 883.11	1 962.69	1 766.20
所购债券在第 10 年末的价值（万元）	358.17	358.17	358.17

（2）假设购买债券以后，利率下降为 5%。在 5%的利率水平下，重新进行前述计算可得如表 7-9 所示的结果。

表 7-9　　利率下降到 5%时的结果

债券类型	A	B	C
购买的债券份数	1 902	1 825	2 028
一份债券在第 10 年末的累积值（元）	1 842.73	1 965.01	1 854.26
所购债券在第 10 年末的价值（万元）	350.49	358.61	376.04

由此可见，如果利率下降到 5%，债券 A 将不足以偿付到期债务，债券 C 超过了到期债务，而债券 B 略有上升。在其他利率水平下，购买上述三种债券在第

10 年末可以累积到的价值如图 7-10 所示。从该图可以看出，当利率发生变化时，只有债券 B 具有免疫特性，即无论利率上升还是下降，购买债券 B 可以累积到的价值总是大于负债到期时的价值。

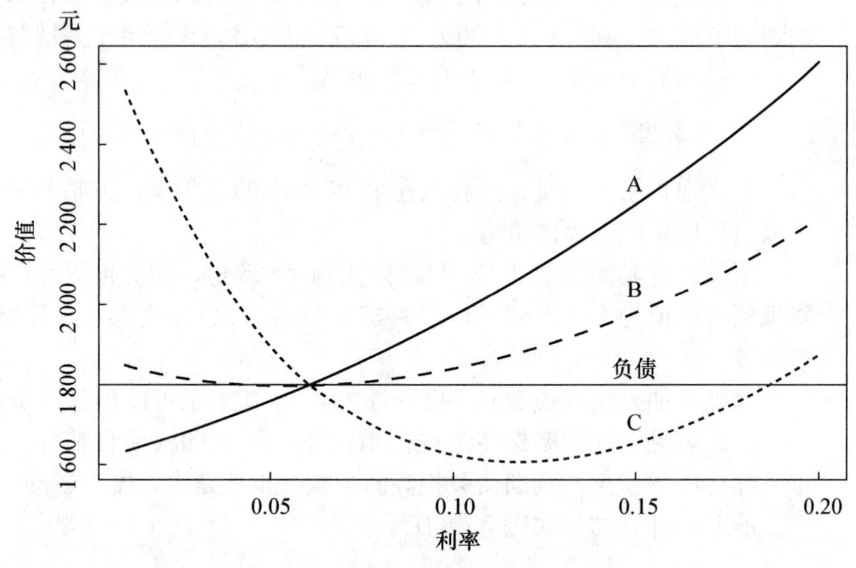

图 7-10 三种债券的免疫特性

图 7-10 表明，当利率上升时，购买债券 A 可以获得最大的累积价值，而当利率下降时，购买债券 C 可以获得最大的累积价值。因此，一种比较自然的想法是同时购买债券 A 和债券 C，形成一个债券组合，该组合的免疫特性有可能优于单纯的债券 B。

为了满足免疫的条件，债券组合的马考勒久期应该等于负债的马考勒久期。

假设在债券 A 上的投资比例为 p，在债券 C 上的投资比例为（$1-p$），则债券组合的马考勒久期为 $7.67p+14.64(1-p)$，令其等于债务的马考勒久期 10，则有

$$7.67p+14.64(1-p)=10$$

由此可以求得在债券 A 上的投资比例为 66.5%，在债券 C 上的投资比例为 33.5%。

对于这样一个债券组合，当利率发生变化时，它比债券 B 具有更好的免疫特性，如图 7-11 所示。无论利率上升还是下降，债券 B 和债券组合的价值都会上升，且都高于负债的价值，但债券组合的价值上升得更多。这就说明债券组合的凸度大于债券 B 的凸度，从而债券组合对利率风险的免疫能力更强。应用表 7-8 的结果容易验证，债券组合的马考勒凸度为 $0.665\times68.73+0.335\times318.11=152.27$，大于债券 B 的马考勒凸度 126.50。

负债的马考勒凸度为 100，小于债券 B 的马考勒凸度（126.50），更小于债券组合的马考勒凸度（152.27）。

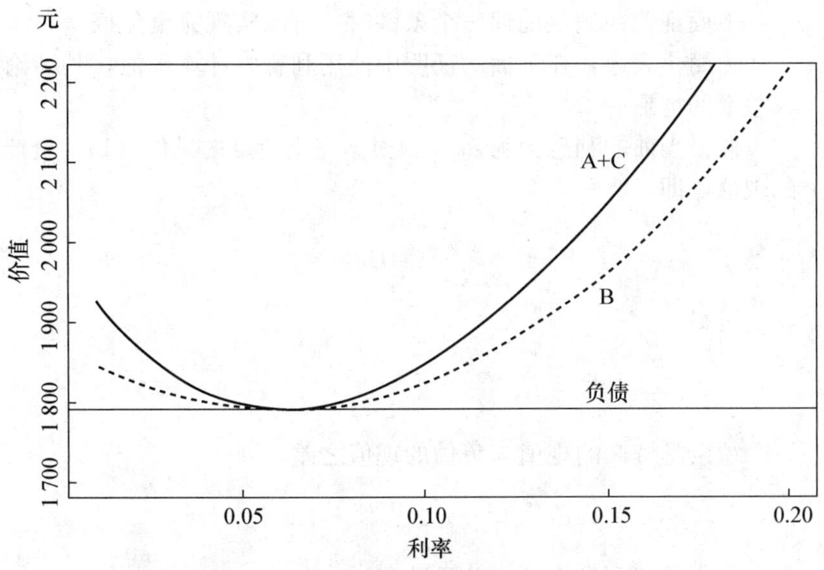

图 7-11　债券 B 与债券组合的凸度比较

7.10　完全免疫

只有当利率水平发生微小变化时，Redington 免疫才能保证企业的盈余不会减少，所以 Redington 免疫的应用受到一定限制。在完全免疫（full immunization）策略下，即使利率水平发生了较大的变化，企业的盈余也不会减少。

假设企业在未来需要偿还一笔负债，金额为 L，偿还时间为 t，同时在未来有两笔资产的现金流，金额分别为 A 和 B，到期时间分别为 $t-a$ 和 $t+b$。它们的关系如图 7-12 所示。

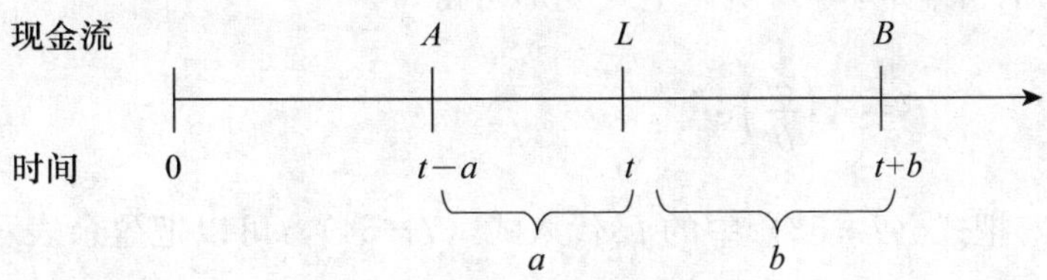

图 7-12　完全免疫的条件

实现完全免疫需要满足下面三个条件：

（1）资产的现值＝负债的现值；

（2）资产的久期＝负债的久期；

（3）负债的到期时间介于两笔资产的到期时间之内，即在图 7-12 中有

$$t-a<t<t+b \tag{7-52}$$

下面证明在满足前述三个条件时，可以实现完全免疫。

为简化表述，在下面的证明中使用利息力计算现值，其结论同样适用于名义收益率的情形。

假设当前的利息力为 δ_0，则根据完全免疫的条件（1），资产的现值等于负债的现值，即

$$Ae^{-(t-a)\delta_0}+Be^{-(t+b)\delta_0}=Le^{-t\delta_0}$$

化简可得

$$L=Ae^{a\delta_0}+Be^{-b\delta_0} \tag{7-53}$$

盈余是资产的现值与负债的现值之差，即

$$S(\delta)=Ae^{-(t-a)\delta}+Be^{-(t+b)\delta}-Le^{-t\delta} \tag{7-54}$$

盈余关于利息力的一阶导数为：

$$S'(\delta)=-A(t-a)e^{-(t-a)\delta}-B(t+b)e^{-(t+b)\delta}+Lte^{-t\delta}$$

由完全免疫的条件（1）和（2）可知，盈余的一阶导数等于零，即 $S'(\delta_0)=0$，所以有

$$-A(t-a)e^{-(t-a)\delta_0}-B(t+b)e^{-(t+b)\delta_0}+Lte^{-t\delta_0}=0$$

变形得

$$-Ate^{-(t-a)\delta_0}+Aae^{-(t-a)\delta_0}-Bte^{-(t+b)\delta_0}-Bbe^{-(t+b)\delta_0}+Lte^{-t\delta_0}=0$$

$$-t[Ae^{-(t-a)\delta_0}+Be^{-(t+b)\delta_0}-Le^{-t\delta_0}]+[Aae^{-(t-a)\delta_0}-Bbe^{-(t+b)\delta_0}]=0$$

上式左边的第一项是资产的现值与负债的现值之差，由完全免疫的条件（1）可知，该项为零，所以上式变形可得

$$B=A\left(\frac{a}{b}\right)e^{(a+b)\delta_0} \tag{7-55}$$

把式（7-53）中的 L 代入式（7-54），可以把盈余表示为：

$$S(\delta)=e^{-t\delta}[Ae^{a\delta}+Be^{-b\delta}-(Ae^{a\delta_0}+Be^{-b\delta_0})]$$

再把式（7-55）中的 B 代入上式，可以把盈余进一步表示为：

$$S(\delta)=Ae^{a\delta_0-t\delta}\left[e^{a(\delta-\delta_0)}+\frac{a}{b}e^{-b(\delta-\delta_0)}-\left(1+\frac{a}{b}\right)\right]$$

在上式中，方括号外边的项大于零，下面只要证明方括号中的项也大于零，就可以确保盈余总大于零，即可以实现完全免疫。

令上式方括号中的项为 $f(\delta)$，则其关于 δ 的一阶导数为：

$$f'(\delta)=a\mathrm{e}^{a(\delta-\delta_0)}-a\mathrm{e}^{-b(\delta-\delta_0)}$$

由于 a 和 b 都大于零，所以有

$$\begin{cases} f'(\delta)=0, & \text{如果 } \delta=\delta_0 \\ f'(\delta)>0, & \text{如果 } \delta>\delta_0 \\ f'(\delta)<0, & \text{如果 } \delta<\delta_0 \end{cases}$$

上式表明，当 $\delta<\delta_0$ 时，$f(\delta)$ 的斜率是负值；当 $\delta>\delta_0$，$f(\delta)$ 的斜率是正值；而当 $\delta=\delta_0$ 时，$f(\delta)$ 的斜率为零。换言之，$f(\delta)$ 在 $\delta=\delta_0$ 处达到极小值，且这个极小值就是零。这就意味着，当 $\delta\neq\delta_0$ 时，$f(\delta)$ 总是大于零的。$f(\delta)$ 的形状如图 7-13 所示。在该图中，取 $\delta_0=0.06$，$a=0.3$，$b=0.5$。

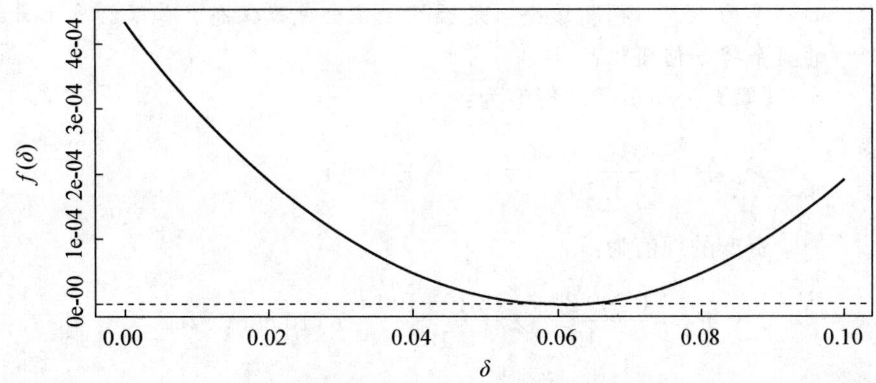

图 7-13　$f(\delta)$ 的变化规律

由此可以得出结论，当 $\delta\neq\delta_0$ 时，盈余 $S(\delta)$ 总是大于零的，亦即实现了完全免疫。

还可以进一步证明，如果满足完全免疫的三个条件，则必然满足 Redington 免疫的三个条件。

事实上，完全免疫和 Redington 免疫的前两个条件是相同的，所以只需证明当满足完全免疫的第三个条件时，就必然满足 Redington 免疫的第三个条件即可。

负债只在一个时间点上有现金流，故负债的马考勒久期等于负债的到期时间 t。根据完全免疫的第二个条件，资产的马考勒久期应该等于负债的马考勒久期，即有

$$D_{马}^{A}=D_{马}^{L}=t$$

根据完全免疫的第三个条件，负债只在一个时间点上有现金流，所以其现金流到期时间的方差等于零，即 $\sigma_L^2=0$，而资产在两个时间点上有现金流，故其现金流到期时间的方差大于零，即 $\sigma_A^2>0$。

应用式（7－37），资产的马考勒凸度可以表示为：

$$C_{马}^{A}=\sigma_A^2+t^2$$

负债的马考勒凸度可以表示为：

$$C_{马}^{L}=t^2$$

显然，资产的马考勒凸度 $C_{马}^{A}$ 大于负债的马考勒凸度 $C_{马}^{L}$，即满足 Redington 免疫的第三个条件。

【例7－21】

某公司在10年末需要偿还一笔2 000万元的债务。该公司目前拥有两种债券，一种是5年期的零息债券，另一种是10年期的零息债券。5年期零息债券到期时的价值为6 209 213元，15年期零息债券到期时的价值为16 105 100元。当前的利率为10%。判断该公司是否处于完全免疫状态。如果利率上升到12%，公司的盈余将如何变化?

【解】 公司负债的现值为：

$$P_L=\frac{20\ 000\ 000}{1.10^{10}}=7\ 710\ 866(\text{元})$$

资产的现值为：

$$P_A=\frac{6\ 209\ 213}{1.10^5}+\frac{16\ 105\ 100}{1.10^{15}}=7\ 710\ 866(\text{元})$$

资产的现值等于负债的现值，所以完全免疫的第一个条件得到了满足。

负债的马考勒久期为10，而资产的马考勒久期为：

$$D_{马}^{A}=\frac{6\ 209\ 213\times(1.10)^{-5}\times5+16\ 105\ 100\times(1.10)^{-15}\times15}{7\ 710\ 866}=10$$

可见，完全免疫的第二个条件也得到了满足。

完全免疫的第三个条件显然是满足的，所以该公司处于完全免疫状态。

在完全免疫状态下，无论利率水平如何变化，公司的盈余总是大于零的。譬如，假设利率上升为12%，则公司的盈余将变为：

$$\begin{aligned}S&=P_A-P_L=\frac{6\ 209\ 213}{1.12^5}+\frac{16\ 105\ 100}{1.12^{15}}-\frac{20\ 000\ 000}{1.12^{10}}\\&=26\ 151(\text{元})\end{aligned}$$

由于该公司处于完全免疫状态，所以利率的上升使得公司的盈余增加，即从原来的盈余为零增长为盈余大于零。图7－14给出了各种利率水平下公司的盈余。可见，在完全免疫状态下，无论利率上升还是下降，都会使得公司盈余增加。

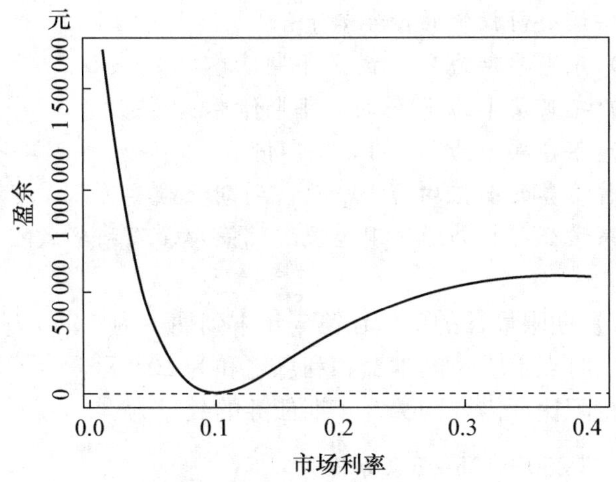

图 7－14　完全免疫状态下利率变化对公司盈余的影响

7.11　现金流配比

现金流配比（cash flow matching）也是进行利率风险管理的常用方法。现金流配比的思想十分简单，就是对每一项在未来到期的债务，安排一项相同到期时间和相同金额的资产与其进行匹配。譬如，对于大型养老基金，如果可以准确地预测其未来的现金流出，就可以通过现金流配比策略对其利率风险进行管理。

现金流配比策略的优点是无须不断调整其投资组合，缺陷是限制了投资选择的灵活性。在现金流配比策略下，如果某些资产的现金流与负债的现金流不能匹配，就只能放弃对这种资产的投资。

如果市场上有各种到期期限的零息债券，现金流配比策略的应用十分简单，只需对每种到期期限的负债购买相同到期期限的零息债券即可。

如果市场上不存在满足现金流配比策略的零息债券，而只有附息债券，则应用现金流配比策略相对复杂一些：可以首先为最长期限的负债购买合适数量的债券，使得最长期限的负债得以匹配，然后再对剩余负债中期限最长的负债进行配比，如此向下递推，直至所有期限的负债都有合适数量的债券进行配比。

下面通过一个简例来说明现金流配比策略的应用。

【例 7－22】

某公司未来负债的现金流如表 7－10 所示。

表 7－10　公司负债的现金流

年度	1	2	3	4	5
负债的现金流（万元）	4 090	6 790	3 550	36 550	5 250

可供该公司投资的债券如下：

(1) 年息票率为 20%的 2 年期债券。

(2) 年息票率为 10%的 4 年期债券。

(3) 年息票率为 5%的 5 年期债券。

每种债券的面值均为 100 元，到期收益率为 5%。

如果该公司打算通过现金流配比策略管理利率风险，计算应该如何购买这三种债券。

【解】 期限最长的负债在第 5 年末到期，为 5 250 万元，而前述 5 年期附息债券在到期时点上支付的本金和利息之和为 105 元。为了对第 5 年末到期的负债现金流进行配比，需要购买 5 年期债券的数量为：

$$5\ 250 \div 105 = 50(\text{万份})$$

这 50 万份 5 年期债券的现金流如表 7－11 第 2 行所示。

从负债的现金流中扣除所购 5 年期债券的现金流，即可得到尚未配比的剩余负债的现金流，如表 7－11 的第 3 行所示。在第 3 行的现金流中，最后一次现金流在第 4 年末到期，金额是 36 300 万元，而前述 4 年期附息债券在到期时点上支付的本金和利息之和为 110 元，所以需要购买 4 年期债券的数量为：

$$36\ 300\ \text{万元} \div 110\ \text{元} = 330(\text{万份})$$

这 330 万份 4 年期债券的现金流如表 7－11 的第 4 行所示。

再从前述剩余负债的现金流中扣除所购 4 年期债券的现金流，即可得到尚未匹配的剩余负债的现金流，如表 7－11 的第 5 行所示。在第 5 行的现金流中，最后一次现金流在第 2 年末到期，金额是 3 240 万元，而前述 2 年期附息债券在到期时点上支付的本金和利息之和为 120 元，因此需要购买 2 年期债券的数量为：

$$3\ 240 \div 120 = 27(\text{万份})$$

从第 5 行剩余负债的现金流中，减去 2 年期债券的现金流以后，各年剩余负债的现金流均为零，如第 7 行所示，这就表明资产和负债得到了完全配比。

综上所述，为了实现资产和负债的现金流配比，需要购买 5 年期债券 50 万份，4 年期债券 330 万份，2 年期债券 27 万份。

表 7－11　现金流配比策略的应用过程　　单位：万元

年度	1	2	3	4	5
负债的现金流	4 090	6 790	3 550	36 550	5 250
5 年期债券的现金流	250	250	250	250	5 250
剩余负债的现金流	3 840	6 540	3 300	36 300	0
4 年期债券的现金流	3 300	3 300	3 300	36 300	0
剩余负债的现金流	540	3 240	0	0	0
2 年期债券的现金流	540	3 240	0	0	0
剩余负债的现金流	0	0	0	0	0

□小　结

1. 久期和凸度都是衡量债券利率风险的指标，它们的计算公式如下：

马考勒久期：$D_{马}=-\dfrac{P'(\delta)}{P(\delta)}=\dfrac{1}{P(\delta)}\sum\limits_{t>0}tR_t\mathrm{e}^{-\delta t}$

马考勒凸度：$C_{马}=\dfrac{P''(\delta)}{P(\delta)}=\dfrac{1}{P(\delta)}\sum\limits_{t>0}t^2R_t\mathrm{e}^{-\delta t}$

久期（修正久期）：$D=-\dfrac{P'(y)}{P(y)}=\dfrac{D_{马}}{1+y/m}=\dfrac{1}{P(y)}\sum\limits_{t>0}tR_t\left(1+\dfrac{y}{m}\right)^{-mt-1}$

凸度：$C=\dfrac{P''(y)}{P(y)}=\dfrac{1}{P(y)}\sum\limits_{t>0}t\left(t+\dfrac{1}{m}\right)R_t\left(1+\dfrac{y}{m}\right)^{-mt-2}$

有效久期：$D_{效}=\dfrac{P_{-}-P_{+}}{P_0(2\Delta y)}$

有效凸度：$C_{效}=\dfrac{(P_{+}+P_{-}-2P_0)}{(\Delta y)^2P_0}$

资产组合的久期：$\widetilde{D}=\sum\limits_{k=1}^{n}\dfrac{P_k}{P}D_k$

资产组合的凸度：$\widetilde{C}=\sum\limits_{k=1}^{n}\dfrac{P_k}{P}C_k$

凸度可以用马考勒久期和马考勒凸度表示为：

$$C=(C_{马}+D_{马})\cdot(1+i)^{-2}$$

式中，i 表示年利率，马考勒久期是现金流到期时间的加权平均数，而马考勒凸度是现金流到期时间平方的加权平均数。

2. 资产价格变化的百分比与收益率变化之间的近似关系如下：

$$\frac{\Delta P}{P}\approx-久期\cdot(\Delta y)+0.5\cdot 凸度\cdot(\Delta y)^2$$

其中的久期和凸度需要配对使用，如马考勒久期与马考勒凸度配对使用，久期（修正久期）与凸度配对使用，或有效久期与有效凸度配对使用。

3. 免疫策略的三个条件是：(1) 资产的现值等于负债的现值。(2) 资产的久期等于负债的久期。(3) 资产的凸度大于负债的凸度。

4. 完全免疫策略的三个条件是：(1) 资产的现值等于负债的现值。(2) 资产的久期等于负债的久期。(3) 负债的到期时间在两笔资产的到期时间之间。

5. 现金流配比策略就是对每一项在未来到期的债务，安排一项相同到期时间和相同金额的资产与其进行匹配。现金流配比策略的优点是无须不断调整其投资组合，缺陷是限制了投资选择的灵活性。

□习 题

7.1 已知15年期的零息债券到期偿还1 000元，该债券每月复利一次的年名义收益率为12%。计算该债券的马考勒久期，以及基于名义到期收益率和实际到期收益率的修正久期。

7.2 假设利息力为δ，求n年期连续支付年金的马考勒久期。

7.3 已知年息票率为5%的10年期债券的年有效收益率为6%，计算该债券的马考勒久期和修正久期。

7.4 债券的期限是n年，到期按面值偿还，该债券每年支付m次利息的年名义息票率等于其每年复利m次的到期收益率，记为$i^{(m)}$。求该债券的马考勒久期。

7.5 假设年利率为i，求n年期期末付等额年金的修正久期。

7.6 假设年利率为i，求期末付永续年金的马考勒久期和修正久期。

7.7 假设年利率为i，求期初付永续年金的马考勒久期和修正久期。

7.8 某2年期债券的年息票率为10%，每半年付息一次，债券到期后按面值偿还。该债券每年复利2次的到期收益率为12%，计算该债券的修正久期。

7.9 已知当年收益率为8%时，某20年期债券的价格为125.31元。当年收益率下降为7.75%时，该债券的价格将上升至127.64元。当年收益率上升至8.25%时，该债券的价格将降为122.95元。计算该债券的有效久期。

7.10 已知某10年期债券的价格为75.98元，年息票率为6%，到期收益率为8%，马考勒久期为8.517。计算当收益率下降为7.85%时该债券的价格。

7.11 某5年期债券的年息票率为8%，每半年付息一次，当到期收益率为7%时，债券的价格为104.88元。如果到期收益率上升50个基点，则该债券的价格将下降为100.21元。如果到期收益率下降50个基点，则该债券的价格将上升为109.57元。计算该债券的有效久期和有效凸度，并估计当收益率上升100个基点时该债券的价格。

7.12 一项20年期年金在每年末支付1元，年利率为6%，计算该年金的修正久期和凸度。

7.13 一项20年期年金在每年末支付1元，年利率为6%，计算该年金的马考勒凸度。

7.14 一项永续年金在每年末支付1元，年利率为6%，计算该项永续年金的修正久期和凸度。

7.15 某10年期债券的修正久期为8.67，凸度为43.51。计算当债券价格上升50个基点时，债券价格变化的百分比。

7.16 投资者在5年末需要偿还一笔20 000元的债务。可供投资者选择的资产只有4年期零息债券和10年期零息债券。两种债券的年收益率均为10%。为了实现免疫，投资者应该如何选择购买这两种债券?

7.17　投资者按当前的利率8%获得了一笔50万元的贷款，期限为4年。为了防范利率风险，投资者计划购买价值50万元的债券实施免疫策略，可供投资者选择的债券只有A和B两种。债券A的面值为1 000元，期限为2年，年息票率为7%。债券B的面值为1 000元，期限为5年，年息票率为9%。两种债券的到期收益率均为8%。问：投资者应该如何选择上述两种债券？

7.18　公司未来负债的现金流如下表所示，可供该公司投资的资产如下：

(1) 年息票率为5%的1年期债券。

(2) 年息票率为10%的2年期债券。

(3) 年息票率为4%的4年期债券。

(4) 年息票率为3%的5年期债券。

每种债券的面值为100元，年收益率为5%。

如果该公司打算通过现金流匹配策略管理利率风险，应该如何购买这四种债券？

年度	1	2	3	4	5
负债的现金流（万元）	1 794	6 744	144	3 144	824

第 8 章 Chapter 8 远期、期货和互换

金融衍生工具（derivative instrument）也称作金融衍生产品，是在货币、债券、股票等传统金融产品的基础上衍化和派生的金融产品，其价值依赖于基础资产（underlying assets）的价值。这里的基础资产也称作标的资产，是一个相对概念，可以是货币、债券、股票或商品，也可以是金融衍生产品。常见的金融衍生产品主要包括远期合约、期货合约、期权合约和互换合约。

金融衍生产品可以从不同的角度进行分类。根据标的资产不同，金融衍生产品可以分为股票类、利率类、货币类和商品类。股票类衍生产品可以进一步细分为股票期货、股票期权、股票指数期货和股票指数期权等。利率类衍生产品包括以短期利率为基础的利率远期、利率期货、利率期权、利率互换，以及基于长期债券利率的债券期货和债券期权等。

根据交易方式不同，金融衍生产品还可以分为场内交易类和场外交易类。场内交易是指在交易所进行的交易，而场外交易是指交易双方直接成为交易对手的交易。

本章主要介绍远期、期货和互换的基本概念和定价原理。

8.1 远　期

8.1.1 远期的定义

远期合约（forward contract）是指双方约定在未来某个确定的时间，按照某一确定的价格买卖一定数量的某种资产的协议。远期合约是一种非标准化的合约，灵活性较大，在签订合约之前，双方可以就交割时间、交割地点、交割价格、合约规模等进行协商，以便尽量满足双方的需求。

远期合约是为了规避现货交易的风险而产生的，最初主要应用于农产品的交易，通过锁定未来的价格，使得农产品的供需双方免受未来现货市场价格波动的影响。譬如，农场主和面粉生产商在 3 月 1 日签订一个协议，约定在 90 天后按

照每千克 1.5 元的价格出售 10 万千克小麦，那么在 90 天后，无论小麦价格如何，他们都必须按照该价格交易 10 万千克小麦，否则就是违约。显然，如果小麦价格上涨，农场主就要蒙受损失，而面粉生产商可以获利；反之，如果小麦价格下跌，农场主就可以获利，而面粉生产商则要蒙受损失。但无论怎样，农场主和面粉生产商在 6 月份的时候就可以知道自己将获得多少收入和付出多少成本，这种价格的确定性对于他们安排生产是有益的。

在远期合约中，双方约定买卖的资产称为标的资产（underlying asset），如上例中的小麦。约定的成交价格称为交割价格（delivery price），如上例中的每千克 1.5 元。同意以约定的价格在未来卖出标的资产的一方称作空头或空方（short position），如上例中的农场主。同意以约定的价格在未来买入标的资产的一方称作多头或多方（long position），如上例中的面粉生产商。远期合约的双方无须支付任何成本就可以成为合约的多头或空头。

在远期合约签订的时刻，所选择的交割价格应该使得合约的价值对双方都为零，否则其中一方将获得不当利益，而另一方将遭受不公平的损失。

8.1.2 远期的回收和盈亏

在远期合约中，交易双方的盈亏与标的资产的价格密切相关。当价格上升时，多头赚钱，而当价格下降时，空头赚钱。

假设一份 3 个月期的股票远期合约，双方约定在合约到期日以每股 120 元的价格交易 100 股某种股票，而在到期日股票的实际价格为 130 元。这里的 120 元就是远期合约的交割价格，而 130 元是 3 个月后股票的即期价格（spot price）。在合约到期时，合约的空头，也就是卖方，有义务以合约规定的交割价格 120 元将股票卖给合约的多头，而合约的多头也有义务以 120 元的价格购买该股票。3 个月后，股票的即期价格为 130 元，所以多头在每股上赚取了 10 元，100 股总共赚取 1 000 元，相应地，空头损失了 1 000 元。反之，如果 3 个月后的股票价格为 110 元，低于合约规定的交割价格 120 元，则多头在每股上会损失 10 元，总共损失 1 000 元，而空头可以赚取 1 000 元。可见，无论股票的即期价格如何变化，一方的损失总是等于另一方的盈利，双方的总盈亏为零。

一个合约的回收（payoff）是指合约在满期时的价值，不考虑签订该合约时所发生的初始费用。远期合约多头的回收是：

$$\text{多头的回收}=\text{满期时标的资产的即期价格}-\text{交割价格} \tag{8-1}$$

相应地，远期合约空头的回收是：

$$\text{空头的回收}=\text{交割价格}-\text{满期时标的资产的即期价格} \tag{8-2}$$

假设交易双方在远期合约中商定，3 个月后的股票交割价格为 120 元，则在不同的即期价格下，远期合约多头与空头的回收如表 8-1 和图 8-1 所示。

表 8-1 不同即期价格下远期的回收 单位：元

3个月后股票的即期价格	远期的回收	
	多头	空头
90	−3 000	3 000
100	−2 000	2 000
110	−1 000	1 000
120	0	0
130	1 000	−1 000
140	2 000	−2 000
150	3 000	−3 000

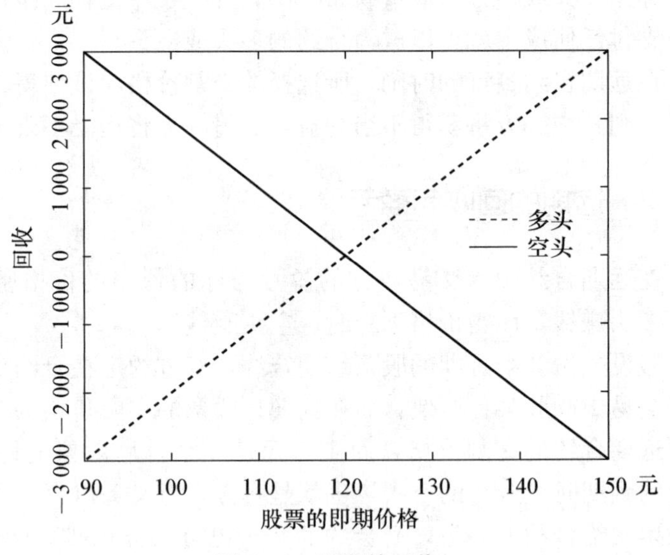

图 8-1 远期的回收

从表 8-1 和图 8-1 可以看出，3 个月以后，当股票的即期价格与合约规定的交割价格相等时（即每股 120 元），双方的回收均为零。在其他情况下，空头的回收和多头的回收正好相反，但总和为零。

【例 8-1】

为了在一年后拥有某种股票，投资者既可以立即购买该股票并持有一年，也可以通过签订远期合约购买。假设股票当前的价格是 100 元，一年后到期的远期价格为 105 元，股票没有分红，年利率为 5%。投资者如果立即购买，当前需要支付 100 元。如果通过远期合约购买，当前的支出为零，但在一年后需要支付 105 元。分析这两种投资方式有何差异。

【解】假设一年后股票的即期价格为 115 元，则第一种投资方式（股票多头）的回收是 115 元，而第二种投资方式（远期合约多头）的回收是 115－105＝10（元）。这两个回收之所以不同，是由初始投资金额的差异所造成的。在第一种投资方式中，扣除100元初始投资金额的终值（为100×1.05=105（元）），这两种投资方式的净回收是相等的，均为10元。事实上，如果把现金流发生的时间因素考虑在内，当前支出的100元和一年后支出的105元是等价的，因此，上述两种投资方式没有差异。

由于回收没有考虑投资的初始费用，所以不能准确反映不同投资方式的差异，因此下面引入“盈亏”的概念。

从回收中扣除初始费用的终值就是盈亏，也称作净回收（net payoff）或利润（profit）。本书将使用“盈亏”一词。盈亏可以用公式表示为：

$$盈亏=回收-初始费用的终值 \tag{8-3}$$

上式中之所以减去初始费用的终值，而不是初始费用，是因为初始费用发生在期初，而盈亏的计算是在合约到期之时，所以需要考虑货币的时间价值。

对于远期合约而言，初始费用为零，故远期合约的盈亏始终等于其回收。

【例8-2】

假设投资者筹资100万元购买了6个月期的零息债券，债券的到期偿还值为102万元。6个月期的有效利率为2%。计算投资者筹资购买这种零息债券的回收和盈亏。

【解】 债券到期时的价值为102万元，所以购买债券的回收为102万元。

购买债券的初始费用为100万元，所以购买债券的盈亏为：

$$102-100\times(1+2\%)=0(元)$$

可见，投资者筹资购买零息债券的盈亏为零。但这并不意味着投资者购买零息债券没有赚取任何投资收入。事实上，投资者购买债券赚取了2万元的利息收入，只不过从这2万元的利息收入扣除资金成本以后，盈亏正好为零。这里的资金成本是指投资者为购买债券筹资100万元所产生的2万元利息成本。

8.1.3　远期利率协议

根据标的资产的不同，远期合约可以分为商品远期合约和金融远期合约。后者又可进一步细分为远期利率协议、远期外汇合约和远期股票合约等。本节仅对远期利率协议做一简要介绍，其他远期合约的基本原理与此类似。

远期利率协议涉及两个重要概念：即期利率和远期利率。所谓即期利率（spot rate），是指从当前时点开始计算的未来一定限期的利率水平。远期利率（forward rate）是指从将来某个时点开始计算的一定期限的利率。如1×7远期利率表示1个月之后开始的期限为6个月的远期利率。远期利率可以由一系列即期利率决定。例如，如果1年期的即期利率为8%，2年期的即期利率为9%，那么其隐含的从第一年末到第二年末的远期利率为$f=10\%$，即是下述价值方程的解：

$$(1+8\%)(1+f)=(1+9\%)^2$$

上式两边都表示当前时刻投资 1 单位在第二年末的累积值。方程左边先按一年期的即期利率计算在第一年末的累积值，再按远期利率计算在第二年末的累积值。右边直接按两年期的即期利率计算在第二年末的累积值。

远期利率协议（forward rate agreements，FRA）是买卖双方同意从未来某一时点开始，在某一特定时期内按协议利率借贷一笔数额确定、以具体货币表示的名义本金的协议。买卖双方订立远期利率协议的目的不同，买方主要是为了规避利率上升的风险，而卖方主要是为了规避利率下降的风险。在远期利率协议中，借贷双方不必交换本金，只需在结算日根据协议利率和参照利率之间的差额以及名义本金，由一方付给另一方结算金。

在远期利率协议中，如果参照利率超过了协议利率，就由卖方付给买方一笔结算金，以补偿买方在实际借款中因利率上升而造成的损失。反之，如果参照利率低于协议利率，则由买方付给卖方一笔结算金。由于结算金是在结算日支付的，所以通常并不等于因利率变化而造成的额外利息支出，而等于额外利息支出在结算日的现值，即

$$\text{结算金}=\frac{(r-r_k)\times A\times\dfrac{D}{B}}{1+\left(r\times\dfrac{D}{B}\right)} \tag{8-4}$$

式中，r 表示参照利率；r_k 表示协议利率；A 表示合同的名义本金；D 表示贷款天数；B 表示天数计算惯例（如美元为 360 天，英镑为 365 天）；$\dfrac{D}{B}$表示用年表示的贷款期限。

在式（8-4）中，分子上表示由于协议利率与参照利率之间的差异所造成的额外利息支出，用单利计算；分母的作用是用参照利率对分子进行折现，也用单利计算。

**【例 8-3】**

假设 A 公司在 6 个月之后需要一笔 1 000 万元的资金，为期 3 个月。为了锁定资金成本，该公司与某银行签订了一份 6×9 的远期利率协议，协议利率为 4%，名义本金为 1 000 万元。分析市场利率上升对 A 公司的影响。

【解】假设 6 个月后，3 个月期的市场利率上升为 4.5%，则有

$$r=4.5\%,\ r_k=4\%,\ A=10\,000\,000,\ D=90,\ B=360$$

应用式（8-4），在远期利率协议的结算日应该交割的金额为：

$$\frac{(4.5\%-4\%)\times 10\,000\,000\times\dfrac{90}{360}}{1+4.5\%\times\dfrac{90}{360}}=12\,361(\text{元})$$

如果没有签订远期利率协议，A 公司就得按照市场利率 4.5%借入一笔 1 000 万元的资金，此时的利息支出为：

$$10\,000\,000\times4.5\%\times90/360=112\,500(\text{元})$$

由于 A 公司签订了远期利率协议，所以当利率上升到 4.5%时，可以从银行获得 12 361 元的结算金。该笔结算金在贷款到期时的累积值为 $12\,361\times\left(1+4.5\%\times\frac{90}{360}\right)=12\,500$（元），所以公司实际上支付的贷款利率（用年名义利率表示）为：

$$\frac{112\,500-12\,500}{10\,000\,000}\times\frac{360}{90}=4\%$$

这正好等于 A 公司与银行签订的协议利率。

可见，通过远期利率协议，A 公司可以锁定未来时期的筹资成本，从而规避利率上升的风险。

8.2 期　货

远期合约是由交易双方通过谈判签订的非标准化合约，交割时间、交割地点、交割价格和合约规模等都可由双方协商确定，因此具有很强的灵活性。但是，远期合约也有其内在缺陷。譬如，远期合约没有固定的交易场所，不利于信息的交流和传递，难以形成统一的市场价格，市场效率较低。此外，远期合约的流动性较差，违约风险较高，也无法在合约到期前通过反向对冲等手段解除合约义务。为了克服远期合约的这些缺陷，期货合约便应运而生。

期货合约（futures contracts）是指双方同意在约定的将来某个日期按约定的条件（包括交割价格、交割时间、交割地点、交割方式等）买入或卖出一定标准数量的某种标的资产的标准化协议。

期货合约在有组织的交易所内进行交易，交易双方并不直接接触，而是各自跟交易所的清算部或专设的清算所进行结算。我国目前有四家期货交易所，分别是郑州商品交易所、大连商品交易所、上海期货交易所和中国金融期货交易所。

按照标的资产的不同，期货合约可以分为商品期货和金融期货。

商品期货是指标的资产为实物商品的期货合约，主要包括农副产品、金属产品、能源产品等几大类。譬如，截至 2018 年 5 月，上海期货交易所上市交易的期货商品有：铜、铝、锌、铅、镍、锡、黄金、白银、螺纹钢、线材、热轧卷板、燃料油、石油沥青、天然橡胶。大连商品交易所上市交易的期货商品有：玉米、玉米淀粉、黄大豆、豆粕、豆油、棕榈油、纤维板、胶合板、鸡蛋、聚乙烯、聚氯乙烯、聚丙烯、焦炭、焦煤、铁矿石。郑州商品交易所上市交易的期货商品有：强麦、普麦、棉花、白糖、PTA、菜籽油、早籼稻、甲醇、玻璃、油菜籽、菜籽粕、动力煤、粳稻、晚籼稻、铁合金、棉纱、苹果等。

金融期货是指以金融工具（如证券、货币、汇率、利率等）为标的资产的期货合约，主要包括利率期货、股价指数期货和外汇期货等。利率期货是指标的资产的价格依赖于利率水平的期货合约，如长期国债期货、短期国库券期货和欧洲美元期货等。股价指数期货的标的资产是股价指数，股价指数没有具体的实物形态，双方在交易时只能把股价指数的点数换算成货币单位进行结算。例如，在芝加哥商品交易所（Chicago Mercantile Exchange，CME），S&P 500 指数期货的单位价格就是指数的点数乘以 250 美元。外汇期货的标的资产是外汇，如美元、日元、澳元和加元等。

期货合约的合约规模、交割时间、交割地点等都是标准化的，无须双方商定，价格是期货合约的唯一变量。因此，交易双方最主要的工作就是通过交易所竞价确定成交价格。

期货交易每天都要进行结算。在交易之前，双方都必须在经纪公司开立专门的保证金账户，并存入一定数量的初始保证金（initial margin）。在每天交易结束时，保证金账户会根据期货价格的涨跌进行调整，以反映交易者的浮动盈亏，这就是所谓的盯市（marking to market）。

如果当天的结算价格高于前一个交易日的结算价格（或当天的开仓价格），则高出部分就是多头的浮动盈利和空头的浮动亏损。浮动盈利在当天晚上会加入多头的保证金账户，并从空头的保证金账户中扣除。当保证金账户的余额超过初始保证金水平时，交易者可以提取现金，但不得使保证金账户中的余额低于初始保证金水平。一旦保证金账户的余额低于交易所规定的维持保证金（maintenance margin）水平，经纪公司就会通知交易者限期把保证金水平补足到初始保证金水平，否则会被强制平仓。

期货市场上最主要的一种结清头寸的方式是对冲平仓（offset）。如果交易者不愿进行实物交割，可以在交割日之前通过反向对冲来结清自身的期货头寸，即期货合约的买入者将原来买入的期货合约卖掉，而期货合约的卖出者将原来卖出的期货合约重新买回。

期货市场最主要的功能是通过套期保值（hedging）进行风险管理，即在期货市场上持有一个与现货市场上交易方向相反、数量相等的同种商品的期货合约，无论现货市场价格怎样波动，最终都能在一个市场上发生亏损的同时在另一个市场上实现盈利，并且盈亏大致相等，从而达到规避风险的目的。

8.3 远期和期货的定价

远期合约与期货合约的主要区别是，远期合约是一种非标准化的合约，在场外交易，违约风险较高，而期货合约是一种标准化的合约，在交易所交易，几乎没有违约风险。期货合约可以看作一种标准化的远期合约，它们的定价原理相同，所以本节仅讨论远期合约的定价问题。

8.3.1　远期价格

远期价格（forward price）是指基于当前日期确定的、标的资产在未来某个日期的价格。以股票远期合约为例，假设当前日期是 10 月 20 日，则在当日确定的、股票在年末的价格就是一种远期价格。远期价格可能随着时间的推移而变化，譬如，对于前述的股票，10 月 20 日确定的年末远期价格很可能不同于 10 月 25 日确定的年末远期价格。在签订股票远期合约时，双方需要商定股票在未来日期的交割价格，该交割价格应该等于在签订合约之日所确定的股票远期价格。远期合约的定价过程实际上就是确定远期价格的过程。

在远期合约签订之日，交割价格应该等于远期价格，否则就会出现套利（arbitrage）机会。譬如，如果交割价格高于远期价格，套利者就可以通过买入标的资产现货、卖出远期并等待交割来获取无风险利润，从而促使现货价格上升、交割价格下降，直至套利机会消失，这种套利方式称作正向套利（cash-and-carry arbitrage）。反之，如果交割价格低于远期价格，套利者就可以通过卖空标的资产现货、买入远期来获取无风险利润，从而促使现货价格下降、交割价格上升，直至套利机会消失，这种套利方式称作反向套利（reverse cash-and-carry arbitrage）。

【例 8-4】

当前日期是 10 月 1 日，股票的现价是 100 元，年末的远期价格为 102 元。3 个月期的有效利率为 2%。如果在年末到期的股票远期合约中，双方约定的交割价格是 100 元。假设该股票不支付红利，投资者应该如何套利？

【解】 股票的交割价格低于远期价格，投资者可以进行反向套利，即卖空股票现货，并买入股票远期。卖空股票现货获得 100 元，并以 2%的利率投资 3 个月，到年末可以累积到 102 元。用其中的 100 元支付股票的交割价格后，还剩余 2 元无风险利润。

需要指出的是，远期价格与远期合约的价值是完全不同的两个概念。远期价格是指标的资产在未来日期的价格，它与标的资产的现货价格相关；而远期合约的价值是指远期合约本身的价值，它取决于交割价格与远期价格之差。譬如，在签订远期合约之时，如果合约规定的交割价格等于远期价格，则此时的合约价值为零。但是，随着时间的推移，远期价格有可能因为标的资产价格的变化而发生变化，但合约的交割价格不会改变，所以远期合约的价值就可能不再为零。

8.3.2　定价假设和符号

本节关于远期合约的定价是建立在下述假设之上的：

（1）没有交易费用和税收。

（2）市场参与者能以相同的无风险利率借入和贷出资金。

（3）没有违约风险。

（4）允许现货卖空。

（5）采用无套利定价法。

无套利定价法的基本原理是：构建两种投资组合，若其终值相等，则其现值也一定相等，否则就存在套利机会，即套利者卖出现值较高的投资组合，同时买入现值较低的投资组合，并持有至期末即可赚取无风险利润。由于套利者的存在，将促使现值较高的投资组合价格下降，而现值较低的投资组合价格上升，直至套利机会消失，最终使得两种投资组合的现值相等。

本节将要用到的符号及其说明如表 8－2 和图 8－2 所示。

表 8－2　远期定价的符号及其说明

符号	说明
T	远期合约从签订日至到期日的时间长度（单位为年）
S	标的资产在当前日期的价格
S_T	标的资产在合约到期日的价格
K	远期合约中双方约定的标的资产的交割价格
f	对多头而言，远期合约的价值
F	标的资产在当前日期的远期价格
r	以连续复利（利息力）表示的无风险利率

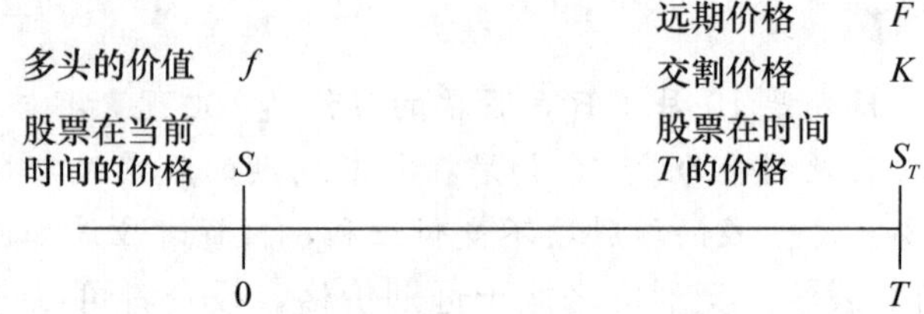

图 8－2　远期定价的符号说明

在远期合约中，标的资产主要包括下述三种类型：

（1）到期前不产生收益的资产；

（2）到期前产生已知收益的资产；

（3）到期前产生已知收益率的资产。

下面根据远期合约中标的资产的不同，分别讨论远期合约的定价问题。

8.3.3　到期前不产生收益的资产

在到期日之前不产生收益的资产包括零息债券和不支付红利的股票。为了计算这类资产的远期价格，可以构建如下两种组合：

组合 A：一份远期合约多头，加上一笔金额为 Ke^{-rT} 的现金。

组合 B：一单位标的资产。

在组合 A 中，现金以无风险利率投资，期限为 T，到期时的累积值为 K。这笔资金正好可以用来交割远期合约，以换取一单位标的资产。

可见，在 T 时，两个组合都等于一单位标的资产。根据无套利定价原理，这两个组合在当前日期的价值也必须相等，即

$$f+K\mathrm{e}^{-rT}=S \tag{8-5}$$

式中，左边是组合 A 在当前日期的价值，包括远期合约多头的价值 f 和一笔金额为 $K\mathrm{e}^{-rT}$ 的现金；右边是一单位标的资产在当前日期的价值。

对式（8-5）进行变形，即得远期合约多头的价值为：

$$f=S-K\mathrm{e}^{-rT} \tag{8-6}$$

在远期合约签订之日，远期合约的价值应该等于零，即 $f=0$，否则对其中的一方不公平。由此可得远期合约在签订之日确定的交割价格为 $K=S\mathrm{e}^{rT}$。

在远期合约签订之日，远期价格必须等于交割价格，否则会存在套利机会，所以远期价格可以表示为：

$$F=S\mathrm{e}^{rT} \tag{8-7}$$

可见，对于到期前不产生收益的标的资产，远期价格等于标的资产现货价格按照无风险利率计算的累积值。

如果利用年有效利率 i 计算远期价格，则式（8-7）也可以表示为：

$$F=S(1+i)^{T} \tag{8-8}$$

【例 8-5】

在一份股票远期合约中，标的股票不支付红利。假设合约的期限是 3 个月，股票当前的价格是每股 50 元，用连续复利表示的无风险利率为 10%。计算股票的远期价格。

【解】 在本例中，$S=50$，$T=3/12=0.25$，$r=0.10$，所以应用式（8-7），该股票的远期价格为：

$$F=50\mathrm{e}^{0.10\times 0.25}=51.27(\text{元})$$

如果股票的交割价格不等于 51.27 元，就会存在套利机会。譬如，如果交割价格为 51 元，则套利者可以买入远期，卖空股票，并将所得收入 50 元以无风险利率进行投资。在合约到期时，投资的累积价值为 51.27 元，用其中的 51 元对远期合约中的股票进行交割（即买回股票），即可获得无风险利润 0.27 元。

反之，如果股票的交割价格大于 51.27 元，譬如为 52 元，套利者可以借入 50 元买入股票并卖出远期。在合约到期时，卖出股票获得 52 元，偿还借款 51.27 元，从而获得无风险利润 0.73 元。

【例 8－6】

考虑一份远期合约多头，其标的资产是剩余期限为 6 个月的一年期零息债券，交割价格为 960 元，6 个月期的无风险年利率（连续复利）为 10%，该债券的现价为 940 元，计算该远期合约多头的价值。

【解】在本例中，$S=940$，$K=960$，$T=6/12=0.5$，$r=0.10$。应用式（8－6），该远期合约多头的价值为：

$$f=940-960e^{-0.1\times 0.5}=26.82(\text{元})$$

【例 8－7】

考虑一种不支付红利的股票，其 6 个月期的远期价格为 50 元，从 6 个月末至 1 年末期间的年有效利率为 10%，计算该股票 1 年期的远期价格。

【解】把 6 个月末设定为当前日期，把 6 个月末的远期价格 50 元设定为股票的当前价格。从 6 个月末到 1 年末的时间长度为 0.5 年，这期间的年有效利率为 10%。故应用式（8－8），该股票 1 年期的远期价格为：

$$F=50\times(1+10\%)^{0.5}=52.44(\text{元})$$

8.3.4 到期前产生已知收益的资产

到期前产生已知收益的资产包括附息债券和支付已知现金红利的股票。

为了计算这类标的资产的远期价格，可以令已知收益的现值为 D，并构建如下两个投资组合：

组合 A：一份远期合约多头，加上一笔金额为 Ke^{-rT} 的现金。

组合 B：一单位标的资产，加上金额为 D 的借款（以连续复利 r 计息）。

如前所述，组合 A 在时间 T 的价值正好等于一单位标的资产。在组合 B 中，一单位标的资产的现金收益刚好可以用来偿还借款，因此在时间 T，该组合的价值也等于一单位标的资产。

根据无套利定价原理，在当前日期，这两个组合的价值也应该相等，即

$$f+Ke^{-rT}=S-D \tag{8-9}$$

式中，左边表示组合 A 在当前日期的价值；右边表示组合 B 在当前日期的价值。

对式（8－9）变形，即得远期合约多头的价值为：

$$f=S-D-Ke^{-rT} \tag{8-10}$$

在远期合约签订之日，远期合约的价值应该等于零，即 $f=0$，由此可得远期合约在签订之日确定的交割价格为：

$$K=(S-D)e^{rT}$$

在远期合约签订之日，远期价格必须等于交割价格，所以远期价格可以表示为：

$$F=(S-D)e^{rT} \tag{8-11}$$

上式表明，对于到期前产生已知收益的资产，其远期价格等于现货价格的累积值减去到期前收益的累积值。之所以要扣除到期前收益的累积值，是因为到期前的收益是在远期合约交割之前支付的，远期多头无法获得这部分收益。

如果利用年有效利率 i 计算远期价格，则式（8-11）也可以表示为：

$$F=(S-D)(1+i)^T \tag{8-12}$$

【例 8-8】

一种 5 年期债券的现货价格为 950 元，该债券 1 年期远期合约的交割价格为 960 元，该债券在 6 个月末和 12 个月末都将收到 50 元的利息，且第二次付息日是在远期合约的交割日之前。假设 6 个月期和 12 个月期的无风险年利率（连续复利）分别为 9%和 10%，计算该远期合约的价值。

【解】该债券已知的现金收益的现值为：

$$D=50e^{-0.09\times0.5}+50e^{-0.10\times1}=93.04(\text{元})$$

应用式（8-10），该远期合约多头的价值为：

$$f=950-93.04-960e^{-0.1\times1}=-11.68(\text{元})$$

相应地，该合约空头的价值为 11.68 元。

8.3.5　到期前产生已知收益率的资产

某些资产在到期前将产生与该资产现货价格成一定比例的收益，如货币和股票指数就是这种类型的资产。该类资产在到期前的收益率是已知的。

为了给出基于该类资产的远期合约定价，假设资产的收益率用连续复利表示为 δ，并构建如下两个组合：

组合 A：一份远期合约多头，加上一笔金额为 Ke^{-rT} 的现金。

组合 B：$e^{-\delta T}$ 单位的资产，并且资产的所有收益都再投资于该资产。

如前所述，组合 A 在时间 T 的价值就等于一单位标的资产。组合 B 的资产数量随着收益的累积不断增长，收益按照连续复利 δ 累积，所以资产的数量也按连续复利 δ 增长，在时间 T，正好等于一单位标的资产。

上述两个组合在时间 T 的价值都等于一单位标的资产，所以根据无套利定价原理，在当前日期，这两个组合的价值应该相等，即

$$f+Ke^{-rT}=Se^{-\delta T} \tag{8-13}$$

式中，左边表示组合 A 在当前日期的价值；右边表示组合 B 在当前日期的价值。

对式（8-13）变形，即得远期合约多头的价值为：

$$f=Se^{-\delta T}-Ke^{-rT} \tag{8-14}$$

在远期合约签订之日，远期合约的价值应该等于零，即 $f=0$，由此可得远期合约在签订之日确定的交割价格为：

$$K=Se^{(r-\delta)T}$$

在远期合约签订之日，远期价格必须等于交割价格，所以远期价格可以表示为：

$$F=Se^{(r-\delta)T} \tag{8-15}$$

上式表明，对于在到期前产生已知收益率的资产，其远期价格等于按无风险利率与已知收益率之差计算的现货价格在 T 时刻的累积值。

【例 8-9】

股票在当前日期的市场价格是30元，年平均连续股利率为5%，无风险连续复利为10%，若该股票6个月期的远期合约的交割价格为35元，求该远期合约的价值和远期价格。

【解】 在本例中，$S=30$，$K=35$，$\delta=0.05$，$r=0.1$，应用式（8-14），该远期合约多头的价值 f 为：

$$f=30e^{-0.05\times 0.5}-35e^{-0.1\times 0.5}=-4.03(\text{元})$$

应用式（8-15），股票在6个月末的远期价格为：

$$F=Se^{(r-\delta)T}=30e^{0.05\times 0.5}=30.76(\text{元})$$

为了计算远期合约的价值，也可以首先求出远期合约在 T 时的价值，为 $F-K$，再将其折现，即得远期合约在当前日期的价值：

$$\begin{aligned} f &=(F-K)e^{-rT} \\ &=(30.76-35)e^{-0.10\times 0.5} \\ &=-4.03(\text{元}) \end{aligned}$$

8.3.6 远期利率协议的定价

远期利率协议可以看作在到期前产生已知收益率资产的远期合约。在远期利率协议中，空头承诺在未来的某个日期，将一定金额的名义本金按约定的利率在一定期限内贷给多头。

为远期利率协议定价，实际上就是计算远期利率。

我们通常所说的利率都是即期利率，即期利率是指从当前时点开始计算的未来一定限期的利率水平，而远期利率是指未来两个时点之间的利率。

为方便使用，表8-3给出了本节使用的主要符号及其说明。

表 8-3 远期利率协议定价中使用的符号及其说明

符号	说明
A	贷款的名义本金
T	贷款的起始时间
T^*	贷款的到期时间
T^*-T	贷款期限
r_K	贷款的协议利率（用连续复利表示），相当于远期合约的交割价格
r_F	远期利率（用连续复利表示），相当于远期价格
r	从当前日期到时间 T 的无风险利率（用连续复利表示的即期利率）
$\hat{r}$	从时间 T 到时间 T^* 的无风险利率（用连续复利表示的远期利率）
r^*	从当前日期到时间 T^* 的无风险利率（用连续复利表示的即期利率）

远期利率协议的多头（即借入名义本金的一方）在时间 T 的现金流入（即借入本金）为 A，在时间 T^* 的现金流出（即贷款偿还额）为 $Ae^{r_K(T^*-T)}$。这些现金流的现值就是远期利率协议多头的价值，即

$$f=Ae^{-rT}-Ae^{r_K(T^*-T)}\times e^{-\hat{r}(T^*-T)}\times e^{-rT} \tag{8-16}$$

式中，右边第一项是贷款本金的现值，折现的时间长度为 T，使用当前日期的利率 r。右边第二项是贷款偿还额的现值，发生在时间 T^*，分两次折现，第一次从时间 T^* 折现至时间 T，使用从时间 T 到时间 T^* 的远期利率 $\hat{r}$，第二次从时间 T 折现至当前日期，使用当前日期的利率 r。

式（8-16）经变形，可得

$$f=Ae^{-rT}\times[1-e^{(r_K-\hat{r})(T^*-T)}] \tag{8-17}$$

在远期利率协议签订之日，多头和空头的价值均为零，故在式（8-17）中，令 $f=0$，即得贷款的协议利率为 $r_K=\hat{r}$。

在远期利率协议签订之日，远期利率应该等于协议利率，即 $r_F=r_K$，故有

$$r_F=\hat{r} \tag{8-18}$$

上式表明，协议中的远期利率应该等于从时间 T 到时间 T^* 的无风险利率。

如果考虑当前的 1 元本金在时间 T^* 的累积值，则有

$$e^{r^*T^*}=e^{rT}e^{\hat{r}(T^*-T)} \tag{8-19}$$

上式可以结合图 8-3 进行说明。左边表示当前日期的 1 元本金根据时间区间（0，T^*）的长度和适用于该时间区间的利率 r^* 计算的累积值。右边表示当前日期的 1 元本金首先根据时间区间（0，T）的长度和适用于该时间区间的利率 r 计算累积值，然后再根据时间区间（T，T^*）的长度和适用于该时间区间的利率 $\hat{r}$ 计算累积值。左边一次性计算累积值，右边分两段计算累积值，结果相等。

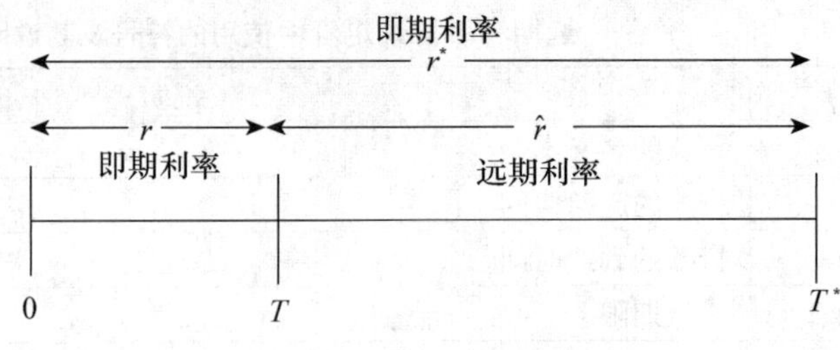

图 8-3 远期利率的计算

结合式（8-18）和式（8-19），协议中的远期利率可以表示为：

$$r_F=\frac{r^*T^*-rT}{T^*-T} \tag{8-20}$$

【例 8-10】

假设2年期的年利率为10%，3年期的年利率为11%，均为连续复利。在本金为100万元的2×3年远期利率协议中，双方商定的协议利率为12%，计算该远期利率协议中理论上的远期利率以及合约多头的价值。

【解】 在本例中，$T=2$，$r=0.10$，$T^*=3$，$r^*=0.11$，$A=1\ 000\ 000$，故应用式（8-20），以连续复利表示的远期利率应为：

$$r_F=\frac{0.11\times3-0.10\times2}{3-2}=13\%$$

应用式（8-17），该合约多头的价值为：

$$f=1\ 000\ 000\times e^{-0.10\times2}\times[1-e^{(0.12-0.13)\times(3-2)}]=8\ 146.51(\text{元})$$

8.3.7 持有成本

持有成本（cost of carry）是投资者持有资产所消耗的储存成本、损耗成本和资金占用成本，可以表示为资产的远期价格与现价的差额，即

持有成本＝远期价格－现价

对于普通商品，如大豆和石油等，持有成本包括储存成本、损耗成本和资金占用成本；而对于金融资产，持有成本主要是资金占用成本。

【例 8-11】

假设股票的当前价格为100，远期合约的期限为0.5年，无风险连续复利为$r=0.05$，连续股利为$\delta=0.02$，计算股票的持有成本。

【解】 股票的远期价格为：

$$F=Se^{(r-\delta)T}=100e^{(0.05-0.02)\times0.5}=101.51$$

远期价格与当前价格的差额为1.51，这个差额就是股票的持有成本。

持有成本是指在当前日期借款购买股票并持有到时间 T 所支出的利息成本。如果用公式表示持有成本，即

$$C=F-S=Se^{(r-\delta)T}-S \tag{8-21}$$

8.4　合成远期

合成远期是由资产多头和零息债券空头构成的一种资产组合，该资产组合的性质与远期相同，所以称作合成远期。

8.4.1　远期的合成

如前所述，资产可以分为三类：到期前不产生收益的资产、到期前产生已知收益的资产、到期前产生已知收益率的资产。为了简化表述，本节假设合成远期中的资产在到期前不产生收益，无风险连续复利的利率为 r。

以股票资产为例，为了在时间 T 获得一单位股票，投资者可以采取下述两种方式购买。

第一种方式：在当前时间，借款 S（相当于出售 S 元零息债券）用于购买一单位股票。在到期时间 T，持有单位股票，同时偿还借款的本金和利息 Se^{rT}。

第二种方式：在当前时间，签订购买股票的远期合约，远期价格为 $F=Se^{rT}$。在到期时间 T，支付远期价格 Se^{rT}，获得一单位股票。

由此可见，上述两种方式在到期时间 T 的结果完全相同，都是支付 Se^{rT} 并获得一单位股票。根据无套利定价原理，这两种方式在当前时刻的价值也必然是相等的。第一种方式在当前时刻出售零息债券并购买股票，所以其价值是股票多头和零息债券空头。第二种方式在当前时刻签订了远期合约多头，所以其价值就是远期多头。令这两种方式在当前时刻的价值相等，即得

$$\text{远期}=\text{股票}-\text{零息债券} \tag{8-22}$$

上式表明，在时间 T 的远期多头可以通过出售零息债券并购买一单位股票来合成。换言之，合成远期多头就是一个股票多头和一个零息债券空头的组合。

上式经过变形，可以得到合成远期空头为：

$$-\text{远期}=-\text{股票}+\text{零息债券} \tag{8-23}$$

式中，左边是负的远期，表示远期空头；右边是股票空头与零息债券多头的组合，表示出售股票，用所得资金购买零息债券。

上式表明，合成远期空头就是股票空头和零息债券多头的组合。

8.4.2 套保和套利

远期合约的主要用途就是通过套保来规避资产价格波动的风险，或者通过套利来赚取无风险收益。本节介绍应用远期合约进行套保和套利的基本原理。

1. 正向套保

假设投资者是一个股票远期合约的空头，即同意在时间 T 按远期价格 F 出售股票。对于这个远期合约的空头，投资者所面临的风险是股票价格上升的风险。譬如，如果远期价格为 20 元，当未来的股票价格为 21 元时，投资者还得按照 20 元的价格出售股票，从而带来 1 元的损失。

如果投资者是股票远期合约的空头，为了规避股价上升的风险，则可以通过合成一个远期多头进行套保，即用合成远期多头对现有的远期空头进行对冲。

如前所述，合成远期多头就是股票多头与零息债券空头的组合，换言之，合成远期多头就是借钱（即出售零息债券）买入股票。

为了便于说明，不妨假设股票的现价为 100 元，没有分红，无风险年利率为 5%，则 1 年期的股票远期价格为：

$$F=100\times(1+0.05)=105(\text{元})$$

假设投资者目前处于股票远期合约的空头位置，即同意在 1 年后按 105 元的价格出售股票。如果投资者预期，股票价格在未来上升的可能性增大。为了规避股价上升的风险，投资者可以通过下述操作，生成一个合成远期多头对现有的远期空头进行对冲，从而实现套保：

（1）在当前时刻，按 5%的利率借入 100 元用于购买股票。这相当于出售零息债券购买股票，从而生成了一个股票多头和一个零息债券空头，亦即生成了一个合成远期多头。

（2）在时间 T，把股票按 105 元的远期价格出售后，正好用于偿还借款。

通过上述操作以后，无论股票的价格如何变化，投资者在到期时间的回收均为零，所以风险为零。换言之，投资者通过合成远期多头对现有的远期空头进行了对冲，从而规避了股价上升的风险。

在上述套保过程中，投资者在当前时刻借款买入股票，通过远期合约在未来时刻卖出股票，这种先买后卖的操作方式称作正向套保（cash and carry hedge）。

2. 反向套保

假设投资者是一个股票远期合约的多头，即同意在时间 T 按远期价格 F 买入股票。对于这个远期合约的多头，投资者所面临的风险是股票价格下跌的风险。

为了规避股价下跌的风险，投资者可以按式（8－23）生成一个合成远期空头进行套保。合成远期空头是股票空头和零息债券多头的组合，所以合成远期空头的过程也就是出售股票，并用所得资金购买零息债券。

仍然使用前例的数据，假设投资者目前是股票远期合约的多头，即同意在时

间 T 按 105 元的价格买入股票。为了规避股价下跌的风险，投资者可以通过下述操作，生成一个合成远期空头对现有的远期多头进行对冲：

（1）在当前时刻，以 100 元的价格卖空股票，并将这些资金投资于收益率为 5%的零息债券。这相当于生成了一个股票空头与零息债券多头的组合。由式（8-23）可知，这个组合就是一个合成远期空头。

（2）在时间 T，零息债券到期，获得 105 元，正好用于支付股票远期合约的交割价格。

通过上述操作以后，无论股票价格如何变化，投资者在到期时刻的回收均为零，所以风险为零。换言之，投资者通过生成一个合成远期空头，为现有的股票远期多头进行套保，相当于用一个合成远期空头对冲了现有的远期多头。

在上述套保过程中，投资者先卖空股票，然后通过远期合约买入股票，这种先卖后买的操作方式称作反向套保（reverse cash and carry hedge）。

3. 正向套利

在正向套保中，我们假设远期价格是合理的。在现实中，有可能出现远期价格偏高或偏低的情况，此时就出现了套利机会。譬如在前例中，如果远期价格是 $F=107$ 元，而不是 105 元，则套利者可以通过下述操作赚取无风险利润：

（1）在当前时刻，按 5%的利率借入 100 元资金购买股票，这相当于出售零息债券购买股票，所以生成了一个股票多头和零息债券空头的组合。由式（8-22）可知，该组合就是一个合成远期多头。

（2）在当前时刻，签订一份远期合约，按远期价格 107 元卖出股票。

（3）在时间 T，投资者按 107 元的远期价格出售股票，同时偿还借款本息 105 元，从而获得 2 元的无风险利润。

在上述套利操作中，投资者先低价买入股票，然后通过远期合约高价卖出股票，这种先买后卖的套利方式称作正向套利（cash and carry arbitrage）。

4. 反向套利

如果远期价格偏低，就会出现反向套利的机会。譬如在前例中，如果远期价格是 102 元，而不是 105 元，则套利者可以通过下述操作赚取无风险利润：

（1）在当前时刻，按现价卖空股票获得 100 元，并将这些资金用于购买收益率为 5%的零息债券，这就生成了一个股票空头和零息债券多头的组合。由式（8-23）可知，该组合就是一个合成远期空头。

（2）在当前时刻，签订一份远期合约，按远期价格 102 元买入股票。

（3）在时间 T，零息债券到期，投资者获得 105 元，用其中的 102 元支付股票远期合约的交割价格，剩余的 3 元即为无风险利润。

在上述套利操作中，投资者先高价卖空股票，然后通过远期合约低价买入股票，这种先卖后买的操作称作反向套利（reverse cash and carry arbitrage）。

5. 无套利区间

在前面的讨论中，我们假设不存在交易成本，借款利率和存款利率相同，股票没有买卖价差，因此只有当远期价格 F 等于前述公式计算的理论远期价格时，才不会存在套利机会。但在现实中，由于存在交易成本，借款利率和存款利率不同，再加上股票的买卖价差，只要远期价格落在一个区间$[F^-, F^+]$之内，就不会存在套利机会。

假设在时间零点，投资者从市场上购买股票需要支付的价格为S^a，而卖出股票可以获得的价格为S^b，且$S^a > S^b$；借款利率和存款利率分别为r^a和r^b，且$r^a > r^b$；在时间零点，股票或远期的交易成本均为k，在时间T没有交易成本。

如果套利者认为远期价格F偏高，就可以在时间零点借款买入股票，并通过远期合约在未来卖出股票。为简单起见，假设股票没有红利。

套利者在时间零点借款买入股票的成本为$S^a + k$，通过签订远期合约在未来卖出股票的交易成本为k，所以套利者需要借入的总资金为$S^a + 2k$。

在时间T，套利者需要偿还的借款总金额为$(S^a + 2k)e^{r^a T}$，同时可以按远期合约中约定的远期价格F出售股票，所以套利者的利润可以表示为：

$$F - (S^a + 2k)e^{r^a T}$$

令套利者的利润大于零时，则有

$$F > (S^a + 2k)e^{r^a T} \tag{8-24}$$

由此可见，只有当远期价格大于下式时，才存在套利机会：

$$F^+ = (S^a + 2k)e^{r^a T} \tag{8-25}$$

上式就是无套利区间的上限，使用了较高的股票价格和较高的利率，并在股票价格中增加了两项交易成本。

反过来，如果套利者认为远期价格F偏低，就可以在时间零点卖空股票，并通过远期合约在未来时刻买入股票。为简化表述，假设股票没有红利。

套利者在时间零点卖空股票可以获得资金S^b，并需支付交易成本k，同时，套利者通过签订远期合约买入股票的交易成本为k，所以，套利者在时间零点可以获得的总资金为$S^b - 2k$。

在时间T，套利者的资金可以累积到$(S^b - 2k)e^{r^b T}$，同时需要按照远期合约中约定的远期价格F买入股票，所以套利者的利润可以表示为：

$$(S^b - 2k)e^{r^b T} - F$$

令套利者的利润大于零，即得

$$F < (S^b - 2k)e^{r^b T} \tag{8-26}$$

由此可见，只有当远期价格小于下式时，才存在套利机会：

$$F^- = (S^b - 2k)e^{r^b T} \tag{8-27}$$

上式就是无套利区间的下限，使用了较低的股票价格和较低的利率，并在股票价格中减去了两项交易成本。

由式（8－25）和式（8－27）可知，无套利区间为$[F^-, F^+]$。

【例 8－12】

假设股票的买价为$S^a=51$，卖价为$S^b=50$，借款的利率为$r^a=0.06$，存款的利率为$r^b=0.055$，股票和远期的交易成本均为$k=0.1$，远期合约的期限为$T=0.5$。计算无套利机会的远期价格的上下限。

【解】 应用式（8－25）和式（8－27），无套利机会的远期价格的上下限分别为：

$$F^+=(S^a+2k)e^{r^aT}=(51+2\times0.1)e^{0.06\times0.5}=52.76$$

$$F^-=(S^b-2k)e^{r^bT}=(50-2\times0.1)e^{0.055\times0.5}=51.19$$

上述结果表明，只有当远期价格低于 51.19 元或高于 52.76 元时，才存在套利机会，换言之，无套利区间为[51.19，52.76]。

8.5 互　换

8.5.1 互换的含义

远期合约只能进行一次现金流的交易，但现实中的许多交易是重复发生的。譬如，发行债券的企业要定期支付利息，跨国公司要经常兑换货币，而农场主每年都需要销售其产品。这就形成了一个系列支付的现金流。为了规避这种现金流的价格风险，虽然可以签订多个远期合约，但更为有效的方法是签订一个互换（swap）合约。

互换合约是指双方当事人按照商定的条件，在约定的时期内交换一系列现金流的合约。在双方进行互换以后，一方将支付现金流给另一方，并收到来自对方的现金流。双方支付的现金流都基于相同的名义本金进行计算。

互换合约与远期合约密切相关。远期可以看作只有一次付款的互换，而互换是附加有资金借贷行为的一系列远期。因此，互换的价格可以通过一系列不同到期时间的远期价格来确定。

为了理解互换的含义，下面假设 W 公司计划在未来两年购买 10 000 桶石油，石油在第 1 年末和第 2 年末的远期价格分别为每桶 80 美元和 85 美元，1 年期和 2 年期的即期利率分别为 5%和 6%。

该公司为了锁定未来两年的石油价格，可以签订两份远期合约：第一份远期合约的期限为一年，每桶石油的远期价格为 80 美元；第二份远期合约的期限为两年，每桶石油的远期价格为 85 美元。这两个远期价格的现值为：

$$\frac{80}{1.05}+\frac{85}{1.06^2}=151.84(\text{美元})$$

换言之，如果 W 公司目前向石油公司支付 151.84 美元，就可以确保在未来两年的每年末获得 1 桶石油。

当前一次性支付石油价款，而在未来交割一系列石油，这种购买方式称作预付互换（prepaid swap）。

在预付互换中，W 公司要面临石油公司的信用风险。一种规避信用风险的方法是在交割石油之时再支付价款。在这种情况下，W 公司每年应该支付多少价款呢？从理论上讲，只要所付价款的现值等于 151.84 美元就是可行的，但通常采取等额支付的方式，即每年支付相等的价款，不妨假设为 X，则有

$$\frac{X}{1.05}+\frac{X}{1.06^2}=151.84$$

由此可得，W 公司每年需要支付的石油价格为 $X=82.415$（美元），这个价格通常称作 2 年期的互换价格。

在上述互换的例子中，我们采用了实物结算的方式，当然也可以采用现金结算的方式。在现金结算方式下，W 公司可以用现货价格从市场上购买石油，并向石油公司支付 82.415 美元与现货价格之间的差额。譬如在上例中，如果石油的现货价格为 70 美元，则 W 公司按每桶 70 美元的价格从市场上购买石油，并向石油公司支付的金额为：

$$82.415-70=12.415(\text{美元})$$

此时，W 公司为每桶石油实际支付的价格为：

$$70+12.415=82.415(\text{美元})$$

如果石油的现货价格为 90 美元，则 W 公司按每桶 90 美元的价格从市场上购买石油，并向石油公司支付的金额为：

$$82.415-90=-7.585(\text{美元})$$

这相当于 W 公司从石油公司获得了每桶 7.585 美元的补贴，因此 W 公司实际上为每桶石油支付的价格为：

$$90-7.585=82.415(\text{美元})$$

可见，无论在哪种情况下，W 公司为每桶石油支付的价格都是 82.415 美元。

如果把互换价格 82.415 美元与两个远期价格（80 美元和 85 美元）进行比较就会发现，在第一年末，W 公司多支付了 2.415 美元，而在第二年末，W 公司少支付了 2.585 美元。因此，上述互换等价于两个远期合约多头，并附加一个利率协议，该利率协议在第一年末向石油公司支付 2.415 美元，并在第二年末获得 2.585 美元。显然，该利率协议隐含的利率为 $2.585\div 2.415-1=7\%$。这个利率事实上就是两个即期利率所隐含的远期利率。在本例中，1 年期的即期利率为 5%，2 年期的即期利率为 6%，故第 1 年末至第 2 年末的远期利率 i 满足下述方程：

$$(1+0.05)(1+i)=(1+0.06)^2$$

由此可以求得远期利率为 $i=7\%$。

如前所述，互换合约等价于若干个远期合约并附加一个远期利率协议，由于远期合约和远期利率协议在签订之日的初始价值均为零，所以互换合约在签订之日的初始价值也应该为零。

互换合约签订之后，随着时间的推移，互换合约的价值有可能不再等于零。不妨假设在前面的例子中，互换合约生效之后，石油的远期价格每桶上升了 3 美元，即 1 年期和 2 年期的远期价格分别为 83 美元和 88 美元，并假设即期利率没有发生变化。在这种情况下，2 年期的互换价格 X 满足下述方程：

$$\frac{X}{1.05}+\frac{X}{1.06^2}=\frac{83}{1.05}+\frac{88}{1.06^2}$$

由此可以求得新的互换价格为 $X=85.415$（美元）。

此时，如果 W 公司按每桶 85.415 美元的价格卖出一个 2 年期的互换，则 W 公司在每年末的现金流如表 8－4 所示。

表 8－4　互换的现金流　单位：美元

购买原来的互换	石油的现货价格－82.415
出售新的互换	85.415－石油的现货价格
合计	3

可见，通过上述策略，W 公司每年末可以获得 3 美元的净收益，该收益的现值为：

$$\frac{3}{1.05}+\frac{3}{1.06^2}=5.527(\text{美元})$$

这就意味着，互换合约签订之后，如果石油的远期价格每桶上升 3 美元，则互换合约多头的价值将从初始的零美元增加到 5.527 美元。

互换合约有两种比较常见的形式，即利率互换和货币互换。它们的定价原理类似，所以下面仅介绍利率互换的概念及其定价原理。

8.5.2　利率互换

利率互换（interest rate swap）是指双方同意在未来的一定期限内根据同种货币、相同的名义本金交换现金流，其中一方的现金流根据浮动利率计算，而另一方的现金流根据固定利率计算。

利率互换的一个示例如图 8－4 所示，其中银行 A 的浮动利率与银行 B 的固定利率进行互换。在互换前，银行 A 收到浮动利率，支出固定利率；银行 B 收到固定利率，支出浮动利率。它们收入的利率和支出的利率不匹配，存在利率风险。互换以后，银行 A 的收入和支出都是浮动利率，银行 B 的收入和支出都是固定利率，双方都规避了利率风险。

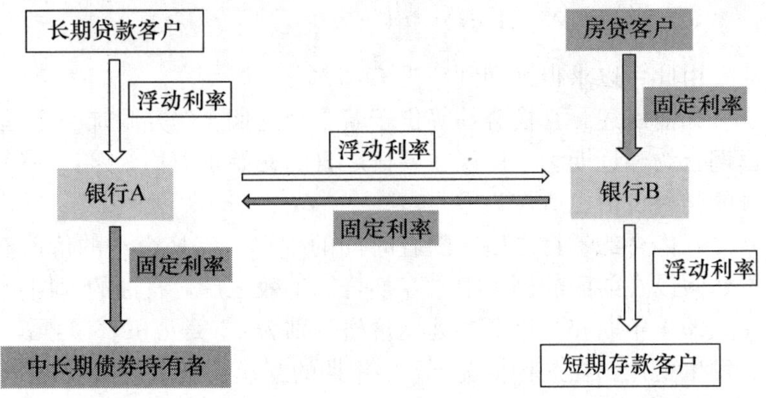

图 8-4　利率互换

进行利率互换的主要原因是双方在固定利率和浮动利率市场上具有比较优势。假设A公司和B公司都想借入5年期的100万元借款，其中A公司想借入浮动利率借款，而B想借入固定利率借款。由于两家公司的信用等级不同，故市场向它们提供的利率也不同，如表8-5所示。

表 8-5　**借款利率**（每半年支付一次利息）

	固定利率（每年复利2次）	浮动利率
A公司	10%	6个月期 LIBOR+1%
B公司	12%	6个月期 LIBOR+2%
利率之差	2%	1%

从表8-5可以看出，无论是固定利率还是浮动利率，A公司的借款利率均比B公司低，即A公司在两个市场上均具有绝对优势。如果不进行互换，A公司将支付（LIBOR+1%）的浮动利率，而B公司将支付12%的固定利率。这里的LIBOR是指伦敦银行同业拆借利率（London Interbank Offered Rate）。

进一步分析可以发现，在固定利率市场上，A公司相对于B公司有2%的绝对优势，而在浮动利率市场上，A公司相对于B公司有1%的绝对优势。这就意味着A公司在固定利率市场上具有比较优势，而B公司在浮动利率市场上具有比较优势。

根据比较优势理论，双方可以利用各自的比较优势借款然后互换，从而达到共同降低借款成本的目的。譬如，A公司以10%的固定利率借入100万元，而B以（LIBOR+2%）的浮动利率借入100万元，然后进行互换。由于本金相同，故双方不必交换本金而只需交换利息，即A公司向B公司支付浮动利息，而B公司向A公司支付固定利息。

注意，虽然B公司按照（LIBOR+2%）的浮动利率从银行获得借款，但在与A进行互换时，A公司向B公司支付的浮动利率应该低于A公司直接从银行借款的浮动利率，即低于（LIBOR+1%）的浮动利率，否则A公司不会同意进行互换。

下面首先计算双方因为互换交易而节约的总利息成本。

若不进行互换，A 公司和 B 公司的利息成本分别为（LIBOR＋1%）和 12%。若进行互换，A 公司和 B 公司的利息成本分别为 10%和（LIBOR＋2%）。

可见，通过互换，双方的总利息成本可以降低 1%，即

(LIBOR＋1%)＋12%－10%－(LIBOR＋2%)＝1%

这就是互换所带来的利益，是双方合作的结果，应由双方共同分享，具体分享比例可由双方谈判决定。下面假设双方各分享一半，则双方都可以将借款成本降低 0.5%。此时，A 公司的最终利息成本为：

(LIBOR＋1%)－0.5%＝LIBOR＋0.5%

B 公司的最终利息成本为：

12%－0.5%＝11.5%

由此可见，通过互换，A 公司获得了 LIBOR＋0.5%的浮动利率借款，而 B 公司获得了 11.5%的固定利率借款，利息成本都比互换之前降低了 0.5%。

上述利率互换的流程如图 8－5 所示。从该图可以看出，A 公司的现金流如下：

(1) 向银行支付 10%的固定利率。

(2) 向 B 公司支付 LIBOR 的浮动利率。

(3) 从 B 公司获得 9.5%的固定利率。

上述三个现金流的叠加效果是 A 公司支付 LIBOR＋0.5%的浮动利率。

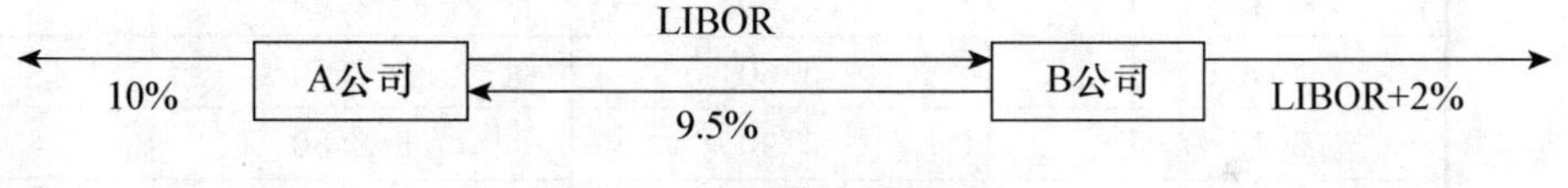

图 8－5　利率互换流程

B 公司的现金流如下：

(1) 向银行支付（LIBOR＋2%）的浮动利率。

(2) 向 A 公司支付 9.5%的固定利率。

(3) 从 A 公司获得 LIBOR 的浮动利率。

上述三个现金流的叠加效果是 B 公司支付 11.5%的固定利率。

在上述互换中，每隔 6 个月为一个利息支付日，假定某一支付日的 LIBOR 为 12%，则 A 公司应向 B 公司支付的浮动利息为：

100×(0.12÷2)＝6(万元)

而 B 公司应该向 A 公司支付的固定利息为：

100×(0.095÷2)＝4.75(万元)

在实务中，双方只需支付利息差额即可，即 A 公司向 B 公司支付 6－4.75＝1.25（万元）。

由于利率互换只是支付利息差额，所以信用风险很小。

8.5.3 利率互换的定价

如果不考虑违约风险，利率互换可以通过分解成一个债券多头与一个债券空头的组合来定价，也可以通过分解成远期利率协议的组合来定价。

1. 用债券组合给利率互换定价

考虑图8-6所示的利率互换，名义本金为100万元，期限为3年，B公司向A公司按6%的年利率支付固定利息（每半年支付一次），而A公司向B公司按6个月期的LIBOR支付浮动利息。

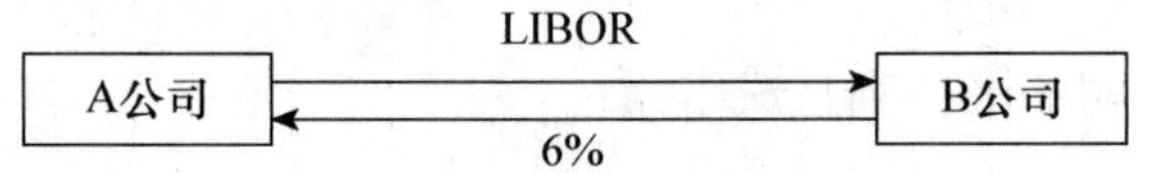

图8-6 A公司与B公司的利率互换

在上述利率互换中，B公司的现金流如表8-6所示。

表8-6 **利率互换中B公司的现金流** 单位：百万元

日期	LIBOR	收到的浮动利息	支付的固定利息
2013-1-1	4.20		
2013-7-1	4.80	+2.10	−3
2014-1-1	5.30	+2.40	−3
2014-7-1	5.50	+2.65	−3
2015-1-1	5.60	+2.75	−3
2015-7-1	5.90	+2.80	−3
2016-1-1	6.40	+2.95	−3

虽然利率互换不涉及本金交换，但可以假设在合约到期日，A公司支付给B公司100万元的名义本金，同时B公司也支付给A公司100万元的名义本金。这不会改变互换双方的现金流，所以不会改变互换的价值。这样，利率互换可以分解成下述两个债券头寸的组合：

（1）B公司按6个月的LIBOR借给A公司100万元，等价于B公司向A公司购买了100万元的浮动利率（LIBOR）债券。

（2）A公司按6%的年利率借给B公司100万元，等价于B公司向A公司出售了100万元的固定利率债券（年利率为6%，每半年付息一次）。

由此可见，对B公司而言，这个利率互换等价于出售固定利率债券后购买浮动利率债券，因此其价值就是上述浮动利率债券与固定利率债券的价值之差。

为了便于分析，令$B_{固}$为固定利率债券的价值，$B_{浮}$为浮动利率债券的价值，r_i表示到期时间为t_i的即期利率（连续复利），L为名义本金，k为每次支付的固定利息额，则固定利率债券的价值为：

$$B_{固}=\sum_{i=1}^{n}k\mathrm{e}^{-r_it_i}+L\mathrm{e}^{-r_nt_n} \tag{8-28}$$

对于浮动利率债券，令 k_i^* 为在时间 t_i 支付的浮动利息额，则浮动利率债券的价值为：

$$B_{浮}=\sum_{i=1}^{n}k_i^* e^{-r_i t_i}+Le^{-r_n t_n} \tag{8-29}$$

故互换合约的价值为：

$$f=B_{浮}-B_{固}=\sum_{i=1}^{n}k_i^* e^{-r_i t_i}-\sum_{i=1}^{n}ke^{-r_i t_i} \tag{8-30}$$

互换合约在签订之日的价值应该为零，即 $f=0$，由此可以求得固定利息额为：

$$k=\frac{\sum_{i=1}^{n}k_i^* e^{-r_i t_i}}{\sum_{i=1}^{n}e^{-r_i t_i}} \tag{8-31}$$

如果假设本金为 1，则上式的固定利息金额就是利率互换中的固定利率，也称作互换利率（swap rate）。浮动利息金额就是利率互换中的浮动利率。在实际应用中，式（8－31）中的浮动利率 k_i^* 可以用即期利率中隐含的远期利率来代替。

从式（8－31）可以看出，利率互换中的固定利率可以表示为浮动利率的加权平均数，权数为每个利息支付日期的贴现因子。

【例 8－13】

银行在一个 2 年期的利率互换合约中，支付浮动利率，收取固定利率，每半年支付一次利息，名义本金为 500 万元。已知 6 个月、12 个月、18 个月和 24 个月期的即期利率（连续复利）分别为 10%、10.5%、11%和 11.5%。计算银行在互换合约中收到的固定利率是多少。

【解】 利息互换的四个时间点分别为 $t_1=0.5$，$t_2=1$，$t_3=1.5$，$t_4=2$，它们对应的即期利率分别为 $r_1=0.1$，$r_2=0.105$，$r_3=0.11$，$r_4=0.115$。由此可以求得四个时期的浮动利率分别为：

$$k_1^*=0.1$$

$$k_2^*=\frac{0.105\times1-0.10\times0.5}{1-0.5}=0.11$$

$$k_3^*=\frac{0.11\times1.5-0.105\times1}{1.5-1}=0.12$$

$$k_4^*=\frac{0.115\times2-0.11\times1.5}{2-1.5}=0.13$$

应用式（8－31），银行在互换合约中收到的固定利率（即互换利率）为：

$$k=\frac{0.1\times e^{-0.1\times 0.5}+0.11\times e^{-0.105\times 1}+0.12\times e^{-0.11\times 1.5}+0.13\times e^{-0.115\times 2}}{e^{-0.1\times 0.5}+e^{-0.105\times 1}+e^{-0.11\times 1.5}+e^{-0.115\times 2}}$$

$$=0.1142$$

【例 8－14】

假设在一笔互换合约中，银行支付 6 个月期的 LIBOR，同时收取 8％的年固定利率（每半年支付一次利息），名义本金为 100 万元。互换还有 1.25 年的时间到期。已知 3 个月、9 个月和 15 个月期的即期连续复利分别为 10％、11％和 12％。在上一个利息支付日，6 个月期的 LIBOR 为 9％（每半年复利一次）。计算该利率互换对银行而言的价值。

【解】该互换合约的已知条件如图 8－7 所示。

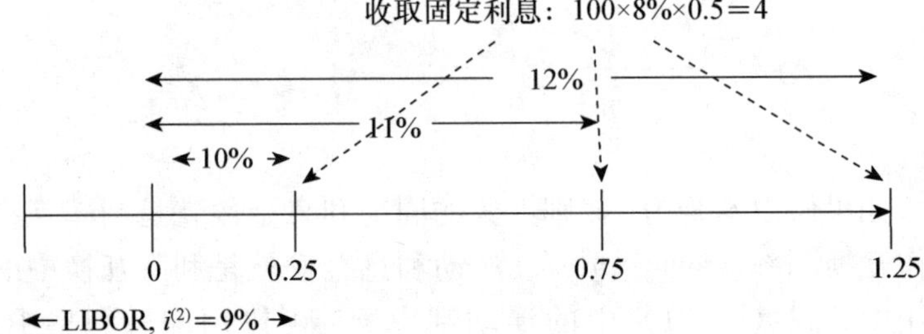

图 8－7　互换合约中的即期利率

其中，$L=100$ 万元，$r_1=0.1$，$r_2=0.11$，$r_3=0.12$，$t_1=0.25$，$t_2=0.75$，$t_3=1.25$。

银行每次收取的固定利息为：

$$k=100\times 8\%\times 0.5=4(\text{万元})$$

与该固定利息收入对应的固定利率债券的价值为：

$$B_{\text{固}}=4e^{-0.1\times 0.25}+4e^{-0.11\times 0.75}+104e^{-0.12\times 1.25}=97.10(\text{万元})$$

在上一个利息支付日，6 个月期的 LIBOR 为 9％（每半年复利一次），意味着 6 个月期的浮动利率为 4.5％，所以在下一个利息支付日，银行支付的浮动利息为：

$$k_1^*=100\times(0.09\div 2)=4.5(\text{万元})$$

在浮动利息支付后的瞬间，浮动利率债券的价值为 100 万元（参见下例的说明），故浮动利率债券在当前日期的价值为：

$$B_{\text{浮}}=(100+4.5)e^{-0.1\times 0.25}=101.92(\text{万元})$$

银行收取固定利率，支出浮动利率，所以上述利率互换对银行的价值为：

$$f=B_{\text{固}}-B_{\text{浮}}=97.10-101.92=-4.82(\text{万元})$$

2. 用远期利率协议给利率互换定价

如果不考虑违约风险，利率互换可以分解为一系列的远期利率协议。考虑图 8-6 中的 B 公司，在第 i 个利息支付日（即时间 t_i），B 公司收取浮动利息 k_i^*，支出固定利息 k，这相当于 B 公司签订了一份远期利率协议，其价值为 $(k_i^*-k)e^{-r_it_i}$。

对 B 公司而言，互换的价值就是在所有利息支付日的远期利率协议的价值之和，即

$$f=\sum_{i=1}^{n}(k_i^*-k)e^{-r_it_i} \tag{8-32}$$

互换合约在签订之日的价值为零，即 $f=0$，所以由上式也可以求得与式 (8-31) 相同的结果。

**【例 8-15】**

重新考虑例 8-14。假设在一笔互换合约中，银行支出 6 个月期的 LIBOR，同时收取 8% 的年固定利率（每半年支付一次利息），名义本金为 100 万元。互换还有 1.25 年的时间到期，其中 3 个月、9 个月和 15 个月期的即期连续复利分别为 10%、11% 和 12%。在上一个利息支付日，6 个月期的 LIBOR 为 9%（每半年复利一次）。计算该利率互换对银行而言，当前的价值是多少。

【解】 已知 $L=100$ 万元，$r_1=0.1$，$r_2=0.11$，$r_3=0.12$，$t_1=0.25$，$t_2=0.75$，$t_3=1.25$，$k=4$ 万元，$k_1^*=4.5$ 万元。

3 个月之后需要交换的现金流是已知的，银行用 9% 的年利率换入 8% 年利率（每半年复利一次），所以这笔交换对银行的价值是

$$(4-4.5)e^{-0.1\times0.25}=-0.488(\text{万元})$$

用连续复利表示的 3 个月末到 9 个月末的远期利率为：

$$R_2=\frac{0.11\times0.75-0.10\times0.25}{0.75-0.25}=0.115$$

9 个月末银行支付的浮动利息为：

$$100(e^{0.115\times0.5}-1)=5.919(\text{万元})$$

因此 9 个月末的现金流交换对银行的价值为：

$$(4-5.919)e^{-0.11\times0.75}=-1.767(\text{万元})$$

同样地，用连续复利表示的从 9 个月末到 15 个月末的远期利率为：

$$R_3=\frac{0.12\times1.25-0.11\times0.75}{1.25-0.75}=0.135$$

15 个月末银行支付的浮动利息为：

$$100(e^{0.135\times0.5}-1)=6.983(万元)$$

因此15个月末的现金流交换对银行的价值为：

$$(4-6.983)e^{-0.12\times1.25}=-2.568(万元)$$

上述三笔现金流交换的价值之和就是利率互换对银行的价值，即

$$-0.488-1.767-2.568=-4.82(万元)$$

这个结果与运用债券组合定价得出的结果一致。

应用本例的结果可以验证例8-14中浮动利率债券在3个月末的瞬时价值为100万元（不含已经支付的浮动利息）。事实上，浮动利率债券在9个月末的利息为5.919万元，在15个月末的利息为6.983万元，在15个月末还可以回收本金100万元，因此浮动利率债券在3个月末的瞬时价值就是这些现金流在3个月末的现值之和，即

$$5.919\times e^{-0.5\times0.115}+(100+6.983)\times e^{-0.5\times0.135}e^{-0.5\times0.115}=100(万元)$$

□小　结

远期合约是指双方约定在未来某一个确定的时间，按照某一确定的价格买卖一定数量的标的资产的协议。同意以约定的价格在未来卖出标的资产的一方称作空头，同意以约定的价格在未来买入标的资产的一方称作多头。

一个合约的回收是指合约在满期时的价值，不考虑签订该合约时发生的初始费用。从回收中扣除签订合约所发生的初始费用的终值就是盈亏。

期货合约是指协议双方同意在约定的将来某个日期按约定的条件（包括交割价格、交割地点、交割方式等）买入或卖出一定数量的某种标的资产的标准化协议。

对于不产生收益的资产：

远期价格＝现价的累积值，即

$$F=Se^{rT}$$

对于产生已知收益的资产：

远期价格＝现价的累积值－收益的累积值，即

$$F=(S-D)e^{rT}$$

对于产生已知收益率的资产：

远期价格＝现价按照净利息力计算的累积值，即

$$F=Se^{(r-\delta)T}$$

净利息力＝无风险利息力－连续收益率

远期价格大于现价的部分称作持有成本，即

持有成本＝远期价格－现价

合成远期多头是股票多头和零息债券空头的组合，即

远期 ＝ 股票－零息债券

合成远期空头是股票空头和零息债券多头的组合，即

－远期＝－股票＋零息债券

互换合约是指买卖双方按照商定的条件，在约定的时间内交换一系列现金流的合约。远期是只有一次付款的互换，而互换是附加有资金借贷协议的一系列远期。在利率互换合约中，互换利率等于浮动利率的加权平均数，即

$$k=\frac{\sum_{i=1}^{n}k_i^{*}\mathrm{e}^{-r_it_i}}{\sum_{i=1}^{n}\mathrm{e}^{-r_it_i}}$$

□习　题

8.1　某公司当前的股票价格为每股60元，不派发股利。年利率为10%。画出该股票多头的回收和盈亏图，并验证如果一年后的股票价格是66元，则盈亏为零。

8.2　应用8.1题的信息，画出该股票空头的回收图和盈亏图，并验证当一年后的股票价格为66元时，股票空头的盈亏为零。

8.3　某公司当前的股票价格是每股105元，预期每季度派发1.70元的股利，第一次是在3个月末，最后一次恰好在交割股票之前。无风险的连续复利是1.5%。计算该股票一年期的远期价格。

8.4　股票当前的价格是每股105元，每日复利一次的年名义股利率是2%，该股票的日股利是多少？如果在年初持有一单位股票，股利收益全部再投资于该股票，年末将会持有多少单位的股票？如果想在年末持有一单位股票，在年初应该投资多少？

8.5　股票当前的价格是每股70元，连续复利率是6%。(1) 如果该股票的股利为零，该股票6个月期的远期价格是多少？(2) 如果该股票1年期的远期价格是72元，该股票的连续股利率是多少？

8.6　债券的市场价格是950元，每半年支付50元利息。年利率为5%。若该债券1年期的远期合约的交割价格为980元，求远期价格和该远期合约多头的价值。

8.7　沪深300指数的现值是3 000点，用来计算指数的股票的平均连续红利率为2%，无风险连续复利为3%，若该股票指数6个月期的远期合约的交割价格为3 050点，求远期价格和该远期合约多头的价值（每点为300元）。

8.8　某公司股票的现货价格是105元，无风险的连续复利是6%，该股票在未来一年没有分红。请说明在下列两种情况下，投资者应如何进行套利：(1) 投资者观察到该股票6个月期的远期价格是115元；(2) 投资者观察到该股票6个月期的远期价格是107元。

8.9　如果1年期和2年期的石油远期价格分别为83美元/桶和84美元/桶，且1年期和2年期的即期年利率分别是5%和5.5%。计算2年期的互换价格是多少。

8.10　如果1年期、2年期和3年期的石油远期价格分别是82美元/桶、83美元/桶和84美元/桶。即期年利率分别为1年期5%，2年期5.5%，3年期6%。计算：(1) 3年期的互换价格是多少；(2) 开始于一年后的一个2年期的互换价格是多少。

8.11　某银行在一个2年期的利率互换合约中，支付浮动利率，收取固定利率，每半年支付一次利息，名义本金为800万元。已知6个月、12个月、18个月和24个月期的即期利率（连续复利）分别为6%，6.5%，7%和7.5%。计算银行在该互换合约中收到的固定利率（连续复利）是多少。

8.12　假设在一笔互换合约中某银行支出6个月期的LIBOR，同时收取8%的年固定利率（每半年支付一次利息），名义本金为100万元。互换还有1.25年的时间到期，其中3个月、9个月和15个月期的连续复利分别为10%，10.5%和11%。在上一个利息支付日，6个月期的LIBOR为10.2%（每半年复利一次）。计算该利率互换对银行而言，当前的价值是多少。

第 9 章 Chapter 9 期　权

期权（option）是一种合约，该合约赋予买方在规定期限内按买卖双方约定的价格购买或出售一定数量标的资产的权利。如果标的资产为金融资产，则相应的期权称作金融期权。金融期权可分为股票期权、指数期权、货币期权（或称外汇期权）、期货期权和利率期权等。

本章将简要介绍期权的基本概念、期权定价的二叉树模型和 Black-Scholes 模型，以及期权的交易策略。

为方便起见，表 9－1 给出了本章使用的主要符号及其含义。

表 9－1　符号及其说明

符号	说明
t	当前时间，通常令 $t=0$
r	无风险的连续复利的利率
S	标的资产在当前时间的价格
T	期权的到期时间
S_T	标的资产在时间 T 的价格
K	期权的执行价格
C	看涨期权的价格（期权费）
P	看跌期权的价格（期权费）

9.1　期权的基本概念

在期权交易中，经常使用的一些基本概念如下。

1. 买方和卖方

期权的买方（buyer）也称为期权多头，在支付期权费之后，期权买方就拥有了在合约规定的时间购买或出售标的资产的权利。

期权的卖方（seller）也称作期权空头，在收取买方所支付的期权费之后，期权卖方就必须承担在规定时间内根据买方要求履行合约的义务。换言之，当期权买方按合约规定行使其买进或卖出标的资产的权利时，期权卖方必须依约相应地卖出或买进该标的资产。

2. 看涨期权和看跌期权

按期权买方的权利划分，期权可分为看涨期权（call option）和看跌期权（put option）。看涨期权赋予买方以执行价格购买标的资产的权利，而看跌期权赋予买方以执行价格出售标的资产的权利。

期权交易中存在双重的买卖关系，对期权合约本身的买卖形成了期权的买方和卖方，而对期权合约中标的资产的买卖则构成了看涨期权和看跌期权。其中的权利和义务关系如表9-2所示。

表9-2　期权交易中的双重买卖关系

	看涨期权	看跌期权
期权买方	以执行价格买入标的资产的权利	以执行价格卖出标的资产的权利
期权卖方	以执行价格卖出标的资产的义务	以执行价格买入标的资产的义务

3. 欧式期权和美式期权

期权买方只能在合约规定的时间内行使其权利，一旦超过了期限而仍未执行，就意味着自愿放弃了这一权利。根据执行时间的不同，期权可以分为欧式期权（European-style option）和美式期权（American-style option）。

欧式期权的买方只能在期权到期日行使买进或卖出标的资产的权利，而美式期权的买方可以在期权到期前的任何时间执行期权。显然，在其他条件相同的情况下，美式期权的买方除了拥有欧式期权的一切权利之外，还拥有一个在到期前随时执行期权的权利，因此其价值大于相应的欧式期权。

另一种期权是百慕大期权（Bermudan-style option），这种期权的买方可以在到期前的某些指定时期行权，它赋予期权买方的权利介于美式期权与欧式期权之间。

需要说明的是，这里的"欧式"、"美式"和"百慕大"并没有任何地理上的含义，这三种期权可以在全世界范围内进行交易。

4. 执行价格

执行价格（exercise price）是指期权合约所规定的、期权买方在行使其权利时实际执行的标的资产的价格，即标的资产的买价或卖价。与执行价格相联系的几个概念是实值期权、虚值期权和平价期权。

实值期权（in the money）是指如果立即行使权利，回收为正的期权。虚值期权（out of the money）是指如果立即行使权利，回收为负的期权。平价期权（at the money）是指如果立即行使权利，回收为零的期权。对于看涨期权，当市场价格高于执行价格时为实值期权，当市场价格低于执行价格时为虚值期权；对于看跌期权，当市场价格低于执行价格时为实值期权，当市场价格高于执行价格时为虚值期权。如果市场价格等于执行价格，看涨期权和看跌期权均为平价期权。

5. 期权费

期权是卖方将一定的权利赋予买方而自己承担相应义务的一种交易，作为对卖方承担义务的补偿，买方要支付给卖方一定的费用，这种费用就是期权费（premium）或期权价格（option price）。

期权费与期权交易的单向保险性质有关。在用期货（或远期）进行套期保值时，投资者直接根据需要进入合约的多头或空头，他们在把可能的损失机会转移出去的同时，也把可能的盈利机会转移出去了，因而是一种双向保值。而通过期权保值的投资者都会根据自己的需要选择买入看涨期权或看跌期权。期权交易是一种单向保值，期权的买方具有是否执行期权的主动性，所以只是把风险的不利部分转嫁了出去，而保留了风险的有利部分。因此，相对于远期合约而言，期权合约是一种更为有利的保值工具。

在一个公平有效的市场上，风险规避者进入期货（或远期）合约几乎无须支付任何初始成本，而进入期权多头则需要支付相应的成本，即期权费。投资者买入期权，类似于向期权卖方购买了一个规避市场价格不利变化的保险，因而其支付的期权费与投保人向保险公司支付的保险费在本质上是一致的，都是为了单向规避风险而付出的代价。

期权费与执行价格完全不同：期权费是期权合约本身的价格，执行价格则是期权合约中标的资产的交易价格。

6. 期权的回收和盈亏

期权的回收（payoff）是指在不考虑期权费的情况下，期权在满期时的价值。在计算期权的盈亏时，需要扣除期权费的终值。

看涨期权多头的回收和盈亏如下：

（1）回收＝max(0，满期时的现货价格－执行价格)

（2）盈亏＝max(0，满期时的现货价格－执行价格)－期权费的终值

式中，$\max(x, y)$ 表示 x 和 y 中的最大值。

对于看涨期权空头，其回收和盈亏就是看涨期权多头的回收和盈亏的负值。

看跌期权多头的回收和盈亏如下：

（1）回收＝max(0，执行价格－满期时的现货价格)

（2）盈亏＝max(0，执行价格－满期时的现货价格)－期权费的终值

对于看跌期权空头，其回收和盈亏就是看跌期权多头的回收和盈亏的负值。

【例 9－1】

一只股票的看涨期权，期限是1年，执行价格是105元。假设1年期的年利率为5%，看涨期权的期权费是3.40元。如果1年后股票的价格是110元或100元，分别计算看涨期权多头的回收和盈亏。

【解】 看涨期权在满期时，如果股票的现价是110元，大于期权的执行价格105元，则看涨期权的多头将执行期权，故其回收为：

回收＝max(0,110－105)＝5(元)

从回收中扣除期权费的终值，其盈亏为：

盈亏＝5－3.40×1.05＝1.43(元)

如果1年后股票的价格是100元，小于期权的执行价格105元，看涨期权的多头不会执行期权，故其回收为：

回收＝max(0,100－105)＝0(元)

从回收中扣除期权费的终值，其盈亏为：

盈亏＝0－3.40×1.05＝－3.57(元)

9.2 期权的盈亏图

9.2.1 看涨期权的盈亏图

期权合约是零和游戏，买方的盈亏与卖方的盈亏正好相反。看涨期权买方和卖方的盈亏分别如图9－1和图9－2所示，其中假设期权的执行价格为40元，期权费的终值为5元。期权费在签订期权合约时支付，其终值是指期权费累积到期权到期时的价值。

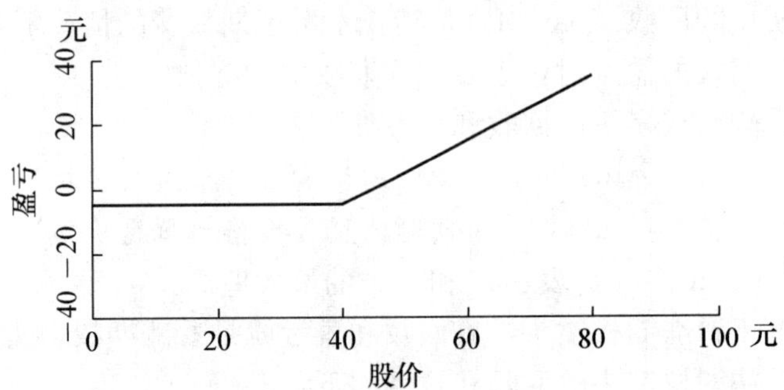

图9－1 看涨期权多头的盈亏

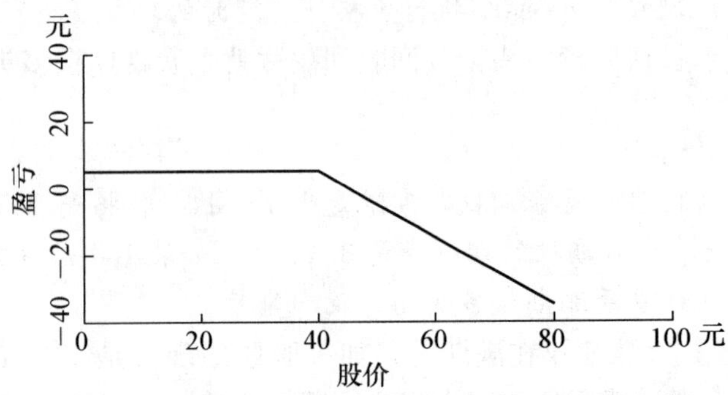

图9－2 看涨期权空头的盈亏

从图9-1中可以看出，在期权到期时，如果股票的市场价格低于执行价格40元，看涨期权就不会被执行，多头的亏损就是他所支付的期权费的终值（5元）。当股票的市场价格高于40元时，多头将执行期权，以减少其亏损。譬如，当股票的市场价格为42元时，多头按40元的执行价格从空头购买股票，再以42元的价格在市场上卖出，即可赚取2元。考虑到多头已经支付的5元期权费，他的亏损为3元。以此类推，当股票的市场价格为45元时，多头的亏损为零。而当股票的市场价格超过45元时，多头开始盈利。股票的市场价格越高，多头的盈利就越多。

从图9-2可以看出，当股票的市场价格低于40元时，多头不会执行期权，空头的最大盈利就是他所收取的期权费。而当股票的市场价格高于40元时，多头就会执行期权。譬如，当股票的市场价格为42元时，看涨期权的多头将执行期权，空头就不得不按42元的价格从市场上购买股票，再按40元的执行价格卖给多头，从而损失2元，同时考虑到空头获得的期权费（5元），他的净盈利为3元。当股票的市场价格为45元时，看涨期权空头的净盈利为零。而当股票的市场价格超过45元时，空头开始亏损。股票的市场价格越高，看涨期权空头的亏损就越大。

如果用符号表示，看涨期权多头的盈亏可以表示为：

$$看涨期权多头的盈亏=\max(0,\ S_T-K)-C\cdot e^{rT} \tag{9-1}$$

式中，$\max(x,\ y)$ 表示 x 和 y 的最大值；S_T 是标的资产在时间 T 的价值；K 是期权的执行价格；C 是看涨期权的期权费；r 是无风险的连续复利利率；T 是期权的到期时间。

由于期权费 C 是固定的，所以当 $S_T\geqslant K$ 时，多头会执行期权。但是，只有当 $S_T=K+Ce^{rT}$ 时，多头才能达到盈亏平衡点。当 $S_T>K+Ce^{rT}$ 时，多头的盈利大于零。

对于看涨期权空头，其盈亏就是看涨期权多头的盈亏的负值，为：

$$看涨期权空头的盈亏=\min(0,\ K-S_T)+C\cdot e^{rT} \tag{9-2}$$

从图9-1和图9-2可以看出，看涨期权多头的亏损是有限的，最大亏损就是期权费，而其盈利可能是无限的。与此相反，看涨期权空头的亏损可能是无限的，而盈利是有限的，其最大盈利就是期权费。

【例9-2】

一份股票看涨期权的执行价格为50元，期权费为3元，期权的到期时间是0.5年，无风险的连续复利为5%。假设期权到期时的股票价格为53元，计算：多头的盈亏是多少？在期权到期时，股票的价格为多少时，多头可以达到盈亏平衡点？

【解】看涨期权到期时的股票价格为53元，大于执行价格50元，所以多头会执行期权，多头的盈亏为：

$$(53-50)-3e^{0.05\times0.5}=-0.076(\text{元})$$

在式（9-1）中，令多头的盈亏等于零，即

$$(S_T-50)-3e^{0.05\times0.5}=0$$

即可求得多头达到盈亏平衡点的股票价格为：

$$S_T=53.08(\text{元})$$

9.2.2 看跌期权的盈亏图

看跌期权买方和卖方的盈亏如图9-3和图9-4所示，在该图中，假设期权的执行价格为40元，期权费的终值为5元。

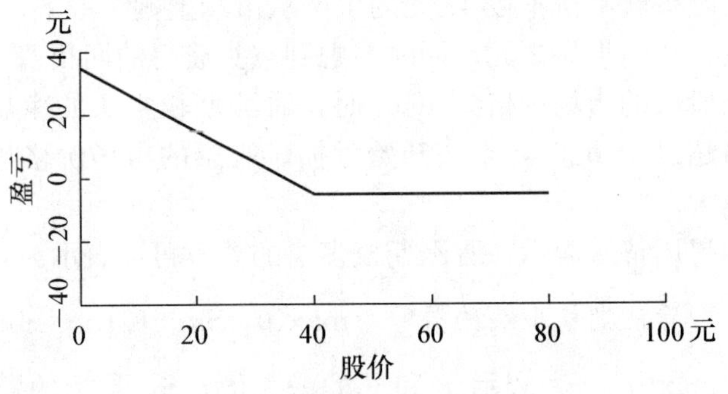

图9-3　看跌期权多头的盈亏

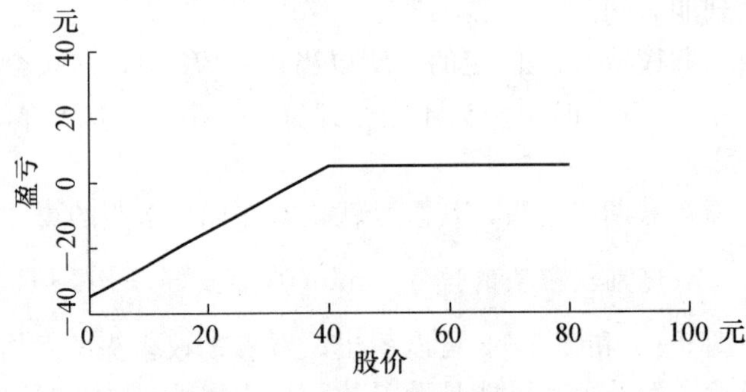

图9-4　看跌期权空头的盈亏

从图9-3可以看出，在期权到期时，如果股票的市场价格高于40元，看跌期权的多头不会执行期权，其净亏损就是他所支付的期权费的终值（5元）。但是，当股票价格低于40元时，看跌期权的多头就可以选择执行期权，从而减少净亏损或赚取净盈利。譬如，当股票价格为33元时，看跌期权的多头就可以从市场上按33元的价格购买股票，并按执行价格40元卖给期权空头，从而赚取7元，同时考虑到多头已经支付的期权费（5元），他的净盈利为2元。看跌期权到期时，股票的价格越低，多头的净盈利就越高。由于股票的价格最低为零，所以看跌期权多头的最大盈利是35元。

从图 9-4 可以看出，在期权到期时，如果股票的市场价格高于 40 元，看跌期权的多头不会执行期权，因此空头的净盈利就是他所收取的期权费的终值（5 元）。但是，当股票价格低于 40 元时，看跌期权的多头就会执行期权。譬如，当股票的市场价格为 33 元时，看跌期权的空头就必须按执行价格 40 元从多头买进股票，从而损失 7 元。同时考虑到空头收取的 5 元期权费，他的净亏损为 2 元。看跌期权到期时，股票的价格越低，看跌期权空头的净亏损就越大。由于股票价格最低为零，所以看跌期权空头的最大亏损是 35 元。

如果用符号表示，看跌期权多头的盈亏是：

$$\text{看跌期权多头的盈亏} = \max(0, K - S_T) - Pe^{rT} \tag{9-3}$$

式中，$\max(x, y)$ 表示 x 和 y 的最大值；S_T 是标的资产在时间 T 的价值；K 是期权的执行价格；P 是看跌期权的期权费；r 是无风险的连续复利利率；T 是期权的到期时间。

在看跌期权中，当 $S_T \leqslant K$ 时，多头会执行期权。但是，只有当 $S_T = K - Pe^{rT}$ 时，多头才达到盈亏平衡点。当 $S_T < K - Pe^{rT}$ 时，多头的盈利大于零。当 $S_T = 0$ 时，看跌期权多头的盈利最大，为 $K - Pe^{rT}$。当 $S_T > K$ 时，多头的亏损最大，为期权费的终值 Pe^{rT}。

对于看跌期权空头，其盈亏就是看跌期权多头的盈亏的负值，即

$$\text{看跌期权空头的盈亏} = \min(0, S_T - K) + Pe^{rT} \tag{9-4}$$

看跌期权空头的盈利是有限的，亏损也是有限的。当 $S_T > K$ 时，看跌期权空头的盈利最大，为期权费的终值 Pe^{rT}。当 $S_T = 0$，看跌期权空头的亏损最大，为 $Pe^{rT} - K$。

从图 9-3 和图 9-4 可以看出，看跌期权多头和空头的盈亏都是有限的。

【例 9-3】

一份股票看跌期权的执行价格为 60 元，期权费为 3.5 元，期权的到期时间是 0.5 年，无风险的连续复利为 5%。假设期权到期时的股票价格为 57 元，计算：多头的盈亏是多少？在期权到期时，股票的价格为多少时，多头可以达到盈亏平衡点？

【解】 看跌期权到期时的股票价格为 57 元，小于执行价格 60 元，所以看跌期权多头会执行期权，多头的盈亏为：

$$(60-57) - 3.5e^{0.05\times 0.5} = -0.5886(\text{元})$$

在式（9-3）中，令看跌期权多头的盈亏等于零，即

$$(60 - S_T) - 3.5e^{0.05\times 0.5} = 0$$

则可以求得多头达到盈亏平衡点的股票价格为：

$$S_T = 56.41(\text{元})$$

9.3 期权的价格

看涨期权与看跌期权的价格之间存在一定的数量关系，下面分别对欧式期权和美式期权进行讨论。

9.3.1 欧式期权

欧式看涨期权与欧式看跌期权的期权费之间存在互推关系，知其一，就可以求出其二，它们之间的这种数量关系就是本节将要介绍的平价关系。

考虑在时间零点的下述两个投资组合：

组合A：一份欧式看涨期权，执行价格为K，到期时间为T，期权费为$C_{欧}$，加上金额为$K\mathrm{e}^{-rT}$的现金。

组合B：一份欧式看跌期权，执行价格为K，到期时间为T，期权费为$P_{欧}$，加上一单位无红利的股票。

下面分两种情况讨论：

(1) 在期权到期时，如果股票的现价高于执行价格，即$S_T>K$：

对于组合A，看涨期权将被执行，执行价格为K，从而可以获得S_T-K。金额为$K\mathrm{e}^{-rT}$的现金以无风险利率r投资，在期权到期时将等于K。因此，在期权到期时，组合A的价值为S_T。

对于组合B，看跌期权不会执行，所以组合B的价值将等于股票的价值S_T。

由此可见，在期权到期时，如果股票的现价高于执行价格，组合A和组合B的价值都将等于S_T。

(2) 在期权到期时，如果股票的现价低于执行价格，即$S_T<K$：

对于组合A，看涨期权不会执行，所以组合A的价值等于现金的累积值K。

对于组合B，看跌期权将被执行，执行价格为K，从而可以获得$K-S_T$，再加上一单位股票的价值S_T，组合B的价值将等于K。

由此可见，在期权到期时，如果股票的现价低于执行价格，组合A和组合B的价值都将等于K。

综上所述，在期权到期时，无论股票价格是高于还是低于执行价格，组合A和组合B的价值都相等，因此这两个组合在时间零点的价值也应该相等，即有

$$C_{欧}+K\mathrm{e}^{-rT}=P_{欧}+S \tag{9-5}$$

式中，等式左边是组合A在时间零点的价值，等式右边是组合B在时间零点的价值。

式(9-5)就是无红利股票的欧式看涨期权与看跌期权之间的平价关系(parity)。它表明欧式看涨期权的期权费可以通过具有相同执行价格和到期日的

欧式看跌期权的期权费推导出来，反之亦然。也正因如此，后面的期权定价模型将主要讨论欧式看涨期权的期权费。

将式（9－5）变形，可以得到

$$C_{欧}-P_{欧}=S-Ke^{-rT} \tag{9-6}$$

上式左边是看涨期权与看跌期权的期权费之差。

由于远期价格可以表示为 $F=Se^{rT}$，所以如果把式（9－6）的右边用现值表示，即令 $S=Fe^{-rT}$，则有

$$C_{欧}-P_{欧}=F\text{ 的现值}-K\text{ 的现值} \tag{9-7}$$

从式（9－7）可以得出下述结论：如果远期价格 F 大于执行价格 K，则看涨期权的期权费 C 大于看跌期权的期权费 P，即

$$F>K \Rightarrow C_{欧}>P_{欧} \tag{9-8}$$

上式表明，如果股票的远期价格大于执行价格，表明股票价格在未来上涨的可能性较大，所以看涨期权的期权费大于看跌期权的期权费。

同理可得

$$F<K \Rightarrow C_{欧}<P_{欧} \tag{9-9}$$

$$F=K \Rightarrow C_{欧}=P_{欧} \tag{9-10}$$

【例9－4】

股票的当前价格是19元，一份该股票看涨期权的执行价格为20元，期权费为1.4元，期权的到期时间是3个月，无风险的连续复利为6.5%。计算与该股票看涨期权具有相同到期时间和执行价格的看跌期权的期权费是多少。

【解】应用式（9－5）中的平价关系，看跌期权的期权费为：

$$P_{欧}=C_{欧}+Ke^{-rT}-S=1.4+20\times e^{-0.065\times 0.25}-19=2.08(\text{元})$$

9.3.2 美式期权

对于不支付红利的股票，期权持有人提前执行美式看涨期权不是最优选择，换言之，期权持有人应该将美式看涨期权持有到期权的到期时间再决定是否行使权利。

为了说明美式看涨期权不会被提前执行，首先给出欧式看涨期权价格的下限，即

$$C_{欧}\geqslant \max(S-Ke^{-rT},0) \tag{9-11}$$

上式之所以成立，是因为欧式看涨期权的持有人在 T 时刻有权利用 K 元购买股票，相当于现在有权利用 Ke^{-rT} 元交换 S 元。如果 $S>Ke^{-rT}$，这个权利在当前的价值应为 $S-Ke^{-rT}$，否则就为零，这也就是式（9－11）所示的结果。

由于美式期权的价格总是大于或等于欧式期权的价格，所以，如果用 $C_{美}$ 表示美式看涨期权的价格，则由式（9-11）可知：

$$C_{美} \geqslant C_{欧} \geqslant S - K\mathrm{e}^{-rT} > S - K \tag{9-12}$$

上式表明，期权持有人如果提前执行美式看涨期权，可以获得的金额为 $S-K$，小于美式期权的价值，所以提前执行美式看涨期权不是最优选择。

由此可见，对于美式看涨期权，即使期权持有人拥有在到期日之前执行期权的权利，也不应该提前执行期权。美式看涨期权不应该提前执行的经济学解释是：（1）看涨期权具有保险作用，当股票价格下跌到执行价格以下时，期权持有人不会继续遭受损失，而股票持有人会继续遭受损失；（2）提前执行期权意味着提前支付购买股票的价款，这会使期权持有人损失一部分投资收益。

对于不支付红利的股票，如果美式看涨期权不会被提前执行，也就意味着美式看涨期权等价于欧式看涨期权，所以它们的价格应该相等，即

$$C_{美} = C_{欧} \tag{9-13}$$

对于美式看跌期权而言，提前行使期权可能是最优的。譬如，当股票价格接近于零时，期权持有人如果立即行使期权，就可以立即获得 K 元，但若在未来时刻行使期权，获得的金额不会超过 K 元，而且还会损失一部分利息收入。

对于美式看跌期权而言，因为有可能提前执行，所以不存在与欧式期权类似的平价关系，但是可以证明，无红利股票的美式看涨期权与美式看跌期权的价格之差存在下述关系：

$$S - K \leqslant C_{美} - P_{美} \leqslant S - K\mathrm{e}^{-rT} \tag{9-14}$$

式中，$C_{美}$ 和 $P_{美}$ 分别表示美式看涨期权与美式看跌期权的价格。

9.3.3 红利的影响

假设在期权有效期内，股票红利的现值为 D，则欧式看涨期权和欧式看跌期权之间的平价关系变形为：

$$C_{欧} + K\mathrm{e}^{-rT} = P_{欧} + S - D$$

美式看涨期权和看跌期权之间的价格关系将变形为：

$$S - D - K \leqslant C_{美} - P_{美} \leqslant S - D - K\mathrm{e}^{-rT}$$

由此可见，如果股票红利的现值为 D，则在看涨期权与看跌期权的价格关系中，相当于把股票的现价从原来的 S 调整为现在的 $S-D$。

9.4 期权定价的二叉树模型

所谓期权定价，就是计算期权的价格或期权费。期权定价的两种主要模型是

二叉树模型（binomial tree）和 Black-Scholes 模型。相对于 Black-Scholes 模型而言，二叉树模型的原理比较简单，适用性更强，不仅可以为欧式期权定价，还可以为美式期权定价。

在二叉树模型中，需要把期权的有效期划分为许多很小的时间区间Δt，并假设在每一个时间区间Δt 内，股票价格只有两种变动的可能：

(1) 从初始价格 S 上升到 uS，其中 $u>1$。

(2) 从初始价格 S 下降到 dS，其中 $d<1$。

在较长的时间区间内，假设股价仅有两种变化可能不符合实际，但是，当时间区间Δt 很小时，这种假设是近似成立的。

股票价格的上述变动过程就形成了一个单步二叉树，如图 9-5 所示。在该图中，假设股票价格上升的概率为 p，下降的概率为 $1-p$；当股票价格上升为 uS 时，期权的价值为 f_u；当股票的价格下降为 dS 时，期权的价值为 f_d。

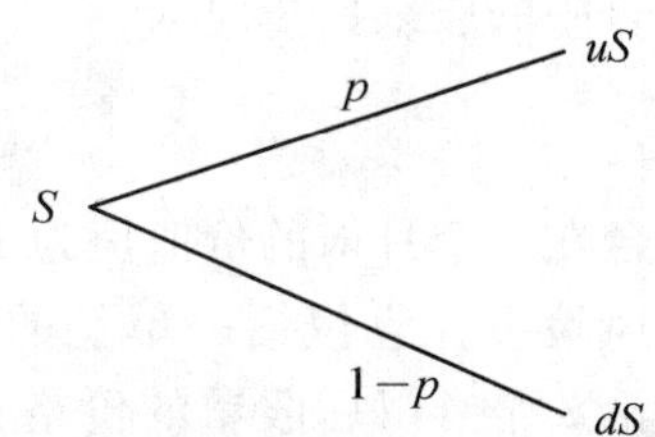

图 9-5　Δt 时期内股票价格的变动

在上述假设下，当前时刻的期权价值 f 可以表示为未来两种可能情形下期权价值 f_u 和 f_d 的加权平均值的现值，即

$$f=e^{-r\Delta t}[pf_u+(1-p)f_d] \tag{9-15}$$

显然，应用上式为期权定价，需要已知股票价格上升的概率 p，以及股票价格上升和下降的幅度 u 和 d。

9.4.1　单步二叉树模型

基于单步二叉树模型（one step binomial tree）为期权定价既可以使用无套利定价法，也可以使用风险中性定价法，两者的结果等价。

1. 无套利定价法

在讨论一般性结论之前，首先考虑一个简例。

【例 9-5】

假设股票不支付红利，股票的当前价格为 10 元，且已知在 3 个月以后，该股票的价格要么是 12 元，要么是 8 元。如果该股票欧式看涨期权的期限为 3 个月，执行价格为 11 元，连续复利的无风险利率为 10%。计算该期权的价格。

【解】 欧式期权不能提前执行，其价值取决于 3 个月以后的股票价格。

为了计算上述看涨期权的价格，可以构建下述投资组合：一单位看涨期权空

头和 ω 单位股票多头。假设看涨期权的价格为 f，则该投资组合在当前时刻的价值为 $10\omega-f$。

如果 3 个月以后股票的价格为 12 元，看涨期权被执行，此时，该组合的价值为（$12\omega-1$）元，其中 12ω 元是股票多头的价值，-1 元是看涨期权空头的价值。

如果 3 个月后股票的价格为 8 元，看涨期权不会被执行，此时，该组合的价值为 8ω 元，其中看涨期权空头的价值为零。

为了使得该组合处于无风险状态，就应该选择适当的 ω 值，使得股票价格上升以后的组合价值等于股票价格下降以后的组合价值，即有

$$12\omega-1=8\omega$$

上式左边是股票价格上升以后组合的价值，右边是股票价格下降以后组合的价值。由此可得组合中的股票数量应为：

$$\omega=0.25$$

此时，上述组合在 3 个月末的价值恒为 $12\omega-1=2$（元）。

可见，一个无风险组合应包括一单位的看涨期权空头和 0.25 单位的股票。在这种情况下，无论 3 个月以后股票的价格上升为 12 元还是下跌为 8 元，该组合的价值恒为 2 元。

在没有套利机会的情况下，无风险组合只能获得无风险利率。假设连续复利的无风险利率为 10%，则该组合在当前时刻的价值应为：

$$2e^{-0.1\times0.25}=1.95(\text{元})$$

该组合中有一单位的看涨期权空头和 0.25 单位的股票多头。股票的当前价格为 10 元，看涨期权的当前价格为 f，所以有

$$10\times0.25-f=1.95$$

由此可以求得看涨期权的价格为 $f=0.55$（元）。

如果该看涨期权的价格不是 0.55 元，就会存在无风险套利机会。譬如，假设看涨期权的价格高于 0.55 元，如为 0.6 元，则该投资组合在当前时刻的价值将变为 $10\times0.25-0.6=1.9$（元），而投资组合到期时的价值是 2 元。在这种情况下，投资者可以按 10%的无风险利率借款 1.9 元购买该投资组合，到期时按 2 元卖出，并偿还 $1.9e^{0.1\times0.25}=1.95$（元）借款，获得 0.05 元的无风险收益。反之，如果看涨期权的价格低于 0.55 元，如为 0.52 元，则该投资组合在当前时刻的价值将变为 $10\times0.25-0.52=1.98$（元），而投资组合在到期时的价值是 2 元。在这种情况下，投资者可以卖空该投资组合，获得 1.98 元现金，并将其按照无风险利率进行投资，到期获得 $1.98e^{0.1\times0.25}=2.03$（元），用其中的 2 元购买一个投资组合，用于对冲前期卖空的投资组合，剩余 0.03 元即为无风险收益。

下面给出应用单步二叉树进行无套利定价的一般性结论。

构造一个投资组合，包括 ω 单位的股票多头和一单位的看涨期权空头。该投资组合在当前时刻的价值为 $S\omega-f$。

在期权到期日，如果股票价格上升为 uS ，看涨期权的价值为 f_u，则该组合的价值为 $uS\omega-f_u$。在期权到期日，如果股票价格下跌为 dS，看涨期权的价值为 f_d，则该组合的价值为 $dS\omega-f_d$。

如果投资组合处于无风险状态，则股票价格上升以后的组合价值应该等于股票价格下跌以后的组合价值，即有

$$uS\omega-f_u=dS\omega-f_d \tag{9-16}$$

由此可以求得组合中包含的股票数量为：

$$\omega=\frac{f_u-f_d}{uS-dS} \tag{9-17}$$

显然，如果组合中包含 ω 单位的股票，则该组合为无风险组合，即股票价格上涨和下跌以后的组合价值相等。

对于无风险的投资组合，其收益率应该等于无风险利率，因此可以用无风险利率 r 对该组合未来的价值 $uS\omega-f_u=dS\omega-f_d$ 进行折现，并令其等于组合在当前的价值 $S\omega-f$，即有

$$S\omega-f=(uS\omega-f_u)\mathrm{e}^{-r\Delta t} \tag{9-18}$$

将式（9-17）中的 ω 代入式（9-18）后变形，即得看涨期权在当前时刻的价值为：

$$f=\mathrm{e}^{-r\Delta t}\left[\frac{\mathrm{e}^{r\Delta t}-d}{u-d}f_u+\frac{u-\mathrm{e}^{r\Delta t}}{u-d}f_d\right] \tag{9-19}$$

故看涨期权在当前时刻的价值可以表示为：

$$f=\mathrm{e}^{-r\Delta t}[pf_u+(1-p)f_d] \tag{9-20}$$

式中

$$p=\frac{\mathrm{e}^{r\Delta t}-d}{u-d} \tag{9-21}$$

式中，p 可以解释为股票价格上升的概率，而 $1-p$ 是股票价格下降的概率。

式（9-20）表明，期权在当前时刻的价值就是期权在未来时刻的价值的平均值按照无风险利率计算求得的现值。

在单步二叉树模型中，股票价格在未来时刻的期望值可以表示为：

$$E(S^*)=puS+(1-p)dS$$

把式（9-21）中的概率 p 代入上式可得

$$E(S^*)=S\mathrm{e}^{r\Delta t}$$

上式表明，股票经过Δt 时间长度以后，其价格的期望值等于现价按照无风险利率的累积值，即股票的价格以无风险利率增长。换言之，无套利定价法隐含的一个重要结论是股票的预期收益率等于无风险利率。

【例 9-6】

假设股票不支付红利，股票的当前价格为 10 元，且已知在 3 个月以后，该股票的价格要么是 12 元，要么是 8 元。如果该股票欧式看涨期权的期限为 3 个月，执行价格为 11 元，连续复利的无风险利率为 10%。计算该期权的价格。

【解】 若 3 个月以后股票的价格上升为 12 元，大于看涨期权的执行价格 11 元，看涨期权将被执行，此时，期权的价值为 1 元，即 $f_u=1$。

若 3 个月以后股票的价格下降为 8 元，小于看涨期权的执行价格 11 元，看涨期权不会被执行，此时，期权的价值为零，即 $f_d=0$。

如果已知股票价格上升为 12 元的概率为 p，下降为 8 元的概率为 $1-p$，则上述看涨期权的价格可以表示为：

$$\begin{aligned}f&=\mathrm{e}^{-r\Delta t}[pf_u+(1-p)f_d]\\&=\mathrm{e}^{-0.1\times 0.25}[p\times 1+(1-p)\times 0]\\&=p\mathrm{e}^{-0.025}\end{aligned}$$

由于 $u=12\div 10=1.2$，$d=8\div 10=0.8$，所以应用式（9-21），股票价格上升的概率为：

$$p=\frac{\mathrm{e}^{r\Delta t}-d}{u-d}=\frac{\mathrm{e}^{0.1\times 0.25}-0.8}{1.2-0.8}=0.5633$$

故看涨期权的价格为：

$$f=p\mathrm{e}^{-0.025}=0.5633\times \mathrm{e}^{-0.025}=0.55(\text{元})$$

2. 风险中性定价法

在风险中性的世界中，投资者不要求风险补偿，所有股票的预期收益率都等于无风险利率，所以可以用无风险利率计算未来现金流的现值。

假设股票的当前价格为 S，经过很短的时间区间 Δt 以后，股票的价格为 S^*。在单步二叉树模型中，S^* 仅有两种取值，分别为 uS 和 dS，相应的概率分别为 p 和 $1-p$，即

$$\begin{cases}Pr(S^*=uS)=p\\Pr(S^*=dS)=1-p\end{cases}\tag{9-22}$$

由此可以求得股票价格 S^* 的期望值和方差分别为：

$$E(S^*)=puS+(1-p)dS\tag{9-23}$$

$$\mathrm{Var}(S^*)=pu^2S^2+(1-p)d^2S^2-S^2[pu+(1-p)d]^2\tag{9-24}$$

式中，股票价格的方差等于股价平方的平均数减去股价平均数的平方。

在风险中性假设下，股票的预期收益率等于无风险利率 r，因此经过很短的时间区间 Δt 以后，股票价格的期望值应为 $Se^{r\Delta t}$。

前述两个股票价格的期望值应该相等，即

$$Se^{r\Delta t}=puS+(1-p)dS$$

上式经化简即得

$$e^{r\Delta t}=pu+(1-p)d \tag{9-25}$$

如果进一步假设股票价格的变化过程服从维纳过程，则经过一个很短的时间区间 Δt 以后，股票价格的方差可以表示为 $S^2\sigma^2\Delta t$，其中 σ 是股票价格的波动率(volatility)，也就是股票年收益率的标准差。

前述两个股票价格的方差也应该相等，所以有

$$S^2\sigma^2\Delta t=pu^2S^2+(1-p)d^2S^2-S^2[pu+(1-p)d]^2$$

上式经化简即得

$$\sigma^2\Delta t=pu^2+(1-p)d^2-[pu+(1-p)d]^2 \tag{9-26}$$

式（9-25）和式（9-26）给出了求解 p，u 和 d 的两个方程。如果进一步假设股票价格先上升一次后下降一次，或者先下降一次后上升一次，结果都是回到原来的股价水平，即令

$$ud=1 \tag{9-27}$$

则联合式（9-25）、式（9-26）和式（9-27），即可求得 u，d，p 的计算公式如下：

$$\begin{cases}u=e^{\sigma\sqrt{\Delta t}}\\ d=e^{-\sigma\sqrt{\Delta t}}\\ p=\dfrac{e^{r\Delta t}-d}{u-d}\end{cases} \tag{9-28}$$

经过Δt 时间以后，股价上升的概率为 p，相应的期权价值为 f_u，股价下降的概率为 $1-p$，相应的期权价值为 f_d，所以，在Δt 时刻，期权价值的期望值为 $pf_u+(1-p)f_d$。在风险中性假设下，所有股票的预期收益率等于无风险利率，因此，期权在当前时刻的价格就等于其未来期望值按照无风险利率计算的现值，即有

$$f=e^{-r\Delta t}[pf_u+(1-p)f_d] \tag{9-29}$$

9.4.2 多步二叉树模型

单步二叉树模型可以进一步拓展为多步二叉树模型。用多步二叉树模型来表示股票价格变化的树形结构如图 9-6 所示。

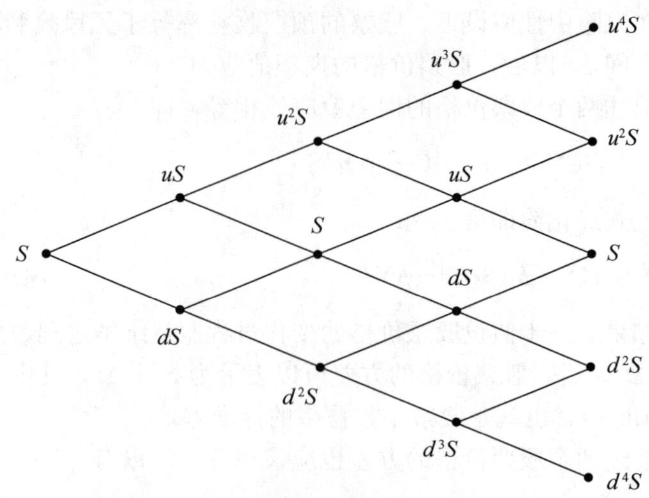

图 9-6　股票价格变化的二叉树

在图 9-6 中，时间零点的股票价格为 S；经过一个时间区间 Δt 以后，股票价格要么上涨到 uS，要么下降到 dS；经过 2 个时间区间以后，股票价格就有三种可能：u^2S，udS 和 d^2S。通常假设 $ud=1$，所以 $udS=S$。一般而言，经过 k 个时间区间以后，股票价格有 $k+1$ 种可能，用符号表示为 Su^id^{k-i}，其中 $i=0$，1，…，k。

根据图 9-6 中每个节点上的股票价格，就可以从二叉树的最右端开始往回倒推，为期权定价。在已知时间 T 的股票价格的情况下，期权的价值也是已知的，例如，看涨期权的价值为 $\max(S_T-K, 0)$，看跌期权的价值为 $\max(K-S_T, 0)$，所以向前倒推一个时间区间，即在时间 $T-\Delta t$，每一节点上的期权价值等于 T 时的两个期权价值的加权平均数以无风险利率 r 计算的现值。再向前倒推一个时间区间，即在时间 $T-2\Delta t$，每一节点上的期权价值等于 $T-\Delta t$ 时对应的两个期权价值的加权平均数以无风险利率 r 计算的现值。依此类推，最终就可以求出在时间零点的期权价值。

【例 9-7】

股票当前的市场价格为 50 元，不支付红利，波动率为每年 20%，连续复利的无风险年利率为 5%，该股票 5 个月期的欧式看涨期权的执行价格为 50 元，求该期权的价格。

【解】为了应用二叉树模型，把期权的有效期分为五个时间区间，每个时间区间为一个月，即为 1/12 年，从而有

$$\Delta t=1/12,\ S=50,\ \sigma=20\%,\ r=5\%$$

应用式（9-28）可得

$$u=\mathrm{e}^{\sigma\sqrt{\Delta t}}=1.059\ 4$$
$$d=\mathrm{e}^{-\sigma\sqrt{\Delta t}}=0.943\ 9$$

$$p=\frac{e^{r\Delta t}-d}{u-d}=0.5217$$

为了计算期权的当前价格，需要用满期时的期权价值进行倒推，而满期时的期权价值又与满期时的股票价格相关，因此首先需要利用当前的股票价格递推得到满期时的股票价格，最终得到该股票价格的二叉树如图 9-7 所示。在该图的每个节点上都有两个值，上面一个表示股票价格，下面一个表示期权价值。股票价格的计算可以从初始价格 50 元开始，参照图 9-6 逐步递推。譬如，第二列的两个股票价格分别为：

50×1.0594=52.97(元)

50×0.9439=47.20(元)

第三列的三个股票价格分别为：

52.97×1.0594=56.12(元)

52.97×0.9439=50(元)

47.20×0.9439=44.55(元)

以后各个节点上的股票价格可以类似计算。

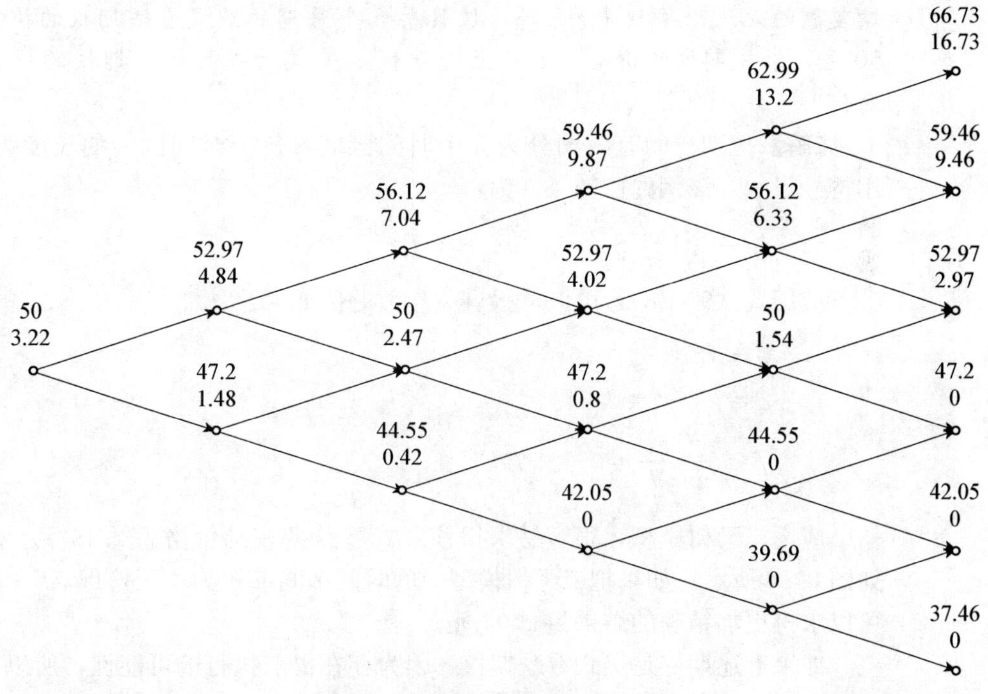

图 9-7 欧式看涨期权的二叉树

在最后一列的节点上，欧式看涨期权的价值为 $\max(S_T-K, 0)$。例如，最后一列第二个节点上的股票价格为 59.46 元，执行价格为 50 元，所以期权的价值为 59.46−50=9.46（元）。

利用最后一列节点上的期权价值可以计算出倒数第二列各个节点上的期权价值。譬如，应用式（9-29），倒数第二列第二个节点上的期权价值为：

$$\begin{aligned}f&=e^{-r\Delta t}[pf_u+(1-p)f_d]\\&=e^{-0.05\times1/12}\times[(9.46\times0.5217+2.97\times(1-0.5217)]\\&=6.33(\text{元})\end{aligned}$$

依此方式倒推计算，最后可以计算出第一个节点上的期权价值为3.22元，此即本例所求的期权价格。

如果把期权的有效期分成很短的时间区间，如每天作为一个时间区间，则二叉树的节点数会很多，计算量也大增，但得出的期权价格会更精确。对于本例的欧式看涨期权，如果将每天作为一个时间区间，即令$\Delta t=1/365$，可以求得更精确的期权价格为3.117。当时间区间很小时，二叉树模型与Black-Scholes模型的结果很接近。应用Black-Scholes模型可以求得本例中欧式看涨期权的价格为3.095元。

【例9-8】

假设股票当前的市场价格为50元，不支付红利，波动率为每年20%，连续复利的无风险年利率为5%，该股票5个月期的欧式看跌期权的执行价格为50元，求该期权的价格。如果上述期权是美式看跌期权，期权的价格将如何变化?

【解】 把期权的有效期分为5个时间区间，每个时间区间的长度为1个月。用符号表示，该例的已知条件为：

$$\Delta t=1/12,\ S=50,\ K=50,\ T=5/12,\ \sigma=20\%,\ r=5\%$$

应用式（9-28），可以求得有关参数的值如下：

$$\begin{aligned}u&=e^{\sigma\sqrt{\Delta t}}=1.0594\\d&=e^{-\sigma\sqrt{\Delta t}}=0.9439\\p&=\frac{e^{r\Delta t}-d}{u-d}=0.5217\end{aligned}$$

应用二叉树模型，很容易求得该欧式看跌期权的价格为2.19元。求解过程如图9-8所示。如果把二叉树模型中的时间区间缩短为1天，即$\Delta t=1/365$年，可以求得更加精确的结果为2.04元。

如果上述期权是美式看跌期权，因为存在提前执行的可能性，所以在二叉树的每个节点上需要检查期权是否会被提前执行。在二叉树的每个节点上，一方面要对该节点所对应的未来两个节点上的期权价值加权平均以后进行折现，从而求得在该节点上的期权价值；另一方面还要计算在该节点上期权被提前执行情况下的价值。如果期权被提前执行情况下的价值大于未来两个节点上期权价值的现值，该期权会被提前执行。在这种情况下，该节点上的期权价值应该调整为期权

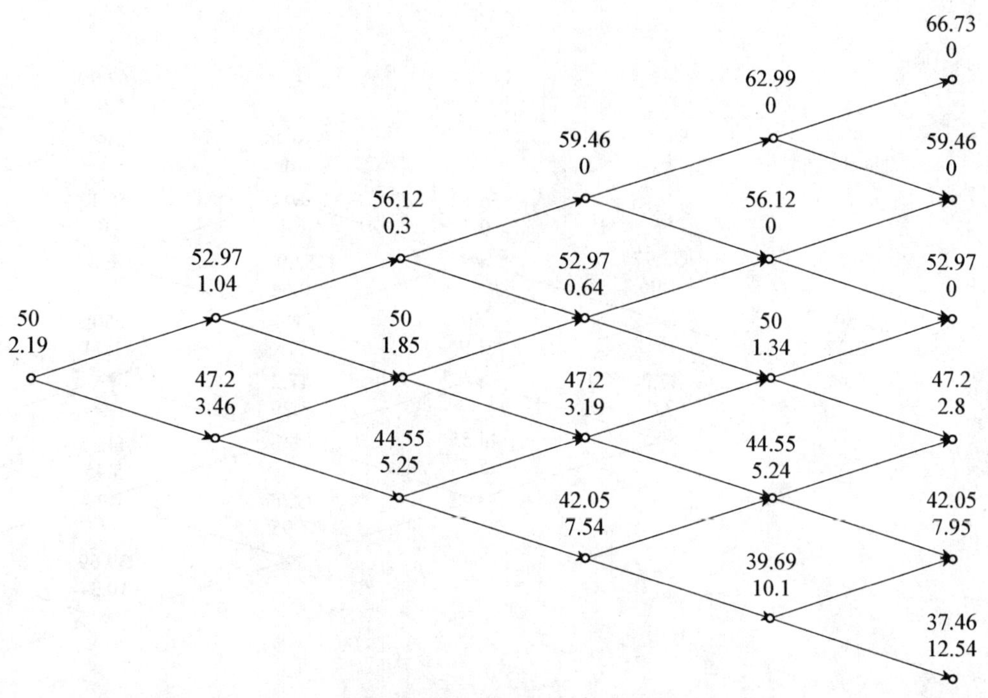

图 9-8 欧式看跌期权的二叉树

被提前执行情况下的价值。在期权被提前执行的节点上，期权的价值将等于执行价格与该节点上的股票价格之差。

对于本例的美式看跌期权，计算期权价格的二叉树如图 9-9 所示。在该图中，每个时间区间为 1 个月，即 $\Delta t=1/12$ 年。股票价格的变化过程与图 9-8 中欧式看跌期权相同，但在某些节点上，美式看跌期权的价值不同于欧式看跌期权的价值。以该图右下角的三个节点为例，满期时的期权价值分别为 7.95 和 12.54，将它们折现可以求得前一个节点上的期权价值为：

$$\begin{aligned} f &= e^{-r\Delta t}[pf_u+(1-p)f_d] \\ &= e^{-0.05\times 1/12}\times[7.95\times 0.5217+12.54\times(1-0.5217)] \\ &= 10.10(\text{元}) \end{aligned}$$

对于美式看跌期权，还需要考察在该节点上期权被提前执行的可能性。在该节点上，股票的价格为 39.69 元，期权的执行价格为 50 元，如果提前执行期权，可以获得 10.31 元，大于未来期权价值的折现值 10.10 元，所以该期权会被提前执行。由此可以确定，在该节点上的期权价值应该是 10.31 元，而不是 10.10 元。

逐步倒推，最终可以求得美式看跌期权在第一个节点上的价格为 2.27 元，大于欧式看跌期权的价格 2.19 元，表明美式看跌期权拥有更多的权利。

如果对本例的美式看跌期权使用更小的时间区间，譬如 $\Delta t=1/365$ 年，可以求得更加精确的期权价格为 2.16 元，而相应的欧式看跌期权的价格为 2.04 元。

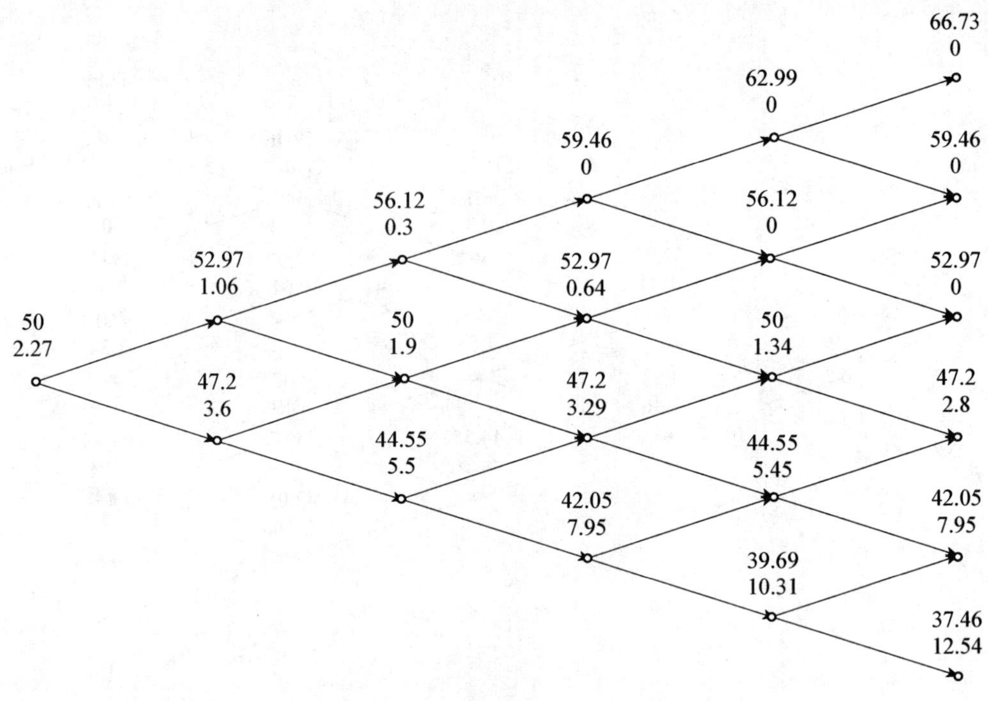

图 9－9　美式看跌期权的二叉树

9.5　期权定价的 Black-Scholes 模型

除了前面的二叉树模型以外，Black-Scholes 模型也是期权定价的常用模型。

9.5.1　股票价格的变化过程

1. 维纳过程

令 Δt 表示一个很小的时间区间，Δz 表示随机变量 z 在时间区间 Δt 内的变化。如果 z 是标准的维纳过程（wiener process），则 Δz 满足下述两个性质：

（1）$\Delta z=\varepsilon\sqrt{\Delta t}$，其中 ε 是服从标准正态分布的随机变量。

（2）对于任意两个不同的时间区间 Δt，Δz 相互独立。

由性质（1）可知，Δz 也服从正态分布，均值为 0，方差为 Δt。由性质（2）可知，标准维纳过程是马尔可夫过程的一种特殊形式。

维纳过程也称作布朗运动（Brownian motion）。

对于从时间零点开始的时间区间 $[0,\ T]$，用 $z(T)-z(0)$ 表示随机变量 z 在该区间的变化量，这个变化量可以看作在 n 个长度为 Δt 的时间区间中 z 的变化总量，其中 $n=\dfrac{T}{\Delta t}$，故有

$$z(T)-z(0)=\sum_{i=1}^{n}\varepsilon_i\sqrt{\Delta t} \tag{9-30}$$

式中，ε_i（$i=1$，2，…，n）服从标准正态分布。

由性质（2）可知，ε_i 相互独立，因此 $z(T)-z(0)$ 服从正态分布，均值为 0，方差为 $n\Delta t=T$。

当 $\Delta t \to 0$ 时，标准维纳过程可以表示为：

$$\mathrm{d}z=\varepsilon\sqrt{\mathrm{d}t} \tag{9-31}$$

图 9-10 给出了标准维纳过程的 50 个随机模拟，其中横轴的长度为 1 年。可以看出，随着时间的延长，随机变量 z 的波动范围越来越大。

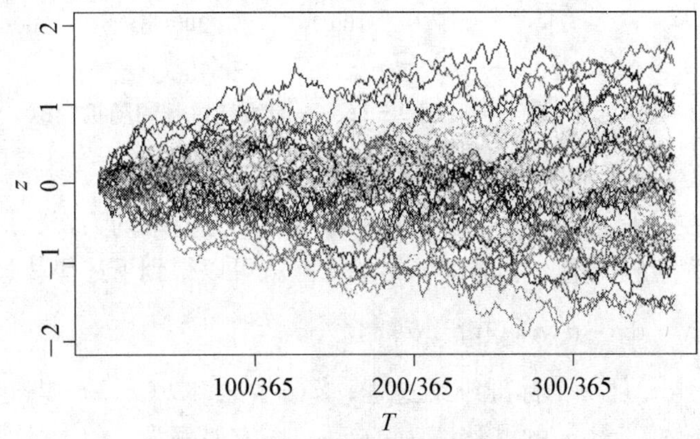

图 9-10 标准维纳过程的随机模拟

在维纳过程中，漂移率（drift rate）是指随机变量 z 的均值在单位时间内的变化量，方差率（variance rate）是指随机变量 z 在单位时间内的变化量的方差。

标准维纳过程的漂移率为 0，方差率为 1。漂移率为 0，意味着在未来的任意时刻，z 的均值都等于它的当前值。方差率为 1 意味着在一段长度为 T 的时间以后，z 的方差为 T。

如果令漂移率为 a，方差率为 b^2，就可以得到随机变量 x 的一般维纳过程为：

$$\mathrm{d}x=a\,\mathrm{d}t+b\,\mathrm{d}z \tag{9-32}$$

式中，a 和 b 均为常数；$\mathrm{d}z$ 遵循标准维纳过程。

在一个很短的时间区间 Δt 以后，随机变量 x 的变化量 Δx 可以表示为：

$$\Delta x=a\Delta t+b\varepsilon\sqrt{\Delta t} \tag{9-33}$$

可见，Δx 也服从正态分布，均值为 $a\Delta t$，方差为 $b^2\Delta t$。

同样，在任意时间长度 T 以后，随机变量 x 的变化量 Δx 也服从正态分布，均值为 aT，方差为 b^2T。

一般维纳过程的 50 个随机模拟如图 9-11 所示，其中 $a=2$，$b=1.5$，横轴的长度为一年。可以看出，该图中的一般维纳过程围绕着斜率为 $a=2$ 的直线波动，方差率为 $1.5^2=2.25$。标准维纳过程的期望值总等于零，即标准维纳过程围绕着斜率等于零的直线波动，方差率为 1。

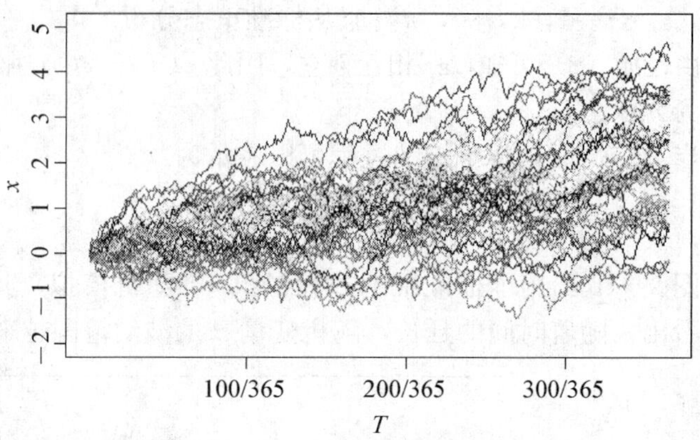

图 9－11　一般维纳过程的随机模拟

2. 股票价格的变化过程

在一般的维纳过程中，假定漂移率和方差率均为常数。如果把漂移率和方差率定义为随机变量 x 和时间 t 的函数，就可以得到下述伊藤过程（Ito process）：

$$dx=a(x,t)dt+b(x,t)dz \tag{9-34}$$

式中，dz 是一个标准维纳过程；$a(x,t)$ 和 $b(x,t)$ 是随机变量 x 和时间 t 的函数；随机变量 x 的漂移率为 $a(x,t)$，方差率为 $[b(x,t)]^2$。

如果 x 服从伊藤过程，则经过一个很短的时期后，x 的变化量 Δx 服从正态分布，但经过较长时期以后，x 的变化量未必服从正态分布。

假设股票不支付现金红利，则其价格的变化过程可以用漂移率为 μS、方差率为 $\sigma^2 S^2$ 的伊藤过程表示如下：

$$dS=\mu S dt+\sigma S dz \tag{9-35}$$

上式表明，如果股票的价格为 S，则经过时间区间 Δt 以后，S 的期望增长量为 $\mu S\Delta t$，其中 μ 表示股票的期望收益率。经过时间区间 Δt 以后，股票价格变化量 ΔS 的方差为 $\sigma^2 S^2$，这意味着股票价格比例变化 $\frac{\Delta S}{S}$ 的方差为常数 σ^2，即无论股票价格高低，在时间区间 Δt 内，股票收益率的方差都为常数 σ^2。由此可见，用伊藤过程描述股票价格的变化过程具有一定的合理性。

对上述伊藤过程的两边同时除以 S 可得

$$\frac{dS}{S}=\mu dt+\sigma dz \tag{9-36}$$

式中，S 表示股票价格；μ 表示股票的年预期收益率；σ 表示股票年收益率的标准差，称作股票价格的波动率（volatility），波动率的平方 σ^2 称为方差率。

由于 dz 是标准维纳过程，因此，经过一个较短的时间区间 Δt 以后，股票价格的比例变化为：

$$\frac{\Delta S}{S}=\mu\Delta t+\sigma\varepsilon\sqrt{\Delta t} \tag{9-37}$$

可见，$\frac{\Delta S}{S}$也服从正态分布，均值为$\mu\Delta t$，方差为$\sigma^2\Delta t$，即

$$\frac{\Delta S}{S}\sim N(\mu\Delta t,\sigma^2\Delta t) \tag{9-38}$$

【例9-9】

假设一只不支付红利的股票，其价格变化遵循维纳过程，年预期收益率为20%，波动率为每年10%，该股票目前的市场价格为100元，求一周以后该股票价格变化量的概率分布。

【解】 在本例中，$\mu=20\%$，$\sigma=10\%$，$S=100$，所以应用式（9-37），股票价格的变化过程可以表示为：

$$\frac{\Delta S}{S}=0.20\Delta t+0.10\varepsilon\sqrt{\Delta t}$$

1周等于0.019 2年，即$\Delta t=0.019\,2$，所以

$$\begin{aligned}\Delta S&=100\times(0.2\times0.019\,2+0.10\times\varepsilon\times\sqrt{0.019\,2})\\&=0.384+1.386\varepsilon\end{aligned}$$

可见，一周后股票价格的变化量ΔS服从均值为0.384，标准差为1.386的正态分布。

类似地，可以求出在不同时期以后股票价格变化量的概率分布。图9-12给出了在1周末、5周末和10周末上述股票价格变化量ΔS的概率分布，它们都服从正态分布，但均值和方差随着时间的延长而逐渐增大，也就是说，越是后期，股票价格的变化量越大，变化量的不确定性也越大。

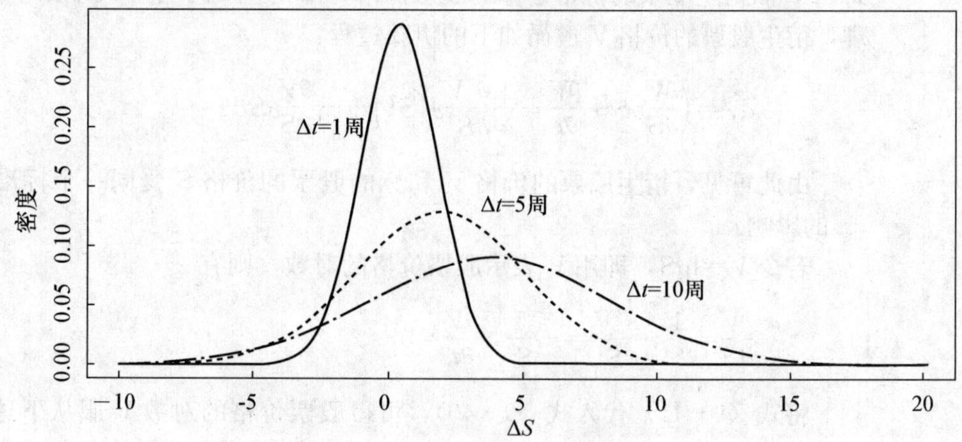

图9-12 股票价格变化量的分布

图9-13模拟了该股票价格变化过程的三条可能轨迹，横轴的时间长度均为一年。可以看出，股票价格的变化过程既有趋势性特点，也有随机性特点。趋势性特点是由其常数漂移率决定的，本例的漂移率为100×20%=20，即股票价格平均每年增长20元。随机性特点是由股票价格的波动率决定的，本例中股票价格的波动率为10%。

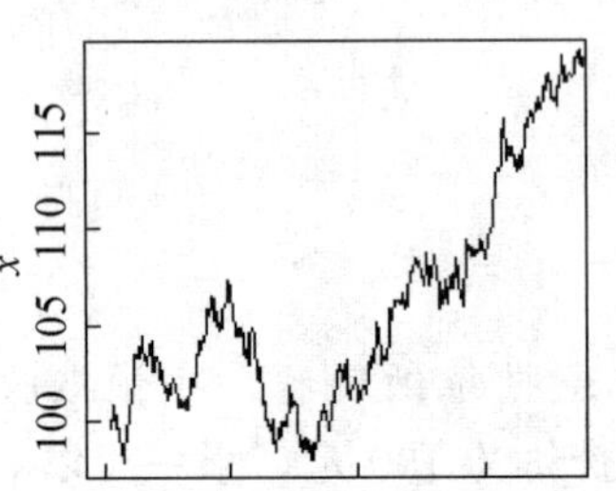

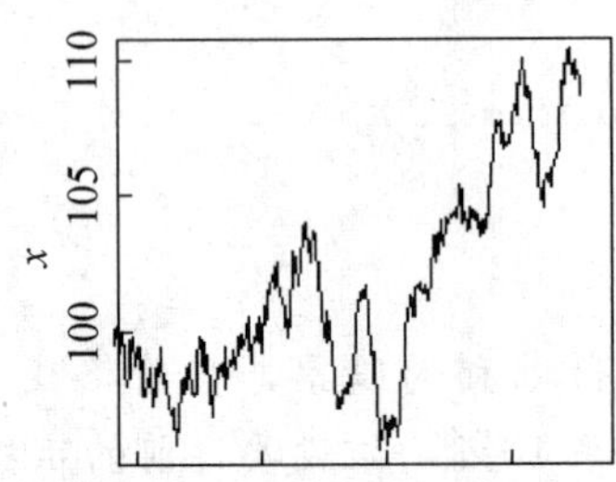

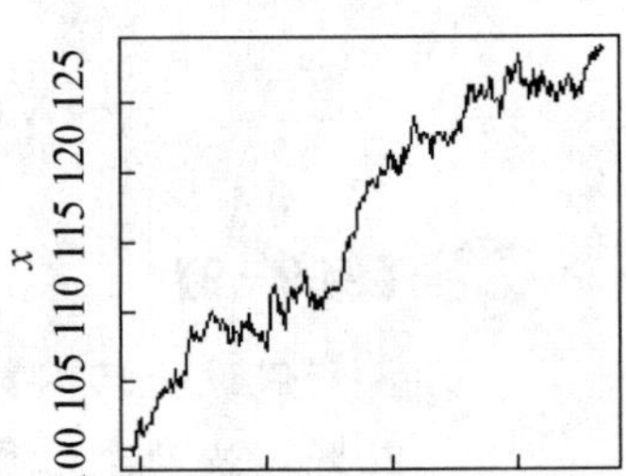

图9-13　股票价格的变化过程

3. 股票价格对数的变化过程

若随机变量 x 服从伊藤过程，即 $\mathrm{d}x=a(x,t)\mathrm{d}t+b(x,t)\mathrm{d}z$，则随机变量 x 和时间 t 的函数 G 将服从如下的伊藤过程：

$$\mathrm{d}G=\left(\frac{\partial G}{\partial x}a(x,t)+\frac{\partial G}{\partial t}+\frac{1}{2}\frac{\partial^2 G}{\partial x^2}b^2(x,t)\right)\mathrm{d}t+\frac{\partial G}{\partial x}b(x,t)\mathrm{d}z \tag{9-39}$$

式中，$\mathrm{d}z$ 是一个标准的维纳过程。

上式就是所谓的伊藤定理，该定理揭示了如何通过一个变量所遵循的随机过程来计算该变量的函数所遵循的随机过程。

在式（9-39）所示的伊藤过程中，漂移率为 $\frac{\partial G}{\partial x}a(x,t)+\frac{\partial G}{\partial t}+\frac{1}{2}\frac{\partial^2 G}{\partial x^2}b^2(x,t)$，方差率为 $\left(\frac{\partial G}{\partial x}\right)^2 b^2(x,t)$。

如上所述，股票价格的变化过程可以表示为伊藤过程，即 $\mathrm{d}S=\mu S\mathrm{d}t+\sigma S\mathrm{d}z$，而衍生股票的价格是标的股票价格 S 和时间 t 的函数，所以，根据伊藤定理，衍生股票的价格 V 遵循如下的伊藤过程：

$$\mathrm{d}V=\left(\frac{\partial V}{\partial S}\mu S+\frac{\partial V}{\partial t}+\frac{1}{2}\frac{\partial^2 V}{\partial S^2}\sigma^2 S^2\right)\mathrm{d}t+\frac{\partial V}{\partial S}\sigma S\mathrm{d}z \tag{9-40}$$

由此可见，衍生股票的价格 V 和标的股票的价格 S 受同一个标准维纳过程 $\mathrm{d}z$ 的影响。

若令 $V=\ln S$，即用 V 表示股票价格的对数，则有

$$\frac{\partial V}{\partial S}=\frac{1}{S},\ \frac{\partial^2 V}{\partial S^2}=-\frac{1}{S^2},\ \frac{\partial V}{\partial t}=0 \tag{9-41}$$

将式（9-41）代入式（9-40），可得股票价格的对数 V 服从下述一般维纳过程：

$$dV=\left(\mu-\frac{1}{2}\sigma^2\right)dt+\sigma dz \tag{9-42}$$

上式表明，股票价格的对数 V 服从漂移率为 $\mu-\frac{\sigma^2}{2}$，方差率为 σ^2 的一般维纳过程。因此，经过时间长度 T 以后，V 的变化量服从正态分布，均值为 $\left(\mu-\frac{\sigma^2}{2}\right)T$，方差为 $\sigma^2 T$。

令 V 在时间零点的值为 $\ln S$，在时间 T 的值为 $\ln S_T$，则 V 经过时期 T 的变化量服从下述正态分布：

$$\ln S_T-\ln S\sim N\left[\left(\mu-\frac{\sigma^2}{2}\right)T,\sigma^2 T\right] \tag{9-43}$$

根据正态分布的性质可得

$$\ln S_T\sim N\left(\ln S+\left(\mu-\frac{\sigma^2}{2}\right)T,\sigma^2 T\right) \tag{9-44}$$

上式表明，在时间 T 的股票价格 S_T 服从对数正态分布。

应用对数正态分布的性质，S_T 的均值和方差可以分别表示为：

$$E(S_T)=Se^{\mu T} \tag{9-45}$$

$$\mathrm{Var}(S_T)=S^2 e^{2\mu T}(e^{\sigma^2 T}-1) \tag{9-46}$$

式（9-45）表明，在时间 T，股票价格的期望值等于股票在当前时刻的价格按其年预期收益率计算的累积值。

【例 9-10】

假设股票当前的市场价格为 50 元，在 6 个月内不支付红利，预期收益率为每年 20%，波动率为每年 10%。求该股票 6 个月以后的价格 S_T 的分布。

【解】 6 个月以后股票价格的对数 $\ln S_T$ 服从正态分布，即

$$\ln S_T\sim N\left(\ln 50+\left(0.20-\frac{0.10^2}{2}\right)\times 0.5,0.10^2\times 0.5\right)$$

即

$$\ln S_T\sim N(4.0095,\ 0.0707^2)$$

上式表明，股票价格 S_T 服从参数为（4.0095，0.0707^2）的对数正态分布。

6 个月以后该股票价格 S_T 的均值和方差分别为：

$$E(S_T)=50\times e^{0.2\times 0.5}=55.26$$

$$\mathrm{Var}(S_T)=50^2\times e^{2\times 0.2\times 0.5}(e^{0.1^2\times 0.5}-1)=15.31$$

对于本例的股票，也可以求得在其他时点上股票价格 S_T 的概率分布，结果

如图9-14所示。该图表明，时间 T 越大，股票价格的期望值越大，波动范围也越大。

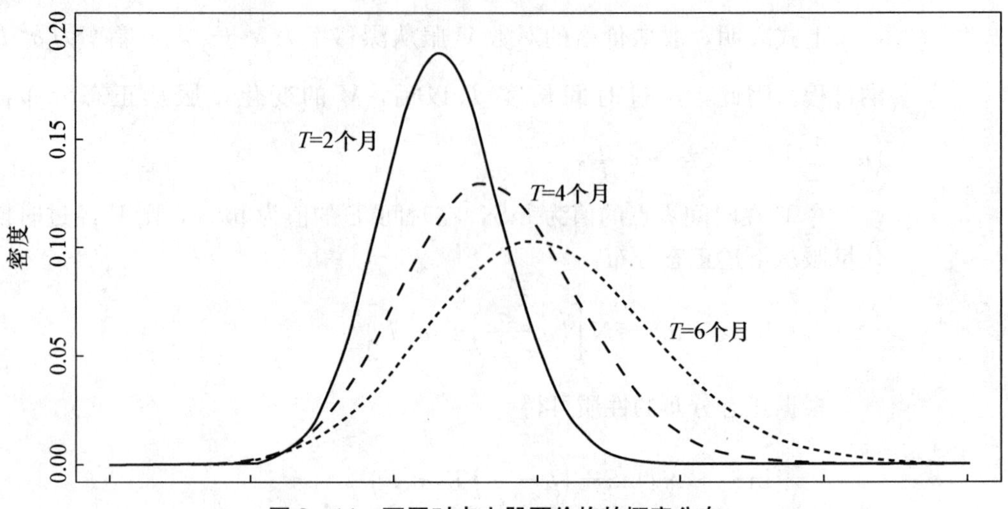

图9-14　不同时点上股票价格的概率分布

4. 连续收益率的分布

应用上述股票价格的对数分布特征，可以求得股票的连续收益率的概率分布。

股票从当前时刻到时刻 T 的连续收益率 η 应该满足下述关系：

$$S_T = Se^{\eta T} \tag{9-47}$$

即股票的连续收益率 η 可以表示为：

$$\eta = \frac{1}{T}\ln\frac{S_T}{S} \tag{9-48}$$

由式（9-43）可知，$\ln\frac{S_T}{S}$服从正态分布，即

$$\ln S_T - \ln S \sim N\left[\left(\mu - \frac{\sigma^2}{2}\right)T, \sigma^2 T\right] \tag{9-49}$$

因此，股票的连续收益率 η 也服从正态分布，均值为 $\mu - \frac{\sigma^2}{2}$，方差为$\frac{\sigma^2}{T}$，即有

$$\eta \sim N\left(\mu - \frac{\sigma^2}{2}, \frac{\sigma^2}{T}\right) \tag{9-50}$$

上式表明，连续收益率的期望值与时间 T 无关，仅受股票预期收益率 μ 和波动率 σ 的影响；连续收益率的方差与股票预期收益率 μ 无关，仅受波动率 σ 和时间 T 的影响。

9.5.2 Black-Scholes 微分方程

Black-Scholes 期权定价模型的假设条件如下：

（1）股票的当前价格为 S。S 的比例变化遵循维纳过程，即 $\frac{\mathrm{d}S}{S}=\mu\mathrm{d}t+\sigma\mathrm{d}z$，其中 $\mathrm{d}S$ 表示股票价格的变化量，$\mathrm{d}t$ 表示时间的变化量，$\mathrm{d}z=\varepsilon\sqrt{\mathrm{d}t}$，$\varepsilon$ 服从标准正态分布，μ 为股票的预期收益率，σ 是股票价格的波动率，即股票的年收益率在单位时间内的标准差。假设 μ 和 σ 都是已知的常数。

（2）在期权的有效期内，股票不支付红利。

（3）没有交易费用和税金，不考虑保证金，即不存在任何影响收益的外部因素。

（4）股票可以自由买卖，即允许卖空，且所有股票都是完全可分的，如可以买 1/4 份股票。

（5）在期权有效期内，连续复利的无风险利率 r 为常数，投资者可以按此利率无限制地进行借贷。

（6）期权为欧式看涨期权，执行价格为 K，到期时间为 T。

（7）不存在无风险套利机会。

假设 f 是依赖于股票价格 S 的衍生股票的价格，则 f 是股票价格 S 和时间 t 的函数，因此由式（9-39）可得

$$\Delta f=\left(\frac{\partial f}{\partial S}\mu S+\frac{\partial f}{\partial t}+\frac{1}{2}\frac{\partial^2 f}{\partial S^2}\sigma^2 S^2\right)\Delta t+\frac{\partial f}{\partial S}\sigma S\Delta z \tag{9-51}$$

构建这样一个投资组合：一单位衍生股票空头和 $\frac{\partial f}{\partial S}$ 单位标的股票多头，并令 π 为该投资组合的价值，则有

$$\pi=-f+\frac{\partial f}{\partial S}S \tag{9-52}$$

在 Δt 时间以后，该投资组合的价值变化量 $\Delta\pi$ 为：

$$\Delta\pi=-\Delta f+\frac{\partial f}{\partial S}\Delta S \tag{9-53}$$

如前所述，股票价格的变化量可以表示为：

$$\Delta S=\mu S\Delta t+\sigma S\Delta z \tag{9-54}$$

将式（9-51）和式（9-54）代入式（9-53），变形可得

$$\Delta\pi=-\left(\frac{\partial f}{\partial t}+\frac{1}{2}\frac{\partial^2 f}{\partial S^2}\sigma^2 S^2\right)\Delta t \tag{9-55}$$

上式不含随机项 Δz，表明该投资组合的价值经过很短的时间区间 Δt 之后没

有风险，所以该组合在 Δt 时期内的收益率等于无风险收益率，即有

$$\Delta\pi=r\pi\Delta t \tag{9-56}$$

将式（9-55）和式（9-52）代入式（9-56）即得

$$-\left(\frac{\partial f}{\partial t}+\frac{1}{2}\frac{\partial^2 f}{\partial S^2}\sigma^2 S^2\right)\Delta t=r\left(-f+\frac{\partial f}{\partial S}S\right)\Delta t \tag{9-57}$$

将上式化简，就可以得到关于衍生股票价格 f 的 Black-Scholes 微分方程如下：

$$\frac{\partial f}{\partial t}+rS\frac{\partial f}{\partial S}+\frac{1}{2}\sigma^2 S^2\frac{\partial^2 f}{\partial S^2}=rf \tag{9-58}$$

Black-Scholes 微分方程有多种解，基于不同衍生股票的边界约束条件，可以求得不同衍生股票的价格。譬如，对于欧式看涨期权，边界约束条件为：

$$f=\max(S_T-K,0) \tag{9-59}$$

上式是欧式看涨期权在到期时间 T 的价值。

基于式（9-59）的边界约束条件，求解式（9-58）的微分方程，就可以得到 Black-Scholes 定价公式。

9.5.3 Black-Scholes 定价公式

在 Black-Scholes 微分方程中出现的变量包括股票的当前价格、无风险利率、时间和股票价格的波动率，它们都与投资者的风险偏好无关。与投资者风险偏好相关的变量是预期收益率，投资者越是厌恶风险，预期收益率的值应该越大，而该变量恰好从模型中消除掉了。这就意味着 Black-Scholes 微分方程与风险偏好无关，因此在求解过程中可以使用任意的风险偏好假设。最简单的风险偏好假设是风险中性假设，在此假设之下，所有股票的预期收益率都等于无风险利率 r，这是因为风险中性的投资者并不需要额外的收益来补偿他们承担的风险。同样，在风险中性假设下，所有现金流都可以通过无风险利率进行折现求得现值。这就是所谓的风险中性定价原理。

在风险中性假设下，求式（9-59）的期望值，并应用无风险利率将其折现到当前时刻，即得欧式看涨期权在当前时刻的价值为：

$$C_{欧}=\mathrm{e}^{-rT}E[\max(S_T-K,0)]=\mathrm{e}^{-rT}\int_K^{\infty}(s-K)g(s)\mathrm{d}s \tag{9-60}$$

式中，$g(s)$ 表示股票价格 S_T 的密度函数。如前所述，股票价格 S_T 服从对数正态分布。在风险中性假设下，把股票价格的对数正态分布中的预期收益率 μ 替换为无风险利率 r，即得

$$\ln S_T\sim N\left(\ln S+\left(r-\frac{\sigma^2}{2}\right)T,\sigma^2 T\right) \tag{9-61}$$

根据上式可以写出 $g(s)$ 的密度函数，将其代入式（9-60）并求解，可以得到欧式看涨期权的定价公式为：

$$C_{欧}=S\Phi(d_1)-Ke^{-rT}\Phi(d_2) \tag{9-62}$$

式中

$$d_1=\frac{\ln(S/K)+(r+\sigma^2/2)T}{\sigma\sqrt{T}}$$

$$d_2=\frac{\ln(S/K)+(r-\sigma^2/2)T}{\sigma\sqrt{T}}=d_1-\sigma\sqrt{T}$$

上式中，$\Phi(x)$ 表示标准正态分布的分布函数。对于标准正态分布，有 $\Phi(-x)=1-\Phi(x)$。

根据欧式看涨期权和欧式看跌期权之间的平价关系，可以得到欧式看跌期权的定价公式为：

$$P_{欧}=C_{欧}+Ke^{-rT}-S=Ke^{-rT}\Phi(-d_2)-S\Phi(-d_1) \tag{9-63}$$

在前面的讨论中，我们假设股票不支付红利。如果股票红利的现值为 D，只要用（$S-D$）代替式（9-62）和式（9-63）中的 S，即可求出支付红利股票的欧式看涨期权和看跌期权的价格。如果股票的年红利率为连续复利 τ，只要用 $Se^{-\tau T}$ 代替式（9-62）和式（9-63）中的 S，就可求出支付连续年收益率股票的欧式看涨期权和看跌期权的价格。

基于不支付红利股票的美式看涨期权不会被提前执行，所以其价值等于欧式看涨期权的价格，也可以应用前述的解析表达式求解，但基于不支付红利股票的美式看跌期权的价格只能通过数值算法求解，如应用二叉树模型。注意，美式看涨期权和看跌期权之间不存在欧式期权中的平价关系。

【例 9-11】

假设某种不支付红利股票的市场价格为 20 元，无风险利率为 5%，该股票价格的年波动率为 4%，求该股票执行价格为 20 元、期限为 1 年的欧式看涨期权和看跌期权的价格。

【解】 本例中的有关参数值如下：

$$S=20,\ K=20,\ r=0.05,\ \sigma=0.04,\ T=1$$

为了应用 Black-Scholes 定价公式，首先计算 d_1 和 d_2：

$$d_1=\frac{\ln(20/20)+(0.05+0.04^2/2)\times 1}{0.04\times\sqrt{1}}=1.27$$

$$d_2=d_1-0.04\times\sqrt{1}=1.23$$

然后计算 $\Phi(d_1)$ 和 $\Phi(d_2)$：

$$\Phi(d_1)=\Phi(1.27)=0.898\,0$$
$$\Phi(d_2)=\Phi(1.23)=0.890\,7$$

将上述结果代入 Black-Scholes 定价公式式（9-62），即可求得欧式看涨期权的价格为：

$$C_{欧}=20\times0.898\,0-20\times0.890\,7\mathrm{e}^{-0.05\times1}=1.014\,8(元)$$

应用看涨期权和看跌期权之间的平价关系，可以求得看跌期权的价格为：

$$P_{欧}=20\times(1-0.890\,7)\mathrm{e}^{-0.05\times1}-20\times(1-0.898\,0)=0.039\,4(元)$$

9.6 期权交易策略

期权与标的资产组合在一起，能够形成诸多具有不同盈亏特征的投资组合。投资者可以根据各自对标的资产未来价格的预期，以及各自的风险偏好，选择最适合自己的资产组合，从而形成相应的交易策略。常见的期权交易策略包括期权与零息债券的组合、期权与标的资产的组合、差价期权，以及混合期权。

9.6.1 期权与零息债券的组合

股票期权与零息债券的组合可以生成所谓的保本债券（principal-protected note），该债券的特点是，无论标的股票的价格在未来如何变化，投资者的本金都不会遭受损失，但有可能损失利息或红利。下面通过两个例子来说明如何通过股票期权与零息债券的组合形成保本债券。

首先考虑看涨期权与零息债券的组合。假设年利率为 10%，则面值为 100 元的零息债券的现价应为 100/1.1=90.91（元），即现在用 90.91 元购买零息债券，到期时可以得到 100 元，利息金额为 9.09 元。再假设股票的现价为 100 元，该股票 1 年期看涨期权的执行价格为 100 元，期权费为 9.09 元。

在这种假设下，投资者在当前时刻可以用 100 元本金进行下述两项投资：

（1）用 90.91 元购买 1 年期的零息债券。

（2）用 9.09 元购买 1 年期的看涨期权。

一年以后，如果股票价格上涨到 100 元以上，如 120 元，则投资者可以执行看涨期权，赚取 20 元利润，同时获得零息债券到期时的 100 元偿还值。一年以后，如果股票价格下跌到 100 元以下，则投资者不会执行看涨期权，但零息债券的到期偿还值是 100 元，正好等于期初的本金，即投资者虽然损失了利息收入，但本金得到了保全。

再考虑看跌期权与零息债券的组合。在上例中，假设其他条件保持不变，但股票 1 年期看跌期权的执行价格为 100 元，期权费为 9.09 元。在这种假设下，投资者在当前时刻可以用100元本金进行下述两项投资：

（1）用90.91元购买1年期的零息债券。

（2）用9.09元购买1年期的看跌期权。

一年以后，如果股票价格下跌到100元以下，如90元，则投资者可以执行看跌期权，赚取10元利润，同时获得零息债券到期时的100元偿还值。一年以后，如果股票价格上涨到100元以上，则投资者不会执行看跌期权，但零息债券的到期偿还值是100元，正好等于期初的本金，即本金得到了保全。

9.6.2 期权与标的资产的组合

期权与标的资产的组合可以形成下述四种不同的交易策略：

（1）看跌期权多头与股票多头的组合；

（2）看涨期权多头与股票空头的组合；

（3）看涨期权空头与股票多头的组合；

（4）看跌期权空头与股票空头的组合。

1. 看跌期权多头与股票多头的组合

当投资者拥有一项资产（如股票）时，他最担心的就是资产价格下跌。为此，投资者可以通过购买一个看跌期权为资产进行保险，确保资产的出售价格不会低于一个最小值。

不妨假设股票当前的价格为50元，投资者为了确保6个月末股票的售价不低于50元，可以购买一个6个月期的执行价格为50元的看跌期权。如果在6个月末，股票的价格下跌到50元以下，则投资者可以执行看跌期权，以50元的价格出售股票，保证股票的售价不低于50元。如果在6个月末，股票价格上涨到50元以上，则投资者可以获得股票价格上涨带来的收益。

该组合的盈亏图（见图9-15）类似于看涨期权多头的盈亏图。这在直观上是容易理解的：一个看涨期权多头的损失不会超过期权费，而其收益会随着股票价格的上涨无限增加。同样，看跌期权多头和股票多头的组合也具有类似性质，看跌期权限制了投资组合的损失，但不会影响股票价格上涨所带来的收益。

欧式看涨期权和欧式看跌期权之间的平价关系也可以揭示上述组合的盈亏为何类似于看涨期权多头的盈亏。欧式看涨期权和欧式看跌期权之间的平价关系如下：

$$S+P_{欧}=C_{欧}+K\mathrm{e}^{-rT} \tag{9-64}$$

式中，S是股票的价格；$P_{欧}$是欧式看跌期权的价格；$C_{欧}$是欧式看涨期权的价格；K是看涨期权和看跌期权的执行价格；r是无风险利率；T是看涨期权和看跌期权的到期时间。

式（9-64）左边是股票多头与看跌期权多头的组合，而右边是看涨期权多头加上金额为$K\mathrm{e}^{-rT}$的现金，所以左边组合的盈亏类似于右边看涨期权的盈亏。

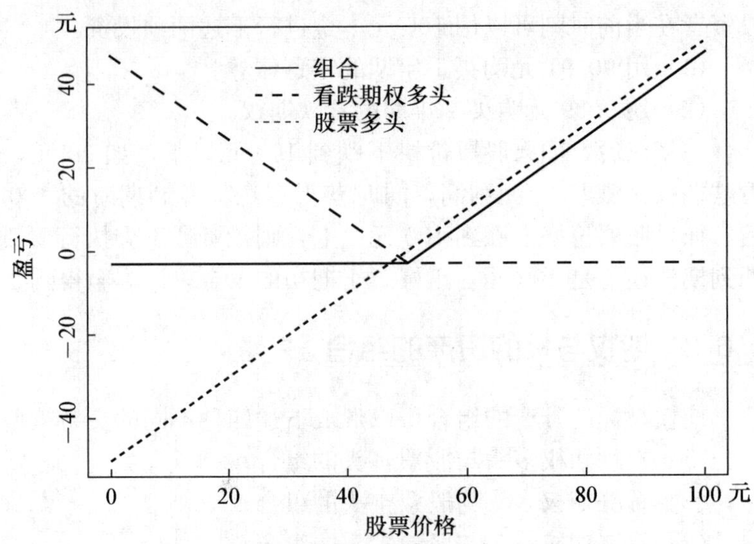

图 9-15 看跌期权多头与股票多头的组合

2. 看涨期权多头与股票空头的组合

当投资者拥有一个资产空头时，他最担心的是资产价格的上升。为此，投资者可以购买一个看涨期权，从而规避资产价格上升的风险。

假设股票的当前价格为 50 元，投资者卖空股票后，为了规避股价上升的风险，可以购买了一个 6 个月期的执行价格为 50 元的看涨期权。如果在 6 个月末，股票价格上涨到 50 元以上，投资者可以执行看涨期权，用 50 元购买股票，对冲股票空头，使得股票价格上涨的损失得以控制。如果在 6 个月末，股票价格下跌到 50 元以下，则投资者可以获得股票价格下跌所带来的收益。

为资产空头购买看涨期权等价于一个股票空头与看涨期权多头的组合，该组合的盈亏如图 9-16 所示。该组合的盈亏图类似于看跌期权多头的盈亏图。这也可以通过看涨期权和看跌期权之间的平价关系进行解释。对式（9-64）所示的平价关系变形可得

$$-S+C_{欧}=P_{欧}-K\mathrm{e}^{-rT} \tag{9-65}$$

式（9-65）左边是股票空头与看涨期权多头的组合，右边是看跌期权多头加上金额为 $-K\mathrm{e}^{-rT}$ 的现金，因此左边组合的盈亏类似于右边看跌期权的盈亏。

3. 看涨期权空头与股票多头的组合

该组合的盈亏图类似于一个看跌期权空头的盈亏图，如图 9-17 所示。这一关系也可以通过下述平价关系得到：

$$S-C_{欧}=-P_{欧}+K\mathrm{e}^{-rT} \tag{9-66}$$

上式左边是一个资产多头和一个看涨期权空头的组合，右边是一个看跌期权空头加上金额为 $K\mathrm{e}^{-rT}$ 的现金。

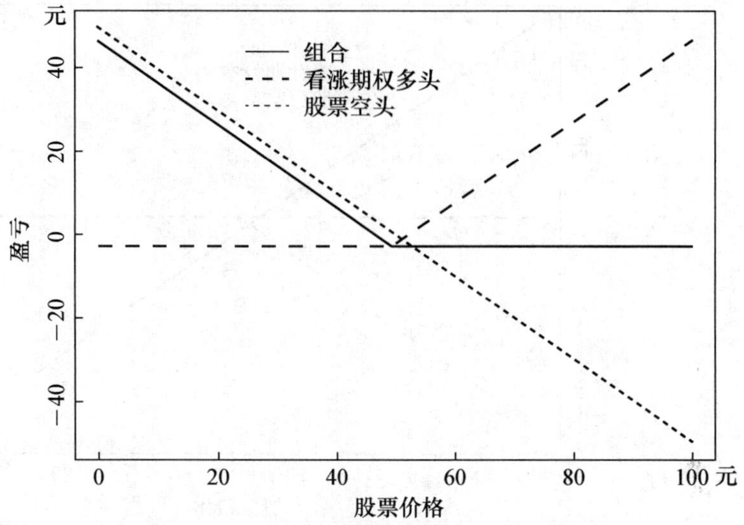

图 9-16　看涨期权多头与股票空头的组合

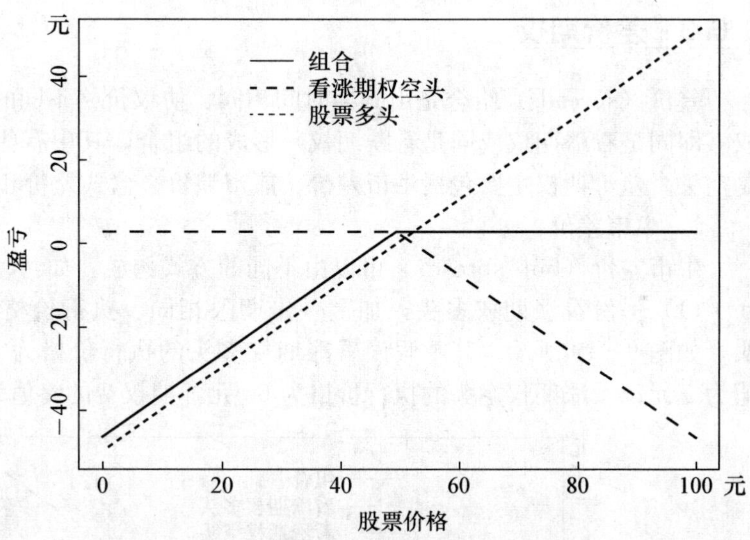

图 9-17　看涨期权空头与股票多头的组合

4. 看跌期权空头与股票空头的组合

该组合的盈亏图类似于一个看涨期权空头的盈亏图，如图 9-18 所示。这一关系也可以通过下述平价关系得到：

$$-S-P_{欧}=-C_{欧}-K\mathrm{e}^{-rT} \tag{9-67}$$

上式左边是一个资产空头和一个看跌期权空头的组合，右边是一个看涨期权空头减去金额为 $K\mathrm{e}^{-rT}$ 的现金。

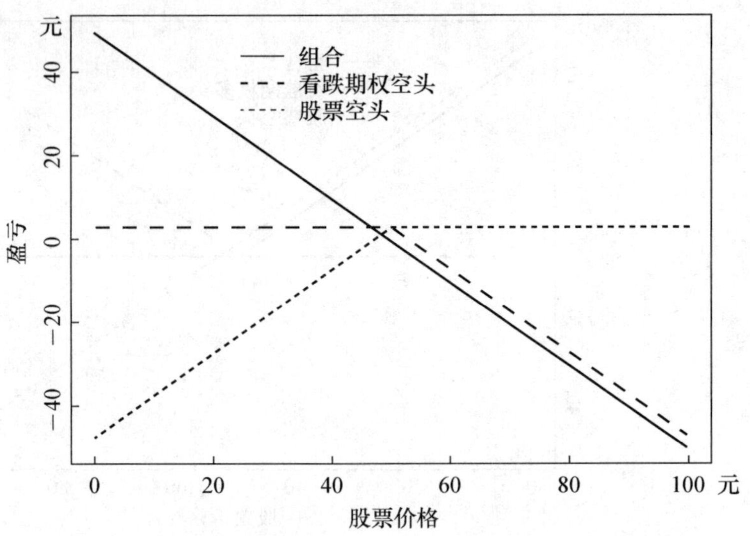

图 9-18　看跌期权空头与股票空头的组合

9.6.3　差价期权

差价（spreads）组合是由到期时间相同、协议价格不同的两个或多个同种期权（即同是看涨期权或同是看跌期权）形成的组合，其中有些期权是多头，有些是空头。差价期权主要包括牛市差价、熊市差价、盒式差价和蝶式差价。

1. 牛市差价

牛市差价（bull spreads）可以由不同的方式构成，如：

（1）一份看涨期权多头，加上一份期限相同、执行价格较高的看涨期权空头，如图 9-19 所示，其中假设看涨期权多头的执行价格为 40 元，期权费的终值为 5 元；看涨期权空头的执行价格为 60 元，期权费的终值为 3 元。

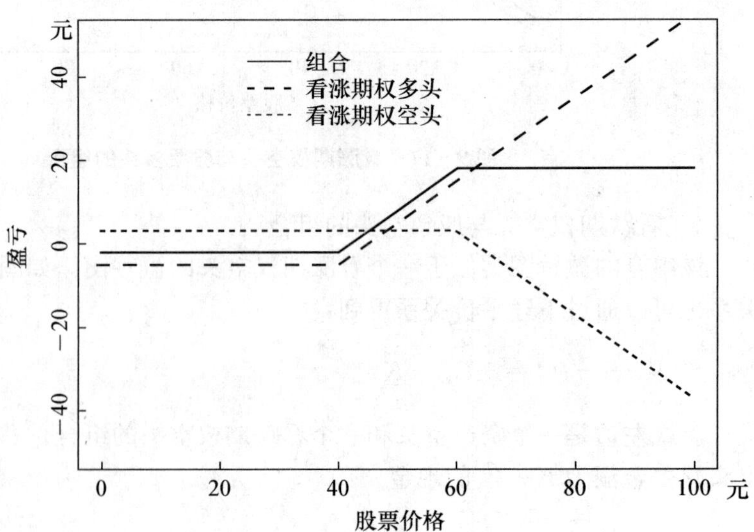

图 9-19　看涨期权的牛市差价

(2) 一份看跌期权多头，加上一份期限相同、执行价格较高的看跌期权空头，如图 9-20 所示，其中假设看跌期权多头的执行价格为 40 元，期权费的终值为 3 元；看跌期权空头的执行价格为 50 元，期权费的终值为 5 元。

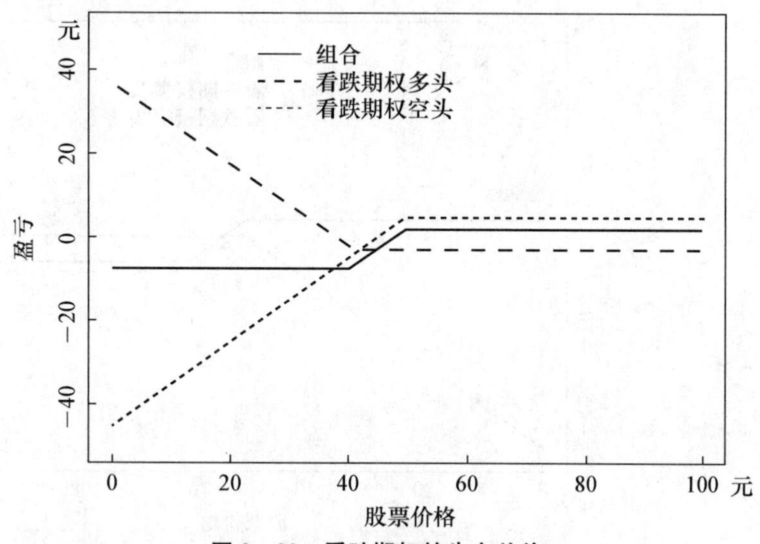

图 9-20 看跌期权的牛市差价

从图 9-19 和图 9-20 可以看出，在期权的到期日，股票价格上升对组合持有者较为有利，故称其为牛市差价组合。牛市差价组合限制了投资者当股价上升时的潜在收益，也限制了股价下跌时的可能损失，从而起到风险控制的作用。

2. 熊市差价

熊市差价（bear spreads）也可以由不同方式构成，如：

(1) 一份看涨期权多头，加上一份期限相同、执行价格较低的看涨期权空头，如图 9-21 所示，其中假设看涨期权空头的执行价格为 40 元，期权费的终值为 6 元；看涨期权多头的执行价格为 60 元，期权费的终值为 2 元。

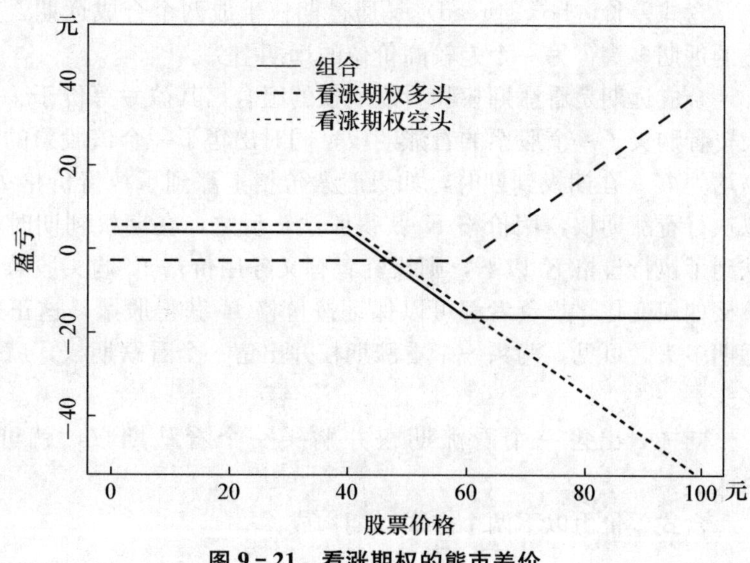

图 9-21 看涨期权的熊市差价

(2) 一份看跌期权多头，加上一份期限相同、执行价格较低的看跌期权空头，如图9-22所示，其中假设看跌期权空头的执行价格为50元，期权费的终值为2元；看跌期权多头的执行价格为60元，期权费的终值为6元。

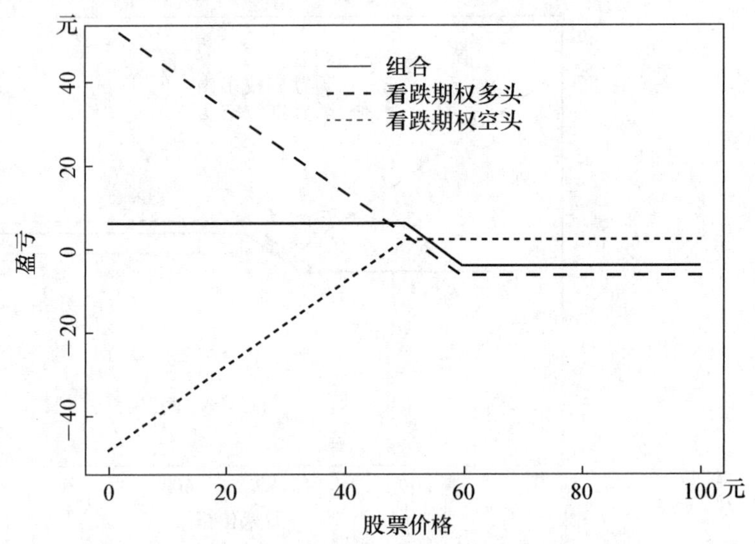

图9-22　看跌期权的熊市差价

从图9-21和图9-22可以看出，在期权的到期日，股票价格降低对组合持有者较为有利，故称其为熊市差价组合。与牛市差价组合相同，它也将潜在的收益和可能的损失限制在一定的范围内，起到了风险控制的作用。

总结上述两种差价组合可以发现，其差别在于牛市差价组合是高价空头与低价多头的组合，而熊市差价组合是低价空头与高价多头的组合，可以分别用于控制不同预期下的风险。

3. 盒式差价

盒式差价（box spread）是通过期权生成两个合成远期，其中一个是较低价位的远期多头，另一个是较高价位的远期空头。

合成远期是看涨期权和看跌期权的组合，其盈亏等价于一个远期。不妨假设投资者购买了一个股票的看涨期权，同时出售了一个该股票的看跌期权，执行价格均为K。在期权到期时，如果股票价格上涨到了执行价格K以上，投资者可以执行看涨期权，用价格K获得股票；反之，在期权到期时，如果股票价格下跌到了执行价格K以下，则投资者有义务用价格K购买股票。因此，无论股票价格如何变化，投资者都可以保证按价格K获得股票，这正好等价于一个股票远期多头。可见，购买一个看涨期权并出售一个看跌期权，就可以生成一个远期多头。

同样，出售一个看涨期权并购买一个看跌期权，就可以生成一个远期空头。

盒式差价由以下两个合成远期构成：

(1) 生成一个较低价位的合成远期多头。譬如，用 2.78 元购买一个执行价格为 40 元的看涨期权，并用 1.99 元的价格出售一个执行价格为 40 元的看跌期权，就可以生成一个合成远期多头，如图 9-23 所示。该合成远期多头的成本为 2.78－1.99＝0.79（元）。

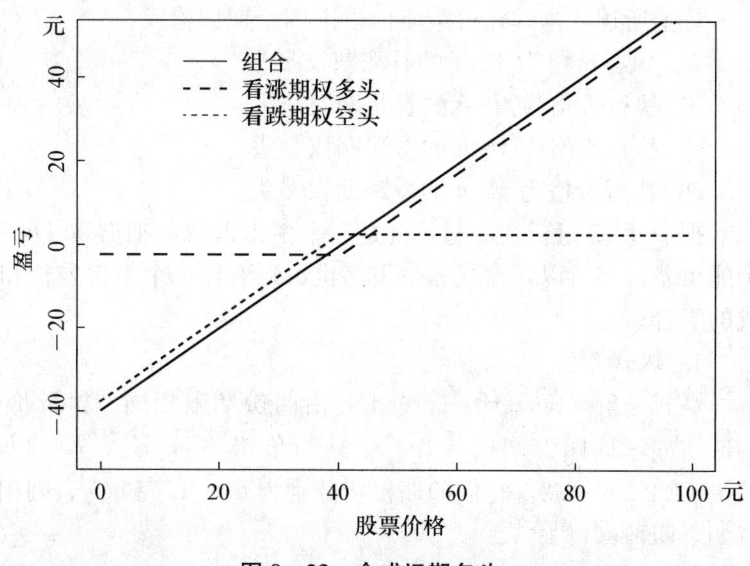

图 9-23　合成远期多头

(2) 生成一个较高价位的合成远期空头。譬如，用 2.97 元的价格出售一个执行价格为 45 元的看涨期权，并用 5.08 元购买一个执行价格为 45 元的看跌期权，就可以生成一个合成远期空头，如图 9-24 所示。该合成远期空头的成本为 5.08－2.97＝2.11（元）。

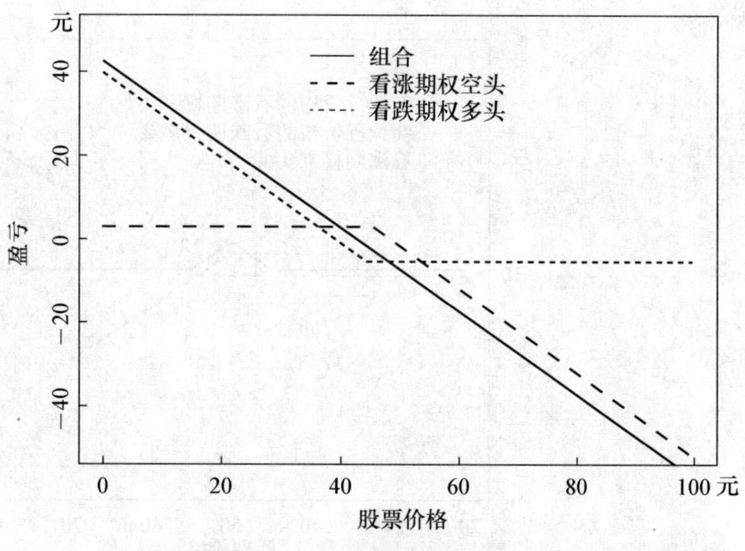

图 9-24　合成远期空头

应用盒式差价策略的结果是：在时间零点，投资者发生 2.11＋0.79＝2.90（元）的总成本；在期权到期时，投资者用 40 元的价格购买股票，并用 45 元的价格出售股票，获得 5 元的收益。因此，盒式差价策略等价于在期初投资 2.90 元，并在期末获得 5 元。这正好类似于一个零息债券。

综上所述，盒式差价策略由以下四个期权构成：

A：执行价格为 40 元的看涨期权多头

B：执行价格为 40 元的看跌期权空头

C：执行价格为 45 元的看涨期权空头

D：执行价格为 45 元的看跌期权多头

把 A 和 C 组合在一起，就是一个牛市差价，把 B 和 D 组合在一起，就是一个熊市差价，所以，盒式差价策略也可以看作一个牛市差价和一个熊市差价所构成的组合。

4. 蝶式差价

蝶式差价（butterfly spreads）由四份期限相同、执行价格不同的同种期权构成。如果这四份期权共有三个执行价格 K_1，K_2，K_3（$K_1<K_2<K_3$），且 $K_2=(K_1+K_3)/2$，它们的期权费分别为 C_1，C_2 和 C_3，则相应的蝶式差价组合有如下四种：

（1）看涨期权的正向蝶式差价组合，它由执行价格分别为 K_1 和 K_3 的看涨期权多头和两份执行价格为 K_2 的看涨期权空头组成，如图 9－25 所示，其中假设 $K_1=45$ 元，$K_2=50$ 元，$K_3=55$ 元，$C_1=5$ 元，$C_2=3$ 元，$C_3=1$ 元。

（2）看涨期权的反向蝶式差价组合，它由执行价格分别为 K_1 和 K_3 的看涨期权空头和两份执行价格为 K_2 的看涨期权多头组成，其盈亏图与图 9－25 相反。

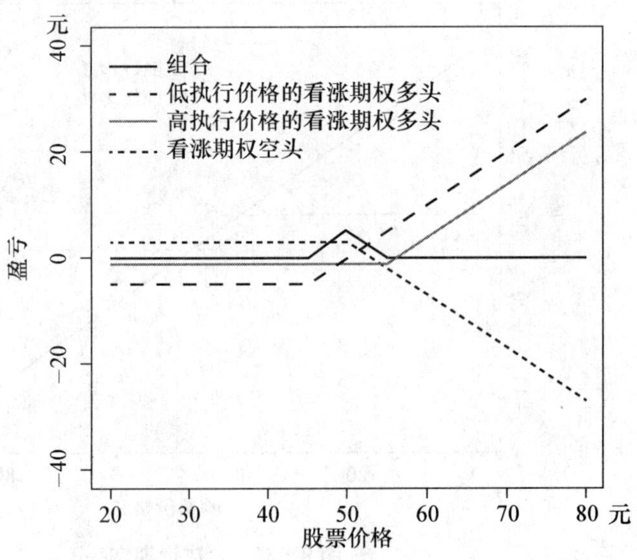

图 9－25　看涨期权的正向蝶式差价

(3) 看跌期权的正向蝶式差价组合，它由执行价格分别为 K_1 和 K_3 的看跌期权多头和两份执行价格为 K_2 的看跌期权空头组成，如图 9－26 所示，其中假设 $K_1=45$ 元，$K_2=50$ 元，$K_3=55$ 元，$C_1=1$ 元，$C_2=3$ 元，$C_3=5$ 元。

(4) 看跌期权的反向蝶式差价组合，它由执行价格分别为 K_1 和 K_3 的看跌期权空头和两份执行价格为 K_2 的看跌期权多头组成，其盈亏图与图 9－26 相反。

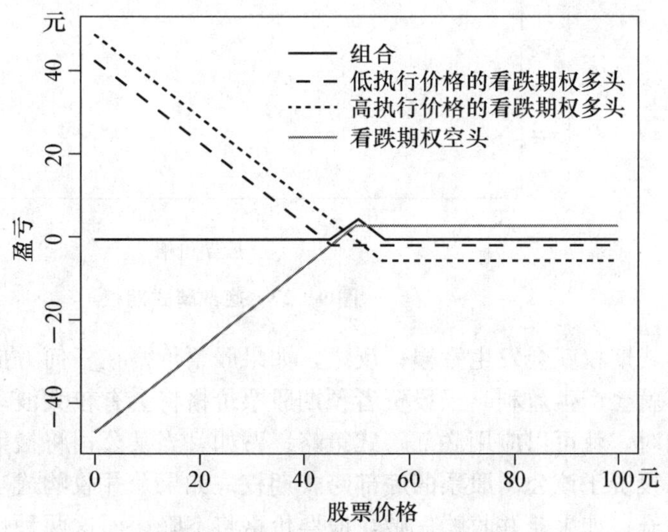

图 9－26 看跌期权的正向蝶式差价

从图 9－25 和图 9－26 可以看出，在不考虑期权费的条件下，如果未来的股票价格在 K_1 和 K_3 之间变动，则正向蝶式差价组合就可以获利。无论未来股票价格在哪个方向上有较大的波动，该组合都没有损失。因此，对于那些认为股票价格不可能发生较大波动的投资者而言，可以选择蝶式差价组合。

9.6.4 混合期权

混合期权是由看涨期权和看跌期权构成的组合，其形式多种多样，下面仅介绍最简单的几种类型，即跨式期权、条式期权、带式期权、宽跨式期权和衣领期权。

1. 跨式期权

跨式期权（straddle）由执行价格相同、期限相同的一份看涨期权和一份看跌期权组成。跨式期权包括底部跨式期权和顶部跨式期权，前者由多头组成，后者由空头组成。

底部跨式期权的盈亏如图 9－27 所示，其中假设看涨期权多头的执行价格为 50 元，期权费的终值为 4 元，看跌期权多头的执行价格为 50 元，期权费的终值为 3 元。

从图 9－27 可以看出，在期权的到期日，如果股票的价格接近执行价格，底

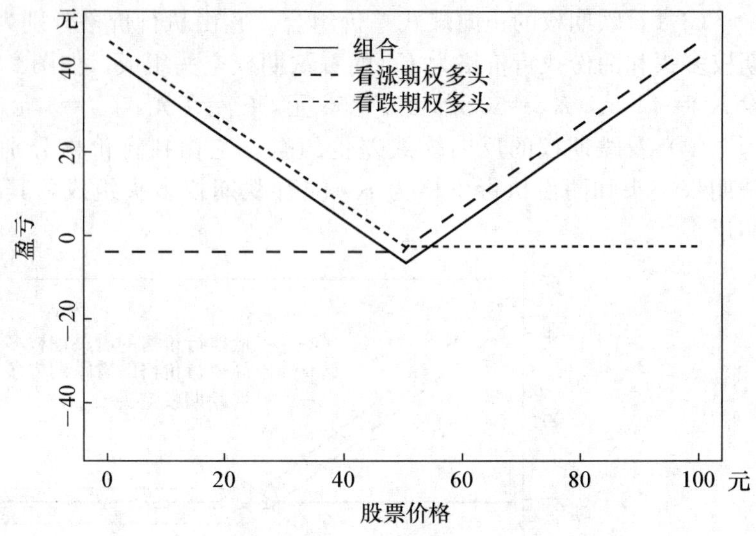

图9-27　底部跨式期权

部跨式期权就会发生亏损；反之，如果股票价格在任何方向上有较大波动，这一策略就会产生盈利。当投资者预期股票价格将会有较大波动，但无法确定其变动方向时，就可以应用底部跨式策略。譬如，当某公司将被兼并收购时，投资者就可以投资于该公司股票的底部跨式期权。如果兼并收购成功，可以预期股票价格将上升；如果兼并收购失败，股票价格将下降，而这两种情况都在底部跨式的盈利区间之内，无论最终出现哪一种结果，投资者的利益都得到了保障。也正是由于这种全面的保障性，跨式期权的期权费一般较高，因为在本质上它相当于同时购买了两个期权。

顶部跨式期权的盈亏状况与底部跨式期权正好相反，故略。

2. 条式期权

条式期权（strip）由执行价格相同、期限相同的一份看涨期权和两份看跌期权组成。条式期权也分为底部条式期权和顶部条式期权两种，前者由多头构成，后者由空头构成。

底部条式期权的盈亏如图9-28所示，其中假设看涨期权多头的执行价格为50元，期权费的终值为4元；看跌期权多头的执行价格为50元，期权费的终值为3元。顶部条式期权的盈亏与图9-28刚好相反，故略。

3. 带式期权

带式期权（strap）由执行价格相同、期限相同的两份看涨期权和一份看跌期权组成。带式期权也分为底部带式期权和顶部带式期权两种，前者由多头构成，后者由空头构成。

底部带式期权的盈亏如图9-29所示，其中假设看涨期权多头的执行价格为50元，期权费的终值为4元；看跌期权多头的执行价格为50元，期权费的终值为3元。顶部带式期权的盈亏与图9-29正好相反，故略。

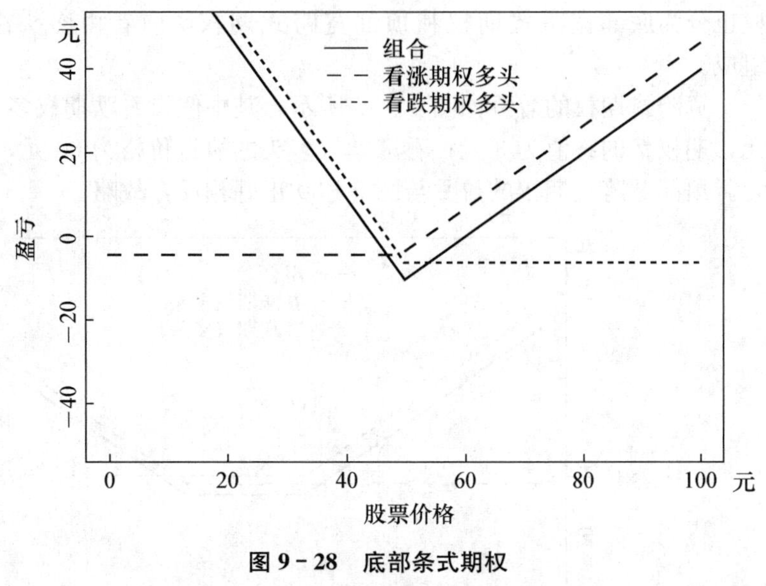

图9-28　底部条式期权

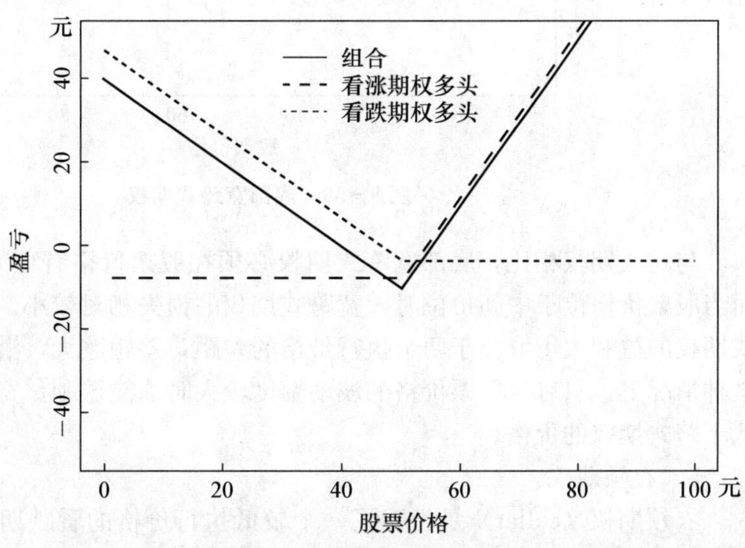

图9-29　底部带式期权

对跨式期权、条式期权和带式期权进行比较可以看出，当股票价格发生较大变动时，这三种策略都会产生较高的收益，而当股票价格变化很小时则会出现亏损。

它们之间的区别主要是：跨式期权是对称的，底部条式期权向右倾斜，而底部带式期权向左倾斜。因此，对于跨式期权而言，股票价格上升和下降的影响是相同的，但对于底部条式期权而言，股票价格下跌时的收益高于股票价格上涨时的收益，而底部带式期权在股票价格上涨时的收益高于股票价格下跌时的收益。

4. 宽跨式期权

宽跨式期权（strangle）由到期日相同、执行价格不同的一份看涨期权和一份看跌期权组成，其中看涨期权的执行价格高于看跌期权的执行价格。宽跨式期权也分为底部宽跨式期权和顶部宽跨式期权，前者由多头组成，后者由空头组成。

宽跨式期权的盈亏如图9-30所示，其中假设看跌期权多头的执行价格为40元，期权费的终值为3元；看涨期权多头的执行价格为60元，期权费的终值为5元。顶部宽跨式期权的盈亏与图9-30正好相反，故略。

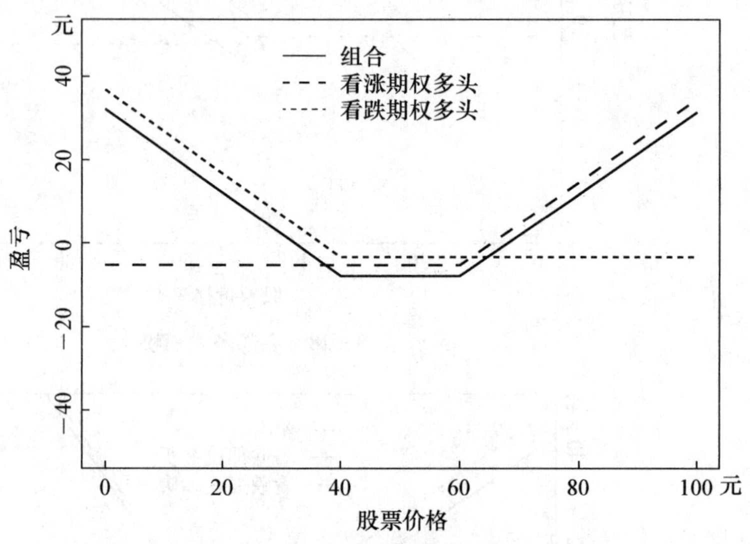

图9-30　底部宽跨式期权

与跨式期权相比，底部宽跨式期权必须在股票价格有更大波动时才能获利，而当股票价格位于中间价位时，宽跨式期权的损失相对较小。换言之，底部宽跨式期权的盈利大小取决于两个执行价格的差距，差距越大，潜在损失越小，但在这种情况下，只有当股票价格的波动幅度较大时才能盈利。宽跨式期权的价格要低于跨式期权的价格。

5. 衣领期权

衣领期权（collar）是指购买一个较低执行价格的看跌期权，同时出售一个到期时间相同、执行价格较高的看涨期权。衣领期权的盈亏如图9-31所示。在该图中，假设看跌期权的执行价格为40元，期权费的终值为3元；看涨期权的执行价格为45元，期权费的终值为3元。

两个不同执行价格之间的差距称作衣领宽度（collar width），在图9-31中，衣领宽度为5元。

衣领期权的盈亏图类似于远期空头，在标的资产价格下降时盈利，在标的资产价格上升时亏损。正是由于它的这种性质，衣领期权在实践中通常被用于保险。

譬如，投资者购买了一只现价为40元的股票，且希望对此股票进行保险。为此，投资者可以购买一个执行价格为40元的看跌期权。为了降低保险的成本，投资者可以同时出售一个较高执行价格（如45元）的看涨期权，从而获得一笔

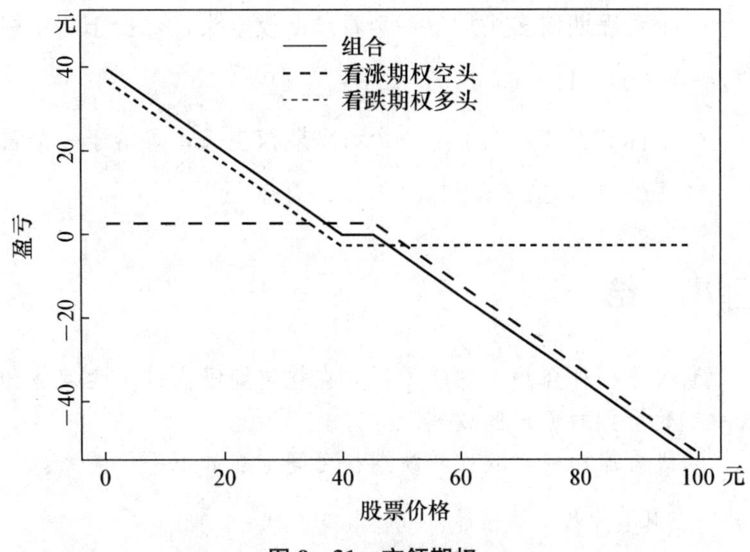

图9-31 衣领期权

期权费。显然，购买一个较低执行价格的看跌期权，并出售一个较高执行价格的看涨期权，其结果就是一个衣领策略。因此，衣领策略可以为投资者的资产提供成本较低的保险。

购买看跌期权需要支出一笔期权费，而出售看涨期权可以获得一笔期权费，因此可以选择适当的执行价格，使这两笔期权费相等，这样构造的交易策略称作零成本衣领（zero-cost collar)。

9.6.5 期权策略的符号表示

期权策略的盈亏结果可以通过符号计算得到。首先定义符号规则如下：

用（+1）表示期权交易的结果在盈亏图上出现正斜率。

用（−1）表示期权交易的结果在盈亏图上出现负斜率。

用（0）表示期权交易的结果在盈亏图上出现零斜率。

如果盈亏图出现折点，就用逗号隔开。譬如，看涨期权多头的盈亏图由斜率为零的直线和斜率为正的直线组成，因此其盈亏状态可以表示为（0，+1)。类似地，其他期权的盈亏状态可以分别表示为：

(1) 看涨期权多头：(0，+1)

(2) 看涨期权空头：(0，−1)

(3) 看跌期权多头：(−1，0)

(4) 看跌期权空头：(+1，0)

(5) 标的资产多头：(+1，+1)

(6) 标的资产空头：(−1，−1)

对上述六种基本期权进行组合，就可以创造出各种不同的盈亏状态，从而满足不同的投资需求，譬如：

一个看涨期权多头加上一个看跌期权空头，等价于一个标的资产多头，即

$$(0,+1)+(+1,0)=(+1,+1)$$

一个标的资产空头加上一个看跌期权空头，等价于一个看涨期权空头，即

$$(-1,-1)+(+1,0)=(0,-1)$$

□小　结

期权是一种合约，它赋予买方在规定期限内按买卖双方约定的价格购买或出售一定数量标的资产的权利。

欧式看涨期权与欧式看跌期权之间存在如下平价关系：

$$C_{\text{欧}}+Ke^{-rT}=P_{\text{欧}}+S$$

为期权定价的两种常用模型是二叉树模型和 Black-Scholes 模型。二叉树模型用大量离散的小幅度二值运动来模拟连续的资产价格运动，单步二叉树模型的期权定价公式为：

$$f=e^{-r\Delta t}[pf_u+(1-p)f_d]$$

式中，$u=e^{\sigma\sqrt{\Delta t}}$；$d=e^{-\sigma\sqrt{\Delta t}}$；$p=\dfrac{e^{r\Delta t}-d}{u-d}$。

多步二叉树模型通过多次应用单步二叉树模型并逐步递推来为期权定价。

在满足 Black-Scholes 期权定价模型的假设条件时，欧式看涨期权的定价公式为：

$$C_{\text{欧}}=S\Phi(d_1)-Ke^{-rT}\Phi(d_2)$$

利用看涨期权和看跌期权之间的平价关系，可以得到欧式看跌期权的定价公式为：

$$P_{\text{欧}}=C_{\text{欧}}+Ke^{-rT}-S=Ke^{-rT}\Phi(-d_2)-S\Phi(-d_1)$$

美式看涨期权不会被提前执行，所以其价格等于欧式看涨期权的价格，即$C_{\text{美}}=C_{\text{欧}}$。美式看跌期权有可能被提前执行，可以用二叉树模型为其定价。

不同的期权和其他金融产品的组合，能够形成诸多具有不同盈亏特征的投资组合，满足投资者各种不同的交易策略。

□习　题

9.1　假设一年后股票的价格为 50 元、55 元、60 元、65 元或 70 元。(1) 如果 1 年期股票远期合约的交割价格为 60 元，计算该远期合约多头和空头的回收分别是多少。(2) 如果买进一份 1 年期的执行价格为 60 元的股票看涨期权，计

算该看涨期权多头的回收分别是多少。(3) 如果买进一份1年期的执行价格为60元的看跌期权，计算该看跌期权多头的回收是多少。

9.2 股票的当前价格是105元，年利率为6%。1年期的股票看涨期权的执行价格为105元，期权费为8.57元。假设一年后股票价格可能为100元、105元或110元，分别计算该期权的回收和盈亏。

9.3 股票的当前价格是105元，年利率为6%。1年期的股票看跌期权的执行价格为100元，期权费为0.98元。假设一年后股票价格为95元、100元或105元，分别计算该期权的回收和盈亏。

9.4 以100元的价格买进一份股票，同时买进一份执行价格为105元的1年期的股票看跌期权，看跌期权的期权费为7.20元，年利率是5%。假设一年后股票的价格为100元、105元、110元或115元，分别计算该组合的回收和盈亏。

9.5 以105元做空A公司的股票，并卖出一份执行价格为105元的1年期的看跌期权，该期权的期权费为7.20元，年利率是5%。假设一年后股票的价格为100元、105元、110元或115元，分别计算该投资组合的回收和盈亏。

9.6 一份股票看涨期权的执行价格为40元，期权费为2元，期权的有效期是半年，无风险的连续复利为5%。假设期权到期时的股票价格为43元，计算：多头的盈亏是多少？在期权到期时，多头可以达到盈亏平衡点的股票价格为多少？

9.7 一份股票看跌期权的执行价格为30元，期权费为1.5元，期权的有效期是3个月，无风险的连续复利为7%。假设期权到期时的股票价格为25元，计算：多头的盈亏是多少？在期权到期时，多头可以达到盈亏平衡点的股票价格为多少？

9.8 股票的当前价格是22元，一份该股票看涨期权的执行价格为24元，期权费为1.98元，期权的有效期是6个月，无风险的连续复利为7.2%。计算与该股票看涨期权具有相同到期时间和相同执行价格的看跌期权的期权费是多少。

9.9 假设股票没有红利，股票的现价为50元，该股票欧式看跌期权的执行价格为50元，有效期为3个月，连续复利的无风险年收益率为10%，年波动率为30%。计算该股票欧式看跌期权的价格。

9.10 一份无红利股票的欧式看跌期权，有效期为3个月，目前的股票价格和执行价格均为50美元，无风险年利率为10%，波动率为每年30%。构造一个三步的二叉树模型，每步为一个月，并用该二叉树模型计算期权的价格。如果该期权为美式看跌期权，重新计算期权的价格。

9.11 一份基于某股票指数的欧式看涨期权，有效期为2个月，执行价格为500元，目前的指数为495，连续复利的无风险年利率为10%，指数的连续复利红利率为每年4%，波动率为每年25%。构造一个四步（每步为半个月）的二叉树为期权定价。

9.12 假设年利率是5%，股票1年期的远期价格是105元，1年后到期的股票期权的价格如下表所示。

执行价格	看涨期权	看跌期权
95	10.45	0.93
100	8.11	3.35
105	7.20	7.20
110	5.12	9.88
115	3.60	13.12

(1) 假设投资者以 100 元的价格买进股票，并买进一份执行价格为 95 元的看跌期权。在期权的到期日，如果股票的价格为 90 元或 100 元，则该投资组合的回收和盈亏分别是多少？

(2) 假设投资者以 100 元做空股票，并买进一份执行价格为 95 元的看涨期权。在期权的到期日，如果股票的价格为 90 元或 100 元，则该投资组合的回收和盈亏分别是多少？

(3) 假设投资者买进一份执行价格为 95 元的股票看涨期权，卖出一份执行价格为 95 元的看跌期权，并贷出 90.48 元。在期权的到期日，如果股票价格为 90 元或 100 元，则该投资组合的回收和盈亏分别是多少？

(4) 假设 1 年期的看涨期权的价格是 9.31 元，在相同执行价格上的看跌期权的价格是 1.69 元，求执行价格是多少。

第 10 章

Chapter 10

利率的期限结构

在前面各章的讨论中，我们假设不同期限的利率是相同的。在现实中，利率水平通常随着投资时间的长短而有所不同。譬如，3 年期定期存款的利率往往大于 1 年期定期存款的利率。

所谓利率的期限结构（term structure of interest rate），是指利率和与之相联系的到期期限之间的关系。这里所谓的利率，既可以是债券的到期收益率，也可以是即期利率或远期利率。相应地，利率的期限结构也就表现为到期收益率的期限结构、即期利率的期限结构和远期利率的期限结构。利率的期限结构可以通过绘制曲线的方式进行展示，这种曲线就是所谓的利率曲线或收益率曲线。

债券的到期收益率、即期利率和远期利率都可以从金融市场上交易的债券价格中求得。

应用利率的期限结构，可以判断一项资产的定价是否与其他资产一致。如果一项资产的定价过高或者过低，投资者就有可能从中获得无风险收益，即进行所谓的套利（arbitrage）。

本章主要介绍到期收益率、即期利率和远期利率的期限结构，以及基于利率期限结构进行套利的基本原理。

本章使用的主要符号及其说明如表 10－1 所示。

表 10－1　　符号及其说明

符号	说明
P	债券的价格
r	债券的息票率
F	债券的面值
C	债券的到期偿还值
i	债券的到期收益率
s_t	t 年期的即期利率
f_t	从第 t 年末到第 $t+1$ 年末的远期利率

10.1 到期收益率

债券的到期收益率（yield to maturity）是使得该债券在未来现金流入的现值与其价格相等的利率。假设债券的面值为 F，期限为 n 年，年息票率为 r，到期偿还值为 C，债券的价格为 P。应用债券定价的基本公式，到期收益率 i 可以从下述方程中求得

$$P=rF\times\frac{1-(1+i)^{-n}}{i}+C\times(1+i)^{-n} \tag{10-1}$$

一般而言，不同到期期限的债券，其到期收益率也不同。债券的到期收益率 i 与债券到期期限 n 之间的关系就是到期收益率的期限结构。

表 10-2 假设了 10 种不同到期期限的债券，面值和到期偿还值均为 100 元。该表还给出了各种债券的年息票率和市场价格。在给定债券的面值、到期期限、年息票率和到期偿还值的情况下，如果进一步已知债券的市场价格，应用式 (10-1) 即可求得债券的到期收益率。

表 10-2 到期收益率的期限结构

债券的到期期限（年）	年息票率（%）	债券的价格（元）	到期收益率（%）
1	2	97.14	5.0
2	5	99.08	5.5
3	6	100.00	6.0
4	10	113.11	6.2
5	4	89.61	6.5
6	12	124.94	6.8
7	0	61.47	7.2
8	7	98.23	7.3
9	4	77.67	7.5
10	8	102.73	7.6

譬如，对于表 10-2 中第 3 行所示的债券，面值和到期偿还值均为 100 元，到期期限为 2 年，年息票率为 5%，债券的市场价格为 99.08 元，所以应用式 (10-1) 可以建立下述价值方程：

$$99.08=5\times\frac{1-(1+i)^{-2}}{i}+100\times(1+i)^{-2}$$

解此方程可以求得 2 年期债券的到期收益率为 $i=5.5\%$。其他债券的到期收益率可以用类似方法求得，结果如表 10-2 的最后一列所示。

在表 10-2 中，债券的到期期限与到期收益率之间的关系就是到期收益率的期限结构。

债券的到期期限与到期收益率之间的关系如图10－1所示，该图就是所谓的到期收益率曲线。在该图中，到期收益率随着债券到期时间的延长而增加，有一个向上的趋势。

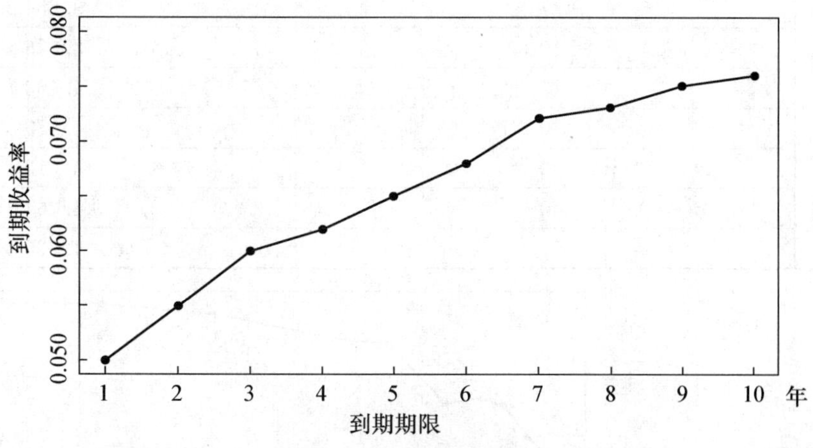

图10－1　到期收益率曲线

债券的收益率曲线主要有下述三种类型：

（1）正向的收益率曲线，即期限越长的债券，到期收益率越高。这种收益率曲线最为常见，表明经济处于增长期。

（2）反向的收益率曲线，即期限越长的债券，到期收益率越低。这种收益率曲线表明经济进入了衰退期。

（3）水平的收益率曲线，即到期收益率的高低与债券期限的长短无关，这可能意味着经济出现了不正常的情况。

在实务中，债券的到期收益率曲线通常是根据不同的债券类型、交易场所或利率品种绘制的。譬如，中国债券信息网发布的收益率曲线包括国债收益率曲线、中央银行债收益率曲线、商业银行次级债收益率曲线、企业债收益率曲线等100多种不同的收益率曲线。中国债券信息网2017年10月27日发布的国债收益率如表10－3所示，相应的收益率曲线如图10－2所示。

表10－3　中债国债到期收益率

标准期限（年）	到期收益率（%）
0	2.802 9
0.08	2.898 7
0.17	2.920 2
0.25	3.432 0
0.50	3.433 3
0.75	3.514 5
1	3.519 4
3	3.658 3

续前表

标准期限（年）	到期收益率（%）
5	3.821 1
7	3.854 8
10	3.826 6
15	4.153 7
20	4.179 5
30	4.312 4
40	4.364 2
50	4.375 2

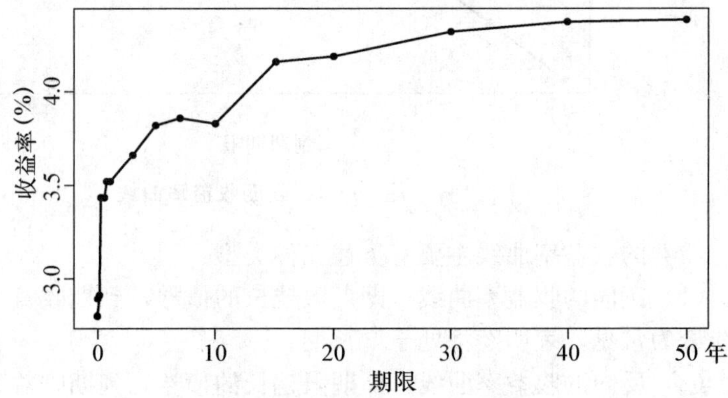

图 10-2　中债国债收益率曲线

10.2　即期利率

即期利率（spot rate）是指从当前时点开始计算的未来一定限期的利率水平。譬如，如果目前投资的100元本金在一年末的累积值为105元，那就意味着1年期的即期利率为5%。如果目前投资的100元在两年末的累积值为110元，那么在复利条件下，可以由下式求得2年期的即期利率：

$$100\times(1+s)^2=110$$

即2年期的即期利率为：

$$s=\sqrt{\frac{110}{100}}-1=4.88\%$$

用 s_t 表示 t 年期的即期利率，则应用即期利率计算的债券价格可以表示为：

$$P=\frac{rF}{1+s_1}+\frac{rF}{(1+s_2)^2}+\cdots+\frac{rF}{(1+s_n)^n}+\frac{C}{(1+s_n)^n} \tag{10-2}$$

在用债券的到期收益率计算其价格时，只使用了单一的收益率，而在使用即期利率计算其价格时，不同时刻发生的现金流分别对应一个不同的即期利率。

【例 10－1】

1 年期的即期利率为 5.2%，2 年期的即期利率为 5.5%。计算一只年息票率为 15%的两年期债券的价格（假设债券的面值为 100 元）。

【解】对第 1 年末的息票收入用 5.2%的利率贴现，对第 2 年末的息票收入和偿还值用 5.5%的利率贴现，则可以得到该债券的价格为：

$$P=\frac{15}{1.052}+\frac{115}{1.055^2}=117.58(\text{元})$$

在已知即期利率的情况下，不仅可以计算债券的价格，还可以利用即期利率计算年金的现值。

【例 10－2】

假设 1 年期、2 年期和 3 年期的即期利率分别为 5%，7%和 9%，计算每年年末支付 100 元的 3 年期年金的现值。

【解】该年金的现值为：

$$P=100\times\left(\frac{1}{1.05}+\frac{1}{1.07^2}+\frac{1}{1.09^3}\right)=259.80(\text{元})$$

在前面的计算中，我们假设即期利率是已知的。下面讨论如何基于债券的市场价格求得即期利率。

即期利率可以通过下述两种方法从债券的市场价格中求得。

第一种方法是通过市场上零息债券的价格求得即期利率。一只 t 年期零息债券只有在第 t 年末才会有现金流发生，所以 t 年期的即期利率 s_t 就等于 t 年期零息债券的收益率。

第二种方法是采用自助法从一系列附息债券的价格中求得即期利率。首先由 1 年期债券的价格计算 1 年期的即期利率，再利用这个结果及 2 年期债券的价格计算 2 年期的即期利率，依此类推，就可以求得各种期限的即期利率。

下面用自助法计算表 10－2 中的债券所隐含的即期利率。

在表 10－2 中，年息票率为 2%的 1 年期债券的价格为 97.14 元，故 1 年期的即期利率 s_1 满足下述方程：

$$97.14=\frac{102}{1+s_1}$$

解上述方程可得 1 年期的即期利率为 $s_1=5\%$。

在表 10－2 中，年息票率为 5%的 2 年期债券的价格为 99.08 元，故可以通过下述方程求得 2 年期的即期利率 s_2：

$$99.08=\frac{5}{1.05}+\frac{105}{(1+s_2)^2}\Rightarrow s_2=5.51\%$$

【例 10-3】

应用表 10-2 中的债券计算 3 年期的即期利率 s_3。

【解】前面已经求得 1 年期和 2 年期的即期利率分别为 $s_1=5\%$ 和 $s_2=5.51\%$，且由表 10-2 可知，3 年期债券的价格为 100 元，年息票率为 6%，所以通过下述方程可以求得 3 年期的即期利率 s_3：

$$100=\frac{6}{1.05}+\frac{6}{1.0551^2}+\frac{106}{(1+s_3)^3}\Rightarrow s_3=6.04\%$$

依此类推，可以求得以后各年的即期利率，如表 10-4 所示。该表就是即期利率的期限结构。根据该表绘制的即期利率曲线如图 10-3 所示。

表 10-4　即期利率的期限结构

债券的到期期限（年）	即期利率（%）
1	5.00
2	5.51
3	6.04
4	6.28
5	6.55
6	7.02
7	7.20
8	7.53
9	7.66
10	7.94

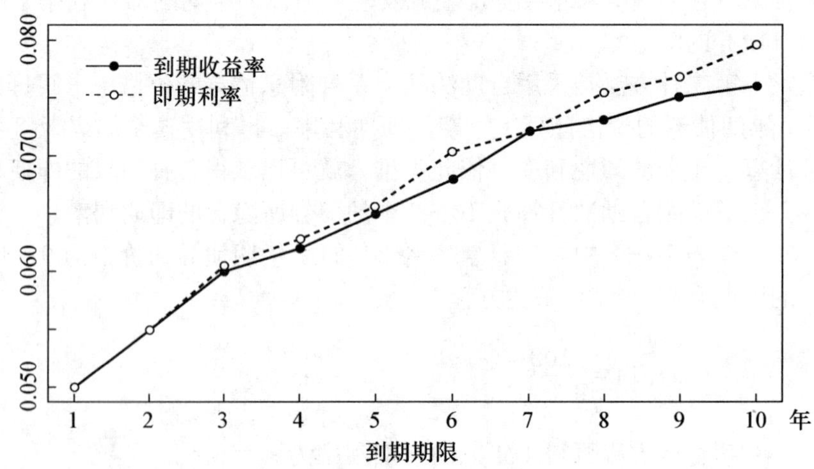

图 10-3　即期利率曲线

10.3 远期利率

所谓远期利率（forward rate），是指未来两个时点之间的利率，它是由一系列即期利率确定的。假设当前的时间是 2018 年 3 月 1 日，如果一份远期利率协议规定，贷款人同意在 3 个月之后（2018 年 6 月 1 日）向借款人按 6%的年利率贷款 100 万元，期限为 1 年，那么这个 6%的年利率就是一种远期利率，即 3 个月之后的年利率。

远期利率是由一系列即期利率决定的。譬如，如果 1 年期的即期利率是 5%，2 年期的即期利率是 5.2%，那么其隐含的第一年末到第二年末的远期利率 f 可以根据下式确定：

$$(1+5\%)(1+f)=(1+5.2\%)^2$$

解此方程可得第一年末到第二年末的远期利率为 $f=5.4\%$。

下面用 f_t 表示从第 t 年末到第 $t+1$ 年末的远期利率。显然，f_0 等价于 1 年期的即期利率，即 $f_0=s_1$。

现在考虑当前的 1 元本金在第 t 年末的累积值。如果用即期利率计算其累积值，则有 $(1+s_t)^t$，如果用远期利率计算其累积值，则有 $(1+f_0)(1+f_1)\cdots(1+f_{t-1})$。这两种方法计算的累积值应该相等，亦即有

$$(1+s_t)^t=(1+f_0)(1+f_1)\cdots(1+f_{t-1}) \tag{10-3}$$

把式（10-3）代入式（10-2），即可得到用远期利率计算的债券价格为：

$$P=\frac{rF}{(1+f_0)}+\frac{rF}{(1+f_0)(1+f_1)}+\cdots+\frac{rF+C}{(1+f_0)(1+f_1)\cdots(1+f_{n-1})} \tag{10-4}$$

【例 10-4】

假设 1 年期的即期利率为 4.9%，第 1 年末到第 2 年末的远期利率为 $f_1=5.2\%$，第 2 年末到第 3 年末的远期利率为 $f_2=5.4\%$。计算一只年息票率为 10%的 3 年期债券的价格（假设该债券的面值和到期偿还值均为 100 元）。

【解】 应用式（10-4），该债券的价格为：

$$P=\frac{10}{1.049}+\frac{10}{1.049\times1.052}+\frac{110}{1.049\times1.052\times1.054}=113.17(\text{元})$$

在已知债券交易信息的条件下，应用前述的自助法，也可以求得各年的远期利率。下面仍然以表 10-2 中的债券为例，说明远期利率的求解过程。

在表 10-2 中，1 年期债券的价格为 97.14 元，所以由式（10-4）可求得当前时点的远期利率：

$$97.14=\frac{102}{1+f_0}\Rightarrow f_0=5\%$$

在表10-2中，2年期债券的价格为99.08元，且已经求得 $f_0=5\%$，故由式（10-4）可求得第1年末到第2年末的远期利率：

$$99.08=\frac{5}{1.05}+\frac{105}{1.05\times(1+f_1)}\Rightarrow f_1=6.03\%$$

类似地，3年期债券的价格为100元，且已经求得 $f_0=5\%$ 和 $f_1=6.03\%$，故由式（10-4）可求得第2年末到第3年末的远期利率：

$$100=\frac{6}{1.05}+\frac{6}{1.05\times1.0603}+\frac{106}{1.05\times1.0603\times(1+f_2)}\Rightarrow f_2=7.11\%$$

依此类推，可以求得其他各年的远期利率，如表10-5所示。该表反映了远期利率的期限结构。基于该表绘制的远期利率曲线如图10-4所示。本例中的远期利率大于相应的即期利率和到期收益率。在现实中，远期利率小于即期利率和到期收益率的情况也有可能发生。

表10-5　远期利率的期限结构

时间（t）	远期利率（f_t,%）
0	5.00
1	6.03
2	7.11
3	7.00
4	7.65
5	9.41
6	8.26
7	9.87
8	8.73
9	10.49

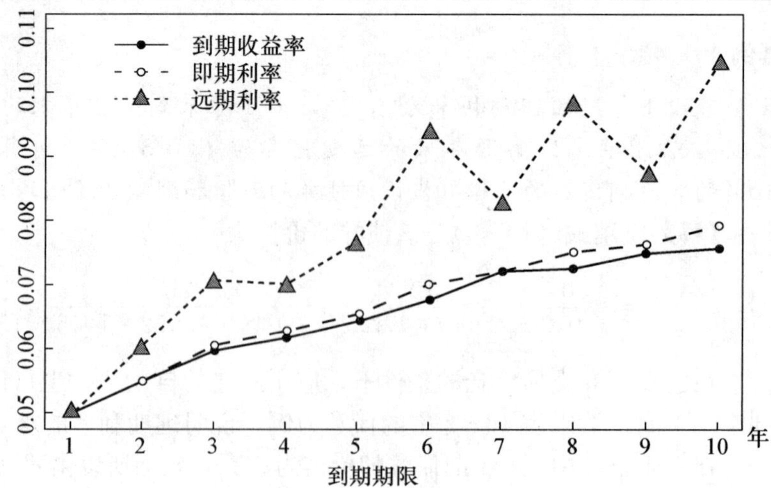

图10-4　远期利率曲线

【例 10－5】

假设三种债券的面值和偿还值均为 100 元，到期收益率均为 12%，它们的到期期限和年息票率如表 10－6 所示。计算各年的远期利率。

表 10－6 债券的到期期限和年息票率

到期期限（年）	年息票率（%）
1	4
2	5
3	6

【解】应用到期收益率和远期利率计算的债券价格应该相等。对于到期期限为 1 年的债券，可以建立下述方程：

$$\frac{104}{1.12}=\frac{104}{1+f_0}$$

由此可以求得远期利率 $f_0=12\%$。

对于到期期限为 2 年的债券，可以建立下述方程：

$$\frac{5}{1.12}+\frac{105}{1.12^2}=\frac{5}{1.12}+\frac{105}{1.12\times(1+f_1)}$$

由此可以求得第 1 年末到第 2 年末的远期利率 $f_1=12\%$。

对于到期期限为 3 年的债券，可以建立下述方程：

$$\frac{6}{1.12}+\frac{6}{1.12^2}+\frac{106}{1.12^3}=\frac{6}{1.12}+\frac{6}{1.12\times1.12}+\frac{106}{1.12\times1.12\times(1+f_2)}$$

由此可以求得第 2 年末到第 3 年末的远期利率 $f_2=12\%$。

在本例中，所有债券的到期收益率相等，所以收益率曲线是一条水平线。事实上，如果收益率曲线、即期利率曲线或远期利率曲线中的任意一条是水平的，则其余的两条曲线也一定是水平的，且收益率、即期利率和远期利率三者均相等。

下面讨论远期利率和即期利率的一般关系。式（10－3）经过变形可得

$$s_t=[(1+f_0)\times(1+f_1)\times\cdots\times(1+f_{t-1})]^{\frac{1}{t}}-1 \tag{10-5}$$

由此可见，$1+s_t$ 是 $(1+f_0)$，$(1+f_1)$，…，$(1+f_{t-1})$ 的几何平均值。在已知远期利率的情况下，可以通过式（10－5）求得即期利率。

在式（10－3）中，把时间 t 改为 $t-1$，可得

$$(1+s_{t-1})^{t-1}=(1+f_0)\times(1+f_1)\times\cdots\times(1+f_{t-2}) \tag{10-6}$$

将式（10－3）与式（10－6）相除，可以得到远期利率与即期利率之间的下述关系：

$$f_{t-1}=\frac{(1+s_t)^t}{(1+s_{t-1})^{t-1}}-1 \tag{10-7}$$

应用上式，可以通过即期利率求得远期利率。

式（10－7）经过变形，还可以表示为：

$$(1+s_{t-1})^{t-1}\times(1+f_{t-1})=(1+s_t)^t \tag{10-8}$$

上式左边是由 $t-1$ 年期的即期利率和从 $t-1$ 年末到 t 年末的远期利率计算的累积值，右边是根据 t 年期的即期利率计算的累积值。

【例10－6】

1年期的即期利率为5%，2年期的即期利率为5.5%，3年期的即期利率为6%。计算各年的远期利率。

【解】 当前时点上的远期利率等于1年期的即期利率，即

$$f_0=5\%$$

应用式（10－6），可以求得第1年末到第2年末的远期利率：

$$1.055^2=1.05\times(1+f_1)\Rightarrow f_1=6\%$$

应用式（10－8），可以求得第2年末到第3年末的远期利率：

$$1.06^3=1.055^2\times(1+f_2)\Rightarrow f_2=7\%$$

【例10－7】

假设各年的远期利率分别为 $f_0=4\%$，$f_1=5\%$，$f_2=6\%$，计算2年期和3年期的即期利率。

【解】 应用式（10－5）可得

$$s_2=[(1+f_0)\times(1+f_1)]^{\frac{1}{2}}-1=4.499\%$$

$$s_3=[(1+f_0)\times(1+f_1)\times(1+f_2)]^{\frac{1}{3}}-1=4.997\%$$

【例10－8】

三种债券的面值和到期偿还值均为100元，年息票率均为6%，到期期限分别为1年、2年和3年。2015年1月1日三种债券的价格分别如表10－7所示。

表10－7 债券的到期日和价格

债券的到期期限	债券的到期日	债券的价格（元）
1年	2015年12月31日	101.92
2年	2016年12月31日	102.84
3年	2017年12月31日	105.51

假设2015年、2016年和2017年的年利率分别为 i，j 和 k，求 i，j 和 k。

【解】应用债券定价的基本公式，对第一种债券，有

$$101.92=106\times(1+i)^{-1}\Rightarrow i=0.04$$

对第二种债券，有

$$102.84=6\times(1.04)^{-1}+106\times(1.04)^{-1}\times(1+j)^{-1}\Rightarrow j=0.05$$

对第三种债券，有

$$105.51=6\times(1.04)^{-1}+6\times(1.04)^{-1}\times(1.05)^{-1}+106\times(1.04)^{-1}\times(1.05)^{-1}\times(1+k)^{-1}$$

$$\Rightarrow k=0.03$$

10.4 套 利

当资产的定价出现不一致的情况时，就可能存在套利机会。所谓套利，是指投资者通过低价买入和高价卖出某项资产，获得无风险收益的过程。

在现实市场中，资产价格的短期不一致就会导致套利机会产生，但这种机会不可能长期存在。市场参与者可以通过发掘这种短期的不一致性获得无风险收益。套利过程要求参与者低价买入资产，然后再高价卖出，从而通过市场压力消除差价，因为资产定价过低将引发需求的增长，而过高将引发供给的增长。

本节将在一些假设下来说明套利机会是反常现象且不能长期存在。尽管这些假设与现实不一致，但它们为大部分投资活动提供了合理的近似。这些假设包括：

(1) 买卖金融产品时不存在交易费用。

(2) 卖空交易无需保证金。

(3) 市场参与者可以买卖用收益率曲线表示的债券。

(4) 市场参与者可以买卖按即期利率定价的零息债券。

(5) 市场参与者可以在当前时刻锁定远期利率。

如果资产的到期收益率、即期利率和远期利率不能满足前面建立的各种关系式，就意味着基于到期收益率、即期利率或远期利率的资产价格是不一致的，从而存在套利机会。

【例 10-9】

一只年息票率为 5%的 2 年期债券的市场价格为 101 元，面值和到期偿还值均为 100 元。1 年期的即期利率为 4.5%，2 年期的即期利率为 5%。判断是否存在套利机会。

【解】按即期利率计算的债券价格为：

$$P=\frac{5}{1.045}+\frac{105}{1.05^2}=100.02(\text{元})$$

这个价格与市场价格101元不一致，表明存在套利机会。

为了理解如何获取套利收益，首先要区分资产的多头（long position）和空头（short position）。多头是买入资产的一方，空头是出售资产的一方。当资产价格上涨时，资产的多头将获益。而当资产价格下跌时，资产的空头将获益。

套利者在寻找套利机会时，首先必须发现定价不一致的资产。如果资产的价格相对过高，则称为被高估。如果资产的价格相对过低，则称为被低估。套利者可以做空（即卖出）被高估的资产，做多（即买入）被低估的资产。为了确保无风险，套利者还必须建立资产的多头交易和空头交易的组合，使未来现金流相互抵消。

下面通过例10-9中发现的套利机会来说明如何获取套利收益。在该例中，年息票率为5%的2年期债券的市场价格为101元，而按照即期利率计算的价格为100.02元，因此债券被高估了。在这种情况下，套利者应该做空该项债券。

套利者可以通过下述策略获取无风险收益：

（1）卖出一份2年期债券，获得101元。

（2）购买一份在第1年末支付5元的零息债券，以及一份在第2年末支付105元的零息债券。这两份债券的购买价格为：

$$P=\frac{5}{1.045}+\frac{105}{1.05^2}=100.02(\text{元})$$

上述两个步骤完成后，套利者即可在0时刻获得101－100.02＝0.98（元）的无风险收益。

在第1年末，套利者需要对其卖出的2年期债券支付5元利息，同时可以从他所购买的1年期零息债券中获得5元利息，故套利者在第1年末的净现金流入为零。

在第2年末，套利者需要对其卖出的2年期债券支付105元，同时可以从他所购买的2年期零息债券中获得105元，故套利者在第2年末的净现金流入也为零。

上述套利策略的现金流如表10-8所示。

表10-8　套利策略的现金流　　单位：元

时间	卖出债券的现金流入	买入债券的现金流入	净现金流入
0	101	－100.02	0.98
1	－5	5	0
2	－105	105	0

套利者在第1年末和第2年末的净现金流入均为零，唯一的净现金流入就是

在时刻零点得到的 0.98 元净收益。

套利者既可以通过卖出一项价格被高估的资产，并买入一系列现金流与之相匹配的资产来获取套利收益，也可以通过买入一项价格被低估的资产，并出售一系列现金流与之相匹配的资产来获取套利收益。

【例 10 - 10】

一只年息票率为 5%的 2 年期债券的市场价格为 99 元，其面值和到期偿还值均为 100 元。1 年期即期利率为 4.5%，2 年期即期利率为 5%。判断是否存在套利机会。如果存在，投资者如何获得无风险收益？

【解】与即期利率相一致的债券价格为：

$$P=\frac{5}{1.045}+\frac{105}{1.05^2}=100.02(\text{元})$$

该债券的市场价格为 99 元，说明该债券被低估了，故存在套利机会。

套利者可以通过下述策略获取套利收益：

(1) 按 99 元的价格购买该债券。

(2) 卖出一份在第 1 年末支付 5 元的零息债券，以及一份在第 2 年末支付 105 元的零息债券。两份债券的卖出价格为：

$$P=\frac{5}{1.045}+\frac{105}{1.05^2}=100.02(\text{元})$$

上述两个步骤完成后，套利者即可在当前时刻获得 100.02－99＝1.02（元）的无风险收益。

在第 1 年末，套利者可以从购买的 2 年期债券中获得 5 元利息，正好用于支付他所卖出的 1 年期零息债券的到期偿还值，故套利者在第 1 年末的净现金流入为零。

在第 2 年末，套利者可以从购买的 2 年期债券中获得 105 元的到期偿还值，正好用于支付他所卖出的 2 年期零息债券的到期偿还值，故套利者在第 2 年末的净现金流入也为零。

上述套利策略的现金流如表 10 - 9 所示。

表 10 - 9　　套利策略的现金流　　单位：元

时间	卖出债券的现金流入	买入债券的现金流入	净现金流入
0	100.02	－99	1.02
1	－5	5	0
2	－105	105	0

套利者在第 1 年末和第 2 年末的净现金流入均为零，唯一的净现金流入就是在当前时刻获得的 1.02 元净收益。

【例 10－11】

一只面值为 100 元、年息票率为 5%的 3 年期债券按面值出售。远期利率为 $f_0=4\%$，$f_1=6\%$，$f_2=8\%$。判断是否存在套利机会。如果存在，投资者如何获得无风险收益？

【解】与远期利率一致的债券价格为：

$$P=\frac{5}{1.04}+\frac{5}{1.04\times1.06}+\frac{105}{1.04\times1.06\times1.08}=97.53(\text{元})$$

债券的市场价格为 100 元，说明债券被高估了，因而存在套利机会。

套利者可以按 100 元的价格卖出一份 3 年期债券，同时用 97.53 元的成本复制一个现金流，使得该现金流与债券的现金流相同。

首先将 97.53 元按 4%的利率投资一年。在第一年末，支付已出售债券的 5 元利息后，剩余的资金为：

$$97.53\times1.04-5=96.43(\text{元})$$

将上述资金在第二年按 6%的远期利率再投资一年。在第二年末，支付已出售债券的 5 元利息后，剩余的资金为：

$$96.43\times1.06-5=97.22(\text{元})$$

再将上述资金在第三年按 8%的远期利率进行投资。在第三年末的累积值为：

$$97.22\times1.08=105(\text{元})$$

正好用于支付套利者所售债券在第三年末的偿还值。

完成上述步骤后，套利者即可在当前时刻获得 100－97.53＝2.47（元）的无风险收益。

该投资策略的现金流如表 10－10 所示。

表 10－10　　套利策略的现金流　　单位：元

时间	卖出债券的现金流入	复制现金流	净现金流入
0	100	－97.53	2.47
1	－5	5	0
2	－5	5	0
3	－105	105	0

□小　结

利率的期限结构是指利率和与之相联系的到期期限之间的关系。这里的利率既可以是债券的到期收益率，也可以是即期利率或远期利率。到期收益率、即期利率和远期利率之间可以相互转换。

债券的价格既可以用到期收益率计算，也可以用即期利率或远期利率计算。

通过到期收益率、即期利率或远期利率计算债券价格，可以从不一致的债券价格中发现潜在的套利机会，从而制定投资策略，获取无风险套利收益。

□习　题

10.1　假设债券的面值和到期偿还值均为 100 元，息票率和到期收益率如下表所示，计算债券的价格，并据此计算 1 年期、2 年期和 3 年期的即期利率。

到期期限（年）	年息票率（%）	到期收益率（%）
1	11	8
2	5	9
3	15	10

10.2　假设 1 年期、2 年期和 3 年期的即期利率分别为 5%，6%和 8%，计算年息票率为 10%、面值和到期偿还值均为 100 元的 3 年期债券的价格。

10.3　假设 1 年期、2 年期和 3 年期的即期利率分别为 8%，9%和 10.2%，计算各年的远期利率。

10.4　假设 5 年期的即期利率为 $s_5=8\%$，根据下表中的收益率，计算每年支付 40 元的 5 年期期初付年金的现值。

到期期限	年息票率（%）	到期收益率（%）
1	5	4
2	7	5
3	8	5.5
4	6	6
5	10	7

10.5　已知各年的远期利率分别为 $f_0=7\%$，$f_1=5\%$，$f_2=10\%$，求年息票率为 10%、面值和到期偿还值均为 100 元的 3 年期债券的价格。

10.6　假设下表中三种债券的价格等于其面值，计算各年的远期利率。

到期期限	年息票率（%）	到期收益率（%）
1	4	5
2	6	7
3	8	9

10.7　已知各年的远期利率分别为 $f_0=6\%$，$f_1=5\%$，$f_2=10\%$，计算 1 年期、2 年期和 3 年期的即期利率。

10.8　已知三种债券的到期期限和到期收益率如下表所示，年息票率未知。计算 1 年期、2 年期和 3 年期的即期利率和各年的远期利率。

到期期限	年息票率	到期收益率（%）
1	x	20
2	y	20
3	z	20

10.9　已知面值和到期偿还值均为 100 元的三种附息债券的价格如下表所示，计算年息票率为 15%、面值和到期偿还值均为 100 元的 3 年期债券的价格。

到期期限	年息票率（%）	债券的价格（元）
1	10	106
2	5	95
3	9	102

10.10　假设面值为 100 元的 5 份零息债券的价格如下表所示，计算从第 3 年末到第 4 年末的远期利率 f_3。

债券的到期期限（年）	债券的价格（元）
1	96
2	91
3	82
4	75
5	65

10.11　假设 1 年期的即期利率为 5%。从第 1 年末到第 2 年末的远期利率为 7%。3 年期债券的年息票率和到期收益率均为 8%。求 3 年期的即期利率。

10.12　年息票率为 6%的 2 年期债券的到期收益率为 10%，面值为 100 元。1 年期的即期利率为 7%，2 年期的即期利率为 9%。确定一个投资策略，使得通过买入或卖出 1 份该 2 年期债券获得无风险的套利收益。

10.13　一只面值为 100 元、年息票率为 5%的 3 年期债券按其面值出售。远期利率为 $f_0=5\%$，$f_1=6\%$，$f_2=7\%$。判断是否存在套利机会。如果存在，投资者如何获得无风险收益？

第 11 章 Chapter 11 随机利率

市场利率往往因为受到各种因素的影响存在一定的不确定性，类似于一个随机变量。本章将简要介绍在随机利率条件下，如何应用二叉树计算一个现金流的现值或累积值。刻画利率发展路径的二叉树也称作利率树（interest rate tree）。

在二叉树模型中，通常假设第 $t+1$ 年的利率水平有两个取值：一个由第 t 年的利率水平乘以因子（$1+\gamma$）得到，另一个由第 t 年的利率水平除以因子（$1+\gamma$）得到。

图 11-1 是一个二叉树模型的简例，当前的年利率为 5%，$\gamma=0.2$，每年的利率在前一年的基础上上升的概率为 p，下降的概率为（$1-p$）。

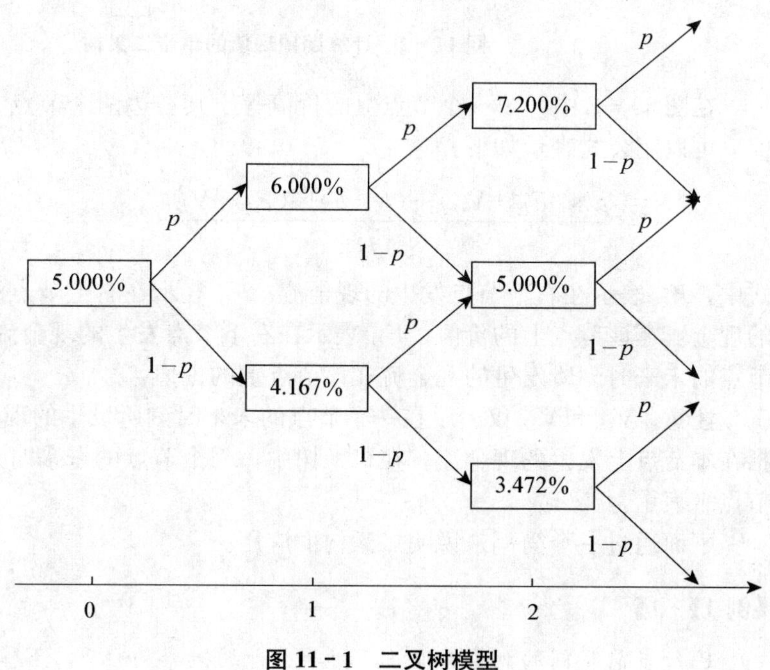

图 11-1 二叉树模型

在图 11-1 中，当前时刻的年利率是 $i_1=5\%$。在第 1 年末，适用于第 1 年末至第 2 年末的年利率以概率 p 上升为 6%，即

$$i_2=5\%\times1.2=6\%$$

以概率 $1-p$ 下降为4.167%，即

$$i_2=\frac{5\%}{1.2}=4.167\%$$

在图11-1中，从某一利率水平出发，一次利率上升紧接着一次利率下降所得到的利率，等于一次利率下降紧接着一次利率上升得到的利率。譬如，从当前时刻起，利率先上升再下降的利率为5%，先下降再上升的利率也是5%。

二叉树可以用来计算现金流的期望现值。二叉树中的概率称为风险中性概率(risk-neutral probability)。基于风险中性概率计算的期望现值等于现金流的当前价格。

应用二叉树计算期望现值需要从最右边的节点开始，逐步向左递推计算。每一个二叉树都可以分解为多个如图11-2所示的单步二叉树，所以下面以单步二叉树为例，说明期望现值的计算过程。

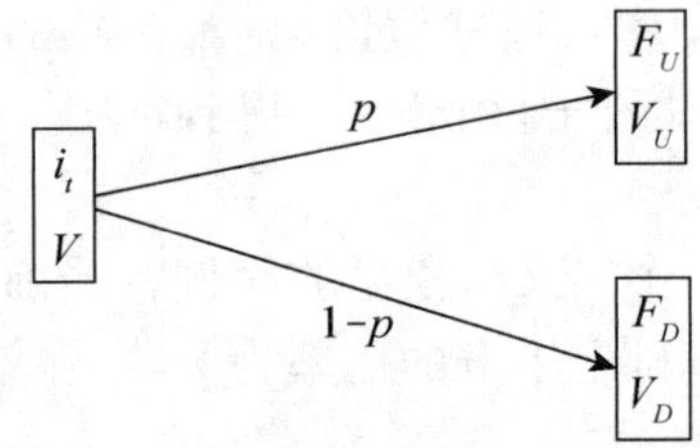

图11-2　计算期望现值的单步二叉树

在图11-2中，第一个节点上的价值等于其右边两个节点上现金流的期望现值，可以用公式表示如下：

$$V=\frac{p\times(F_U+V_U)+(1-p)\times(F_D+V_D)}{1+i_t} \tag{11-1}$$

式中，F_U 表示在右上节点发生的现金流；V_U 表示在右上节点的未来时刻所发生的现金流在该节点上的价值；F_D 表示在右下节点发生的现金流；V_D 表示在右下节点的未来时刻所发生的现金流在该节点上的价值。

注意，V_U 和 V_D 仅表示在一个节点的未来时刻所发生的现金流的价值，不包括在本节点上发生的现金流。在二叉树中，一个节点的未来时刻由该节点右边的节点来表示。

下面通过一个简例来说明二叉树的应用。

【例11-1】

已知当前时刻的利率为5%，利率上升的概率为0.8，下降的概率为0.2。利用图11-1中的利率树，计算面值为100元的1年期零息债券的价格。

【解】 当前时刻的利率为 $i_1=5\%$。在第一年末，零息债券到期，无论市场利率上升还是下降，投资者都可以获得100元的偿还值，所以在右上节点和右下节

点上发生的现金流均为 100 元，即 $F_U=100$，$F_D=100$。债券是 1 年期的零息债券，从第一年末的右上节点和右下节点看，未来时刻没有现金流，所以它们的价值为零，即 $V_U=0$，$V_D=0$。如果用二叉树来表示，结果如图 11－3 所示。

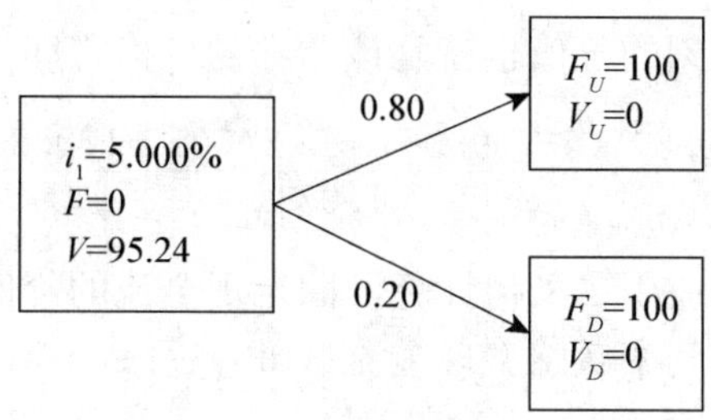

图 11－3 一年期债券定价的二叉树

应用式（11－1），该债券的价格为：

$$V=\frac{0.8\times(0+100)+0.2\times(0+100)}{1.05}=95.24(\text{元})$$

对上述 1 年期零息债券到期后的偿还值进行折现，也可求得该债券的价格为：

$$V=\frac{100}{1.05}=95.24(\text{元})$$

【例 11－2】

已知当前时刻的利率为 5%，利率上升的概率为 0.8，下降的概率为 0.2。应用图 11－1 中的利率树，计算面值为 100 元、年息票率为 5%的 2 年期债券的价格。

【解】 未来的现金流及其在各节点上的价值如图 11－4 所示。在本例中，无需第 2 年末的利率，因为最晚的现金流就发生在第 2 年末。

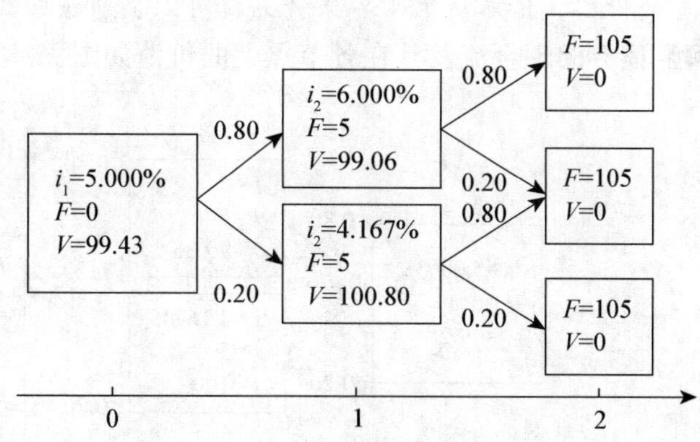

图 11－4 2 年期债券定价的二叉树

应用式（11－1），在各个节点上的价值可以分别计算如下：

第 1 年末的上节点：

$$V=\frac{0.8\times(0+105)+0.2\times(0+105)}{1.06}=99.06(\text{元})$$

第1年末的下节点：

$$V=\frac{0.8\times(0+105)+0.2\times(0+105)}{1.041\ 67}=100.80(\text{元})$$

在当前时刻的价值也就是该债券的价格，即为：

$$V=\frac{0.8\times(5+99.06)+0.2\times(5+100.80)}{1.05}=99.43(\text{元})$$

上述两例应用二叉树计算了固定现金流的价值，但二叉树的最大优势主要体现在可以计算利率敏感型现金流（interest-sensitive cash flows）的价值，例如可赎回债券的价值。

可赎回债券具有利率敏感型的现金流，即债券的现金流取决于实际的市场利率水平。如果债券被提前赎回，债券发行人将对债券持有人通过赎回价格进行补偿。

当市场利率下降时，债券发行人可以在市场上以更低廉的价格获得资金，所以债券被提前赎回的可能性较大。当市场利率上升时，债券发行人只能以更高的价格获得资金，所以债券被提前赎回的可能性不大。

在应用二叉树对可赎回债券进行定价时，需要假定在任一节点上债券的价值都不能超过赎回价格，即 V_U 和 V_D 的值都应该小于债券的赎回价格。这是因为如果未来现金流的价值超过了债券的赎回价格，为了节约资金成本，债券发行人就会提前赎回债券。

**【例 11-3】**

已知当前的利率为5%，假设未来利率上升的概率为0.8，下降的概率为0.2，应用图11-1中的二叉树，计算面值为100元、年息票率为5%的2年期可赎回债券的价格。债券从第1年末开始就可以提前赎回，赎回价格为100元。

【解】债券的现金流及其在各节点上的价值如图11-5所示。

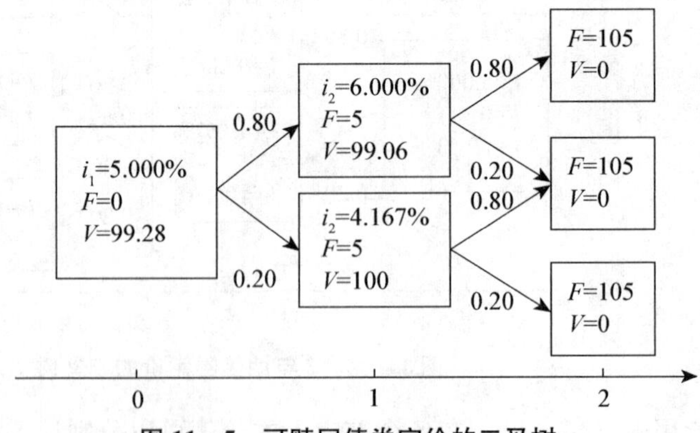

图 11-5 可赎回债券定价的二叉树

债券在各个节点上的价值分别计算如下：

第1年末的上节点：

$$V=\frac{0.8\times(0+105)+0.2\times(0+105)}{1.06}=99.06(\text{元})$$

第 1 年末的下节点：

$$V=\frac{0.8\times(0+105)+0.2\times(0+105)}{1.041\,67}=100.80(\text{元})$$

由于债券在第 1 年末下节点上的价值超过了债券的可赎回价格 100 元，所以下节点的价值应调整为 $V=100$ 元，如图 11－5 所示。

应用债券在第 1 年末的两个节点上的价值，可以求得债券在时间零点的价格为：

$$V=\frac{0.8\times(5+99.06)+0.2\times(5+100)}{1.05}=99.28(\text{元})$$

与例 11－2 比较可以发现，可赎回债券的价格（99.28 元）要低于不可赎回债券的价格（99.43 元）。在一般情况下，不可赎回债券的价格都要高于可赎回债券的价格。这是因为当市场利率下降时，可赎回债券价值的上升幅度要小于不可赎回债券。譬如，在例 11－3 中，可赎回债券的价值在第 1 年末不能超过 100 元，而在例 11－2 中，不可赎回债券则无此限制。

在二叉树模型中，利率的变化就是对利率树进行平移。对利率树进行向上或向下平移，就可以求得可赎回债券的新价格，从而可以计算有效久期：

$$D_{\text{效}}=\frac{P_{-}-P_{+}}{P_0\times 2\times\Delta i}\tag{11－2}$$

式中，Δi 为市场利率的变化值；P_0 为债券在当前利率水平下的价格；P_+ 为利率上升 Δi 时对应的新价格；P_- 为利率下降 Δi 时对应的新价格。

【例 11－4】

假设利率树上移 100 个基点，重新计算例 11－3 中的债券价格。

【解】把图 11－1 中的每一个利率都上调 100 个基点，可以得到新的利率树，如图 11－6 所示。

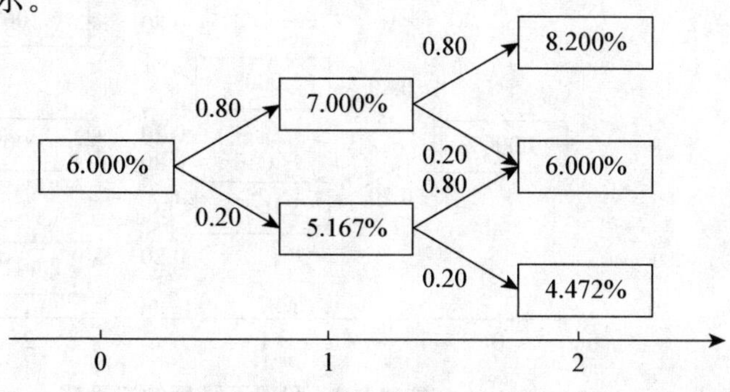

图 11－6　利率上升后的二叉树

债券在每一个节点上的现金流和价值如图 11－7 所示。

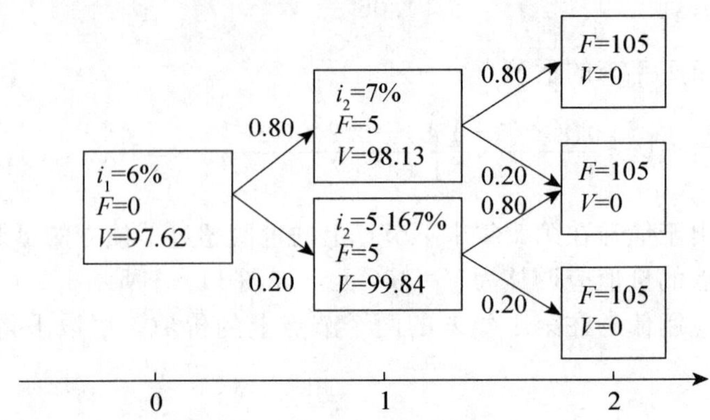

图 11－7　利率上升后债券定价的二叉树

在各个节点上的价值可以分别如下计算：

第 1 年末的上节点：

$$V=\frac{0.8\times(0+105)+0.2\times(0+105)}{1.07}=98.13(\text{元})$$

第 1 年末的下节点：

$$V=\frac{0.8\times(0+105)+0.2\times(0+105)}{1.05167}=99.84(\text{元})$$

由此可得利率上升 100 个基点后，可赎回债券的价格为：

$$V=\frac{0.8\times(5+98.13)+0.2\times(5+99.84)}{1.06}=97.62(\text{元})$$

【例 11－5】

假设利率树下移 100 个基点，重新计算例 11－3 中的债券价格。

【解】 把图 11－1 中的每一个利率都下调 100 个基点，新的利率树如图 11－8 所示。

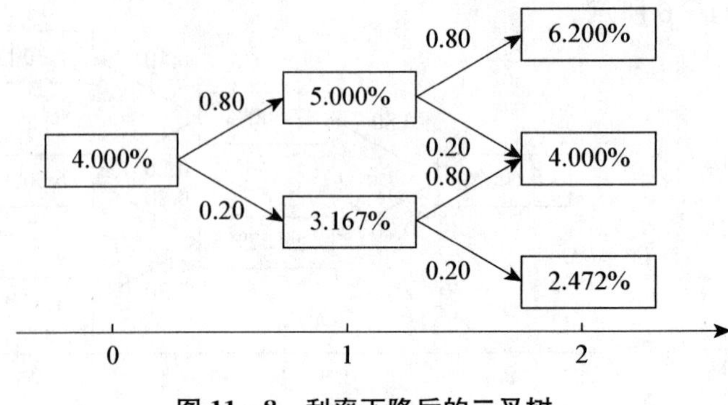

图 11－8　利率下降后的二叉树

债券在每一个节点上的现金流和价值如图 11－9 所示。

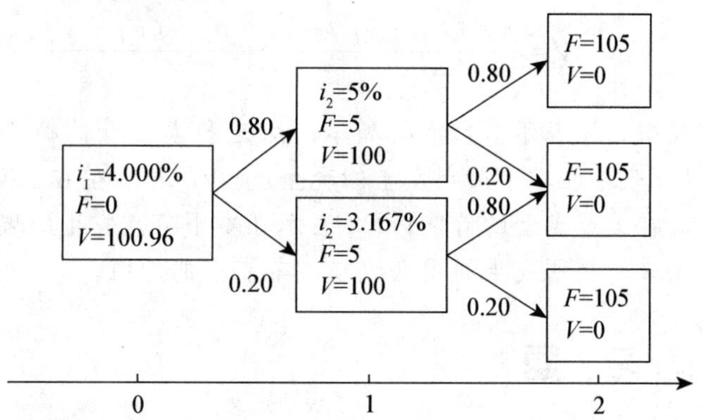

图 11－9　利率下降后债券定价的二叉树

债券在各个节点上的价值可以分别如下计算：

第 1 年末的上节点：

$$V=\frac{0.8\times(0+105)+0.2\times(0+105)}{1.05}=100.00(\text{元})$$

第 1 年末的下节点：

$$V=\frac{0.8\times(0+105)+0.2\times(0+105)}{1.031\,67}=101.78(\text{元})$$

可见，在第 1 年末的下节点，债券的价值（101.78 元）超过了债券的赎回价格（100 元），所以应将其调整为 $V=100$ 元，如图 11－9 所示。

由此可得利率下降 100 个基点后，可赎回债券的价格为：

$$V=\frac{0.8\times(5+100)+0.2\times(5+100)}{1.04}=100.96(\text{元})$$

**【例 11－6】**

计算例 11－3 中债券的有效久期。

【解】 由例 11－3 可知，在当前的利率水平下，债券的价格为 $P_0=99.28$ 元。由例 11－4 已知，当利率上升 100 个基点时，债券的价格为 $P_+=97.62$ 元；由例 11－5 可知，当利率下降 100 个基点时，债券的价格为 $P_-=100.96$ 元。利率上升或下降 100 个基点相当于 $\Delta i=0.01$。将上述结果代入式（11－2），即可求得债券的有效久期为：

$$D_{\text{效}}=\frac{P_- - P_+}{P_0\times 2\times\Delta i}=\frac{100.96-97.62}{99.28\times 2\times 0.01}=1.682$$

□小　结

在随机利率前景下，二叉树是计算现金流价值的有效工具。在二叉树模型中，现金流在每一个节点上的价值可以表示为：

$$V=\frac{p\times(F_U+V_U)+(1-p)\times(F_D+V_D)}{1+i_t}$$

式中，i_t 表示第 t 年的利率；p 是利率上升的概率；$1-p$ 是利率下降的概率；F_U 表示在右上节点发生的现金流；V_U 表示在右上节点的未来时刻所发生的现金流在该节点上的价值；F_D 表示在右下节点发生的现金流；V_D 表示在右下节点的未来时刻所发生的现金流在该节点上的价值。

□习　题

11.1　已知 $\gamma=0.5$，$p=0.7$，$i_1=8.0\%$，构建随机利率的二叉树。

11.2　利用习题 11.1 中构建的二叉树，计算面值为 100 元、年息票率为 9% 的 2 年期可赎回债券的价格。假设债券从第 1 年末开始就可以赎回，赎回价格为 100 元。

11.3　在二叉树模型中，已知当前的即期利率为 5%，利率上升的概率是下降的概率的 3 倍，$\gamma=30\%$。计算在第 2 年末的即期利率的期望值。

参考答案

第1章　利息度量

1.1　$6\,000\times 2i=1\,500\Rightarrow i=0.125$

$2\,000(1+i)^3=2\,848$

1.2　10 004；$v^{T/12}=3\,140v^{1/12}+2\,710v^{18/12}$

$\Rightarrow T=141.6$

1.3　$X\left[(1+i/2)^{17}-(1+i/2)^{16}\right]=i\cdot X$

$\Rightarrow i=0.088\,5$

1.4　$A=67.5$，$B=10\times(1.091\,5)^{10-n}+30\times(1.091\,5)^{10-2n}$，$n=2.325\,4$

1.5　$e^{27.72\delta}=2\Rightarrow\delta=0.025$，$(1+2\delta)^{n/2}=7.04\Rightarrow n=80$

1.6　$100\times(1-4\times 6\%)^{-1/4\times 2}=114.71$

1.7　$1+i=[1+i^{(m)}/m]^m=[1-d^{(m)}/m]^{-m}=(1-d)^{-1}$

$\Rightarrow m=8$

1.8　A：$a(t)=(1.01)^{12t}$，B：$a(t)=e^{t^2/12}$

$(1.01)^{12t}=e^{t^2/12}\Rightarrow t=1.43$

1.9　A：$a(t)=\exp(an+bn^2/2)$

B：$a(t)=\exp(gn+hn^2/2)$

$n=2(a-g)/(h-b)$

1.10　$a(t)=100(1-d/4)^{-8}\cdot\exp\left[\int_2^5(1+t)^{-1}dt\right]$

$=260$

$\Rightarrow d=0.129$

1.11　$\delta_1=1/(1+t)$，$\delta_2=2t/(1+t^2)$，$t=0.41$

1.12　$a(t)=(1+t)^2$

$300\times a^{-1}(3)+600\times a^{-1}(6)$

$=200\times a^{-1}(2)+X\times a^{-1}(5)$

$\Rightarrow X=315.82$

1.13　$a^{-1}(3)=\exp\left(-\int_0^3 t^3/100dt\right)=e^{-0.202\,5}$

1.14　$A(3)=100\cdot\exp\left(\int_0^3 t^2/100dt\right)+X$

$=109.42+X$

$A(6)=(109.42+X)\cdot\exp\left(\int_3^6 t^2/100dt\right)$

$=1.877\,6(109.42+X)$

$A(6)-A(3)=(109.42+X)(0.877\,61)=X$

$\Rightarrow X=784.61$

1.15　$t=4$ 时的累积值为：

$1\,000\exp\left(\int_0^3 0.02t\,dt\right)\cdot e^{0.045}=1\,144.54$

令名义利率为 x，则

$1\,000\ (1+x/4)^{16}=1\,144.54$

$\Rightarrow x=0.033\,88$

1.16　$i^{(2)}=0.075$

$$\delta+d^{(4)}=\ln\left[\left(1+\frac{i^{(2)}}{2}\right)^2\right]+4\left[1-\left(1+\frac{i^{(2)}}{2}\right)^{-1/2}\right]$$

$=0.146\,6$

1.17　$\exp\left(\int_0^5 kt\,dt\right)\cdot\exp\left(\int_5^{10}kt^2/25dt\right)=2.718\,3$

$\Rightarrow k=0.041\,4$

1.18　$a(t)=\exp\left[\int_0^t\delta_t\,dt\right]=(2+t)/2$

$8=a(n)-a(0)=n/2$

$\Rightarrow n=16$

1.19　$1\,000\cdot\exp\left[\int_0^2\delta_t\,dt\right]=1\,068.94$

1.20　投资者A在第4年末和第8年末的累积值分别为：

$$\begin{cases}A(4)=X\times(1+4\times 0.10)=1.4X\\A(8)=X\times(1+8\times 0.10)=1.8X\end{cases}$$

所以投资者A从第4年末到第8年末赚取的利息为：

$A(8)-A(4)=0.4X$

投资者B在第4年末和第8年末的累积值分别为：

$$\begin{cases}A(4)=X\cdot\exp\left(\int_0^4\delta(t)dt\right)=X\cdot\dfrac{16+k}{k}\\A(8)=X\cdot\exp\left(\int_0^8\delta(t)dt\right)=X\cdot\dfrac{64+k}{k}\end{cases}$$

所以投资者B从第4年末到第8年末赚取的利息为：

$$A(8)-A(4)=\frac{48X}{k}$$

这两个投资者在此期间赚取的利息金额相等，所以

有 $k=120$。

第2章　等额年金

2.1　$20\,000\ddot{s}_{\overline{10}|6\%}=279\,433$（元）

2.2　$200a_{\overline{123}|6\%/12}\quad(1+6\%/12)^{70}=26\,005$（元）

2.3　31 941.68 元，21 738.97 元，46 319.35 元。

2.4　$4\,000a_{\overline{36}|i}=5\,000a_{\overline{18}|i}\Rightarrow i=0.08$

$(1+i)^n=2\Rightarrow n=9$（年）

2.5　$1\,000a_{\overline{60}|1\%}=6\,000(1+1\%)^{-n}\Rightarrow n=29$，故一次性还款在第 29 个月末。

2.6　$1\,000\ddot{s}_{\overline{24}|i}(1+i)^{36}+500\ddot{s}_{\overline{36}|i}=60\,000$

$\Rightarrow i=0.116\,2$

2.7　季度利率 $i=(1+5\%)^{0.25}-1=0.012\,3$

$1\,000a_{\overline{20}|i}+2\,000a_{\overline{20}|i}(1+i)^{-20}=45\,281.05$

2.8　$\frac{1}{i^*}=\frac{125}{91}\Rightarrow$ 三年利率 $i^*=\frac{91}{125}$

年有效利率 $i=\left(1+\frac{125}{91}\right)^{1/3}-1=0.2$

2.9　月有效利率 $i=(1+1\%)^{1/3}-1=0.003\,3$

$\Rightarrow\ddot{a}_{\overline{\infty}|i}=302$

2.10　$i_1=(1+i)^{12}-1$，$i_2=(1+i)^4-1$，

$1\,000\ddot{a}_{\overline{\infty}|i_1}=3\,020\ddot{a}_{\overline{\infty}|i_2}\Rightarrow i=4.06\%$

2.11　假设最后一次付款的时间为 n，则有

$$100\,000=10\,000a_{\overline{n-4}|}(1+0.05)^{-4}$$

$\Rightarrow n=23.18$

假设在 23 年末的非正规付款额为 X，则有

$$100\,000=10\,000a_{\overline{19}|}(1+0.05)^{-4}+X(1+0.05)^{-23}$$

$\Rightarrow X=1\,762.3$

2.12　$100a_{\overline{60}|}=4\,495.503\,8=6\,000v^k$

$\Rightarrow v^k=0.749\,3$

$\Rightarrow k=29$

2.13　$1\,538a_{\overline{10}|}=1\,072a_{\overline{20}|}$

$\Rightarrow 1\,072v^{20}-1\,538v^{10}+466=0$

$\Rightarrow i=0.086\,88$

2.14　设 j 为等价利率，则 $j=0.030\,301$，累积值 $=1\,000(s_{\overline{16}|}+s_{\overline{8}|})=29\,989$

2.15　以每半年为一个时期，每个时期的有效利率为 $i/2$，两年为一个时期的有效利率为：$j=(1+i/2)^4-1$，故 $5.89=1/j\Rightarrow i=0.08$

2.16　$\bar{a}_{\overline{n}|}=\int_0^n\exp\left\{-\int_0^t\frac{1}{1+r}\mathrm{d}r\right\}\mathrm{d}t=\ln(1+n)$

2.17　$a(t)=\exp\left[\int_0^t\delta_r\mathrm{d}r\right]=(1+0.5t)^2$

$$s_{\overline{5}|}=\frac{a(5)}{a(1)}+\frac{a(5)}{a(2)}+\cdots+\frac{a(5)}{a(5)}=12.828$$

2.18　$\int_0^8\bar{a}_{\overline{t}|}\mathrm{d}t=\frac{1}{\delta}\int_0^8(1-v^t)\mathrm{d}t=\frac{1}{\delta}(8-\bar{a}_{\overline{8}|})$

$$=\frac{1}{\delta}\left(8-\frac{1-v^8}{\delta}\right)=100$$

$v^8=1-(8-100\delta)\cdot\delta$

$\Rightarrow v^{10}=[1-(8-100\delta)\delta]^{5/4}$

$$\bar{a}_{\overline{10}|}=\frac{1-v^{10}}{\delta}=\frac{1-[1-(8-100\delta)\delta]^{5/4}}{\delta}$$

2.19　$\frac{1-\mathrm{e}^{-\delta}}{\delta}=\mathrm{e}^{-\delta t}\Rightarrow t=-\frac{1}{\delta}\ln\left(\frac{1-\mathrm{e}^{-\delta}}{\delta}\right)=0.495\,8$

2.20　$4\mathrm{e}^{n\delta}=12\Rightarrow\mathrm{e}^{n\delta}=3$，$\bar{s}_{\overline{n}|}=12\Rightarrow\frac{\mathrm{e}^{n\delta}-1}{\delta}=12$

$\Rightarrow\delta=1/6$

第3章　变额年金

3.1　$900a_{\overline{10}|}+100(Ia)_{\overline{10}|}=1\,088.69$

3.2　$v+2v^2+3v^3+\cdots+nv^n+nv^{n+1}+nv^{n+2}+\cdots$

$$=\frac{(1+i)a_{\overline{n}|}}{i}=\frac{a_{\overline{n}|}}{d}$$

3.3　$X=2v^3+4v^5+6v^7+8v^9+\cdots$

$$=\frac{2v^3}{(1-v^2)^2}=49.89$$

3.4　A 的现值为：$X=55a_{\overline{20}|}=55(a_{\overline{10}|}+v^{10}a_{\overline{10}|})$

B 的现值为：$X=30a_{\overline{10}|}+60v^{10}a_{\overline{10}|}+90v^{20}a_{\overline{10}|}$

故 $55(1+v^{10})=30+60v^{10}+90v^{20}\Rightarrow i=0.071\,77$

$\Rightarrow X=574.74$

3.5　$20(Da)_{\overline{7}|}+160a_{\overline{15}|}=2\,146.20$

3.6　$j=\frac{5\%-10\%}{1+10\%}=-0.045$

$$1\,000\times\frac{a_{\overline{10}|j}}{1+10\%}=11\,846.66$$

3.7　每季度复利一次的利率为 0.019 4，所有存款在第八年末的终值为：

$$\ddot{s}_{\overline{4}|0.019\,4}(Is)_{\overline{8}|0.08}=183,\ X/0.08=183$$

$\Rightarrow X=14.64$

3.8　$2\,000a_{\overline{12}|0.5\%}\left[1+\frac{1.03}{(1+0.5\%)^{12}}+\frac{1.03^2}{(1+0.5\%)^{24}}+\cdots+\frac{1.03^{19}}{(1+0.5\%)^{228}}\right]=343\,320$

3.9　$j=\frac{8\%-5\%}{1+5\%}$

$1\,000(\ddot{s}_{\overline{5}|8\%}+1.05\ddot{a}_{\overline{5}|j})\ (1+8\%)^5=16\,607$

3.10 现值为 5 197.50，累积值为 9 333.98。

3.11 现值为 $20(Da)_{\overline{11}|}+280a_{\overline{11}|}=3\,246.03$，在第 20 年末的终值为 10 410.46。

3.12 $10\ddot{a}_{\overline{4}|9\%}+10(D\ddot{a})_{\overline{4}|9\%}+10\ (I\ddot{a})_{\overline{5}|9\%}v^4$
$=212.34$

3.13 此项投资在第 10 年末的终值为：

$80\,000=(X-5\,000)\ \ddot{s}_{\overline{10}|6\%}+500\ (D\ddot{s})_{\overline{10}|6\%}$

$80\,000=(X-5\,000)\times 13.971\,64+500\times 83.522\,47$

$\Rightarrow X=7\,736.88$

3.14 $X=v^4\ [100\ (Da)_{\overline{10}|6\%}+2\,000a_{\overline{11}|6\%}]$
$=15\,979.37$

3.15 前 5 年的现值为 77.79，从第 6 年开始，以后各年付款的现值为：

$$20v^5(1+k)\left(\frac{1+0.09}{0.09-k}\right)$$

总现值为 335，故 $k=3.76\%$。

3.16 $90\bar{s}_{\overline{10}|4\%}+10\ (I\bar{s})_{\overline{10}|4\%}=1\,735.96$

3.17 第 8 年的终值为：

$60\bar{s}_{\overline{8}|7\%}+5(D\bar{s})_{\overline{8}|7\%}=894.484\,78$

第 10 年末的终值为 1 024.10。

3.18 $\int_0^{10}(4t+3)\exp\left[-\int_0^t(0.03+0.04s)\mathrm{d}s\right]\mathrm{d}t$
$=89.97$

3.19 在时刻 5 的现值为：

$$\int_5^{10}(1.2t^2+2t)\exp[-\int_5^t(0.000\,6s^2+0.001s)\mathrm{d}s]\mathrm{d}t$$
$$=382.88$$

在时刻零的现值为：

$$382.88\exp\left[-\int_0^5(0.004t+0.01)\mathrm{d}t\right]=346.44$$

3.20 $25\,000=\int_0^{10}(9k+tk)\exp\left[\int_t^{10}1/(s+9)\mathrm{d}s\right]\mathrm{d}t$
$=190k\Rightarrow k=131.58$

第 4 章 收益率

4.1 $15\,000\ (1+i)^{-1}+40\,000\ (1+i)^{-2}$
$+10\,000\ (1+i)^{-3}=50\,000\Rightarrow i=0.148\,3$

4.2 时间加权收益率 0.546 2，币值加权收益率 0.522 6。

4.3 $X=93\,000$。

4.4 $I=120-100-2X=0\Rightarrow X=10$

$$\frac{90}{100}\times\frac{110}{100}\times\frac{120}{120}-1=-1\%$$

4.5 $\frac{120}{100}\times\frac{100}{120+D}\times\frac{65}{100-50}=1\Rightarrow D=36$

$$i=\frac{65-(100+D-50)}{100+D\times 9/12-50\times 3/12}=-0.183\,4$$

4.6 投资者前 6 个月的年收益率为 0.132 7。

4.7 利息收入 $I=130-[(75+10\times 12)-5-25-8-35]$

平均本金 $P=75+10\times(11/12+10/12+\cdots+1/12)-5\times 10/12-25\times 6/12-8\times 2.5/12-35\times 2/12$

币值加权收益率为：

$I/P=7.6\%$

4.8 $X=236.25$。

4.9 时间加权收益率为 6.19%。

4.10 5 年末投资者共得到 56 245.5 元。设购买价格为 P，要得到 4%的收益率，有

$P(1.04)^5=56\,245.5\Rightarrow P=46\,229.7$

4.11 $5\,000\ddot{s}_{\overline{20}|0.08}=100\,000+(5\,000i)(Is)_{\overline{20}|i/2}$

$\Rightarrow \ddot{s}_{\overline{20}|i/2}=34.71\Rightarrow i=0.1$

4.12 再投资利率为 8.73%。投资者 B 的利息再投资后的累积值为 6 111.37。

4.13 $12\cdot i\cdot s_{\overline{20}|0.75i}+12\cdot i\cdot s_{\overline{10}|0.75i}=64$

$\Rightarrow(1+0.75i)^{10}=2\Rightarrow i=0.095\,69$

4.14 3 项投资在 2015 年初的余额为 320.46 万元，在 2015 年末的余额为 344.56 万元，故 2015 年所获利息为 24.10 万元。

第 5 章 债务偿还方法

5.1 $X(1-v^n)=604,\ X(1-v^{n-2})=593.75$

$X(1-v^{n-4})=582.45$

$\Rightarrow 1-609/X=v^n,\ 1-593.75/X=v^{n-2}$

$1-582.45/X=v^{n-4}$

$\Rightarrow X=704.06$

5.2 设每年的等额分期付款金额为 R，由已知

$R(1-v^{28})=135,\ R(1-v^{14})=108$

$\Rightarrow R(1-v^7)=72$

5.3 $R(1-v^{30-t+1})=R/3\Rightarrow v^{30-t+1}=2/3$

$\Rightarrow t=22.69$

故在第 23 年分期付款中利息金额最接近于付款金额的 1/3。

5.4 $290.35=Rv^{10}+Rv^9+Rv^8$

$408.55=Rv^3+Rv^2+Rv$

$\Rightarrow i=0.05,\ R=150.03,\ L=1\,158.4$

支付的利息总额为：

$10R-L=341.76$(元)

5.5 第5年末的未偿还本金余额为1 510.6万元。

5.6 （1）借款人第2年末向偿债基金的储蓄额应为4 438.42元；

（2）第2年末的余额为9 231.91元；

（3）第2年末的未偿还本金余额为10 768.09元。

5.7 $R=6\ 104.56=L_0/a_{\overline{k}|i}=20\ 000/a_{\overline{4}|i}$

$\Rightarrow i=8.491\ 1\%$

5.8 第5次偿还中的利息为66.89万元。

5.9 $125\ 000=Ra_{\overline{12}|i}[1+1.02v+(1.02v)^2+\cdots+(1.02v)^{29}]$

$\Rightarrow R=526$

5.10 各期还款的累积值为：

$$1\ 000s_{\overline{20}|0.05}=10\ 000(1+i)^{20}\Rightarrow i=0.061\ 6$$

5.11 $\begin{cases}55\ 000=500.38a_{\overline{12n}|j}\\3\ 077.94=55\ 000\ (1+j)^{12n}-500.38s_{\overline{12n-1}|j}\end{cases}$

$\Rightarrow i=12，j=0.091\ 7$

5.12 第一笔贷款偿还的本金为490.34元，第二笔贷款偿还的本金为243.93元，两笔贷款的本金之和为734.27元。

5.13 第3次支付的本金金额为784.7元，第5次支付的利息金额为51.4元。

5.14 $1-v^{360-69+1}=94.473\%\Rightarrow v=0.990\ 13\Rightarrow X=12(1/v-1)=0.119\ 6$

5.15 第10年末的未偿还本金为1 000万，第11次偿还的利息部分为$1\ 000i$，本金部分为$1\ 000i$，未偿还本金为$1\ 000-1\ 000i=1\ 000(1-i)$，第12次偿还的利息部分$1\ 000(1-i)i$，本金部分为$1\ 000(1-i)i$，未偿还本金为$1\ 000(1-i)-1\ 000i(1-i)=1\ 000\ (1-i)^2$，以此类推，第20次还款后的未偿还本金为$1\ 000(1-i)^{10}$，即

$$1\ 000\ (1-8\%)^{10}=Xa_{\overline{10}|8\%}\Rightarrow X=64.74$$

5.16 调整后最后一次的偿还额为1 239.1元。

5.17 调整后借款人增加的付款为112元。

5.18 $100\ 000=Xa_{\overline{30}|}+1\ 900v^{20}a_{\overline{10}|}+100v(Ia)_{\overline{19}|}$

$\Rightarrow X=5\ 504.7$

5.19 设贷款本金为L，则有

$$\begin{aligned}L&=(2\ 000-0.08L)\times1.07^3\\&+(3\ 000-0.08L)\times1.07^2\\&+(4\ 000-0.08L)\times1.07+(5\ 000-0.08L)\end{aligned}$$

$\Rightarrow L=11\ 190.1$

第6章 债券和股票

6.1 价格为957.88元，账面值为973.27元。

6.2 价格为974.82元，账面值为930.26元（理论方法），929.82元（半理论方法），930.36元（实践方法）。

6.3 $6\%\times1\ 000\times a_{\overline{5}|i}+1\ 000v^5=950$

$\Rightarrow i=7.227\%$

6.4 $6\%\times1\ 000\times s_{\overline{5}|5\%}+1\ 000=950(1+i)^5$

$\Rightarrow i=6.986\%$

6.5 债券每年末的息票收入为80元，故有

$$\begin{aligned}1\ 082.27=V_5&=V_4(1+i)-80\\&=[(V_3)(1+i)-80](1+i)-80\\&=1\ 099.84(1+i)^2-80(1+i)-80\end{aligned}$$

$\Rightarrow i=6.5\%$

$$80\cdot a_{\overline{n-3}|i}+1\ 000v^{(n-3)}=1\ 099.84$$

$\Rightarrow n=12$

$$\begin{aligned}P&=80\cdot a_{\overline{12}|0.065}+1\ 000\times(1.065)^{-12}\\&=1\ 122.38\text{（元）}\end{aligned}$$

6.6 应用债券定价的溢价公式可以建立下述三个等式：

（1）$-X=C\left(\dfrac{40}{C}-i\right)a_{\overline{20}|}$

（2）$Y=C\left(\dfrac{45}{C}-i\right)a_{\overline{20}|}$

（3）$2X=C\left(\dfrac{50}{C}-i\right)a_{\overline{20}|}$

由（3）/（1）得

$$-2=\frac{50-Ci}{40-Ci}\Rightarrow Ci=\frac{130}{3}$$

由（1）+（3）得

$$X=(90-2Ci)a_{\overline{20}|}\Rightarrow a_{\overline{20}|}=\frac{X}{90-2Ci}$$

所以有

$$Y=(45-Ci)a_{\overline{20}|}=X/2=5\text{（元）}$$

6.7 $1\ 100v^n=190\Rightarrow v^n=19/110\Rightarrow a_{\overline{n}|}=910/33$

$$P=1\ 100v^n+40a_{\overline{n}|0.03}=1\ 293.03$$

6.8 $P=40a_{\overline{n}|}+M\cdot v^n$，$Q=30a_{\overline{n}|}+M\cdot v^n$，令债券C的价格为$X$，则有

$$X=80a_{\overline{n}|}+M\cdot v^n\Rightarrow X=5P-4Q$$

6.9 $\begin{cases}P=(1\ 000r)a_{\overline{10}|0.04}+1\ 100\times(1.04)^{-10}\\P-81.49=(1\ 000r)a_{\overline{10}|0.05}+1\ 100\times(1.05)^{-10}\end{cases}$

$\Rightarrow r=0.035$

$$\begin{aligned}X&=1\ 000\times0.035\ 137a_{\overline{10}|0.035\ 137}\\&+1\ 100\times(1.035\ 137)^{-10}\\&=1\ 070.80\end{aligned}$$

6.10 $\begin{aligned}P&=1\ 050v^{20}+50[v+(1.03)v^2\\&+(1.03)^2v^3+\cdots+(1.03)^{19}v^{20}]\\&=837.78\end{aligned}$

6.11 偿还值的现值为$200v^5a_{\overline{5}|}=584.68$（元），未

来息票收入的现值为 $60a_{\overline{5|}}+12v^5(Da)_{\overline{5|}}=355.99$（元），故债券的价格为 940.67 元。也可以应用 Makeham 公式计算，即 $P=0.06/0.07\times(1\,000-584.68)+584.68=940.67$（元）。

6.12 $\begin{cases}P=40a_{\overline{20|}}+1\,000v^{20}\\P=40_{\overline{10|}}+X\cdot v^{10}\end{cases}\Rightarrow\begin{cases}P=1\,071.06\\X=1\,041.58\end{cases}$

6.13 债券每年末的息票收入为 60 元，修正息票率为 60/1 050=5.714 3%，小于投资者所要求的收益率 8%，所以赎回越晚（即到期时赎回），债券的价格越低。由此可得该债券的价格为：

$$\begin{aligned}P&=1\,050+1\,050\times(5.714\,3\%-8\%)\times a_{\overline{10|}}\\&=888.94\text{（元）}\end{aligned}$$

6.14 股票在第六年的红利为 $0.5\times0.2\times(1.10)^6$，以后每年增长 10%。应用复递增永续年金的公式，该股票的价格为：

$$\begin{aligned}P&=0.5\times0.2\times(1.10)^6\times\frac{1}{0.11-0.1}\times1.11^{-5}\\&=10.51\text{（元）}\end{aligned}$$

6.15 投资者每个季度的实际收益率为 $j=2.47\%$，应用复递增永续年金的公式，投资者购买该股票的价格为：

$P=0.3/(2.47\%-2\%)=63.83$（元）

6.16 $i=1.5/30+5\%=10\%$

6.17 $1.5\times20=30$（元）。

6.18 每股利润为 $10-9.50=0.50$（元），保证金为 $10\times0.50=5$（元），保证金所得利息为 $5\times0.050=0.25$（元），每股红利为 0.1 元，卖空收益率为 $(0.5+0.25-0.1)/5=13\%$。

第 7 章　利率风险管理

7.1 $D_{马}=15$，基于名义收益率的修正久期为 $D=15/(1+1\%)=14.85$。年实际收益率为 $i=12.68\%$，基于实际收益率的修正久期为 $D=15/(1+12.68\%)=13.31$。

7.2 $D=-P'(\delta)/P(\delta)=\dfrac{1}{\delta}-\dfrac{n}{e^{n\delta}-1}$

7.3 假设债券的面值为 100，则 $P=92.64$，$D_{马}=8.02$，$D=7.57$。

7.4 债券的马考勒久期可以表示为 $D_{马}=\dfrac{\ddot{a}_{\overline{nm|}j}}{m}$，其中 $j=i^{(m)}/m$。变形可得

$$\begin{aligned}D_{马}&=(1+j)a_{\overline{nm|}j}\frac{1}{m}\\&=(1+j)\frac{1-(1+i)^{-n}}{i^{(m)}}\\&=\frac{1-v^n}{d^{(m)}}=\ddot{a}^{(m)}_{\overline{n|}}\end{aligned}$$

7.5 对年金的现值关于利率 i 求导，应用修正久期的定义公式可得

$$D=\frac{1}{i}-\frac{nv^{n+1}}{1-v^n}$$

7.6 对于期末付永续年金，现值为 $P(i)=1/i$，$P'(i)=-1/i^2$，所以修正久期为 $D=1/i$，马考勒久期为 $D_{马}=D(1+i)=(1+i)/i$。

7.7 对于期初付永续年金，现值为 $P(i)=(1+i)/i$，$P'(i)=-1/i^2$，所以修正久期为 $D=1/[i(1+i)]$，马考勒久期为 $D_{马}=D(1+i)=1/i$。

7.8
$$\begin{aligned}&P=5a_{\overline{4|}i/2}+100v^2=96.53\\&\Rightarrow P'(i)=-169.29\\&\Rightarrow D=-\frac{P'(i)}{P(i)}=1.75\end{aligned}$$

7.9 $D_{效}=7.49$。

7.10 $D=\dfrac{D_{马}}{1+i}=7.886$，$\dfrac{\Delta P}{P}=-(\Delta i)\cdot D=1.18\%$

新的债券价格近似为：

$75.98\times1.018=76.88$（元）

7.11 $D_{效}=8.92$，$C_{效}=13.35$。

$$\begin{aligned}\frac{\Delta P}{P}&=-(\Delta i)\cdot D+0.5\cdot(\Delta i)^2\cdot C\\&=-8.85\%\end{aligned}$$

债券的新价格近似为 95.59 元。

7.12 修正久期为 8.12，凸度为 101.24。

7.13 马考勒凸度为 105.15。

7.14
$$\begin{aligned}&P=\frac{1}{i}=16.67\Rightarrow\frac{dP}{di}=-\frac{1}{i^2},\ \frac{d^2P}{di^2}=\frac{2}{i^3}\\&\Rightarrow D=-\frac{P'(i)}{P(i)}=\frac{1}{i}=16.67\\&\Rightarrow C=\frac{P''(i)}{P(i)}=\frac{2}{i^2}=555.55\end{aligned}$$

7.15
$$\begin{aligned}\frac{\Delta P}{P}&=-(\Delta i)\cdot D+0.5\cdot(\Delta i)^2\cdot C\\&=-4.28\%\end{aligned}$$

7.16 负债的现值为 $P_L=12\,418.43$，负债的马考勒久期为 $D^L_{马}=5$，负债的马考勒凸度为 $C^L_{马}=25$。不妨假设两种零息债券的面值均为 1 000 元，则

4 年期零息债券的价格为：

$P_4=1\,000/(1+i)^4=683.01$(元)

10 年期零息债券的价格为：

$P_{10}=1\,000/(1+i)^{10}=385.54$(元)

假设有 $x\%$ 的债券投资 4 年期的零息债券，$(1-x\%)$ 的债券投资 10 年期的零息债券，由 $D^A_{马}=D^L_{马}$，有

$(x\%)\times4+(1-x\%)\times10=5\Rightarrow x\%=83.33\%$

投资4年期零息债券的金额为10 348.28元，投资10年期零息债券的金额为2 070.15元。

7.17 债券A的价格为982.17元，马考勒久期为1.934，马考勒凸度为3.8。债券B的价格为1 039.93元，马考勒久期为4.256，马考勒凸度为19.85。在债券A上投资11.02%，在债券B上投资88.98%，则债券组合的马考勒久期等于负债的马考勒久期，均为4年，债券组合的马考勒凸度为18.08，大于负债的马考勒凸度16，满足免疫的条件。

7.18 各种债券的购买数量分别如下：

购买5年期债券的数量	80 000
购买4年期债券的数量	300 000
购买2年期债券的数量	600 000
购买1年期债券的数量	100 000

购买各种债券以后净负债的现金流如下（单位：万元）：

年度	1	2	3	4	5
负债的现金流	1 794	6 744	144	3 144	824
5年期债券的现金流	24	24	24	24	824
净负债的现金流	1 770	6 720	120	3 120	0
4年期债券的现金流	120	120	120	3 120	0
净负债的现金流	1 650	6 600	0	0	0
2年期债券的现金流	600	6 600	0	0	0
净负债的现金流	1 050	0	0	0	0
1年期债券的现金流	1 050	0	0	0	0
净负债的现金流	0	0	0	0	0

第8章 远期、期货和互换

8.1 股票多头的回收和盈亏图如下所示：

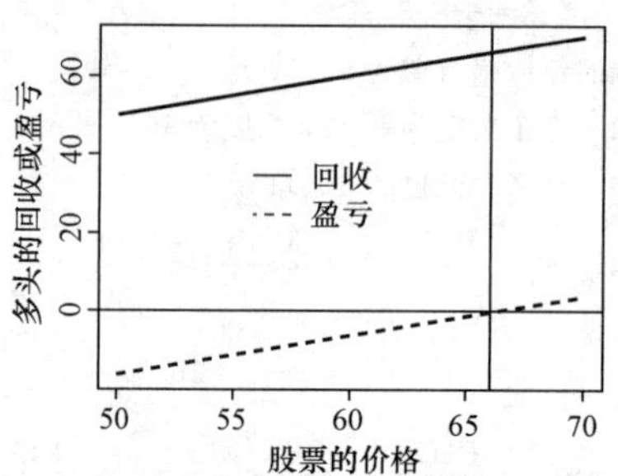

如果1年后股票的价格是66元，则股票的回收为66元。购买股票初始费用在1年后的累积值为66元，所以盈亏为0元。

8.2 股票空头的回收和盈亏图如下所示：

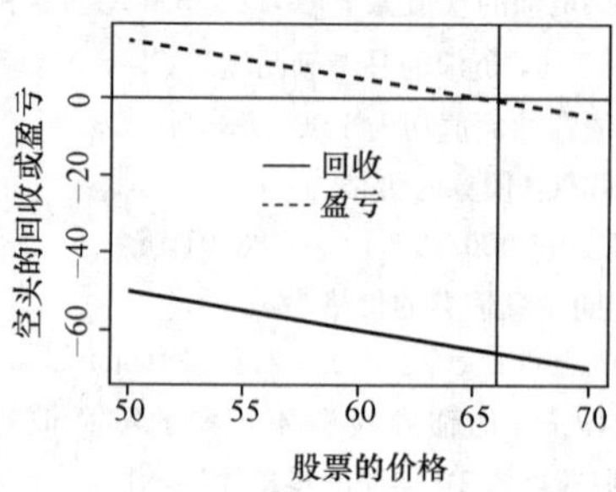

如果一年后股票的价格是66元，则空头的回收为−66元。初始所得在1年后的累积值为66元，所以盈亏为0元。

8.3 $F=(105-\sum_{t=1}^{4}1.7\times e^{-0.06t/4})e^{0.06}$

$=104.54$(元)

8.4 日股利为0.02/365×105=0.005 75（元）。若在年初持有一单位股票，年末将持有$e^{0.02}=1.020\ 2$单位。若要在年末持有一单位股票，年初应持有$e^{-0.02}=0.980\ 2$单位，故投资额为$105e^{-0.02}=102.92$(元)。

8.5 （1）$F=70\times e^{0.06\times 0.5}=72.13$(元)。

（2）$70\times e^{0.06-\delta}=72\Rightarrow\delta=0.032$

8.6 远期价格为：

$$F=950\times 1.05-50\times 1.05^{0.5}-50=896.26(元)$$

多头的价值为：

$$f=(896.26-980)\times 1.05^{-1}=-79.75(元)$$

8.7 远期价格为：

$$F=Se^{(r-\delta)T}=3\ 000e^{(0.03-0.02)\times 0.5}=3\ 015(元)$$

多头的价值为：

$$f=300(F-K)e^{-rT}=300\times(3\ 015-3\ 050)e^{-0.03\times 0.5}=-10\ 343(元)$$

8.8 无套利的远期价格为：

$$F=105e^{0.06\times 0.5}=108.20(元)$$

（1）远期价格115>108.20，所以投资者可以先签出一份远期合约，约定在6个月末以115元的价格卖出股票。同时借入105元购买股票，承诺在6个月末还款。

到6个月末，以115元卖出手中的股票，同时偿还借款108.20元，最终无风险获利6.80元。

(2) 远期价格107<108.20，所以投资者可以先签订一份远期合约，约定在6个月末以107元购买股票。同时将手中持有的股票卖出，获得105元，将这105元投资于5%的零息债券，6个月末可以获得108.20元。6个月末利用远期合约买入股票，最终获得无风险利润1.20元。

8.9 $\frac{83}{1.05}+\frac{84}{1.055^2}=\frac{x}{1.05}+\frac{x}{1.055^2}\Rightarrow x=83.49$(美元)

8.10 (1) $\frac{82}{1.05}+\frac{83}{1.055^2}+\frac{84}{1.06^3}$

$=\frac{x}{1.05}+\frac{x}{1.055^2}+\frac{x}{1.06^3}$

$\Rightarrow x=82.98$(美元)

(2) $\frac{83}{1.055^2}+\frac{84}{1.06^3}=\frac{x}{1.055^2}+\frac{x}{1.06^3}\Rightarrow x=83.50$(美元)

8.11 四个时期的浮动利率分别为0.06，0.07，0.08和0.09。互换利率为0.074 5。

8.12 应用债券组合的定价方法：

$B_{固}=4e^{-0.1\times3/12}+4e^{-0.105\times9/12}+104e^{-0.11\times15/12}$

$=98.24$(万元)

$B_{浮}=(5.1+100)e^{-0.1\times3/12}=102.51$(万元)

$f=B_{固}-B_{浮}=98.24-102.51=-4.27$(万元)

第9章　期　　权

9.1 远期多头的回收分别为－10元、－5元、0元、5元和10元，空头的回收是其相反数。看涨期权多头的回收分别为0元、0元、0元、5元和10元。看跌期权的回收分别为10元、5元、0元、0元和0元。

9.2 回收分别为0元、0元和5元。盈亏分别为－6.01元、－6.01元和－1.01元。

9.3 看跌期权的回收分别为5元、0元和0元。盈亏分别为3.96元、－1.04元和－1.04元。

9.4 组合的回收分别为105元、105元、110元和115元。组合的盈亏分别为－7.56元、－7.56元、－2.56元和2.44元。

9.5 组合的回收分别为－105元、－105元、－110元和－115元。组合的盈亏分别为12.81元、12.81元、7.81元和2.81元。

9.6 多头的盈亏为0.95元，盈亏平衡点为42.05元。

9.7 多头的盈亏为3.47元，盈亏平衡点为28.53元。

9.8 看跌期权的期权费是3.13元。

9.9 $d_1=0.241\,7, d_2=0.091\,67$。

根据Black-Scholes公式，欧式看涨期权价格为：

$$C=S\Phi(d_1)-Ke^{-rT}\Phi(d_2)=3.61$$

根据平价公式，欧式看跌期权价格为：

$$P=C+Ke^{-rT}-S=2.38$$

9.10 $u=1.090\,5$，$d=1/u=0.917\,0$

$$p=\frac{e^{r\Delta t}-d}{u-d}=0.526\,6$$

欧式看跌期权的价值为2.62，相应的二叉树如下：

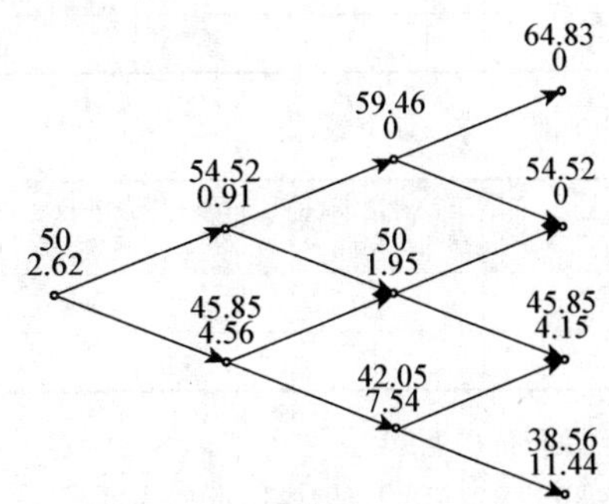

美式看跌期权的价值为2.71，相应的二叉树如下：

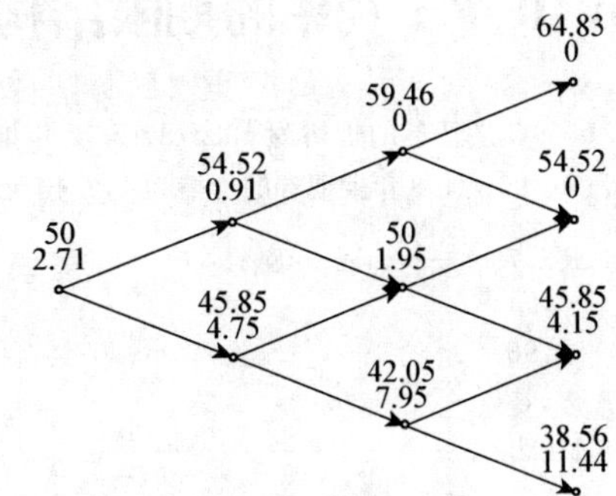

9.11 $u=1.052\,4$，$d=1/u=0.950\,2$

$$p=\frac{e^{(r-\tau)\Delta t}-d}{u-d}=0.511\,8$$

欧式看涨期权的价值为19.63，相应的二叉树如下：

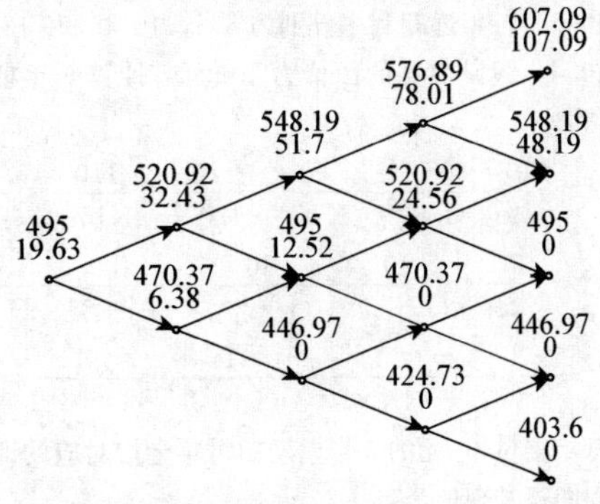

9.12 (1) 回收和盈亏如下表：

股票价格	看跌期权回收	总回收	成本及其利息	盈亏
90	5	95	−105.98	−10.98
100	0	100	−105.98	−5.98

（2）回收和盈亏如下表：

股票价格	看涨期权回收	股票空头回收	总回收	净收入及其利息	盈亏
90	0	−90	−90	94.03	4.03
100	5	−100	−95	94.03	−0.97

（3）回收和盈亏如下表：

股票价格	看涨期权回收	看跌期权回收	贷出资金回收	总回收	净成本及其利息	盈亏
90	0	−5	95	90	−105	−15
100	5	0	95	100	−105	−5

（4）执行价格为：

$$105-(9.31-1.69)\times 1.05=97(\text{元})$$

第10章　利率的期限结构

10.1　1年期债券的价格为102.78元；2年期债券的价格为92.96元；3年期债券的价格为112.43元。

$$102.78=\frac{111}{1+s_1}\Rightarrow s_1=8\%$$

$$92.96=\frac{5}{1+s_1}+\frac{105}{(1+s_2)^2}\Rightarrow s_2=9.03\%$$

$$112.43=\frac{15}{1+s_1}+\frac{15}{(1+s_2)^2}+\frac{115}{(1+s_3)^3}$$

$$\Rightarrow s_3=10.20\%$$

10.2　现金流分别按对应的即期利率折现得债券的价格为：

$$P=\frac{10}{1.05}+\frac{10}{1.06^2}+\frac{110}{1.08^3}=105.75(\text{元})$$

10.3　各年远期利率分别为8%，10.1%和12.6%。

10.4　假设债券的面值为100元，计算5年期债券的价格：

$$\frac{10}{1.07}+\frac{10}{1.07^2}+\frac{10}{1.07^3}+\frac{10}{1.07^4}+\frac{110}{1.07^5}$$

$$=\frac{10}{1+s_1}+\frac{10}{(1+s_2)^2}+\frac{10}{(1+s_3)^3}+\frac{10}{(1+s_4)^4}+\frac{110}{(1+s_5)^5}$$

$$\Rightarrow\frac{1}{1+s_1}+\frac{1}{(1+s_2)^2}+\frac{1}{(1+s_3)^3}+\frac{1}{(1+s_4)^4}=3.74$$

每年支付40元的5年期期初付年金按对应的即期利率折现即得其现值为：

$$40\left[1+\frac{1}{1+s_1}+\frac{1}{(1+s_2)^2}+\frac{1}{(1+s_3)^3}+\frac{1}{(1+s_4)^4}\right]$$

$$=189.75(\text{元})$$

10.5　由远期利率计算的债券价格为：

$$\frac{10}{1.07}+\frac{10}{1.07\times 1.05}+\frac{110}{1.07\times 1.05\times 1.1}$$

$$=107.25(\text{元})$$

10.6　假设债券的面值为100元，则有

$$100=\frac{104}{(1+f_0)}\Rightarrow f_0=4\%$$

$$\Rightarrow 100=\frac{6}{(1+f_0)}+\frac{106}{(1+f_0)(1+f_1)}$$

$$\Rightarrow f_1=8.16\%$$

$$\Rightarrow 100=\frac{8}{(1+f_0)}+\frac{8}{(1+f_0)(1+f_1)}+\frac{108}{(1+f_0)(1+f_1)(1+f_2)}$$

$$\Rightarrow f_2=12.69\%$$

10.7　应用即期利率和远期利率的关系，有

$$1+s_1=1+f_0\Rightarrow s_1=f_0=6\%$$

$$(1+s_2)^2=(1+f_0)(1+f_1)\Rightarrow s_2=5.50\%$$

$$(1+s_3)^3=(1+f_0)(1+f_1)(1+f_2)$$

$$\Rightarrow s_3=6.98\%$$

10.8　用 C_t 表示债券在 t 年末的现金流入，则各年的即期利率分别为：

$$\frac{C_1}{1.2}=\frac{C_1}{1+s_1}\Rightarrow s_1=20\%$$

$$\frac{C_1}{1.2}+\frac{C_2}{1.2^2}=\frac{C_1}{1.2}+\frac{C_2}{(1+s_2)^2}\Rightarrow s_2=20\%$$

$$\frac{C_1}{1.2}+\frac{C_2}{1.2^2}+\frac{C_3}{1.2^3}=\frac{C_1}{1.2}+\frac{C_2}{1.2^2}+\frac{C_3}{(1+s_3)^3}$$

$$\Rightarrow s_3=20\%$$

各年的远期利率分别为：

$1+s_1=1+f_0 \Rightarrow f_0=20\%$

$1.2^2=1.2(1+f_1)$

$\Rightarrow f_1=20\%,\ f_2=\frac{1.2^3}{1.2^2}-1=20\%$

10.9 各年的远期利率分别为：

$$106=\frac{110}{1+f_0} \Rightarrow f_0=3.77\%$$

$$95=\frac{5}{1+f_0}+\frac{105}{(1+f_0)(1+f_1)}$$

$$\Rightarrow f_1=12.20\%$$

$$102=\frac{9}{1+f_0}+\frac{9}{(1+f_0)(1+f_1)}+\frac{109}{(1+f_0)(1+f_1)(1+f_2)}$$

$$\Rightarrow f_2=9.37\%$$

用远期利率计算年息票率为15%，面值为100元的3年期债券的价格：

$$P=\frac{15}{1+f_0}+\frac{15}{(1+f_0)(1+f_1)}+\frac{115}{(1+f_0)(1+f_1)(1+f_2)}=117.65(\text{元})$$

10.10 用远期利率分别计算3年期和4年期零息债券的价格可得

$$82=\frac{100}{(1+f_0)(1+f_1)(1+f_2)}$$

$$75=\frac{100}{(1+f_0)(1+f_1)(1+f_2)(1+f_3)}$$

由此可得 $f_3=9.33\%$。

10.11 即期利率的计算如下：

$1+s_1=1+f_0 \Rightarrow s_1=5\%$

$(1+s_2)^2=(1+f_0)(1+f_1) \Rightarrow s_2=6\%$

假设债券的面值为100元，则有

$$100=\frac{8}{1.05}+\frac{8}{1.06^2}+\frac{108}{(1+s_3)^3} \Rightarrow s_3=8.2\%$$

10.12 通过收益率计算的债券价格为：

$$P=\frac{6}{1.1}+\frac{106}{(1.1)^2}=93.06(\text{元})$$

通过即期利率计算的债券价格为：

$$P=\frac{6}{1.07}+\frac{106}{(1.09)^2}=94.83(\text{元})$$

债券价格被低估了1.77元，故可以按94.83元的价格购买一份2年期债券，同时按即期利率出售一份1年期的面值为6元的零息债券和一份2年期的面值为106元的零息债券。

10.13 与远期利率一致的债券价格为：

$$P=\frac{5}{1.05}+\frac{5}{1.05\times1.06}+\frac{105}{1.05\times1.06\times1.07}=97.42(\text{元})$$

债券的市场价格为100元，说明债券被高估了，因而存在套利机会。

套利者可以按100元的价格卖出一份三年期债券，同时将97.42元按4%的利率投资一年。在第一年末，支付已出售债券的5元利息后，把剩余的资金在第二年按6%的远期利率再投资一年。在第二年末，支付已出售债券的5元利息后，把剩余的资金在第三年按8%的远期利率进行投资。在第三年末的累积值正好用于支付套利者所售债券在第三年末的偿还值。完成上述步骤后，套利者即可在当前时刻获得 100－97.42 ＝ 2.58（元）的无风险收益。

第11章 随机利率

11.1 利率树如下：

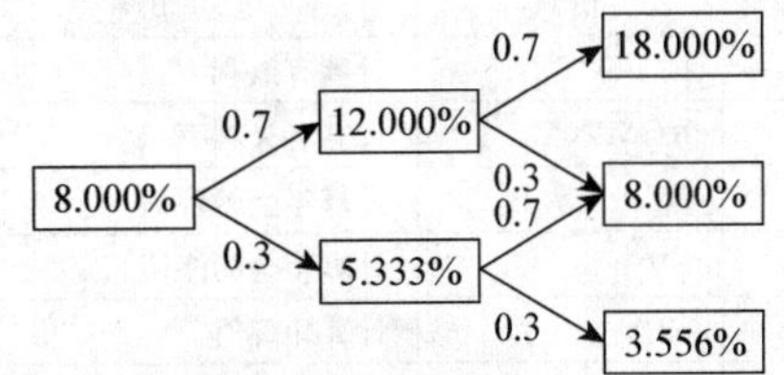

11.2 现金流和各节点的价值：

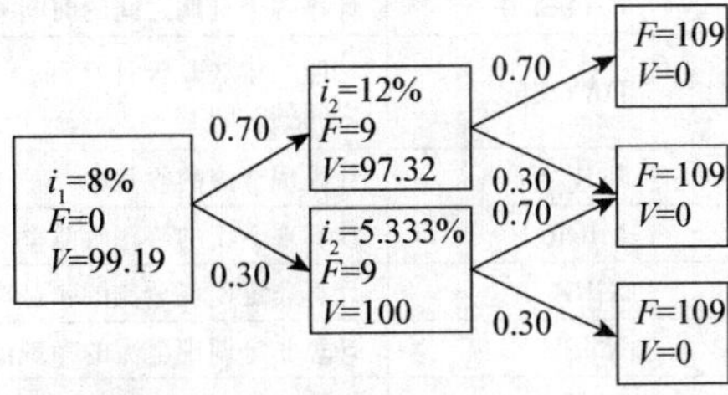

故可赎回债券的价格为99.19元。

11.3 第1年末的即期利率由当前的即期利率发展而来，在当前利率水平的基础上上调30%的概率为0.75，下降30%的概率为0.25。第2年末的即期利率由第1年末的即期利率发展而来，在第1年末利率水平的基础上上调30%的概率为0.75，下降30%的概率为0.25。利率树如下：

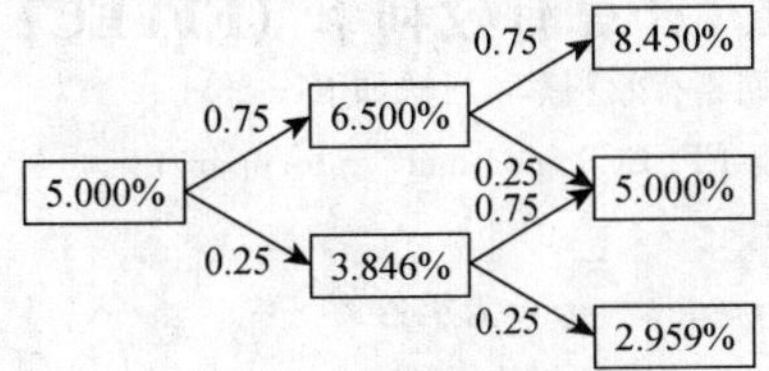

$$E[i_2]=0.75\times0.75\times0.0845+0.75\times0.25\times0.05+0.25\times0.75\times0.05+0.25\times0.25\times0.02959=6.813\%$$

附录 Excel中常用的金融函数

金融数学中的许多计算可以借助Excel中的金融函数完成。本节给出了一些常用的金融函数及其应用示例(见附表1)。

附表1

序号	函数	用途
1	EFFECT	计算有效利率
2	NOMINAL	计算名义利率
3	PV	计算年金的现值
4	FV	计算年金的终值
5	NPV	计算净现值
6	RATE	计算年金的利率
7	DATEDIF	计算两个日期之间的时间差
8	DAYS360	按照一年360天计算两个日期之间的时间差
9	IRR	计算现金流的收益率
10	MIRR	计算现金流的修正收益率
11	XIRR	计算非定期现金流的收益率
12	XNPV	计算非定期现金流的净现值
13	PMT	计算还款额
14	PRICE	计算债券的价格
15	PRICEDISC	计算贴现债券的价格
16	YIELD	计算债券的收益率
17	DURATION	计算债券的马考勒久期
18	MDURATION	计算债券的修正久期

1. 计算有效利率(EFFECT)

返回年有效利率,语法如下:

EFFECT(nominal_rate, npery)

其中:

◆ nominal_rate为年名义利率。

◆ npery为每年的复利次数。

例1 每年复利4次的年名义利率为5%,计算年有效利率。

【解】 在Excel的一个空白单元格中输入"=EFFECT(5%, 4)"后回车即可求得年有效利率为0.050 945。

2. 计算名义利率(NOMINAL)

返回年名义利率,语法如下:

NOMINAL(effect_rate, npery)

其中:

◆ effect_rate表示年有效利率。

◆ npery表示每年的复利次数。

例2 年有效利率为5%,计算每年复利12次的年名义利率。

【解】 在Excel的一个空白单元格中输入"=NOMINAL(5%,12)"后回车即可求得每年复利12次的年名义利率为0.048 89。

3. 计算年金的现值(PV)

返回一项年金的现值,语法如下:

PV(rate, nper, pmt, [fv], [type])

其中:

◆ rate是每期的利率。

◆ nper是年金的总付款期数。

◆ pmt是每次给付的金额,在年金期限内保持不变。

◆ fv是终值或在最后一次付款后的现金余额。如果省略fv,则假设其值为0。

◆ type表示期初付或期末付年金。type=0表示期末付年金,type=1表示期初付年金。默认值为0。

注意:应确保用来指定rate和nper的单位是一致的。如果贷款为期四年(年利率12%),每月还款一次,则rate使用12%/12,nper使用4×12=48。如果每年还款一次,则rate使用12%,nper使用4。

例3 假设一项20年期的年金每年末支付一次,每次支付5 000元,年利率为10%,求该项年金的现值。

【解】 在Excel的一个空白单元格中输入"=PV(10%,20,−5 000)"后回车即可求得该项年金的现值为42 567.82元。

例4 假设一项20年期的年金每年初支付一次,每次支付5 000元,年利率为10%,求该项年金的现值。

【解】在 Excel 的一个空白单元格中输入"=PV(10%,20,−5 000,0,1)"后回车即可求得该项年金的现值为 46 824.60 元。

4. 计算年金的终值(FV)

返回年金的终值,语法如下:

FV(rate, nper, pmt, [pv], [type])

其中:

◆ rate 是每个时期的利率。

◆ nper 是年金的总付款期数。

◆ pmt 是各期给付的金额,在年金期限内保持不变。若省略 pmt,则必须包含 pv 变量。

◆ pv 是一系列未来付款的现值或当前的总金额。若省略 pv,则假设其值为 0。注意,pv 的价值中不包含各期支付的年金金额 pmt。

◆ type 表示期初付或期末付年金。type=0 表示期末付年金,type=1 表示期初付年金。默认值为 0。

注意:应确认所指定的 rate 和 nper 单位的一致性。例如,同样是四年期年利率为 12% 的贷款,如果按月支付,rate 应为 12%/12,nper 应为 4×12=48;如果按年支付,rate 应为 12%,nper 为 4。

在所有参数中,支出的款项,如银行存款,表示为负数;收入的款项,如股息收入,表示为正数。

当 type=0 时,为期末付年金的终值;当 type=1 时,为期初付年金的终值。

例 5　假设一项 20 年期的年金每年末支付一次,每次支付 500 元,年利率为 10%,求该项年金的终值。

【解】在 Excel 的一个空白单元格中输入"=FV(10%,20,−500)"后回车即可求得该项年金的终值为 28 637.50 元。

例 6　假设一项 20 年期的年金每年初支付一次,每次支付 500 元,年利率为 10%,求该项年金的终值。

【解】在 Excel 的一个空白单元格中输入"=FV(10%,20,−500,0,1)"后回车即可求得该项年金的终值为 31 501.25 元。

5. 计算净现值(NPV)

基于一系列定期支付的现金流和利率,返回某项投资的净现值。语法如下:

NPV(rate, value1, [value2], …)

其中:

◆ rate 表示每个时期的利率。

◆ value1, [value2], …表示现金流的值,方括号中的数值是可选项。现金流必须具有相等的间隔。注意,不包含零点的现金流。

例 7　附表 2 单元格 A3:A6 中给出了每年末的现金流,单元格 A2 中给出了年利率,请计算该现金流的净现值。

附表 2

	A	B
1	数据	说明
2	10%	年利率
3	−10 000	第一年末的投资额
4	3 000	第二年末的收益
5	4 200	第三年末的收益
6	6 800	第四年末的收益

【解】在另一个空白单元格中输入"=NPV(A2,A3:A6)",即可得到上述现金流的净现值为 1 188.44 元。

计算上述净现值的表达式为:

$$\frac{-10\ 000}{1.1}+\frac{3\ 000}{1.1^2}+\frac{4\ 200}{1.1^3}+\frac{6\ 800}{1.1^4}$$

6. 计算年金的利率(RATE)

返回一项年金的利率。语法如下:

RATE(nper, pmt, pv, [fv], [type], [guess])

其中:

◆ nper 是年金的总付款次数。

◆ pmt 是每次给付的金额,在年金期限内保持不变。

◆ pv 表示未来一系列付款的现值。

◆ fv 是终值或在最后一次付款后的现金余额。如果省略 fv,则假设其值为 0。

◆ type 表示期初付或期末付年金。type=0 表示期末付年金,type=1 表示期初付年金。默认值为 0。

◆ guess 是对利率的初始估计值,默认值为 10%。

例 8　假设一项 10 年期的期初付年金的现值为 80 000 元,每年初的付款额为 10 000 元,求该项年金的年利率。

【解】在 Excel 的一个空白单元格中输入"=RATE(10,−10 000,80 000,0,1)"后回车,即可求得上述年金的年利率为 5.34%。

7. 计算两个日期之间的时间差(DATEDIF)

返回两个日期之间的时间差,语法如下:

DATEDIF(start_date, end_date, unit)

其中:

◆ start_date 表示起始日。

◆ end_date 表示结束日。

◆ unit 为返回类型。"D"返回天数之差,"M"返回整月数之差,"Y"返回整年数之差。

例 9　计算 2011 年 3 月 5 日到 2015 年 9 月 11 日之

间的天数之差、月数之差和年数之差。

【解】计算公式和结果如附表3所示。

附表3

公式	说明	结果
=DATEDIF("2011-3-5","2015-9-11","D")	天数之差	1 651
=DATEDIF("2011-3-5","2015-9-11","M")	整月数之差	54
=DATEDIF("2011-3-5","2015-9-11","Y")	整年数之差	4

8. 按照一年360天计算两个日期之间的时间差（DAYS360）

按照一年360天的算法（每月计30天，一年计12个月）返回两个日期之间的天数。语法如下：

DAYS360(start_date, end_date, [method])

其中：

◆ start _ date 表示起始日。

◆ end _ date 表示终止日。

◆ method是可选项，指定计算中使用欧洲方法还是美国方法。method=FALSE是默认方法，表示使用美国方法。method=TRUE表示使用欧洲方法。美国方法：如果起始日为某月的最后一天，则等于当月的30日；如果终止日为某月的最后一天，且起始日早于某月的30日，则终止日等于下个月的1日，否则，终止日等于当月的30日。欧洲方法：如果起始日和终止日为某月的31日，则等于当月的30日。

例10 附表4中的单元格A2:A5是一些给定的日期，请根据这些日期计算它们之间的天数。

附表4

	A
1	日期
2	2011/1/1
3	2011/1/30
4	2011/2/1
5	2011/12/31

【解】应用DAY360函数计算两个日期之间的天数，结果如附表5所示。

附表5

公式	描述	结果
=DAYS360(A3, A4)	按照一年360天的算法，返回2011/1/30与2011/2/1之间的天数	1
=DAYS360(A2, A4)	按照一年360天的算法，返回2011/1/1与2011/2/1之间的天数	30
=DAYS360(A2, A5)	按照一年360天的算法，返回2011/1/1与2011/12/31之间的天数	360
=DAYS360(A2, A5, TRUE)	采用欧洲方法，返回2011/1/1与2011/12/30之间的天数	359

9. 计算现金流的收益率（IRR）

返回一系列现金流的内部收益率，语法如下：

IRR(values, [guess])

其中：

◆ values为数组或单元格的引用，包含用来计算内部收益率的数字，该数组必须至少包含一个负值和一个正值。

◆ guess是对内部收益率的初始估计值，默认值为10%。

注意：函数IRR根据数值的顺序来解释现金流的顺序，故应按需要的顺序输入支出和收入的数值。

例11 附表6中单元格A2:A7是现金流的数据，请计算该现金流的收益率。

附表6

	A	B
1	数据	说明
2	−80 000	某项业务的初期成本费用
3	15 000	第一年的净收入
4	15 000	第二年的净收入
5	18 000	第三年的净收入
6	25 000	第四年的净收入
7	25 000	第五年的净收入

【解】在一个空白单元格中输入"=IRR(A2:A7)"即可求得上述现金流的收益率为6.45%。

10. 计算现金流的修正收益率(MIRR)

返回现金流的修正内部收益率，其中正现金流和负现金流分别按不同的利率贴现，即资金流出按筹资利率进行贴现，而资金流入按投资利率进行贴现。语法如下：

MIRR(values, finance _ rate, reinvest _ rate)

其中：

◆ values 用于指定现金流的值。该数组必须至少包含一个负值（支出）和一个正值（收入）。

◆ finance _ rate 用于指定作为融资成本支付的利率。

◆ reinvest _ rate 用于指定从再投资收益中得到的利率。

注意：函数 MIRR 根据输入值的次序来解释现金流的次序。所以，务必按照实际的顺序输入支出和收入数额，并使用正确的正负号（现金流入用正值，现金流出用负值）。

例 12　附表 7 中单元格 A2:A7 是一个投资项目的现金流，单元格 A8 是筹资的年利率，单元格 A9 是再投资的年利率。请计算该项投资的收益率。

附表 7

	A	B
1	数据	说明
2	−120 000	初始投资
3	40 000	第一年末的收益
4	30 000	第二年末的收益
5	21 000	第三年末的收益
6	35 000	第四年末的收益
7	45 000	第五年末的收益
8	10.00%	筹资的年利率
9	12.00%	收益进行再投资的年利率

【解】在一个空白单元格中输入“＝MIRR(A2:A7, A8, A9)”，即可求得该项投资的年收益率为 12.44%。

11. 计算非定期现金流的收益率(XIRR)

返回一系列非定期发生的现金流的内部收益率。语法如下：

XIRR(values, dates, [guess])

其中：

◆ values 表示一系列与付款日期对应的现金流。序列值必须包含至少一个正值和一个负值。

◆ dates 表示对应现金流的付款日期。

◆ guess 是对内部收益率的初始估计值，默认值为 10%。

用 XIRR 函数求解内部收益率（rate）的方程如下：

$$0=\sum_{i=1}^{N}\frac{P_i}{(1+\text{rate})^{\frac{d_i-d_1}{365}}}$$

式中，d_i 为第 i 个支付日期；d_1 为一系列现金流的初始日期；P_i 为第 i 个支付额。

例 13　附表 8 中单元格 A2:A6 给出了现金流的值，单元格 B2:B6 是现金流的发生时间，请计算该现金流的收益率。

附表 8

	A	B
1	现金流的值	现金流发生的日期
2	−10 000	2014/1/1
3	2 500	2014/3/1
4	2 500	2014/10/30
5	3 000	2015/2/15
6	3 000	2015/4/1

【解】在一个空白单元格中输入“＝XIRR(A2:A6, B2:B6)”，即可求得上述现金流的收益率为 11.7%。

12. 计算非定期现金流的净现值(XNPV)

返回一系列非定期支付的现金流的净现值。语法如下：

XNPV(rate, values, dates)

其中：

◆ rate 表示计算现值所使用的年利率。

◆ values 表示一系列与付款日期对应的现金流。序列值必须包含至少一个正值和一个负值。

◆ dates 表示对应现金流的付款日期。

函数 XNPV 的计算公式如下：

$$\text{XNPV}=\sum_{i=1}^{N}\frac{P_i}{(1+\text{rate})^{\frac{d_i-d_1}{365}}}$$

式中，d_i 为第 i 个支付日期；d_1 为一系列现金流的初始日期；P_i 为第 i 个支付额。

例 14　已知现金流如附表 9 单元格 A2:A6 所示，现金流的发生时间如单元格 B2:B6 所示，假设年利率为 9%，求该现金流的净现值。

附表 9

	A	B
1	数值	日期
2	−10 000	2014/1/1
3	2 500	2014/3/1
4	4 500	2014/10/30
5	3 000	2015/2/15
6	2 900	2015/4/1

【解】 在一个空白单元格中输入"=XNPV(0.09, A2:A6, B2:B6)"，即可求得上述现金流的净现值为 1 983.54。

计算上述净现值的表达式如下：

$$\frac{-10\,000}{(1+0.09)^{\frac{0}{365}}}+\frac{2\,500}{(1+0.09)^{\frac{59}{365}}}+\frac{4\,500}{(1+0.09)^{\frac{302}{365}}}+\frac{3\,000}{(1+0.09)^{\frac{410}{365}}}+\frac{2\,900}{(1+0.09)^{\frac{455}{365}}}$$

$$=1\,983.54$$

13. 计算还款额（PMT）

返回一笔贷款的定期还款额。语法如下：

PMT(rate, nper, pv, [fv], [type])

其中：

◆ rate 表示年利率。

◆ nper 表示付款总次数。

◆ pv 表示未来一系列付款的现值。

◆ fv 表示在最后一次付款后的现金余额。如果省略 fv，则假定其值为 0。

◆ type 表示期初付年金或期末付年金。type=0 表示期末付，type=1 表示期初付。默认值为 0。

$$\text{PMT}=(1+\text{rate}\times\text{type})^{-1}\frac{\text{pv}-\text{fv}\ (1+\text{rate})^{-\text{nper}}}{\dfrac{1-(1+\text{rate})^{-\text{nper}}}{\text{rate}}}$$

例 15 根据附表 10 中的数据，分别计算每年末还款一次和每年初还款一次的还款额。

附表 10

	A	B
1	数据	参数说明
2	8%	年利率
3	10	贷款期限（年数）
4	100 000	贷款额（本金）

【解】 有关结果如附表 11 所示。

附表 11

公式	说明	结果
=PMT(A2, A3, A4, 0, 0)	每年末还款一次，每次的还款额	−14 903
=PMT(A2, A3, A4, 0, 1)	每年初还款一次，每次的还款额	−13 799

14. 计算债券的价格（PRICE）

返回定期付息的面值为 100 的债券的价格。语法如下：

PRICE(settlement, maturity, rate, yld, redemption, frequency, basis)

其中：

◆ settlement 为债券的结算日，即在发行日之后，债券卖给购买者的日期。

◆ maturity 为债券的到期日。

◆ rate 为债券的年息票率。

◆ yld 为债券的年收益率。

◆ redemption 是面值为 100 的债券的到期偿还值。

◆ frequency 为年付息次数，如果按年支付，frequency=1；如果每半年支付一次，frequency=2；如果按季度支付，frequency=4。

◆ basis 为日计数基准。缺省值为 0，表示"US (NASD) 30/360"规则；如果取值为 1，表示"实际/实际"规则；如果取值为 2，表示"实际/360"规则；如果取值为 3，表示"实际/365"规则；如果取值为 4，表示"欧洲 30/360"规则。

注意：如果 frequency 不等于 1，譬如 frequency=2，则年息票率（rate）和年收益率（yld）都表示每年复利 2 次。

PRICE 函数计算债券价格的公式如下：

$$\text{PRICE}=\left[\frac{\text{redemption}}{\left(1+\dfrac{\text{yld}}{\text{frequency}}\right)^{\left(N-1+\frac{DSC}{E}\right)}}\right]+\left[\sum_{k=1}^{N}\frac{100\times\dfrac{\text{rate}}{\text{frequency}}}{\left(1+\dfrac{\text{yld}}{\text{frequency}}\right)^{\left(k-1+\frac{DSC}{E}\right)}}\right]-\left(100\times\frac{\text{rate}}{\text{frequency}}\times\frac{A}{E}\right)$$

式中，DSC 为结算日与下一付息日之间的天数；E 为结算日所在的付息期的天数；N 为结算日与到期日之间的付息次数；A 为从发行日到结算日的天数。

在计算 PRICE 的公式中，第一项是到期偿还值在结算日的现值，第二项是各期的息票收入在结算日的现值，第三项是从发行日到结算日的应计利息。

例 16 在 Excel 的 A2:A8 单元格中给出了债券的有关信息（见附表 12），求该债券的价格。

附表 12

	A	B
1	数据	参数说明
2	2014/1/1	结算日（settlement）
3	2017/12/31	债券的到期日（maturity）
4	5.00%	年息票率（rate）
5	6.00%	年收益率（yld）
6	100	偿还值（redemption）
7	2	每半年支付一次利息（frequency=2）
8	0	以“30/360”规则为日计数基准

【解】 Excel 中的求解公式和计算结果如下：

公式	说明	结果
=PRICE(A2, A3, A4, A5, A6, A7, A8)	符合上述条件的债券的价格	96.49

15. 计算贴现债券的价格（PRICEDISC）

返回折价发行的面值为 100 的债券的价格。语法如下：

PRICEDISC(settlement, maturity, discount, redemption, basis)

其中：

◆ settlement 为债券的结算日，即在发行日之后，债券卖给购买者的日期。

◆ maturity 为债券的到期日。

◆ discount 表示贴现率。

◆ redemption 是面值为 100 的债券的到期偿还值。

◆ basis 为日计数基准。缺省值为 0，表示“US (NASD) 30/360”规则；如果取值为 1，表示“实际/实际”规则；如果取值为 2，表示“实际/360”规则；如果取值为 3，表示“实际/365”规则；如果取值为 4，表示“欧洲 30/360”规则。

16. 计算债券的收益率（YIELD）

返回定期付息债券的收益率。语法如下：

YIELD(settlement, maturity, rate, pr, redemption, frequency, [basis])

其中：

◆ settlement 表示债券的结算日，是在发行日之后，债券卖给购买者的日期。

◆ maturity 是债券的到期日。

◆ rate 是年息票率。

◆ pr 是债券的价格（按面值为 100 计算）。

◆ redemption 是面值为 100 的债券的偿还值。

◆ frequency 是年付息次数。如果按年支付，frequency=1；如果每半年支付一次，frequency=2；如果按季度支付，frequency=4。

◆ basis 为日计数基准。缺省值为 0，表示“US (NASD) 30/360”规则；如果取值为 1，表示“实际/实际”规则；如果取值为 2，表示“实际/360”规则；如果取值为 3，表示“实际/365”规则；如果取值为 4，表示“欧洲 30/360”规则。

注意：如果 frequency 不等于 1，譬如 frequency=2，则年息票率（rate）和年收益率（yld）都表示每年复利 2 次。

例 17 在 Excel 的 A2:A8 单元格中给出了债券的有关信息（见附表 13），求该债券的到期收益率。

附表 13

	A	B
1	数据	说明
2	2014/2/1	结算日（settlement）
3	2016/11/1	到期日（maturity）
4	5%	年息票率（rate）
5	95	债券的价格（pr）
6	100	到期偿还值（redemption）
7	2	每半年支付一次利息（frequency=2）
8	0	以 30/360 为日计数基准

【解】 Excel 中的求解公式和计算结果如下：

求解公式	说明	结果
=YIELD(A2, A3, A4, A5, A6, A7, A8)	符合上述条件的债券的收益率	7.03%

17. 计算债券的马考勒久期（DURATION）

返回定期付息债券的马考勒久期（修正久期的函数为 MDURATION），语法如下：

DURATION(settlement, maturity, coupon, yld, frequency, [basis])

其中：

◆ settlement 是债券的结算日。

◆ maturity 是债券的到期日。

◆ coupon 是债券的年息票率。

◆ yld 是债券的年收益率。

◆ frequency是每年票息的支付次数。若每年给付一次，frequency＝1；若每半年给付一次，frequency＝2；若每季度给付一次，frequency＝4。

◆ basis为日计数基准。缺省值为0，表示“US (NASD) 30/360”规则；如果取值为1，表示“实际/实际”规则；如果取值为2，表示“实际/360”规则；如果取值为3，表示“实际/365”规则；如果取值为4，表示“欧洲30/360”规则。

注意：当frequency不等于1时，如frequency＝2，则年收益率（yld）和年息票率（coupon）表示每年复利2次。在使用该函数时，需要用DATE函数输入日期，如用DATE（2015,5,2）表示2015年5月2日。

例18 假设2015年10月1日发行并结算的面值为1 000元的10年期债券的息票率为8%，每半年支付一次利息，到期偿还值为1 000元。假设每年复利2次的年收益率为10%，请计算该债券的马考勒久期。

【解】应用DURATION求解马考勒久期的计算公式如下：

＝DURATION(DATE(2015,10,1),DATE(2025,10,1),8%,10%,2,1)

马考勒久期的计算结果为6.84。

18. 计算债券的修正久期（MDURATION）

返回债券的修正久期（马考勒久期的函数为DURATION），语法如下：

MDURATION(settlement, maturity, coupon, yld, frequency, basis)

其中：

◆ settlement为债券的结算日。

◆ maturity为债券的到期日。

◆ coupon为债券的年息票率。

◆ yld为债券的年收益率。

◆ frequency为债券的年付息次数。如果按年支付，frequency＝1；如果每半年支付一次，frequency＝2；如果按季度支付，frequency＝4。

◆ basis为日计数基准。缺省值为0，表示“US (NASD) 30/360”规则；如果取值为1，表示“实际/实际”规则；如果取值为2，表示“实际/360”规则；如果取值为3，表示“实际/365”规则；如果取值为4，表示“欧洲30/360”规则。

注意：当frequency不等于1时，如果frequency=2，则年收益率（yld）和年息票率（coupon）表示每年复利2次。应使用DATE函数或日期格式输入日期，或者将函数作为其他公式或函数的结果输入。例如，使用函数DATE(2008,5,23)输入2008年5月23日。如果日期以文本形式输入，则会出现问题。

例19 假设2015年10月1日发行并结算的面值为1 000元的10年期债券的息票率为8%，每半年支付一次利息，到期偿还值为1 000元。假设每年复利2次的年收益率为10%，请计算该债券的修正久期。

【解】应用MDURATION求解修正久期的计算公式如下：

＝MDURATION(DATE(2015,10,1),DATE(2025,10,1),8%,10%,2,1)

修正久期的计算结果为6.51。

参考文献

[1] Day A L. Mastering Financial Mathematics in Microsoft Excel：A Practical Guide for Business Calculations. 2nd edition. Pearson Education Limited，2010.

[2] Ruckman C，Francis J. Financial Mathematics. BPP Professional Education，Inc. 2005.

[3] 弗雷德里克·S. 米什金，斯坦利·G. 埃金斯. 金融市场与金融机构：第7版. 北京：中国人民大学出版社，2014.

[4] 约翰·赫尔. 期权、期货及其他衍生产品：第9版. 北京：机械工业出版社，2014.

[5] Stampfli J，Goodman V. 金融数学. 北京：机械工业出版社，2004.

[6] Cassano M，Fahlenbrach R. Solutions Manual for Even-Numbered Problem to Accompany Derivarives Markets by Robert L. McDonald. Pearson Education，Inc.，2006.

[7] Hassett M J，Ratliff M I，Steeby A. Study Manual：SOA Exam FM，CAS Exam 2. ACTEX Publications，Inc.，2007.

[8] McDonald R L. Derivative Markets. Pearson Education，Inc.，2006.

[9] 凯利森·S. G. 利息理论. 上海：上海科学技术出版社，1995.

[10] Benninga S. Financial Modeling. Massachusetts Institute of Technology Press，1999.

[11] Benninga S. 财务金融建模：用Excel工具. 2版. 上海：上海财经大学出版社，2003.

[12] Excel Home. Excel 2013函数与公式应用大全. 北京：北京大学出版社，2016.

[13] 黄达. 金融学. 3版. 北京：中国人民大学出版社，2013.

[14] 孟生旺. 金融数学. 5版. 北京：中国人民大学出版社，2015.

[15] 孟生旺. 利息理论及其应用. 3版. 北京：中国人民大学出版社，2017.

[16] 张亦春，郑振龙，林海. 金融市场学. 4版. 北京：高等教育出版社，2013.

[17] 郑振龙，陈蓉. 金融工程. 4版. 北京：高等教育出版社，2016.

[18] 周爱民，张晓斌. Excel与金融工程学. 厦门：厦门大学出版社，2010.

图书在版编目（CIP）数据

金融数学/孟生旺编著．—6 版．—北京：中国人民大学出版社，2019.1
21 世纪保险精算系列教材
ISBN 978-7-300-26470-7

Ⅰ.①金… Ⅱ.①孟… Ⅲ.①金融-经济数学-教材 Ⅳ.①F830

中国版本图书馆 CIP 数据核字（2018）第 271998 号

21 世纪保险精算系列教材
金融数学（第 6 版）
孟生旺 编著
Jinrong Shuxue

出版发行	中国人民大学出版社		
社　　址	北京中关村大街 31 号	**邮政编码**	100080
电　　话	010－62511242（总编室）		010－62511770（质管部）
	010－82501766（邮购部）		010－62514148（门市部）
	010－62515195（发行公司）		010－62515275（盗版举报）
网　　址	http://www.crup.com.cn		
经　　销	新华书店		
印　　刷	北京昌联印刷有限公司	**版　　次**	2007 年 10 月第 1 版
规　　格	185 mm×260 mm　16 开本		2019 年 1 月第 6 版
印　　张	21.5 插页 1	**印　　次**	2020 年 4 月第 3 次印刷
字　　数	465 000	**定　　价**	39.80 元

教师教学服务说明

中国人民大学出版社管理分社以出版经典、高品质的工商管理、统计、市场营销、人力资源管理、运营管理、物流管理、旅游管理等领域的各层次教材为宗旨。

为了更好地为一线教师服务，近年来管理分社着力建设了一批数字化、立体化的网络教学资源。教师可以通过以下方式获得免费下载教学资源的权限：

在中国人民大学出版社网站 www.crup.com.cn 进行注册，注册后进入“会员中心”，在左侧点击“我的教师认证”，填写相关信息，提交后等待审核。我们将在一个工作日内为您开通相关资源的下载权限。

如您急需教学资源或需要其他帮助，请在工作时间与我们联络：

中国人民大学出版社　管理分社

联系电话：010-82501048，62515782，62515735

电子邮箱：glcbfs@crup.com.cn

通讯地址：北京市海淀区中关村大街甲 59 号文化大厦 1501 室（100872）